Eigenkapitalersatz und Insolvenz

Schriften zum Verfahrensrecht

Herausgegeben von
Peter Gottwald und Ulrich Haas

Band 20

PETER LANG
Frankfurt am Main · Berlin · Bern · Bruxelles · New York · Oxford · Wien

Christa Kraemer

Eigenkapitalersatz und Insolvenz

Klassische und moderne Fallgruppen

PETER LANG
Internationaler Verlag der Wissenschaften

Bibliografische Information der Deutschen Nationalbibliothek
Die Deutsche Nationalbibliothek verzeichnet diese Publikation in der Deutschen Nationalbibliografie; detaillierte bibliografische Daten sind im Internet über <http://www.d-nb.de> abrufbar.

Zugl.: Regensburg, Univ., Diss., 2007

D 355
ISSN 1619-344X
ISBN 978-3-631-56666-4

www.peterlang.de

Für Stefan Kraemer

Vorwort

Die vorliegende Abhandlung wurde im Wintersemester 2004/2005 von der Juristischen Fakultät der Universität Regensburg als Dissertation angenommen und von Herrn Professor Dr. Peter Gottwald als Doktorvater betreut. Die Ausführungen basieren auf dem Stand von Rechtsprechung und Literatur bei Abschluss der schriftlichen Arbeit im September 2005. Auf die aktuelle Reformdiskussion des Eigenkapitalersatzrechtes, insbesondere im Zusammenhang mit dem Gesetzesentwurf zur Modernisierung des GmbH-Rechts und zur Bekämpfung von Missbräuchen (MoMiG), wurde nicht eingegangen.

Dem Kapitalersatzrecht liegt die gesellschaftsrechtliche Frage der Beurteilung des Verhältnisses von unternehmerischer Betätigung und Eigenkapital zugrunde. Es verlangt aus Gläubigerschutzgründen eine sog. Finanzierungsfolgenverantwortung der Gesellschafter. Das derzeit geltende Kapitalersatzrecht ist von einem Dualismus gekennzeichnet: es ist zum einen in gesetzlichen Normen geregelt, zum anderen wird es weitestgehend von sog. Rechtsprechungsregeln bestimmt. Inzwischen hat sich eine umfangreiche Kasuistik mit klassischen und modernen Fallgruppen entwickelt. Die eigenkapitalersatzrechtlich relevanten Sachverhalte sind nicht abschließend.

Das Kapitalersatzrecht ist vor allem in der Insolvenz eines Unternehmens von zentraler Bedeutung. Im Insolvenzfall wird die gesellschaftsrechtliche und finanzielle Struktur der Gesellschaft vom Insolvenzverwalter grundlegend aufgearbeitet und zueinander ins Verhältnis gesetzt.

Wer in der Insolvenzverwaltung tätig ist, muss die gesellschaftsrechtlichen Grundlagen, die Voraussetzungen und Rechtsfolgen des Eigenkapitalersatzrechts sowie die insolvenzspezifischen Besonderheiten kennen. Für die Praktiker ist es vor allem wichtig, die klassischen und modernen Fallgruppen des Kapitalersatzrechts zu erkennen. Dieses Buch richtet sich somit an diejenigen, die eine praxisbezogene Darstellung des Eigenkapitalersatzrechts im Insolvenz-verfahren suchen. Die Ausführungen geben einen Überblick über die derzeit relevanten Probleme.

Die Dissertation entstand während meiner Tätigkeit als Rechtsanwältin in der auf Insolvenzverwaltungen spezialisierten Kanzlei Dr. Beck & Partner in Nürnberg. Meine wissenschaftliche Arbeit wurde dadurch begleitet und geprägt von relevanten Anwendungsfällen aus der Praxis.

Abschließend möchte ich mich bedanken bei meinem Doktorvater für die wissenschaftliche Betreuung, bei meinen Kollegen in der Kanzlei Dr. Beck & Partner für die Diskussionsbereitschaft sowie bei meiner Familie, bei den Eheleuten Hochbaum, bei Frau Kreis und bei Frau Reischl für ihre mannigfache Unterstützung.

Vor allem danke ich meinem Ehemann Stefan Kraemer, der mich trotz zeitlicher Entbehrungen stets ermuntert hat. Er stand mir nach besten Kräften mit Rat und Tat zur Seite. Ihm widme ich dieses Buch.

Regensburg, im April 2007 Christa Kraemer

Inhaltsübersicht

Inhaltsverzeichnis

Literaturverzeichnis

Althuber, Franz / Brandstätter, Thomas / Haberer, Thomas — Gesellschafterleistungen in der Krise – Neuregelung des österreichischen Eigenkapitalersatzrechts, NZI 2004, S. 610ff.

Altmeppen, Holger — Anmerkung zu BGH, Urt. v. 7.11.1994 – II ZR 270/93, ZIP 1994, S. 1939ff.

ders. — Schutz vor „europäischen“ Kapitalgesellschaften, NJW 2004, S. 97ff.

ders. — Anmerkung zu BGH, Urt. v. 28.11.1994 – II ZR 77/93, ZIP 1995, S. 26ff.

ders. — Anmerkung zu BGH, Urt. v. 11.7.1994 – II ZR 146/92, NJW 1994, S. 2353f.

ders. — Verschlimmbesserungen im Kapitalersatzrecht, ZIP 1996, S. 1455

ders. — Der „atypische Pfandgläubiger“ – ein neuer Fall des kapitalersetzenden Darlehens?, ZIP 1993, S. 1677ff.

ders. — Anmerkung zu BGH, v. 28.6.1999 – II ZR 272/98, NJW 1999, S. 2812ff.

ders. — Neues zum Finanzplan- und zum Sanierungskredit, Familiengesellschaften, Festschrift für Walter Sigle, Zum 70. Geburtstag, Köln 2000, S. 211ff.
Zitiert: Altmeppen, in: FS Sigle

Altmeppen, Holger / Roth, Günter H. Gesetz betreffend die Gesellschaften mit beschränkter Haftung, GmbHG, Kommentar, 5. Auflage, München 2005

Altmeppen, Holger / Wilhelm, Jan Gegen die Hysterie um die Niederlassungsfreiheit der Scheinauslandsgesellschaften, DB 2004, S. 1083ff.

Bäcker, Roland M. Die Rechtsfolgen der eigenkapitalersetzenden Nutzungsüberlassung, Eine Analyse der Lagergrundstück-Urteile III und IV des BGH, GmbHR 1994, S. 766ff.

ders. Eigenkapitalersetzende Rechtshandlungen der GmbH-Gesellschafter und Dritter, Zur Auslegung des § 32a III GmbHG, Diss., Bergisch Gladbach, Köln 1990

Barth, Wolfgang H. Der Anwendungsbereich des Eigenkapitalersatzrechts nach § 32a Abs. 3 Satz 2 und Satz 3 GmbHG, Diss., Berlin 2001

Batereau, Ludwig Hans Die Haftung der Bank bei fehlgeschlagener Sanierung, WM 1992, S. 1517ff.

Baumbach Adolf / Hueck, Alfred GmbH-Gesetz, Gesetz betreffend die Gesellschaften mit beschränkter Haftung, Kommentar, 17. Auflage, München 2000
Zitiert: Baumbach/Hueck/Bearbeiter

Baumbach, Adolf / Hopt, Klaus J. Kommentar zum Handelsgesetzbuch, 31. Auflage, München 2003

Baur, Jürgen F. / Stürner, Rolf Sachenrecht, 17. Auflage, München 1999

Bayer, Walter	Die Anwendung aktienrechtlicher Regelungen auf die eingetragene Genossenschaft, DStR 1999, S. 1815ff.
ders.	Die EuGH-Entscheidung „Inspire Art" und die deutsche GmbH im Wettbewerb der europäischen Rechtsordnungen, BB 2003, S. 2357ff.
Bieder, Marcus	Zur Behandlung von Sanierungskrediten im Insolvenzplan – Betrachtungen zum Spannungsfeld des modifizierten § 32a Abs. 3 GmbHG und § 264 Abs. 1 InsO – ZInsO 2000, S. 531ff.
ders.	Die Auswirkungen des Sanierungsprivilegs gem. § 32a III 3 GmbHG auf das Recht der kapitalersetzenden Gesellschafterleistungen, NZI 2000, S. 514ff.
ders.	Bindungswirkung und Minderheitenschutz bei der Gesellschafterfinanzierung durch Finanzplankredite, WM 2000, S. 2533ff.
Blersch, Jürgen / Goetsch, Hans-W. / Haas, Ulrich	Berliner Kommentar zum Insolvenzrecht, Band II, 22. Lfg., Stand August 2005, Berlin 2005 Zitiert: BK-Bearbeiter
Blöse, Jochen	Das österreichische Eigenkapitalersatzgesetz: Vorbild für den deutschen Gesetzgeber?, GmbHR 2004, S. 412ff.
Böcker, Philipp	„Insolvenzanfechtung des Stehenlassens" – Zielführender Weg oder theoretische Sackgasse?, ZInsO 2005, S. 347ff.

Bork, Reinhard Insolvenzanfechtung des „Stehenlassens", Festschrift für Wilhelm Uhlenbruck, Köln 2000, S. 279ff. Zitiert: Bork, in: FS Uhlenbruck

Bormann, Michael Befristeter Kredit, befristete Bürgschaft und gesellschafterbesicherte Drittdarlehen, Anm. zu LG Kiel, Urt. v. 23.1.2001 – 16 O 93/00, ZInsO 2001, S. 308ff.

Brandes, Helmut Die Behandlung von Nutzungsüberlassungen im Rahmen einer Betriebsaufspaltung unter Gesichtspunkten des Kapitalersatzes und der Kapitalerhaltung, ZGR 1989, S. 244ff.

Braun, Eberhard Insolvenzordnung, Kommentar, 2. Auflage, München 2004

ders. Kapitalersetzende Maßnahme i. S. v. § 32a Abs. 3 GmbHG durch Pachtverträge in der Betriebsaufspaltung?, ZIP 1983, S. 1175ff.

Depré, Peter Anmerkung zu BGH, Urt. v. 7.12.1998 – II ZR 382/96, DZWIR 1999, S. 249ff.

Dörrie, Robin Das Sanierungsprivileg des § 32a Abs. 3 Satz 3 GmbHG, ZIP 1999, S. 12ff.

Drukarczyk, Jochen Kapitalerhaltungsrecht, Überschuldung und Konsistenz – Besprechung der Überschuldungs-Definition in BGH WM 1992, 1660, WM 1994, S. 1737ff.

Ebenroth, Carsten Thomas / Wilken, Oliver	Kapitalersatz und Betriebsaufspaltung, BB 1993, S. 305ff.
Eckardt, Diederich	Anmerkung zu OLG Köln, Urt. v. 4.3.1998 – 13 U 178/97, NZG 1998, S. 830f.
Ehricke, Ulrich	Nutzungsüberlassung von Gegenständen an eine GmbH nach § 32 a GmbHG – Bestandsaufnahme nach den Lagergrundstücksurteilen des BGH, WiB 1995, S. 889ff.
ders.	Das abhängige Konzernunternehmen in der Insolvenz, Wege zur Vergrößerung der Haftungsmasse abhängiger Konzernunternehmen im Konkurs und Verfahrensfragen. Eine rechtsvergleichende Analyse, Habil., Tübingen 1998
Eickmann, Dieter / Flessner, Axel / Irschlinger, Friedrich / Kirchhof, Hans-Peter / Kreft, Gerhart / Landfermann, Hans-Georg (Hrsg.)	Heidelberger Kommentar zur Insolvenzordnung, 3. Auflage, Heidelberg 2003 Zitiert: HK-Bearbeiter
Eisner, Helmut	Kapitalersatz- und Insolvenzverschleppungshaftung im Fall der Scheinauslandsgesellschaft, ZInsO 2005, S. 20ff.
Fabritius, Andreas	Vermögensbindung in AG und GmbH – tiefgreifender Unterschied oder grundsätzliche Identität?, ZHR 144 (1980), S. 628ff.

ders. Die Überlassung von Anlagevermögen an die GmbH durch Gesellschafter, Diss., Heidelberg 1988

Faßbender, Karl-Josef Cash Pooling und Kapitalersatzrecht im Konzern, Diss., Berlin 2004

Fastrich, Lorenz Ausfallsicherheiten als eigenkapitalersetzende Leistungen, NJW 1983, S. 260ff.

ders. Ketzerisches zur sogenannten Finanzierungsverantwortung, Festschrift für Wolfgang Zöllner, Zum 70. Geburtstag, Band I, Köln, Berlin, Bonn, München 1998, S. 143ff.
Zitiert: Fastrich, in: FS Zöllner

Fischer, Michael Die Verlagerung des Gläubigerschutzes vom Gesellschafts- in das Insolvenzrecht nach „Inspire Art“, ZIP 2004, S. 1477ff.

Fleck, Hans-Joachim Kurzkommentar zu BGH, Urt. v. 19.9.1996 – IX ZR 249/95, EWiR 1996, S. 1087f.

Fleischer, Holger Covenants und Kapitalersatz, ZIP 1998, S. 313ff.

ders. Finanzplankredite und Eigenkapitalersatz im Gesellschaftsrecht, Diss., Köln 1993

Förster, Karsten Durchbricht der Insolvenzbeschlag über das Vermögen des Vermieter-Gesellschafters die kapitalersetzende Gebrauchsüberlassung zugunsten der Mieter-Gesellschaft?, ZInsO 2002, S. 366

Früh, Andreas — Eigenkapitalersetzende Gesellschafterkredite, Eine kurze Bestandsaufnahme nach Inkrafttreten des KapAEG, des KonTraG und der InsO, GmbHR 1999, S. 842ff.

Gaiser, Anja Sofia — Die Freistellung geringfügig beteiligter Gesellschafter von der Ausfallhaftung nach § 24 GmbHG im Rahmen einer Kapitalerhöhung, Eine Untersuchung im Lichte des neuen § 32a Abs. 3 S. 2 GmbHG, GmbHR 1999, S. 210ff.

Gätsch, Andreas — Ausfallhaftung von Mitgesellschaftern für rückständige Einlagen und verbotswidrige Ausschüttzungen – Summenmäßige Beschränkung?, BB 1999, S. 701ff.

Gehde, Björn — Eigenkapitalersetzende Gesellschafterleistungen in Deutschland und den USA, Zugleich ein Beitrag zur marktkonformen Schutzkonzeption des Eigenkapitalersatzrechts, Diss., Berlin 1997

Gehrlein, Markus — Kollision zwischen eigenkapitalersetzender Nutzungsüberlassung und Vollstreckungszugriff durch Gesellschafter-Gläubiger, NZG 1998, S. 845ff.

v. Gerkan, Hartwin / Hommelhoff, Peter — Handbuch des Kapitalersatzrechts, 2. Auflage, Köln 2002
Zitiert: v. Gerkan/Hommelhoff/Bearbeiter

von Gerkan, Hartwin — Kurzkommentar zu OLG Düsseldorf, Urt. v. 24.9.1998 – 6 U 199/97, EWiR 1999, S. 25f.

ders. — Kurzkommentar zu BGH, Urt. v. 26.6.2000 – II ZR 21/99, EWiR 2001, S. 19f.

ders. Kurzkommentar zu BGH, Urt. v. 7.12.1998 – II ZR 382/96, EWiR 2000, S. 31f.

ders. Schwerpunkte und Entwicklungen im Recht der kapitalersetzenden Gesellschafterleistungen, GmbHR 1986, S. 218ff.

ders. Kurzkommentar zu BGH, Urt. v. 13.7.1992 – II ZR 251/91, EWiR 1992, S. 999f.

ders. Der Entwurf des „Kapitalaufnahmeerleichterungsgesetzes“ und das Recht des Eigenkapitalersatzes, GmbHR 1997, S. 677ff.

ders. Zum Stand der Rechtsentwicklung bei den kapitalersetzenden Gesellschafterleistungen, GmbHR 1990, S. 384ff.

ders. Zur Umqualifizierung stehengelassener Gesellschafterkredite zu Eigenkapitalersatz, GmbHR 1996, S. 400ff.

ders. Das Recht des Eigenkapitalersatzes in der Diskussion, ZGR 1997, S. 173ff.

Gottwald, Peter Insolvenzrechts-Handbuch, 2. Auflage, München 2001

Haarmeyer, Hans / Wutzke, Wolfgang / Förster, Karsten Handbuch zur Insolvenzordnung, InsO/EGInsO, 3. Auflage, München 2001

Haas, Ulrich	Aktuelle Rechtsprechung zum Kapitalersatzrecht, NZI 2002, S. 457ff.
ders.	Der Normzweck des Eigenkapitalersatzrechts, NZI 2001, S. 1ff.
ders.	Fragen zum Adressatenkreis des Kapitalersatzrechts, DZWIR 1999, S. 177ff.
ders.	Die Subordination von Gesellschafterdarlehen im deutschen und italienischen GmbH-Recht, GmbHR 2004, S. 557ff.
Haas, Ulrich / Dittrich, Carola	Eigenkapitalersetzende Dienstleistungen? Zugleich Besprechung von österr. OGH, Urteil vom 14.2.2000, 8 Ob 136/99d, DStR 2001, S. 623ff.
Habersack, Mathias	Eigenkapitalersatz im Gesellschaftsrecht, Überlegungen zum Anwendungsbereich der Regeln über eigenkapitalersetzende Gesellschafterhilfen, ZHR 162 (1998), S. 201ff.
ders.	Der Finanzplankredit und das Recht der eigenkapitalersetzenden Gesellschafterhilfen, ZHR 161 (1997), S. 457ff.
ders.	Grundfragen der freiwilligen oder erzwungenen Subordination von Gesellschafterkrediten, ZGR 2000, S. 384ff.
Henckel, Wolfram	Insolvenzanfechtung, Kölner Schrift zur Insolvenzordnung, 2. Auflage, Herne/Berlin 2000, S. 645ff.

Hentzen, Matthias	Konzerninnenfinanzierung nach BGHZ 157, 72, ZGR 2005, S. 480ff.
Hess, Harald / Weis, Michaela / Wienberg, Rüdiger	Kommentar zur Insolvenzordnung mit EGInsO, Band 1, Insolvenzordnung, 2. Auflage, Heidelberg 2001
Heublein, Gerrit	Eigenkapitalersetzende Nutzungsüberlassung von Immobilien im Spannungsfeld von Insolvenz- und Zwangsverwaltung, ZIP 1998, S. 1899ff.
Hirte, Heribert	Das Kapitalersatzrecht nach Inkrafttreten der Reformgesetzgebung, ZInsO 1998, S. 147ff.
Hoffmann-Becking, Michael (Hrsg.)	Münchener Handbuch des Gesellschaftsrechts, Band 4, Aktiengesellschaft, München 1999 Zitiert: Bearbeiter, in: M-Hdb. des GesR, Bd. 4
Hommelhoff, Peter	Eigenkapital-Ersatz im Konzern und in Beteiligungsverhältnissen, WM 1984, S. 1106ff.
Hommelhoff, Peter / Goette, Wulf / Kleindiek, Detlef	Eigenkapitalersatzrecht in der Praxis, 3. Auflage, Köln 2003 Zitiert: Hommelhoff/Goette/Kleindiek
Huber, Ulrich	Gesellschafterkonten in der Personengesellschaft, ZGR 1988, S. 1ff.
Hueck, Götz	Die Behandlung von Nutzungsüberlassungen im Rahmen einer Betriebsaufspaltung als Gesellschafterdarlehen, ZGR 1989, S. 216ff.

Hüffer, Uwe	Kommentar zum Aktiengesetz, 6. Auflage, München 2004
Jaeger, Ernst / Henckel, Wolfram	Konkursordnung, Großkommentar, 9. Auflage, Berlin, New York 1997
Joost, Detlev	Eigenkapitalersetzende Kommanditistenleistungen – Zugleich ein Beitrag zur Außenhaftung des Kommanditisten – ZGR 1987, S. 371ff.
Junge, Werner	Die haftungsrechtlichen Risiken der Betriebsspaltung, Festschrift für Franz Merz zum 65. Geburtstag, Köln 1992, S. 241ff. Zitiert: Junge, in: FS Merz
Jungmann, Carsten	Das Zusammentreffen von Zwangsverwaltung und eigenkapitalersetzender Nutzungsüberlassung, Anmerkungen zum Urteil des Bundesgerichtshofs vom 7. Dezember 1998, ZIP 1999, 65 – Druckhaus, ZIP 1999, S. 601ff.
Kirchhof, Hans-Peter / Lwowski, Hans-Jürgen / Stürner, Rolf (Hrsg.)	Münchener Kommentar zur Insolvenzordnung, Band 2, §§ 103-269, München 2002 Zitiert: MüKo-Bearbeiter
Koch, Ulrich	Kurzkommentar zu BGH, Urt. v. 7.11.1988 – II ZR 46/88, EWiR 1989, S. 587f.
Kropff, Bruno / Semler, Johannes (Hrsg.)	Münchener Kommentar zum Aktiengesetz, Band 1, 2. Auflage, München 2000 Band 2, 2. Auflage, München 2003 Band 8, 2. Auflage, München 2000 Zitiert: MüKo-Bearbeiter

Kübler, Bruno M. / Prütting, Hanns (Hrsg.)	Gesellschaftsrecht, Köln 1999
Kübler, Bruno M. / Prütting, Hanns (Hrsg.)	InsO, Kommentar zur Insolvenzordnung, Band I, Losebl.-Ausg. 23. Lfg., Mai 2005, Köln 2005 Band II, Losebl.-Ausg. 23. Lfg., Mai 2005, Köln 2005 Zitiert: Kübler/Prütting-Bearbeiter
Lehner, Andrea	Sanierungsprivileg (§ 32a Abs. 3 S. 3 GmbHG) für Gesellschaften mit beschränkter Haftung, Diss., Frankfurt am Main 2001
Lutter, Marcus	Die GmbH-Novelle und ihre Bedeutung für die GmbH, die GmbH & Co. KG und die Aktiengesellschaft, DB 1980, S. 1317ff.
ders.	Neues zum Gesellschafterdarlehen?, Zur Entscheidung „Hamburger Stahlwerke“ (HSW) des BGH, ZIP 1989, S. 477ff.
Lutter, Marcus / Hommelhoff, Peter	GmbH-Gesetz, Kommentar, 15. Auflage, Köln 2000 16. Auflage, Köln 2004
Lutter, Marcus / Hommelhoff, Peter	Nachrangiges Haftkapital und Unterkapitalisierung in der GmbH, ZGR 1979, S. 31ff.
Medicus, Dieter	Schuldrecht I, Allgemeiner Teil, 16. Auflage, München 2005

Meilicke, Wienand Die Niederlassungsfreiheit nach „Überseering", Rückblick und Ausblick nach handelsrecht und Steuerrecht, GmbHR 2004, S. 793ff.

Meyke, Rolf Die Haftung des GmbH-Geschäftsführers, 4. Auflage, Köln 2004

Michalski, Lutz Kommentar zum Gesetz betreffend die Gesellschaften mit beschränkter Haftung (GmbH-Gesetz), Band I, München 2002
Zitiert: Michalski/Bearbeiter

ders. Vermietung als eigenkapitalersetzende Nutzungsüberlassung, NZG 1998, S. 41ff.

Michalski, Lutz / Kolja de Vries Anmerkung zu OLG Köln, Urt. v. 12.8.1998 – 11 U 12/98, NZG 1999, S. 315f.

Molitor, Michael W. Kapitalersetzende Direktlebensversicherung, ZInsO 2005, S. 856ff.

Müller, Welf / Hense, Burkhard (Hrsg.) Beck´sches Handbuch der GmbH, 2. Auflage, München 1999
Zitiert: Bearbeiter in: Beck-Hdb. der GmbH

Nerlich, Jörg / Römermann, Voker (Hrsg.) Insolvenzordnung, Kommentar, 9. Ergänzungslief., Stand März 2005, München 2005
Zitiert: Nerlich/Römermann-Bearbeiter

Noack, Ulrich Kapitalersatz bei verbundenen Unternehmen, GmbHR 1996, S. 153ff.

Obermüller, Manfred Änderungen des Rechts der kapitalersetzenden Darlehen durch KonTraG und KapAEG, ZInsO 1998, S. 51ff.

ders. Insolvenzrecht in der Bankpraxis, 6. Auflage, Köln 2002

Oepen, Klaus Eigenkapitalersatz bei Stiftungen, NZG 2001, S.209ff.

Paefgen, Walter G. Wider die gesellschaftsrechtliche Ausländerphobie, ZIP 2004, S. 2253ff.

Palandt Bürgerliches Gesetzbuch, Kommentar, 64. Auflage, München 2005
Zitiert: Palandt/Bearbeiter

Paulick, Heinz Handbuch der Stillen Gesellschaft, 5. Auflage, Köln 1998

Paulus, Christoph Kurzkommentar zu LG München II, Urt. v. 13.2.1996 – 3 O 6799/95, EWiR 1996, S. 405f.

Pentz, Andreas Die Änderungen und Ergänzungen der Kapitalersatzregeln im GmbH-Gesetz, GmbHR 1999, S. 437ff.

Pichler, Jens Unternehmenssanierung auf Grundlage des geänderten § 32a GmbHG, WM 1999, S. 411ff.

Priester, Hans-Joachim Die Unversehrtheit des Stammkapitals bei Eintragung der GmbH – ein notwendiger Grundsatz?, ZIP 1982, S. 1141ff.

ders. Dienstleistungspflichten als Eigenkapitalersatz?, DB 1993, S. 1173ff.

Priester, Hans-Joachim / Mayer, Dieter (Hrsg.) Münchener Handbuch des Gesellschaftsrechts, Band 3, Gesellschaft mit beschränkter Haftung, München 1996
Zitiert: Bearbeiter, in: M-Hdb. des GesR, Bd. 3

Rebmann, Kurt / Säcker, Franz Jürgen / Rixecker, Roland (Hrsg.) Münchener Kommentar zum Bürgerlichen Gesetzbuch, Band 3, 4. Auflage, München 2004
Zitiert: MüKo-Bearbeiter

Reiner, Günter Der deliktische Charakter der „Finanzierungsverantwortung" des Gesellschafters: Zu den Ungereimtheiten der Lehre vom Eigenkapitalersatz, Verantwortung und Gestaltung, Festschrift für Karlheinz Boujong zum 65. Geburtstag, München 1996, S. 415ff.
Zitiert: Reiner, in: FS Boujong

Riedemann, Susanne Das Auseinanderfallen von Gesellschafts- und Insolvenzstatut, „Inspire Art" und die Insolvenz über das Vermögen einer englischen „limited" in Deutschland, GmbHR 2004, S. 345ff.

Riegger, Bodo Die Begrenzung der Finanzierungsfolgenverantwortung in § 32a Abs. 3 Satz 2 GmbHG, Festschrift für Walter Sigle, Zum 70. Geburtstag, Köln 2000, S. 229ff.
Zitiert: Riegger, in: FS Sigle

Rowedder, Heinz / Schmidt-Leithoff, Christian | Gesetz betreffend die Gesellschaften mit beschränkter Haftung (GmbHG), Kommentar, 4. Auflage, München 2002
Zitiert: Rowedder/Schmidt-Leithoff/Bearbeiter

Rümker, Dietrich | Überlegungen zur gesellschafterlichen Finanzierungsverantwortung, ZGR 1988, S. 494ff.

Schimansky, Herbert / Bunte, Hermann-Josef / Lwowski, Hans-Jürgen (Hrsg.) | Bankrechts-Handbuch, Band II, München 2001
Zitiert: Bearbeiter, in: BankR-Hdb.

Schlegelberger | Handelsgesetzbuch, Kommentar, Band III/2. Halbband, 5. Auflage, München 1986
Zitiert: Schlegelberger/Bearbeiter

Schmidsberger, Gerald | Eigenkapitalersatz im Konzern, Diss., Wien 1995

Schmidt, Karsten | Gesellschaftsrecht, 4. Auflage, Köln, Berlin, Bonn, München 2002

ders. | Finanzplanfinanzierung, Rangrücktritt und Eigenkapitalersatz, Zum System des Kapitalschutzes bei „funktionellem Eigenkapital“, ZIP 1999, S. 1241ff.

ders. | Die Rechtsfolgen der „eigenkapitalersetzenden Sicherheiten“, § 32a Abs. 2 GmbHG zwischen materiellem Gesellschaftsrecht und Insolvenzverfahrensrecht, ZIP 1999, S. 1821ff.

ders. Gesellschafterdarlehen als Insolvenzrechtsproblem, ZIP 1981, S. 689ff.

ders. Kapitalersetzende Kommanditistendarlehen, GmbHR 1986, S. 337ff.

ders. Summenmäßige Begrenzung der Ausfallhaftung nach § 31 Abs. 3 GmbHG, Eine Nachlese zu den Ausführungen in BB 1985, 154, BB 1995, S. 529ff.

ders. Verlust der Mitte durch „Inspire Art“? – Verwerfungen im Unternehmensrecht durch Schreckreaktionen der Literatur – , ZHR 168 (2004), S. 493ff.

ders. Eigenkapitalersatz bei unbeschränkter Haftung, Eine folgenreiche Skizze über Sinn, Zweck und Ausdehnung der Regeln über eigenkapitalersetzende Kredite, ZIP 1991, S. 1ff.

ders. Anmerkung zu BGH, Urt. v. 19.9.1988 – II ZR 255/87, NJW 1988, S. 3148ff.

ders. Nutzungsüberlassung, Eigenkapitalersatz und materielle Unterkapitalisierung, Zum Fortgang der Rechtsprechung über eigenkapitalersetzende Nutzungsüberlassungen und zum sich ändernden Rechtsbild des § 32a GmbHG, ZIP 1993, S. 161ff.

ders. § 32a GmbHG: ein Allheilmittel gegen unerwünschten Eigenkapitalersatz? Unzeitgemäße Betrachtungen aus Anlaß des BGH-Urteils vom 16.10.1989 über kapitalersetzende Gebrauchsüberlassungen, ZIP 1990, S. 69ff.

ders. Vom Eigenkapitalersatz in der Krise zur Krise des Eigenkapitalersatzrechts? Betrachtungen zu §§ 32a, b GmbHG, §§ 129a, 172a HGB, §§ 39, 135 InsO, GmbHR 2005, S. 797ff.

Schmidt, Karsten / Uhlenbruck, Wilhelm (Hrsg.) Die GmbH in Krise, Sanierung und Insolvenz, 2. Auflage, Köln 1999
Zitiert: Bearbeiter, in: Karsten Schmidt/Uhlenbruck

Scholz, Franz Kommentar zum GmbH-Gesetz,
I. Band, 9. Auflage, Köln 2000
II. Band, 9. Auflage, Köln 2002
Zitiert: Scholz/Bearbeiter

Schoß, Andreas / Hoffstadt, Mirjam Entsperrung contra unwiderlegliche Vermutung – Die Behandlung kapitalersetzender Darlehen in der Insolvenz, ZInsO 2005, S. 571ff.

Schröder, Jens-Sören Der GmbHR-Kommentar zu LG Hamburg, Urt. v. 1.4.2005 – 318 O 283/03, GmbHR, S. 883f.

Schütz, Carsten / Bürgers, Tobias / Riotte, Michael Die Kommanditgesellschaft auf Aktien, Handbuch, München 2004
Zitiert: Schütz/Bürgers/Riotte-Bearbeiter

Sieger, Jürgen J. / Aleth, Franz Finanzplankredite: Stand der Rechtsprechung und offene Fragen, GmbHR 2000, S. 462ff.

Smid, Stefan (Hrsg.) Insolvenzordnung (InsO) mit Insolvenzrechtlicher Vergütungsverordnung (InsVV), Kommentar, 2. Auflage, Stuttgart, Berlin, Köln 2001

Steenken, Nicole Die Insolvenz der Vor-GmbH vor dem Hintergrund der Gründerhaftung, Diss., Frankfurt am Main 2002

Steinbeck, Anja Zur systematischen Einordnung des Finanzplankredits, ZGR 2000, S. 503ff.

ders. Obligatorische Nutzungsüberlassung als Sacheinalge und Kapitalersatz, ZGR 1996, S. 116ff.

Stengel, Arndt Die Beteiligung einer Stiftung an einer Personengesellschaft des Handelsrechts, Diss., Trier 1991

Treffer, Christian Eigenkapitalersetzende Dienstleistungen eines GmbH-Gesellschafters, GmbHR 2002, S. 22ff.

Uhlenbruck, Wilhelm Insolvenzordnung, Kommentar, 12. Auflage, München 2003

ders. Gesellschaftsrechtliche Aspekte des Insolvenzrechts, Kölner Schrift zur Insolvenzordnung, 2. Auflage, Herne, Berlin 2000, S. 1157ff.

ders. Zur Kollision kapitalersetzender Gebrauchsüberlassungen (§§ 32a GmbHG) mit Grundpfandrechten und Zessionen der Kreditinstitute, Festschrift für Theodor Heinsius zum 65. Geburtstag, Berlin, New York 1991, S. 841ff.
Zitiert: Uhlenbruck, in: FS Heinsius

Ulmer, Peter — Gläubigerschutz bei Scheinauslandsgesellschaften, Zum Verhältnis zwischen gläubigerschützendem nationalem Gesellschafts-, Delikts- und Insolvenzrecht und der EG-Niederlassungsfreiheit, NJW 2004, S. 1201ff.

ders. — Gebrauchsüberlassung an die GmbH als Eigenkapitalersatz, Voraussetzungen und Rechtsfolgen nach § 32a Abs. 3 GmbHG, Festschrift für Alfred Kellermann zum 70. Geburtstag, Berlin, New York 1991, S. 485ff.
Zitiert: Ulmer, in: FS Kellermann

Ulmer, Peter (Hrsg.) — Hachenburg, Gesetz betreffend die Gesellschaften mit beschränkter Haftung (GmbHG), Großkommentar, Erster Band, 8. Auflage, Berlin, New York 1992
Zitiert: Hachenburg/Bearbeiter

Veil, Rüdiger — Eigenkapitalersetzende Aktionärsdarlehen, Ein Beitrag zum institutionellen Verständnis des Eigenkapitalersatzrechts, ZGR 2000, S. 223ff.

Vervessos, Nikolaos — Das Eigenkapitalersatzrecht, Grundlagen und aktuelle Entwicklungen, Diss., Baden-Baden 2000

Wachter, Thomas — Auswirkungen des EuGH-Urteils in Sachen Inspire Art Ltd. auf Beratungspraxis und Gesetzgebung, Deutsche GmbH vs. englische private limited company, GmbHR 2004, S. 88ff.

Wahlers, Henning W. — Konkurrenz zwischen Zwangsverwalter und Insolvenzverwalter bei der eigenkapitalersetzenden Gebrauchsüberlassung von Grundstücken, GmbHR 1999, S. 157ff.

Weisang, Andreas	Eigenkapitalersetzende Gesellschafterleistungen in der neueren Rechtsprechung – Teil I – , WM 1997, S. 197ff.
Westermann, Harm Peter	Kurzkommentar zu BGH, Urt. v. 27.11.2000 – II ZR 83/00, EWiR 2001, S. 327f.
ders.	Kurzkommentar zu BGH, Urt. v. 7.11.1994 – II ZR 270/93, EWiR 1995, S. 157f.
ders.	Die gesetzlichen Neuregelungen im Kapitalersatzrecht, DZWIR 2000, S. 1ff.
ders.	Banken als Kreditgeber und Gesellschafter – Zur Entscheidungsfreiheit der Bank im Kreditgeschäft – ZIP 1982, S. 379ff.
Wiedemann, Herbert	Gesellschaftsrechtliche Probleme der Betriebsaufspaltung, ZIP 1986, S. 1293ff.
Wiedemann, Herbert / Hermanns, Marc	Liquiditätszusagen des GmbH-Gesellschafters, ZIP 1994, S. 997ff.
Wienberg, Rüdiger / Sommer, Nicola	Anwendbarkeit von deutschem Eigenkapitalersatzrecht auf EU-Kapitalgesellschaften am Beispiel eines Partikularinsolvenzverfahrens im engeren Sinn nach Art. 3 II, IV EuInsVO, NZI 2005, S. 353ff.
Wilken, Oliver	Kapitalersetzende Nutzungsüberlassungen im internationalen Unterordnungskonzern, Diss., Bielefeld 1993

Wimmer, Klaus (Hrsg.)	Frankfurter Kommentar zur Insolvenzordnung, 3. Auflage, Neuwied, Kriftel, 2002 Zitiert: FK-Bearbeiter
Wittig, Arne	Beseitigung der Insolvenzgründe mit Bankenbeiträgen als Voraussetzung der freie Unternehmenssanierung, NZI 1998, S. 49ff.
Zöllner, Wolfgang	Kölner Kommentar zum Aktiengesetz, Band 1, 2. Auflage, Köln, Berlin, Bonn, München 1988 Zitiert: KöKo-Bearbeiter

Abkürzungsverzeichnis

aA	andere Ansicht
aaO	am angegebenen Ort
Abs.	Absatz
a. F.	Alte Fassung
AktG	Aktiengesetz
AnfG	Anfechtungsgesetz
Aufl.	Auflage
Begr.	Begründung
BGB	Bürgerliches Gesetzbuch
BT-Drucks.	Drucksachen des Deutschen Bundestages
bzw.	Beziehungsweise
ders.	Derselbe
Diss.	Dissertation
DMBilG	DM-Bilanzgesetz
EGBGB	Einführungsgesetz zum Bürgerlichen Gesetzbuch
EGInsO	Einführungsgesetz zur Insolvenzordnung
evtl.	Eventuell
GenG	Genossenschaftsgesetz
ggf.	Gegebenenfalls

GmbHG	Gesetz zur Gesellschaft mit beschränkter Haftung
HGB	Handelsgesetzbuch
Habil.	Habilitation
i. d. R.	in der Regel
i. S. d.	im Sinne des (der)
i. S. v.	im Sinne von (vom)
InsO	Insolvenzordnung
KapAEG	Gesetz zur Verbesserung der Wettbewerbsfähigkeit deutscher Konzerne an internationalen Kapitalmärkten und zur Erleichterung der Aufnahme von Gesellschafterdarlehen
KonTraG	Gesetz zur Kontrolle und Transparenz im Unternehmensbereich
mwN	Mit weiteren Nachweisen
n. F.	Neue Fassung
Rn.	Randnummer
RegE	Regierungsentwurf
sog.	so genannt(e)
u. a.	unter anderen
u. U.	unter Umständen
UBGG	Unternehmensbeteiligungsgesetz
UmwG	Umwandlungsgesetz

§ 1 Einführung

I. Darstellung der Problematik

Zur Finanzierung eines Unternehmens ist Kapital in die Gesellschaft einzubringen. Dies kann in Form von Eigenkapital oder in Form von Fremdkapital erfolgen. Von bestimmten Mindesteigenkapitalvorschriften abgesehen, steht es einem Unternehmer grundsätzlich frei, in welchem Umfang er Eigenkapital oder Fremdkapital einlegt. Eigenkapital ist Haftkapital und damit Risikokapital. Bei der Finanzierung über Fremdkapital hat der Kapitalgeber jedoch Anspruch auf Rückzahlung und ggf. Verzinsung. Kapitalgeber kann auch der Gesellschafter selber sein. Gerade in kleinen und mittelständischen Unternehmen ist dies häufig der Fall.

Die Angst vor einer Insolvenz der eigenen Gesellschaft veranlasst die Gesellschafter zu der Überlegung, wie sie ihr Privatkapital in die Gesellschaft einbringen können, ohne Gefahr zu laufen, im Falle einer Insolvenz das eingebrachte Kapital zu verlieren. Eine Einlage in Form von Eigenkapital ist aufgrund der Qualifizierung als Haftkapital im Falle einer Insolvenz meist vollständig verloren. Deshalb versuchen die Gesellschafter ihrer Gesellschaft Finanzierungsmittel in anderer Weise als durch förmliche Einlage zur Verfügung zu stellen, um im Falle einer Insolvenz zumindest als Insolvenzgläubiger berücksichtigt zu werden.

Grundsätzlich besteht keine Verpflichtung der Gesellschafter zur risikoangemessenen Ausstattung einer Gesellschaft mit Eigenkapital.[1] Wird bei einer Unterkapitalisierung jedoch der Kapitalbedarf der Gesellschaft mit der Zuführung von Fremdkapital statt mit einer risikoangemessenen Einlage von haftendem Eigenkapital gedeckt, dann spricht man von nomineller Unterkapitalisierung.[2]

Die Gesellschaft bzw. deren Verantwortliche haben im Zusammenhang mit der Finanzierung der Gesellschaft die Kapitalaufbringungs- und Kapitalerhaltungsvorschriften sowie die Insolvenzantragspflichten zu beachten. Im Übrigen steht es den Gesellschaftern frei, ob sie neben dem Mindesteigenkapital der Gesellschaft weiteres Eigenkapital oder Fremdkapital zur Verfügung stellen. Es herrscht also grundsätzlich eine Finanzierungsfreiheit.[3]

---

[1] Vgl. Scholz/Winter, § 5 GmbHG, Rn. 18f.

[2] Vgl. *Hommelhoff/Goette/Kleindiek*, Rn. 11; *MüKo-Stodolkowitz*, § 135 InsO, Rn. 15.

[3] *Scholz/K. Schmidt*, §§ 32a, 32b GmbHG, Rn. 4 mwN; *MüKo-Stodolkowitz*, § 135 InsO, Rn. 3.

Solange die Gesellschaft auf dem allgemeinen Kapitalmarkt problemlos Fremdkapital aufnehmen könnte, kann sie das Fremdkapital auch beim eigenen Gesellschafter aufnehmen. Diese Kreditaufnahme bei den Gesellschaftern mag in vielen Fällen für beide Seiten wirtschaftlich und steuerlich von Vorteil sein. So kann z. B. die Kreditaufnahme bei den Gesellschaftern für die Gesellschaft günstiger sein und gleichzeitig können die Gesellschafter für ihre Kreditvergabe eine bessere Verzinsung als auf dem allgemeinen Geldmarkt erhalten. Der Gewinn für die externen Fremdkapitalgeber fließt somit in die Taschen der Gesellschaft und/oder der Gesellschafter. Ein weiterer Vorteil der Zuführung von Fremdkapital durch die Gesellschafter liegt darin, dass die Mittel innerhalb kurzer Zeit und meist unbürokratisch der Gesellschaft zur Verfügung gestellt werden können. Dadurch kann die Gesellschaft schnell und flexibel auf Marktveränderungen etc. reagieren.

Die Problematik wird erst deutlich, wenn man den Fall betrachtet, dass die Gesellschaft aufgrund ihrer wirtschaftlichen Situation am allgemeinen Kapitalmarkt kein Fremdkapital mehr bekommen kann oder nur zu überhöhten Konditionen und die Gesellschaft ohne weiteren Kapitalzufluss zahlungsunfähig wird. In einem solchen Fall muss sich der Gesellschafter überlegen, ob er die Gesellschaft in die Insolvenz abrutschen lässt oder ob er der Gesellschaft neues Kapital aus der eigenen Tasche zur Verfügung stellt.

An dieser Stelle muss man seinen Blick auf die Interessen der Gläubiger der Gesellschaft werfen. Stellt der Gesellschafter in der eben dargestellten Situation der Gesellschaft Eigenkapital zur Verfügung, dann werden die bisherigen Gläubiger im Fall einer trotzdem eintretenden Insolvenz durch die Kapitaleinlage nicht schlechter gestellt. Anders ist es jedoch, wenn der Gesellschafter der Gesellschaft Fremdkapital zur Verfügung stellt. Dann würde sich im Falle einer Insolvenz die Summe der Insolvenzforderungen in Höhe der Kapitaleinlage erhöhen und sich die Insolvenzquote dadurch verringern. Daneben besteht die Gefahr, dass der Gesellschafter als Fremdkapitalgeber aufgrund gewisser Insiderinformationen sein Kapital rechtzeitig wieder aus der Gesellschaft abzieht und so eine unzulässige Risikoabwälzung auf die übrigen Gläubiger stattfindet.[4] Es wird nachfolgend noch darzulegen sein, dass der Gesellschafter die Verantwortung für eine ordnungsmäßige Unternehmensfinanzierung und damit die Finanzierungsfolgenverantwortung trägt.[5]

---

4 *MüKo-Stodolkowitz*, § 135 InsO, Rn. 2.

5 *Lutter/Hommelhoff*, §§ 32a, b GmbHG, Rn. 3f.; Rowedder/Schmidt-Leithoff/Pentz, § 32a GmbHG, Rn. 17.

Der BGH hat den Gedanken der Finanzierungsfolgenverantwortung seinen Entscheidungen zum Eigenkapitalersatz stets zugrunde gelegt. Wer seine Gesellschaft als Gesellschafter durch zusätzliche, aber nicht als Eigenkapital gegebene Gesellschafterhilfen finanziert, kann sich seiner daraus im Interesse des Gläubigerschutzes folgenden Verantwortung nicht dadurch entziehen, dass er sich um die wirtschaftliche Entwicklung des Unternehmens und damit um den möglichen Funktionswandel seiner Finanzierungshilfen innerhalb der Kapitalausstattung der Gesellschaft nicht kümmert. Mit dem Einwand, er wolle oder könne sich über die wirtschaftliche Lage der Gesellschaft nicht auf dem Laufenden halten, wird der Gesellschafter nicht gehört.[6] Die Finanzierungsfolgenverantwortung des Gesellschafters ergibt sich aus der positiven Finanzierungsentscheidung und aus entsprechenden Finanzierungshandlungen des Gesellschafters.[7]

Aus Gründen des Gläubigerschutzes wurden Regelungen entwickelt, wonach Finanzierungsmittel jeglicher Art, die die Gesellschafter ihrer Gesellschaft in anderer Weise als durch förmliche Einlage zur Verfügung stellen, dem Eigenkapital weitgehend gleichzustellen sind, wenn die Gesellschaft ohne diese zusätzlichen Gesellschafterhilfen nicht betrieben werden könnte, weil sie sich die für ihren Fortbestand erforderlichen finanziellen Mittel auf dem allgemeinen Kapitalmarkt nicht beschaffen kann.[8] Eine beabsichtigte Gläubigerschädigung oder Gläubigergefährdung ist nicht Voraussetzung für die Anwendung der Kapitalersatzregeln.[9]

Strittig und ungeklärt ist jedoch der genaue Normzweck der Eigenkapitalersatzregelungen. Während der Gesetzgeber von einer mitunternehmerischen Verantwortung des Gesellschafters ausgeht und in diesem Zusammenhang von „Finanzverantwortung" spricht,[10] sieht die Literatur den Grund für den Eigenkapitalersatz in einer „Finanzierungsfolgenverantwortung", also unabhängig von rechtswidrigem oder schuldhaftem Verhalten[11]. In der wissenschaftlichen Diskussion wird festgestellt, dass der entscheidende Geltungsgrund für das gesamte Kapitalersatzrecht eine angemessene Insolvenzverschleppungshaftung der Ge-

---

6 BGH, Urt. v. 9.3.1992 – II ZR 168/91, ZIP 1992, 616, NJW 1992, 1763, GmbHR 1992, 367; BGH, Urt. v. 11.7.1994 – II ZR 162/92, BGHZ 127, 17, ZIP 1994, 1441, EWiR 1994, 1107; BGH, Urt. v. 7.11.1994 – II ZR 270/93, BGHZ 127, 336, ZIP 1994, 1934, NJW 1995, 326, NJW 1995, 326.

7 Vgl. *v. Gerkan/Hommelhoff/Hommelhoff*, Rn. 2.22.

8 *MüKo-Stodolkowitz*, § 135 InsO, Rn. 1.

9 Vgl. *Scholz/K. Schmidt*, §§ 32a, 32b GmbHG, Rn. 8.

10 Begr. RegE, BT-Drucks. 13/7141, S. 12.

11 *MüKo-Stodolkowitz*, § 135 InsO, Rn. 3f.

schäftsführer und der Gesellschafter ist.[12] Der Begriff „Finanzierungsfolgenverantwortung“ wird dem eigentlichen Zweck der Kapitalersatzregeln am besten gerecht. Der Gesellschafter hat die Verantwortung für die Folgen seiner Finanzierung zu tragen.

Zusammenfassend kann damit festgehalten werden, dass die Finanzierungsfreiheit im Lichte des Gläubigerschutzes und der Finanzierungsverantwortung bzw. der Finanzierungsfolgenverantwortung gesehen werden muss.[13] Daraus ergibt sich die Notwendigkeit der Anwendung der Eigenkapitalersatzregeln.

II. Die geschichtliche Entwicklung des Eigenkapitalersatzes

Bereits im Jahre 1938 traf das Reichsgericht eine Entscheidung zur Behandlung von Gesellschafterdarlehen als Gesellschaftereinlagen wegen Missbrauchs der Gesellschaftsform.[14]

Der Bundesgerichtshof hat im Jahre 1959 in einer Grundsatzentscheidung („Lufttaxi“-Fall)[15] festgestellt, dass kapitalersetzende Gesellschafterleistungen den Kapitalerhaltungsregeln der §§ 30 und 31 GmbHG unterstehen. Im Laufe der Zeit entwickelte die Rechtsprechung eine Vielzahl von Regeln zum Eigenkapitalersatz. In einer weiteren Grundsatzentscheidung des Bundesgerichtshofes im Jahre 1980[16] wurden die bis dahin entwickelten Rechtsprechungsgrundsätze zum eigenkapitalersetzenden Gesellschafterdarlehen zusammengefasst.

Der Gesetzgeber normierte erstmals das Eigenkapitalersatzrecht im Rahmen der GmbH-Novelle im Jahre 1980. In den §§ 32a, 32b GmbHG, §§ 129a, 172a HGB, § 32a KO, § 3b AnfG sollten die bis dahin entwickelten Grundsätze der Rechtsprechung kodifiziert und in das GmbHG aufgenommen werden.[17] Diese gesetzlichen Regelungen konnten die Rechtsgrundsätze jedoch nicht gänzlich ersetzen, so dass der BGH in dem „Nutzfahrzeug“-Urteil die Rechtsprechungsregeln weiterhin für anwendbar erklärt hat.[18] Eine Anpassung der §§ 32a und 32b GmbHG erfolgte später durch Art. 48 EGInsO aufgrund des Inkrafttretens

---

[12] Vgl. *Karsten Schmidt*, ZIP 1999, 1241, 1244ff.; *Haas*, NZI 2001, 1, 3ff.

[13] Scholz/*K. Schmidt*, §§ 32a, 32b GmbHG, Rn. 4.

[14] RG, Urt. v. 3.12.1938 – II 84/38, JW 1939, 355ff.

[15] BGH, Urt. v. 14.12.1959 – II ZR 187/57, BGHZ 31, 258ff., NJW 1960, 285ff.

[16] BGH, Urt. v. 24.3.1980 – II ZR 213/77, BGHZ 76, 326, ZIP 1980, 361, GmbHR 1980, 179.

[17] *Scholz/K. Schmidt*, §§ 32a, 32b GmbHG, Rn. 11 mwN.

[18] BGH, Urt. v. 26.3.1984 – II ZR 14/84, BGHZ 90, 370, 380f.

der neuen Insolvenzordnung zum 01.01.1999. Die Neuerungen beschränken sich im Wesentlichen auf die Qualifizierung des Anspruchs auf Rückgewähr von eigenkapitalersetzenden Gesellschafterleistungen als nachrangige Insolvenzforderung (§ 39 Abs. 1 Nr. 5 InsO) sowie auf eine Spezialregelung in den Anfechtungsvorschriften (§ 135 InsO). Weitere Änderungen wurden in § 32a Abs. 3 GmbHG durch das KapAEG und das KonTraG im Jahr 1998 eingefügt.

Bis heute besteht keine ausreichende gesetzliche Kodifikation des Eigenkapitalersatzrechts. Nach wie vor wird auf die Rechtsprechungsregeln zurückgegriffen.

III. Ziele dieser Arbeit

Nach der kurzen einführenden Darstellung der Problematik und der geschichtlichen Entwicklung des Eigenkapitalersatzrechtes sollen nunmehr die Ziele der vorliegenden Arbeit konkretisiert werden.

Das Eigenkapitalersatzrecht ist ständiges Diskussionsthema in der Literatur und wird durch die Rechtsprechung laufend fortentwickelt. Es gibt bereits zahlreiche Schriften, die das Gesamtproblem des Eigenkapitalersatzes behandeln. Diese Arbeit versucht die Problemschwerpunkte des Kapitalersatzrechtes bei der Insolvenzabwicklung herauszuarbeiten und anhand einer Darstellung der klassischen und modernen Fallgruppen den relevanten Anwendungsbereich abzustecken.

Die Eigenkapitalersatzregeln sind gesellschaftsrechtliche Regeln über die Behandlung von Gesellschafterdarlehen, nicht spezifisch insolvenzrechtliche Vorschriften.[19] Die Novellenregelungen zum Eigenkapitalersatz im GmbHG wurden jedoch mit dem Ziel des Gläubigerschutzes in der Insolvenz eingeführt.[20] In der Praxis tritt das Problem der eigenkapitalersetzenden Gesellschafterleistungen vor allem in der Insolvenzverwaltung auf. Im Vorfeld der Insolvenz versuchen die Gesellschafter häufig durch die Zuführung eigener Finanzierungsmittel die Gesellschaft aus der Krise zu führen. In den Fällen, in denen die wirtschaftliche Schieflage beseitigt und die Insolvenz abgewehrt werden konnte, wird die eigenkapitalersetzende Funktion der Gesellschafterleistungen meist nicht in Anspruch genommen. Erst im Insolvenzfall wird die gesellschaftsrechtliche und finanzielle Struktur der Gesellschaft vom Insolvenzverwalter umfassend geprüft und die eigenkapitalersetzende Funktion von Gesellschafterleistungen offen gelegt. Ihm obliegt es, bereits zurückgewährte eigenkapitalersetzende Leistungen

---

[19] *Scholz/K. Schmidt*, §§ 32a, 32b GmbHG, Rn. 15.

[20] Vgl. *Karsten Schmidt*, ZIP 1981, 689ff.

anzufechten oder den Forderungen auf Rückgewähr der Gesellschafterleistung die Einwendung des kapitalersetzenden Charakters entgegen zu halten. Ein Insolvenzverwalter sollte deshalb die Grundlagen des Kapitalersatzrechtes, die insolvenzspezifischen Besonderheiten und die möglichen Fallgruppen des Eigenkapitalersatzrechts kennen.

Um einen vollständigen Überblick geben zu können werden auch das Schutzsystem, die Voraussetzungen und Folgen des Eigenkapitalersatzes sowie die Besonderheiten des § 32a Abs. 3 Satz 2 und 3 GmbHG in der gebotenen Kürze dargestellt.

Die insolvenzrechtlichen Besonderheiten werden in einem eigenen Kapitel ausgeführt.

Von Interesse ist schließlich auch die Behandlung des Kapitalersatzrechts bei den verschiedenen Gesellschaftsformen. Auch hier können sich besondere Fallgruppen ergeben.

Nach der Zusammenfassung der wichtigsten Ergebnisse soll ein kurzer Ausblick auf einige aktuelle Problemschwerpunkte im Kapitalersatzrecht gegeben werden.

Kapitel 1: Allgemeines zum Eigenkapitalersatzrecht

§ 2 Zweistufiges System des Eigenkapitalersatzrechts

Das zunächst von der Rechtsprechung entwickelte Kapitalersatzrecht wurde, wie bereits im geschichtlichen Rückblick dargestellt, vom Gesetzgeber nur zum Teil in verschiedenen gesetzlichen Vorschriften normiert.

I. Kodifiziertes Kapitalersatzrecht

Die §§ 32a und 32b GmbHG wurden durch Gesetz vom 04.07.1980 eingeführt. Sie regeln für die GmbH einige Fälle des Eigenkapitalersatzes in der Insolvenz. Nach § 32a Abs. 1 GmbHG kann der Anspruch auf Rückgewähr eines kapitalersetzenden Darlehens im Insolvenzverfahren über das Vermögen der Gesellschaft nur als nachrangige Insolvenzforderung geltend gemacht werden. § 32a Abs. 2 InsO regelt den Fall, dass ein Dritter der Gesellschaft in der Krise ein Darlehen gewährt und der Gesellschafter für die Rückgewähr des Darlehens eine Sicherung bestellt oder sich dafür verbürgt. In diesem Fall wird die Rechtsstellung des Fremdkapitalgebers dahingehend eingeschränkt, dass er im Insolvenzverfahren über das Vermögen der Gesellschaft nur für den Betrag die Insolvenzquote verlangen kann, mit dem er bei der Inanspruchnahme der Sicherheit oder der Bürgschaft ausgefallen ist. § 32a Abs. 3 S. 1 GmbHG stellt einen Art Auffangtatbestand dar. Danach sind die Eigenkapitalersatzregeln auch auf andere Rechtshandlungen eines Gesellschafters oder eines Dritten anzuwenden, die der Darlehensgewährung nach Abs. 1 und Abs. 2 wirtschaftlich entsprechen. Dadurch wird ein gewisser Umgehungsschutz gewährleistet. Die Sätze 2 und 3 des § 32a Abs. 3 GmbHG regeln Ausnahmen für die Anwendung des Kapitalersatzrechts. § 32b GmbHG gibt der Gesellschaft bei zurückgezahlten Darlehen unter gewissen Voraussetzungen einen Ersatzanspruch gegen den Gesellschafter.

Daneben finden sich auch im Handelsgesetzbuch einige Vorschriften zum Eigenkapitalersatz. § 129a HGB ordnet die Rückgewähr von Darlehen bei einer offenen Handelsgesellschaft an, bei der kein Gesellschafter eine natürliche Person ist. § 172a HGB regelt die Rückgewähr von Darlehen bei einer Kommanditgesellschaft, bei der kein persönlich haftender Gesellschafter eine natürliche Person ist.

Im Zeitraum vor dem Insolvenzfall ist das Gesetz über die Anfechtung von Rechtshandlungen eines Schuldners außerhalb des Insolvenzverfahrens zu beachten. Das Anfechtungsgesetz (AnfG) enthält für kapitalersetzende Darlehen eine Regelung in § 6 AnfG. Diese Vorschrift regelt die Anfechtbarkeit von Rechtshandlungen auf Sicherung oder Befriedigung von kapitalersetzenden Darlehen oder gleichgestellten Forderungen außerhalb eines Insolvenzverfahrens. § 6 AnfG ist das Pendant zu § 135 InsO.

In der Insolvenzordnung wird das Eigenkapitalersatzrecht vor allem an zwei Stellen konkretisiert. Zum einen werden nach § 39 Abs. 1 Nr. 5 InsO Forderungen auf Rückgewähr des kapitalersetzenden Darlehens eines Gesellschafters oder gleichgestellte Forderungen als nachrangige Insolvenzforderungen qualifiziert. Zum anderen regelt § 135 InsO die Anfechtbarkeit von Rechtshandlungen auf Sicherung oder Befriedigung von kapitalersetzenden Darlehen oder einer gleichgestellten Forderung im Insolvenzverfahren. Darüber hinaus gibt es Sondervorschriften im Insolvenzplanverfahren gemäß §§ 217ff. InsO.

II. Rechtsprechungsregeln

Das Kapitalersatzrecht wurde ursprünglich durch die Rechtsprechung entwickelt, die die Kapitalerhaltungsvorschriften der §§ 30, 31 GmbHG zur Grundlage nahm und analog anwendet. Diese Kapitalerhaltungsvorschriften gelten unabhängig von einer Insolvenz der Gesellschaft und bestimmen, dass das Stammkapital nicht an die Gesellschafter ausbezahlt werden darf. Dabei muss aber geprüft werden, ob die zur Rückzahlung anstehenden Leistungen aufgrund des Gesellschaftsverhältnisses erbracht worden sind, denn nur bei diesen Leistungen handelt es sich um Eigenkapital und nur in diesem Fall greift das Rückzahlungsverbot der §§ 30, 31 GmbHG.[21]

Folgende Rechtsprechungsregeln sind vom BGH entwickelt worden:[22]

(1) Gewährt ein Gesellschafter der GmbH, die bei gesellschaftsfremden Dritten kreditunwürdig oder die gar insolvenzreif ist, anstelle einer in dieser Lage benötigten weiteren Kapitaleinlage Darlehensbeträge, so sind diese Gelder so zu behandeln, als seinen sie haftendes Kapital.

(2) Diese Darlehensbeträge dürfen erst dann an den Gesellschafter zurückbezahlt werden, wenn bei der Gesellschaft trotz der Rückzahlung ein Gesellschaftsvermögen in Höhe des satzungsmäßigen Stammkapitals

---

[21] *MüKo-Stodolkowitz*, § 135 InsO, Rn. 104.

[22] *v. Gerkan/Hommelhoff/Hommelhoff*, Rn. 1.7ff. mwN.

verbleibt, also durch die Rückzahlung keine Unterbilanz eintritt oder eine bereits vorhandene Unterbilanz nicht noch weiter vertieft wird. Andernfalls ist das Gesellschafterdarlehen in der Gesellschaft gesperrt.

(3) Darlehensbeträge, die vor Aufhebung dieser Sperre zurückgezahlt worden sind, muss der Geschäftsführer und kann der Insolvenzverwalter in das Gesellschaftsvermögen zurück verlangen.

(4) Der Anspruch auf Rückerstattung von nach § 30 GmbHG verbotenen Gewinnauszahlungen besteht selbst dann fort, wenn zwischenzeitlich das Stammkapital anderweitig wieder aufgefüllt wurde.

(5) Ein Darlehen, dass von einem Gesellschafter an eine zunächst kreditwürdige GmbH ausgereicht wurde, aber nach Eintritt der Krise der Gesellschaft von dem Gesellschafter stehen gelassen wird, unterliegt vom Moment des „Stehenlassens" an den Regeln für eigenkapitalersetzende Gesellschafterdarlehen.

III. Unterschiede zwischen den Novellenregeln und den Regeln der Rechtsprechung

1. Allgemeine Unterschiede

a) Verfahrenssituation

Zu beachten ist, dass die Rechtsprechungsregeln, anders als die Novellenregelungen, nicht an die Eröffnung eines Insolvenzverfahrens anknüpfen. Ausreichend für die Umqualifizierung nach den Rechtsprechungsregeln ist, dass eine Kreditunwürdigkeit der Gesellschaft zum Zeitpunkt des Rückzahlungsverlangens besteht. Nach den Rechtsprechungsregeln hat die Gesellschaft nach § 31 Abs. 1 GmbHG analog einen Erstattungsanspruch für jeden unzulässig zurückgezahlten Eigenkapitalersatz.[23]

---

[23] *Lutter/Hommelhoff*, §§ 32a/b GmbHG, Rn. 11.

Bei den Novellenregelungen ist hingegen die Eröffnung eines Insolvenzverfahrens oder das Betreiben der Einzelzwangsvollstreckung Voraussetzung für die Anwendung der normierten Eigenkapitalersatzregeln.

Durch die Anwendung der Rechtsprechungsregeln wird die Bindung der kapitalersatzrechtlichen Leistung erweitert.

b) Anspruchsführer

Nach den gesetzlichen Regelungen kann nur der Insolvenzverwalter nach § 143 Abs. 1 InsO oder ein Gesellschaftsgläubiger nach § 11 Abs. 1 AnfG den Rückforderungsanspruch wegen Eigenkapitalersatz geltend machen.[24]

Wird aufgrund der Rechtsprechungsregeln der eigenkapitalersetzende Charakter der Gesellschafterleistung bestimmt, dann muss zunächst der Geschäftsführer den Eigenkapitalersatzcharakter des Gesellschafterdarlehens bzw. den Erstattungsanspruch geltend machen.[25] Im Insolvenzverfahren ist es jedoch Aufgabe des Insolvenzverwalters, die Befugnisse des Geschäftsführers nach den Rechtsprechungsregeln ausüben.

c) Reichweite

Die Kapitalschutzvorschriften der §§ 30, 31 GmbHG gewähren keinen so weitgehenden Schutz wie die insolvenzrechtlichen Kapitalersatzregeln.

Über §§ 30, 31 GmbHG wird nur das bilanzielle Vorhandensein des Stammkapitals geschützt.[26] Der Rückforderungsanspruch aus § 31 Abs. 1 GmbHG ist jedoch nicht auf die Höhe des Stammkapitals beschränkt, sondern er besteht in der Höhe, in der der Kredit nach § 30 Abs. 1 GmbHG gebunden war.[27] Das bedeutet, dass die Rechtsprechungsregeln die eigenkapitalersetzenden Gesellschafterleistungen nur soweit binden, wie sie verlorenes Stammkapital oder eine über diesen Verlust hinaus bestehende Überschuldung abdecken.[28] Wird dagegen über das Gesellschaftsvermögen die Insolvenz eröffnet, dann greifen die gesetz-

---

[24] *Lutter/Hommelhoff*, §§ 32a/b GmbHG, Rn. 95.

[25] v. Gerkan/Hommelhoff/*Hommelhoff*, Rn. 1.19.

[26] Vgl. BGH, Urt. v. 13.7.1981 – II ZR 256/79, ZIP 1981, 974, 976, NJW 1981, 2570, 2572.

[27] *Scholz/K. Schmidt*, §§ 32a, 32b GmbHG, Rn. 80; *Hachenburg/Ulmer*, § 32a, b GmbHG, Rn. 172.

[28] *Lutter/Hommelhoff*, §§ 32a/b GmbHG, Rn. 11.

lichen Regeln ein und die eigenkapitalersetzenden Gesellschaftermittel unterliegen in voller Höhe dem Eigenkapitalersatz.[29]

Der sog. „Spitzenbetrag“ oberhalb der Stammkapitalziffer wird also nur von den gesetzlichen Regelungen erfasst.[30]

Um den gesetzlichen Vorschriften der § 32a Abs. 3 Satz 2 und 3 GmbHG nicht zu widersprechen, müssen das Sanierungsprivileg und die Regelung bei Zwerganteilen auch bei den Rechtsprechungsregeln gelten.[31]

d) Zeitliche Grenzen

Ein weiterer Unterschied zwischen den kodifizierten Kapitalersatzregeln und den Rechtsprechungsregeln besteht in den unterschiedlichen zeitlichen Grenzen der möglichen Geltendmachung.

Zu beachten sind vor allem die unterschiedlichen Verjährungsfristen. Die Verjährung des Erstattungsanspruchs gemäß § 31 GmbHG ist in § 31 Abs. 5 GmbHG geregelt. Die Ansprüche der Gesellschaft verjähren danach in fünf Jahren. Der Anspruch gemäß § 32b GmbHG und die Ansprüche aufgrund der insolvenzrechtlichen Anfechtung gemäß § 135 InsO verjähren nach § 146 InsO. Seit dem 15.12.2004 gilt gemäß § 146 Abs. 1 InsO die Regelverjährungsfrist des § 195 BGB von drei Jahren. Vor dem 15.12.2004 nach altem Recht verjährte Anfechtungsansprüche bleiben verjährt. Die neue Verjährung gilt erst für am 15.12.2004 oder später eröffnete Insolvenzverfahren. Zu beachten ist jedoch die Übergangsvorschrift des Art. 229 § 6 Abs. 3 EGBGB.

2. Bewertungsfragen

Von Interesse ist schließlich, anhand welcher Werte der Auszahlungssperrbetrag berechnet wird. Der von der Auszahlungssperre betroffene Betrag ist anhand einer Überschuldungsbilanz zu berechnen, die fortgeführte Buchwerte ansetzt.[32] In der Berechnung sind die eigenkapitalersetzenden Leistungen als Verbindlichkei-

---

[29] *Lutter/Hommelhoff*, §§ 32a/b GmbHG, Rn. 14.

[30] *Lutter/Hommelhoff*, §§ 32a/b GmbHG, Rn. 17.

[31] *Früh*, GmbHR 1999, 842, 847; *Dörrie*, ZIP 1999, 12, 15; *Pentz*, GmbHR 1999, 437, 450.

[32] BGH, Urt. v. 11.5.1987 – II ZR 226/86, ZIP 1987, 1113, NJW 1988, 139, EWiR 1987, 1099.

ten zu berücksichtigen.[33] Die Einzelheiten bei der Aufstellung eines Überschuldungsstatus im Zusammenhang mit kapitalersetzenden Gesellschafterleistungen werden bei den Folgen des Eigenkapitalersatzes dargestellt.[34]

Eine weitere Abweichung der Rechtsprechungsregeln zum kodifizierten Kapitalersatzrecht zeigt sich darin, dass der einmal ausgelöste Erstattungsanspruch aus § 31 Abs. 1 GmbHG nur durch Rückzahlung erlöschen kann. Die Rechtsprechung führt hierzu aus, dass der Erstattungsanspruch auch bestehen bleibt, wenn das Stammkapital anderweitig aufgefüllt worden ist.[35]

Erwähnenswert ist in diesem Zusammenhang auch die Vorschrift des § 19 Abs. 2 Satz 2 GmbHG. Bei entsprechender Anwendung kann der Gesellschafter gegen den Anspruch der Gesellschaft auf Erstattung nach § 31 GmbHG nicht aufrechnen.[36] Auch hierin zeigt sich die streng formalistische Haftung der Kapitalerhaltungsregeln, was auf die Rechtsprechungsregeln zum Kapitalersatz durchgeschlagen hat.

3. Haftung der Mitgesellschafter

Die Rechtsprechung wendet im Rahmen der Rechtsprechungsregeln auch den § 31 Abs. 3 GmbHG entsprechend an. Danach kommt es, wenn der Erstattungsanspruch gegen einen Gesellschafter nicht realisierbar ist, zu einer Ausfallhaftung der übrigen Gesellschafter.[37]

Ungeklärt ist allerdings, ob die Mitgesellschafter ebenso bis zur bilanziellen Erreichung des Stammkapitals haften. Die herrschende Meinung in der Literatur spricht sich für eine Begrenzung der Haftung der Mitgesellschafter bis zur Erreichung der nominellen Stammkapitalziffer aus. Andernfalls wären die Mitgesellschafter mit einem unkalkulierbaren und nicht zumutbaren Haftungsrisiko belastet.[38] Andere wollen eine stärkere Haftungsbegrenzung und die Haftung nur

---

[33] BGH, Urt. v. 6.12.1993 – II ZR 102/93, BGHZ 124, 282, ZIP 1994, 295, NJW 1994, 724.

[34] Vergleiche hierzu ausführlich unter § 4, VIII.

[35] BGH, Urt. v. 29.5.2000 – II ZR 118/98, BGHZ 144, 336, 341f., ZIP 2000, 1251, 1253, NJW 2000, 2577, 2578; kritisch: *Scholz/K. Schmidt*, §§ 32a, 32b GmbHG, Rn. 84.

[36] BGH, Urt. v. 27.11.2000 – II ZR 83/00, ZIP 2001, 157, 158, NJW 2001, 830, 831; zustimmend *Westermann*, EWiR 2001, 327, 328.

[37] Vgl. BGH, Urt. v. 5.2.1990 – II ZR 114/89, ZIP 1990, 451ff.;

[38] Vgl. *Hachenburg/Goerdeler/Müller*, § 31 GmbHG, Rn. 54; *Lutter/Hommelhoff*, § 31 GmbHG, Rn. 21; *Scholz/K. Schmidt*, § 31 GmbHG, Rn. 30; *Roth/Altmeppen*, § 31 GmbHG, Rn. 10.

bis zur Höhe der Einlage des Empfängers bzw. des in Anspruch genommenen Mitgesellschafters anerkennen.[39] Wieder andere befürworten eine Begrenzung der Haftung nicht.[40] Eine unbegrenzte Haftung der Mitgesellschafter überschreitet jedoch den Risikomaßstab des § 31 Abs. 3 GmbHG[41] und ist deshalb abzulehnen.

Im Zusammenhang mit der Haftung der Mitgesellschafter gemäß § 31 Abs. 3 GmbHG stellt sich auch noch die Frage nach einer Ausnahme für die Inhaber von Zwerganteilen i. S. d. § 32a Abs. 3 Satz 2 GmbHG. Auch hier gehen die Meinungen auseinander. Die Vertreter der einen Ansicht wollen die Inhaber von Zwerganteilen von der Haftung ausnehmen.[42] Nach Ansicht anderer fehlt es für diese Privilegierung an einer gesetzlichen Grundlage. Deshalb müssen auch die nur geringfügig beteiligten Gesellschafter nach § 31 Abs. 3 GmbHG entsprechend mithaften.[43]

Strittig ist darüber hinaus noch, ob eine Haftung der Mitgesellschafter auch unabhängig von § 31 Abs. 3 GmbHG möglich ist. Zu denken ist hier zum Beispiel an den Fall, dass ein Mitgesellschafter eine Rückzahlung nach § 30 GmbHG schuldhaft ermöglicht hat. Nach neuerer Auffassung der Rechtsprechung gibt es eine von § 31 Abs. 3 GmbHG unabhängige Haftung nicht.[44]

IV. Gesamtsystematik

Nachdem zwischen den gesetzlichen Eigenkapitalersatzregeln und den Rechtsprechungsregeln – wie oben dargestellt – gewisse Unstimmigkeiten bestehen, hat der Bundesgerichtshof in dem „Nutzfahrzeug-Urteil" aus dem Jahre 1984[45] ausgeführt, dass die Rechtsprechungsregeln neben dem gesetzlich normierten Kapitalersatzrecht weiter gelten. Das Kapitalersatzrecht ergibt sich somit aus der Gesamtheit von gesetzlichen Regelungen und den Regeln der Rechtsprechung.

---

[39] *K. Schmidt*, BB 1995, 529, 531f.; *Scholz/H. P. Westermann*, § 31 GmbHG, Rn. 30.

[40] *Fabritius*, ZHR 144 (1980), 628, 635; *Gätsch*, BB 1999, 701, 704ff.

[41] *Scholz/K. Schmidt*, §§ 32a, 32b GmbHG, Rn. 83.

[42] Vgl. *Fastrich,* in: FS Zöllner, 143, 158; *Gaiser*, GmbHR 1999, 210, 216.

[43] *MüKo-Stodolkowitz*, § 135 InsO, Rn. 111.

[44] BGH, Urt. v. 21.6.1999 – II ZR 47/98, NJW 1999, 2817, 2818, ZIP 1999, 1352, 1353f. mit kritischen Anmerkungen von *Altmeppen*, ZIP 1999, 1354f.

[45] BGH, Urt. v. 26.03.1984 – II ZR 14/84, BGHZ 90, 370, ZIP 1984, 698, NJW 1984, 1891.

Es ist dadurch ein zweistufiges Schutzsystem entstanden.[46] Zu unterscheiden sind die Bereiche bis zur Stammkapitalziffer und oberhalb der Stammkapitalziffer. Der GmbH-Geschäftsführer hat die Möglichkeit, die Eigenkapitalersatzfolgen bis zum Erreichen der Stammkapitalziffer geltend zu machen. Ihm stehen dafür die strengen Regeln aus §§ 30, 31 GmbHG zur Verfügung. Oberhalb der Stammkapitalziffer haben nur noch die Gesellschaftsgläubiger nach § 6 AnfG oder der Insolvenzverwalter nach Verfahrenseröffnung die Möglichkeit sich auf die Umqualifizierung gemäß den Regeln der §§ 32a, 32b GmbH zu beziehen.[47]

Soweit sich das kodifizierte Kapitalersatzrecht und die Rechtsprechungsregeln in ihrem Anwendungsbereich decken, hat der Insolvenzverwalter (gesetzliche Kapitalersatzregeln setzen ein Insolvenzverfahren voraus) die Wahl, ob er die eigenkapitalersatzrechtlichen Wirkungen von Gesellschafterleistungen auf die Rechtsprechungsregeln oder die gesetzlichen Regelungen stützt. Er kann sich dabei von Zweckmäßigkeitserwägungen leiten lassen. Das kodifizierte Kapitalersatzrecht enthält keine Begrenzungen auf die Stammkapitalziffer und ist damit für die Insolvenzmasse vorteilhafter und für den Insolvenzverwalter ohne Nachweis der Höhe der Unterbilanz durchsetzbar. Darüber hinaus hat sich der Insolvenzverwalter bei der Geltendmachung der eigenkapitalersetzenden Wirkung auch an den zeitlichen Grenzen zu orientieren und kann gemäß § 146 Abs. 2 InsO jedenfalls die Einrede der insolvenzrechtlichen Anfechtbarkeit erheben.

---

46 *Lutter/Hommelhoff*, §§ 32a, b GmbHG, Rn. 1; *Michalski/Heidinger*, §§ 32a, 32b GmbHG, Rn. 19 mwN.

47 Vgl. *v. Gerkan/Hommelhoff/Hommelhoff*, Rn. 1.3ff.

§ 3 Voraussetzungen des Eigenkapitalersatzrechts

I. Krise der Gesellschaft

Die Einlage von Finanzierungsmitteln in Form von Fremdkapital durch die Gesellschafter ist ein legitimes Instrument zur Unternehmensfinanzierung. Anders zu beurteilen ist dies jedoch, wenn das Unternehmen nur noch mit Hilfe zusätzlicher Finanzierungsmittel betrieben werden kann und diese Mittel auf dem Kreditwege von dritter Seite zu marktüblichen Bedingungen nicht zu erlangen sind. Man spricht in dieser Situation von einer Krise der Gesellschaft bzw. von einer Kreditunwürdigkeit der Gesellschaft.[48]

1. Rechtsprechung

Der Begriff der Krise wurde zunächst von der Rechtsprechung entwickelt und definiert. Eine Krise bzw. eine Kreditunwürdigkeit der Gesellschaft liegt danach vor, wenn sie von dritter Seite nicht mehr zu marktüblichen Bedingungen ohne Besicherung des Kredits durch die Gesellschafter Kredit erhalten könnte und ohne die Zuführung von Eigenkapital oder von Gesellschafterdarlehen liquidiert werden müsste.[49]

Meyke[50] stellt die Frage, wann ein mittelständisches Unternehmen überhaupt je einen Kredit zu Marktkonditionen erhält, ohne dass Gesellschafter Bürgschaften gewähren oder den Kredit auf andere Weise sichern. Die Kreditgeber stellen unterschiedliche Anforderungen an eine ausreichende Kreditbesicherung. Die Kreditkonditionen sind ebenfalls unterschiedlich und abhängig vom Engagement. Abzustellen ist deshalb auf einen Durchschnittswert der Konditionen am allgemeinen Kreditmarkt.

2. Gesetzliche Regelungen

Der Gesetzgeber hat inzwischen durch das KonTraG vom 27. April 1998 den von der Rechtsprechung und der Wissenschaft entwickelten Begriff der „Krise" legal definiert. § 32a Abs. 1 GmbHG bestimmt die Krise der Gesellschaft als

---

48 *MüKo-Stodolkowitz*, § 135 InsO, Rn. 41.

49 Seit BGH, Urt. v. 24.3.1980 – II ZR 213/77, BGHZ 76, 326, 329ff., NJW 1980, 589, 590 ständige Rechtsprechung; *Scholz/K. Schmidt*, §§ 32a, 32b GmbHG, Rn. 38 mwN.

50 *Meyke*, S. 58.

„Zeitpunkt, in dem ihr die Gesellschafter als ordentliche Kaufleute Eigenkapital zugeführt hätten“.

Das Gesetz selbst gibt jedoch keine Abgrenzungsregeln vor. Es fehlt an geeigneten Maßstäben, nach denen objektiv das Verhalten ordentlicher Kaufleute im Hinblick auf die Eigenkapitalversorgung ihres Unternehmens beurteilt werden kann.[51] Für die Auslegung des Tatbestandsmerkmals „ordentliches Finanzierungsverhalten“ verweist die Gesetzesbegründung jedoch auf die Abgrenzungskriterien, die von der Rechtsprechung für die Feststellung der Kreditunwürdigkeit entwickelt wurden.[52]

3. Feststellung der Kreditunwürdigkeit

Maßgebliches Merkmal für die Anwendung der Eigenkapitalersatzregeln ist damit die Kreditunwürdigkeit. Zur Feststellung der Kreditunwürdigkeit ist darauf abzustellen, ob ein wirtschaftlich vernünftig handelnder Kreditgeber, der nicht an der Gesellschaft beteiligt ist und sich auch nicht an ihr beteiligen will, unter denselben Verhältnissen und zu denselben Bedingungen wie der Gesellschafter der Gesellschaft den Kredit gewährt hätte.[53] Dabei muss für jede einzelne Gesellschafterleistung selbständig geprüft werden, ob diesbezüglich Kreditunwürdigkeit vorliegt. Es hat damit eine kreditbezogene Beurteilung zu erfolgen.[54]

Die Feststellung der Kreditunwürdigkeit erfolgt unter Berücksichtigung sämtlicher Umstände des konkreten Falles.[55] Dabei ist eine objektive Würdigung vorzunehmen. Tatsächliche subjektive Einschätzungen der Kreditgeber müssen unberücksichtigt bleiben.[56] Entscheidend ist die objektive Betrachtung im Zeitpunkt der Kreditvergabe.[57] Bei einer Prolongation eines Gesellschafterdarlehens kommt es für die Beurteilung der Kreditwürdigkeit auf den Zeitpunkt der Pro-

---

51 *v. Gerkan/Hommelhoff/von Gerkan*, Rn. 3.3.

52 Siehe hierzu Begr. RegE, BT-Drucks. 8/1347, S. 39f.

53 BGH Urt. v. 28.9.1987 – II ZR 28/87, ZIP 1987, 1541, NJW 1988, 824, EWiR 1988, 67; BGH, Urt. v. 14.12.1992 – II ZR 298/91, BGHZ 121, 31, 39, NJW 1993, 392, 394 mwN; vgl. BGH, Urt. v. 28.11.1994 – II ZR 77/93, ZIP 1995, 23, 25, GmbHR 1995, 35, 37, NJW 1995, 457, 459.

54 *v. Gerkan/Hommelhoff/von Gerkan*, Rn. 3.43.

55 *MüKo-Stodolkowitz*, § 135 InsO, Rn. 43.

56 *Lutter/Hommelhoff*, §§ 32a/b GmbHG, Rn. 19.

57 BGH, Urt. v. 13.7.1992 – II ZR 269/91, BGHZ 119, 201, 207, NJW 1992, 2891, 2892.

longationsabrede an, denn durch sie wird der Gesellschaft bereits das Darlehen für die nunmehr vereinbarte (verlängerte) Zeitdauer verschafft.[58]

Für die Anwendung der Kapitalersatzregeln muss die Kreditunwürdigkeit bis zur Rückzahlung der Gesellschaftermittel andauern. Die Kreditunwürdigkeit muss deshalb für jede einzelne Auszahlung an den Gesellschafter festgestellt werden.[59]

Die Feststellung der Kreditunwürdigkeit kann im Rahmen der objektiven Betrachtung jedoch nur anhand von Indizien erfolgen. Die Rechtsprechung hat bestimmten Umständen eine Indizwirkung beigemessen. Nachfolgend werden einige wichtige Indizien dargestellt:

a) Indizien gegen die Annahme der Kreditunwürdigkeit:

(1) Die Gesellschaft ist in der Lage, ausreichende Sicherheiten aus ihrem Vermögen zu stellen, sie hat also frei verfügbares Sicherungsgut.[60]

(2) Gläubiger geben nach Prüfung der finanziellen Situation Gesellschaftersicherheiten frei.[61]

(3) Es sind erhebliche ungenutzte Kreditlinien vorhanden.[62]

(4) Es gibt aktuell eine tatsächliche Kreditgewährung durch einen Dritten.[63]

(5) In der Gesellschaft sind erheblich stille Reserven vorhanden.[64]

---

[58] OLG Hamburg, Urt. v. 16.5.1986 – 11 U 219/85, DB 1986, 1328, 1329.

[59] *Lutter/Hommelhoff*, §§ 32a/b GmbHG, Rn. 22.

[60] Vgl. BGH, Urt. v. 6.5.1985 – II ZR 132/84, NJW 1985, 2719, 2720; BGH, Urt. v. 28.9.1987 – II ZR 28/87, ZIP 1987, 1541, GmbHR 1988, 824, NJW 1988, 824 mwN; *Rowedder/Schmidt-Leithoff/Pentz*, § 32a GmbHG, Rn. 43; *Lutter/Hommelhoff*, §§ 32a/b GmbHG, Rn. 27.

[61] Vgl. OLG Hamburg, Urt. v. 25.5.1990 – 11 U 77/90, GmbHR 1991, 109, 111, ZIP 1990, 1262, 1263f.

[62] Vgl. BGH, Urt. v. 28.11.1994 – II ZR 77/93, aaO; *Hachenburg/Ulmer*, §§ 32a, b GmbHG, Rn. 55.

[63] *MüKo-Stodolkowitz*, § 135 InsO, Rn. 43.

[64] Vgl. BGH, Urt. v. 12.7.1999 – II ZR 87/98, NJW 1999, 3120, 3121.

b) Indizien für die Annahme der Kreditunwürdigkeit:

(1) Der Gesellschafter gewährt besonders günstige Konditionen für seine Finanzierungsmittel an die Gesellschaft, wie lange Laufzeit und niedriger Zinssatz.[65]

(2) Die Hausbank der Gesellschaft weigert sich, der Gesellschaft einen weiteren Kredit zu gewähren.[66]

(3) Bei der Gesellschaft ist bereits der wesentliche Teil des Stammkapitals verloren.[67]

(4) Von der Gesellschaft werden die Löhne und Gehälter, Steuern und Sozialabgaben nicht beglichen.[68]

(5) Im Unternehmen bleibt der Rohertrag hinter den Betriebskosten zurück.[69]

(6) Die Gesellschaft zahlt ihre fälligen Verbindlichkeiten in einem erheblichen Ausmaß nicht.[70]

(7) Der Kredit ist zur Abwendung des Insolvenzverfahrens erforderlich.[71] Es liegt zumindest einer der zwingenden Insolvenzgründe, also Zahlungsunfähigkeit oder Überschuldung vor.

(8) Der Kreditgeber macht die Kreditvergabe davon abhängig, dass die Gesellschafter wegen ihrer eigenen Darlehen gegenüber der Gesellschaft einen Rangrücktritt erklären.[72]

---

65 *Hachenburg/Ulmer*, §§ 32a, b GmbHG, Rn. 54.

66 Vgl. BGH, Urt. v. 27.11.1989 – II ZR 310/88, ZIP 1990, 95ff., NJW-RR 1990, 230ff.

67 Vgl. BGH, Urt. v. 11.12.1995 – II ZR 128/94, ZIP 1996, 273, 274; *MüKo-Stodolkowitz*, § 135 InsO, Rn. 43.

68 Vgl. BGH, Urt. v. 4.12.1995 – II ZR 281/94, ZIP 1996, 275, NJW 1996, 270, WM 1996, 256.

69 Vgl. BGH, Urt. v. 11.12.1995 – II ZR 128/94, aaO.

70 Vgl. BGH, Urt. v. 11.12.1995 – II ZR 128/94, aaO.

71 Vgl. noch zur KO BGH, Urt. v. 27.11.1989 – II ZR 310/88, NJW-RR 1990, 230, 232, GmbHR 1990, 125, 126f.; zur Bejahung des eigenkapitalersetzenden Charakters bei einem insolvenzabwendenen Kredit *Scholz/K. Schmidt*, §§ 32a, 32 b GmbHG, Rn. 43.

(9) Bei der Gesellschaft liegt eine bilanzielle Überschuldung vor.[73]

(10) Die Kreditausreichung durch Dritte wird von der Stellung einer Gesellschaftersicherheit abhängig gemacht.[74] Die Bank macht beispielsweise die Erweiterung der Kreditlinie davon abhängig, dass die Gesellschafter sich in unbeschränkter Höhe für den gesamten Kreditsaldo verbürgen.[75]

Das Indiz (10) kann nur unter Berücksichtigung aller Umstände des Einzelfalles beurteilt werden. Entspricht es der üblichen Bankenpraxis, sich für die Kreditvergabe an eine Gesellschaft den Rückzahlungsanspruch durch eine Gesellschaftersicherheit absichern zu lassen, dann kann grundsätzlich nicht automatisch eine Indizwirkung für eine Kreditunwürdigkeit der Gesellschaft angenommen werden. Bei reinen Routineforderungen der Hausbank muss dem Gesellschafter Gelegenheit gegeben werden nachzuweisen, dass das Darlehen der Bank auch aus dem Gesellschaftsvermögen hätte ausreichend besichert werden können. Anderer Ansicht in der Literatur zu Folge, obliegt es für die Bejahung der Kreditunwürdigkeit der Gesellschaft oder dem Insolvenzverwalter nachzuweisen, dass sich auch andere Kreditgeber ebenso zurückhaltend verhalten hätten wie die Hausbank.[76] Dieser zuletzt genannten Beweislastverteilung kann jedoch nur für den Fall zugestimmt werden, dass die Gesellschaft selbst über genügend Sicherheiten verfügt und die Hausbank dennoch eine weitere Gesellschaftersicherheit fordert. Sind im Vermögen der Gesellschaft jedoch auf den ersten Blick nicht genügend Sicherheiten vorhanden, dann kommt selbst dem Routineverlangen der Hausbank eine gewisse Indizwirkung zu. Dann ist es auch gerechtfertigt, vom Gesellschafter den Gegenbeweis zu fordern.

4. Zusätzliche weitere Kriterien

Vielfach wird die Kreditunwürdigkeit mit „Insolvenzreife" gleichgesetzt. Es handelt sich dabei aber um zwei verschiedene Merkmale.

---

72 Vgl. BGH, Urt. v. 27.11.1989 – II ZR 310/88, ZIP 1990, 95, 98, 100.

73 Vgl. BGH, Urt. v. 18.12.2000 – II ZR 191/99, ZIP 2001, 242, 243; BGH, Urt. v. 2.4.2001 – II ZR 261/99, ZIP 2001, 839, DB 2001, 1027, WM 2001, 959.

74 Vgl. OLG Hamburg, Urt. v. 18.7.1986 – 11 U 77/84, ZIP 1986, 1113, 1119; BGH, Urt. v. 2.12.1996 – II ZR 243/95, GmbHR 1997, 501, 503, NJW-RR 1997, 606f.

75 Vgl. BGH, Urt. v. 11.12.1995 – II ZR 128/94, aaO.

76 *Hommelhoff/Goette/Kleindiek*, Rn. 38.

Die Rechtsprechung geht davon aus, dass eine kreditunwürdige Gesellschaft auch insolvenzreif ist.[77] Dies muss aber nicht zwingend so sein. Es ist deshalb zu diskutieren, ob das Vorliegen beider Merkmale für die Umqualifizierung in Eigenkapital erforderlich ist.

Eine Meinung in der Literatur sieht den eigenkapitalersetzenden Charakter einer Gesellschafterleistung jedenfalls dann gegeben, wenn die Gesellschaft kreditunwürdig ist und ohne die Leistung hätte liquidiert werden müssen.[78] Jedoch wird nach dieser Ansicht nicht zwingend das zusätzliche Merkmal der drohenden Liquidierung verlangt. Festgestellt wird hier nur, dass das Eigenkapitalersatzrecht anzuwenden ist, wenn beide Tatbestände vorliegen. Es kann daraus nicht der Schluss gezogen werden, dass die Kreditunwürdigkeit alleine nicht ausreichend wäre. Damit ist die „Insolvenzreife" nicht zwingende Voraussetzung für den Tatbestand des Eigenkapitalersatzes. Entscheidend ist allein die Kreditunwürdigkeit.[79]

Umgekehrt ist die Frage zu stellen, ob eine „Insolvenzreife" reicht, um die Kreditunwürdigkeit annehmen zu können. Eine Ansicht in der Literatur vertritt die Meinung, dass die Tatbestände der Insolvenzreife, nämlich Überschuldung, Zahlungsunfähigkeit, drohende Zahlungsunfähigkeit, nur Indizwirkung für das Vorliegen der Kreditunwürdigkeit haben.[80] Die herrschende Meinung in der Literatur und die Rechtsprechung des BGH gehen jedoch davon aus, dass bei Gesellschafterleistungen im Stadium der Insolvenzreife oder einer absehbaren künftigen Insolvenz die gesellschafterlichen Kapitalhilfen ohne weiteres kapitalersetzende Bedeutung haben.[81] Ein insolvenzabwendender Kredit ist immer ein eigenkapitalersetzendes Finanzierungsinstrument, auch wenn er als Überbrückungskredit deklariert wurde.[82] Sanierungskredite, die mit dem Ziel der Abwendung eines Insolvenzverfahrens gegeben werden, sind stets eigenkapitalersetzend.[83] Ist eine Gesellschaft zahlungsunfähig oder überschuldet, also insolvenzreif, und wird weder neues haftendes Kapital zugeführt noch der erforderliche Insolvenzantrag gestellt, sondern versucht, die Gesellschaft mit anderen

---

77 BGH, Urt. v. 8.7.1985 – II ZR 269/84, BGHZ 95, 188, 194, NJW 1985, 2947, 2948; BGH, Urt. v. 19.12.1994 – II ZR 10/94, ZIP 1995, 280, NJW 1995, 658, GmbHR 1995, 219.

78 *Lutter/Hommelhoff*, §§ 32a/b GmbHG, Rn. 18.

79 Vgl. *MüKo-Stodolkowitz*, § 135 InsO, Rn. 42; *Reiner*, in: FS Boujong, 415, 436ff.

80 *MüKo-Stodolkowitz*, § 135 InsO, Rn. 48.

81 *v. Gerkan/Hommelhoff/von Gerkan*, Rn. 3.44 mwN.

82 Vgl. *Scholz/K. Schmidt*, §§ 32a, 32b GmbHG, Rn. 43; *Rowedder/Schmidt-Leithoff/Pentz*, § 32a GmbHG Rn. 36, 44 jeweils mit entsprechenden Hinweisen zum Meinungsstand.

83 *Uhlenbruck*, Kölner Schrift zur InsO, 2. Aufl., 1157, 1177.

Mitteln über Wasser zu halten, muss sich der Gesellschafter seiner Finanzierungsfolgenverantwortung stellen und die von ihm gewährten – scheinbaren – Drittleistungen so behandeln lassen, als seien sie funktionales Eigenkapital.[84] Dem ist zur Gewährleistung eines wirksamen Gläubigerschutzes im Zeitpunkt der Insolvenzreife zuzustimmen. Die drohende Zahlungs-unfähigkeit zwingt nicht zur Stellung eines Insolvenzantrages. Eine nur drohende Zahlungsunfähigkeit kann möglicherweise mit einer weiteren Kapitalausstattung der Gesellschaft wieder rechtzeitig beseitigt werden. Wenn die Gesellschaft noch kreditwürdig ist, dann liegt keine Krise vor. Die drohende Zahlungsunfähigkeit führt also nicht automatisch zur Annahme einer kapitalersatzrechtlich relevanten Krise. Ihr kommt jedoch eine gewisse Indizwirkung für die Annahme der Kreditunwürdigkeit zu.

5. Finanzierung nach Eintritt der Insolvenzsituation

Eine eingetretene Insolvenzreife zeigt die Krise der Gesellschaft an. Es stellt sich die Frage, ob bei Finanzierungsleistungen der Gesellschafter ab Stellung des Antrags auf Eröffnung des Insolvenzverfahrens bzw. im eröffneten Insolvenzverfahren die Kapitalersatzregeln anzuwenden sind. In der Insolvenzsituation greift der Gedanke der gerechten Risikoverteilung nicht mehr. Im eröffneten Insolvenzverfahren trägt der Insolvenzverwalter das Risiko der Unternehmensfortführung. Somit können Gesellschafter der Gesellschaft Finanzierungsmittel zur Verfügung stellen, ohne dass das Kapitalersatzrecht eingreift.[85] Eine Ausnahme liegt jedoch dann vor, wenn der Rechtsgrund für die Erbringung der Gesellschafterleistungen bereits vor dem Antrag auf Eröffnung des Insolvenzverfahrens im Zeitpunkt der Kreditunwürdigkeit der Gesellschaft gelegt wurde. Für diesen Fall greifen dennoch die Regeln des Eigenkapitalersatzrechts ein.[86] Die Behandlung derartiger Finanzplanzusagen wird im Rahmen der Abgrenzung zum eigenkapitalersetzenden Gesellschafterdarlehen noch ausführlich dargestellt.

6. Beweiswert der Indizien

Bei der Beurteilung der dargestellten Indizien ist darauf zu achten, dass die Bewertung nicht immer eindeutig und absolut erfolgen kann. Es sind stets die Umstände des Einzelfalles zu beachten. Der Beweiswert der Indizien ist von einer

---

84 *Hommelhoff/Goette/Kleindiek*, Rn. 24.
85 *MüKo-Stodolkowitz*, § 135 InsO, Rn. 41.
86 *MüKo-Stodolkowitz*, § 135 InsO, Rn. 41.

objektiven Gesamtwürdigung aller in Betracht kommenden Umstände abhängig.[87]

II. Gesellschafter und gleichgestellte Dritte

1. Behandlung als Gesellschafter

a) Formale Betrachtung

Eine zweite Voraussetzung für die Umwandlung von Finanzierungshilfen in Eigenkapital ist die Stellung des Mittelgebers als Gesellschafter der die Leistungen empfangenden Gesellschaft. Dabei ist die formelle Mitgliedschaft an der Gesellschaft entscheidend. Gesellschafter ist jeder formelle Inhaber eines Gesellschaftsanteils.[88] Deshalb ist auch noch Gesellschafter, wer das Gesellschaftsverhältnis bereits gekündigt hat.[89]

b) Künftige oder ehemalige Gesellschafter

Ob auch künftige Gesellschafter oder ehemalige Gesellschafter den Regeln des Kapitalersatzrechts unterworfen werden, hängt von einigen zusätzlichen Faktoren ab. Als Grundsatz gilt, dass ein Zurechnungszusammenhang zwischen Kredit und Gesellschafterstellung genügt.[90]

Gewährt beispielsweise ein künftiger Gesellschafter der Gesellschaft ein Darlehen aufgrund seiner zukünftigen Beteiligung, dann gelten die Kapitalersatzregeln auch für dieses vorzeitige Darlehen, sobald der Darlehensgeber tatsächlich Gesellschafter wird.[91] Bei einem Darlehen eines ehemaligen Gesellschafters kommt es darauf an, ob die Voraussetzungen für eine Umqualifizierung seiner Darlehensmittel bereits zu Zeiten seiner Gesellschafterstellung gegeben waren.[92] Ein Gesellschafter kann außerdem bestimmen, dass seine eingebrachten Finan-

---

[87] Vgl. *v. Gerkan*, GmbHR 1986, 218, 220; *Lutter/Hommelhoff*, §§ 32a/b GmbHG, Rn. 19.

[88] *MüKo-Stodolkowitz*, § 135 InsO, Rn. 28.

[89] BGH, Urt. v. 2.12.1996 – II ZR 243/95, DStR 1997, 461, GmbHR 1997, 501, NJW-RR 1997, 606.

[90] Einzelheiten zum Zurechnungszusammenhang bei *Scholz/K. Schmidt*, §§ 32a, 32b GmbHG, Rn. 35.

[91] *Lutter/Hommelhoff*, § 32a/b GmbHG, Rn. 58 mwN.

[92] BGH, Urt. v. 15.2.1996 – IX ZR 245/94, ZIP 1996, 538, 539.

zierungsmittel stets als eigenkapitalersetzend zu behandeln sind.[93] Ausnahmsweise kann eine Darlehensgewährung nach Beendigung der Gesellschafterstellung die Anwendung der Kapitalersatzregeln begründen, wenn damit eine Gesetzesumgehung vorliegt, beispielsweise, wenn ein eigenkapitalersetzendes Altdarlehen nur formal gegen ein neues ausgetauscht wird.[94] Darüber hinaus sind auch noch solche Darlehen an den Eigenkapitalersatzregeln zu messen, bei denen die rechtliche Grundlage für die Finanzierungsleistung vor dem Ausscheiden des Gesellschafters gelegt worden ist.[95]

2. Behandlung gleichgestellter Dritter

Um einen wirksamen Umgehungsschutz zu gewährleisten wurde die Regelung des § 32a Abs. 3 Satz 1 GmbHG geschaffen. Darüber werden alle Rechtshandlungen eines Gesellschafters oder eines Dritten erfasst, die der eigenkapitalersetzenden Darlehensgewährung wirtschaftlich entsprechen. Von dieser Vorschrift werden auch Darlehen von Dritten erfasst, bei denen die Mittel wirtschaftlich von einem Gesellschafter stammen. Außerdem kann ein Dritter, der zwar rechtlich und wirtschaftlich selbst der Mittelgeber ist, aufgrund besonderer Umstände wie ein Gesellschafter behandelt werden.

Hat ein Nießbraucher oder Pfandgläubiger ein Recht an der Gesellschaftsbeteiligung des Gesellschafters, dann stellt sich die Frage, ob für diese Personen die Anwendung der Kapitalersatzregeln geboten ist. Grundsätzlich ist hier eine Gleichstellung mit einem Gesellschafter nicht gegeben, da es an einer Einflussnahmemöglichkeit auf den Gesellschafter und damit auf die Entscheidungen in der Gesellschaft fehlt. Hat allerdings der Nießbraucher oder Pfandgläubiger die Möglichkeit auf die Geschäftsführung Einfluss zu nehmen oder kann er wie ein Gesellschafter die Entwicklung der Gesellschaft mitbestimmen, dann werden auf ihn wie bei einem Gesellschafter die Kapitalersatzregeln angewandt.[96] Treugeber, Pfandgläubiger oder Nießbraucher am Anteil können nur über § 32a Abs. 3 S. 1 GmbHG in den Anwendungsbereich des Kapitalersatzrechts einbezogen werden.[97]

---

93 Vgl. *Lutter/Hommelhoff*, §§ 32a/b GmbHG, Rn. 59.

94 *Scholz/K. Schmidt*, §§ 32a, 32b GmbHG, Rn. 34.

95 *Scholz/K. Schmidt*, §§ 32a, 32b GmbHG, Rn. 34 mwN.

96 Vgl. BGH, Urt. v. 13.7.1992 – II ZR 251/91, BGHZ 119, 191, 195f., NJW 1992, 3035, 3036;
zustimmend auch *v. Gerkan*, EWiR 1992, 999f.

97 *Scholz/K. Schmidt*, §§ 32a, 32b GmbHG, Rn. 32 mwN.

Strittig ist in diesem Zusammenhang, ob die Folgen der Anwendung des Kapitalersatzrechts auch dann zwingend sind, wenn der Sicherungsnehmer ausschließlich Sicherungsinteressen verfolgt. Die herrschende Meinung lässt die Verfolgung von Sicherungsinteressen genügen. Unternehmerische Ziele muss der Sicherungsnehmer nicht verfolgen.[98] Die Anwendung der Kapitalersatzregeln kann nicht von der Analyse subjektiver Vorstellungen abhängen. Absichten sind regelmäßig nicht beweisbar und die damit entstehenden Unsicherheiten dürfen die Anwendung des Kapitalersatzrechts nicht noch zusätzlich belasten. Darüber hinaus hat jeder Finanzierungsbeitrag des Gesellschafters an die Gesellschaft automatisch auch eine unternehmerische Auswirkung.

Auch außerhalb einer sicherungsrechtlichen Stellung kann ein Gläubiger als „Quasi-Gesellschafter" angesehen werden, wenn ihm Einflussnahmerechte, sog. Covenants[99], auf die Gesellschaftsführung eingeräumt werden.[100]

Daneben gibt es weitere Personen, die wie ein Gesellschafter behandelt werden. Hierzu gehört beispielsweise der Treugeber. Er wird als verantwortlicher Gesellschafter angesehen, auch wenn er die Ausübung der Gesellschafterrechte dem Treuhänder überlässt.[101] Mit der formalen Übernahme der Gesellschafterstellung tritt der Treuhänder in damit verbundene Pflichten und somit auch in die Finanzierungsverantwortung ein.[102] Der Treugeber behält eine gesellschaftergleiche Stellung.

Bei einem stillen Gesellschafter kommt es auf die Art seiner Beteiligung an. Nur der atypisch stille Gesellschafter, der auf die Geschäftsführung zumindest wie ein GmbH-Gesellschafter bzw. ein Kommanditist Einfluss nehmen kann, ist einem Gesellschafter vergleichbar.[103] Ein typisch stiller Gesellschafter ist hingegen kein Gesellschafter im Sinne der Kapitalersatzregeln.[104]Auf die genauere Differenzierung zwischen typischer und atypischer stiller Gesellschaft wird später noch näher eingegangen.

---

98 Vgl. *Lutter/Hommelhoff*, §§ 32a/b GmbHG, Rn. 54 mwN auch zur anderen Ansicht.

99 Ausführlich hierzu *Fleischer*, ZIP 1998, S. 313ff.

100 Vgl. *Lutter/Hommelhoff*, §§ 32a/b GmbHG, Rn. 55.

101 *Lutter*, ZIP 1989, 482f.

102 *v. Gerkan/Hommelhoff/von Gerkan*, Rn. 3.9 mwN.

103 Vgl. BGH, Urt. v. 7.11.1988 – II ZR 46/88, BGHZ 106, 7, 9, NJW 1989, 982, 983, BB 1989, 100, 101.

104 Vgl. *Scholz/K. Schmidt*, §§ 32a, 32b GmbHG, Rn. 32 mwN.

Auch der Kommanditist einer GmbH & Co. KG, der nicht an der GmbH beteiligt ist, wird den Regeln des Eigenkapitalersatzrechts unterworfen.[105]

Zu problematisieren ist hier auch die Mittelzuführung über nahe Angehörige oder verbundene Unternehmen usw.

§ 32a Abs. 3 Satz 1 GmbHG verlangt eine gesellschaftergleiche Stellung. Diese ist im jeweiligen Einzelfall anhand der konkreten Einflussnahmemöglichkeit auf die Geschäftsführung und durch die Teilhabe am Gesellschaftsvermögen festzustellen. Eine genaue Analyse erfolgt im Rahmen der Darstellung der einzelnen Fallgruppen.

III. Zeitpunkt

In der gesellschaftsrechtlichen Praxis ist es von besonderer Wichtigkeit, den Beginn des eigenkapitalersetzenden Charakters der in die Gesellschaft eingebrachten Gesellschaftermittel zu bestimmen. Der Geschäftsführer oder der Insolvenzverwalter können erst ab dem Zeitpunkt der Umqualifizierung die eigenkapitalersatzrechtlichen Wirkungen geltend machen.

1. Statische Betrachtung

Die Gesellschaftereigenschaft muss im Zeitpunkt der Gewährung oder Belassung der Gesellschaftermittel gegeben sein.[106] Auch das Vorliegen der Krise muss für diesen Zeitpunkt ermittelt werden.

Nach der Rechtsprechung kommt es grundsätzlich auf den Zeitpunkt der Zusage der Gesellschaftermittel an, nicht auf den Zeitpunkt der tatsächlichen Auszahlung. Damit stehe der Einordnung eines Darlehens als Kapitalersatz nicht entgegen, dass es erst nach einem zwischenzeitlichen Antrag auf Insolvenzeröffnung ausbezahlt wird.[107] Hiergegen wurde vorgebracht, dass vor Auszahlung nach § 610 BGB a. F. bzw. § 490 BGB n. F. bei wirtschaftlicher Betrachtungsweise im Zweifel noch keine endgültige Verbindlichkeit entstanden ist.[108] Die eigen-

---

[105] Vgl. BGH, Urt. v. 22.10.1990 – II ZR 238/89, GmbHR 1991, 99, 100, ZIP 1990, 1593, 1595.

[106] *Scholz/K. Schmidt*, §§ 32a, 32b GmbHG, Rn. 33.

[107] Noch zur KO BGH, Urt. v. 19.9.1996 – IX ZR 249/95, ZIP 1996, 1829, 1830, NJW 1996, 3203 mit kritischen Anmerkungen *Fleck*, EWiR 1996, 1087f.

[108] *Roth/Altmeppen*, § 32a GmbHG, Rn. 32.

kapitalersetzende Funktion eines später ausgezahlten Darlehens kann sich schon aus dem Darlehensversprechen ergeben, die Finanzierungsentscheidung kann aber dem Kreditvertrag auch nachfolgen. Entscheidend ist somit der Zeitpunkt, zu dem die Finanzierungsentscheidung getroffen worden ist.

2. Nachträgliche Veränderungen

Von Interesse sind in diesem Zusammenhang auch nachträgliche Veränderungen. Hier sind verschiedene Szenarien zu unterscheiden:

a) Kriseneintritt

Tritt eine Krise der Gesellschaft erst nach der Darlehensgewährung ein, dann kommt es für die Umqualifizierung in Eigenkapital auf den Tatbestand des Stehenlassens von Gesellschaftermittel in der Krise der Gesellschaft an.

Im umgekehrten Fall, des nachträglichen Wegfalls der Krise, kommt es auf die Nachhaltigkeit der Verbesserung der wirtschaftlichen Situation an. Ist die wirtschaftliche Erholung nicht nachhaltig und nur ein vorübergehender Zustand und tritt die Krise somit nach einiger Zeit erneut ein, bestand die eigenkapitalersetzende Funktion ununterbrochen fort. War hingegen die wirtschaftliche Erholung nachhaltig und steht eine erneute Verschlechterung in keinem Zusammenhang mit der früheren Krise, dann wird der eigenkapitalersetzende Charakter beseitigt und tritt erneut ein, wenn der Gesellschafter bei neuerlichem Kriseneintritt die Gesellschaftermittel stehen lässt.[109]

b) Gesellschafterstellung

Bei nachträglicher Veränderung der Gesellschafterstellung kommt es darauf an, ob der eigenkapitalersetzende Charakter zum Zeitpunkt des Ausscheidens schon vorhanden war oder nicht. Ein eigenkapitalersetzendes Darlehen behält diese Qualität, auch wenn der darlehensgebende Gesellschafter später aus der Gesellschaft ausscheidet.[110]

---

[109] Vgl. *v. Gerkan/Hommelhoff/von Gerkan*, Rn. 3.35f. mwN.

[110] Vgl. *Scholz/K. Schmidt*, §§ 32a, 32b GmbHG, Rn. 34; *Hachenburg/Ulmer*, §§ 32a, b GmbHG, Rn. 40; BGH, Urt. v. 11.7.1994 – II ZR 146/92, BGHZ 127, 1, 6f., GmbHR 1994, 612, 614, ZIP 1994, 1261, 1263.

In der Praxis wird vielfach versucht, die eigenkapitalersetzende Wirkung dadurch zu umgehen, dass die Darlehensgeberfunktion vom Gesellschafter auf einen Dritten übertragen wird. Tritt der Gesellschafter beispielsweise einen Darlehensrückzahlungsanspruch nachträglich an einen Dritten ab, so bleibt eine schon vorher bestehende eigenkapitalersatzrechtliche Wirkung bestehen.[111] Eine weitere Möglichkeit der Umgehung könnte gegeben sein, wenn ein Dritter für die Rückzahlung einer eigenkapitalersetzenden Gesellschafterleistung dem Gesellschafter eine Sicherheit bestellt hat, daraus in Anspruch genommen worden ist und die Forderung gegen die schuldende Gesellschaft gesetzlich auf ihn übergeht. Bei einer Bürgschaft ist dies beispielsweise nach § 774 BGB der Fall. Nach zutreffender Ansicht in der Literatur bleibt auch dann die eigenkapitalersatzrechtliche Wirkung der Hauptforderung gegen die Gesellschaft bestehen. Der Bürgenregreß nach § 774 BGB ist dem Gesellschafter nach dem Sinn und Zweck des § 32a GmbHG verbaut.[112] Sämtliche Regressansprüche sind durch das Zahlungsverbot des § 30 GmbHG beschränkt und können im Insolvenzverfahren der Gesellschaft nur als nachrangige Insolvenzforderungen geltend gemacht werden.[113] Nur so kann der Umgehungsschutz für die Gläubiger der Gesellschaft gewährleistet werden.

Scheidet ein Gesellschafter aus der Gesellschaft aus und hat er bereits vorher, als er noch Gesellschafter war, eine eigenkapitalersetzende Leistung versprochen, dann bleibt diese Qualifizierung bestehen, auch wenn die Leistung erst nach dem Ausscheiden des Gesellschafters erbracht wird.[114]

Für einen in die Gesellschaft neu eintretenden Gesellschafter sind die gewöhnlichen Eigenkapitalersatzregeln anzuwenden.

Die Kapitalersatzregeln greifen jedenfalls dann ein, wenn die Begründung bzw. die Beendigung der Gesellschafterstellung mit der Zuführung von Finanzierungsmittel in einem zeitlichen Zusammenhang steht.[115]

---

[111] Vgl. BGH, Urt. v. 21.3.1988 – II ZR 238/87, BGHZ 104, 33, 43, NJW 1988, 1841, 1843, ZIP 1988, 638, 641f.; *Hachenburg/Ulmer*, §§ 32a, b GmbHG, Rn. 41; *Lutter/Hommelhoff*, §§ 32a/b GmbHG, Rn. 60.

[112] *Karsten Schmidt*, ZIP 1981, 689, 696.

[113] *Scholz/K. Schmidt*, §§ 32a, 32b GmbHG, Rn. 166; Michalski/Heidinger, §§ 32a, 32b GmbHG, Rn. 354f.

[114] Vgl. v. *Gerkan/Hommelhoff/von Gerkan*, Rn. 3.39 mwN.

[115] *Lutter/Hommelhoff*, §§ 32a/b GmbHG, Rn. 53.

IV. Beweislast

Damit die Kapitalersatzregeln eingreifen, müssen deren Voraussetzungen bewiesen werden. Die Beweislast hat derjenige, der Rechte aus den gesetzlichen Normen bzw. den Rechtsprechungsregeln zum Kapitalersatzrecht in Anspruch nehmen will. Dies wird für die Anwendung der Kapitalersatzregeln i. d. R. der Insolvenzverwalter sein. Grundsätzlich besteht hier jedoch eine abgestufte Darlegungs- und Beweislast. Der Insolvenzverwalter, der sich auf den eigenkapitalersetzenden Charakter der Gesellschafterleistung beruft, hat diejenigen Umstände vorzutragen, aus denen sich die Kreditunwürdigkeit der Gesellschaft ergibt. Dem Gesellschafter obliegt insoweit die Darlegungslast, als er sodann Tatsachen vortragen kann, die für eine Kreditwürdigkeit der Gesellschaft sprechen, beispielsweise das Vorhandensein von Vermögenswerten, die der Gesellschaft als Kreditsicherheiten zur Verfügung standen.[116] Für das Vorhandensein von stillen Reserven, die bei einer Kreditvergabe als Sicherheit dienen können und aus den Büchern der Gesellschaft nicht ohne weiteres ersichtlich sind, hat ebenfalls der Gesellschafter die Darlegungs- und Beweislast.[117] Ergeben sich aus dem Jahresabschluss einer GmbH jedoch greifbare Anhaltspunkte für das Vorhandensein stiller Reserven, die als Sicherheit für externe Kreditgeber anstelle des Gesellschafters dienen können, so ist die GmbH für das Gegenteil in vollem Umfang darlegungs- und beweispflichtig, wenn sie sich im Rechtsstreit um die Eigenkapitalersatzfunktion einer Gesellschafterleistung auf Kreditunwürdigkeit beruft.[118] Schließlich obliegt es wiederum dem Insolvenzverwalter die behaupteten Umstände zu widerlegen. Der Insolvenzverwalter muss also keinen vorherigen umfassenden Negativbeweis für alle denkbaren Möglichkeiten einer Kreditwürdigkeit erbringen.[119]

---

[116] Vgl. BGH, Urt. v. 2.6.1997 – II ZR 211/95, ZIP 1997, 1648, 1650, GmbHR 1997, 890, 891, NJW 1997, 3171, 3172; BGH, Urt. v. 17.11.1997 – II ZR 224/96, ZIP 1998, 243, 245, NJW 1998, 1143, 1144.

[117] Vgl. *Hommelhoff/Goette/Kleindiek*, Rn. 35.

[118] BGH, Urt. v. 12.7.1999 – II ZR 87/98, ZIP 1999, 1524, NJW 1999, 3120, DB 1999, 1894; BGH, Urt. v. 2.4.2001 – II ZR 261/99, ZIP 2001, 839, DB 2991, 1027, WM 2001, 959.

[119] Vgl. BGH, Urt. v. 17.11.1997 – II ZR 224/96, aaO; BGH, Urt. v. 7.3.2005 – II ZR 138/03, ZInsO 2005, 486.

Der Gesellschafter hat hingegen die Beweislast für den nachträglichen Wegfall der Voraussetzungen der Kapitalersatzregeln[120] sowie für die Ausnahmebestimmungen des § 32a Abs. 3 Satz 2 und Satz 3 GmbHG[121].

Hinsichtlich einer Überschuldung hat der Insolvenzverwalter die Tatbestandsvoraussetzungen zu beweisen. Dem Gesellschafter obliegt es, darzulegen, dass im Zeitpunkt der Bewertung eine positive Fortbestehensprognose angenommen werden kann.[122]

V. Dispositionsbefugnis

Grundsätzlich treten die eigenkapitalersetzenden Wirkungen ein, wenn die gesetzlichen Voraussetzungen dafür vorliegen.

Die Gesellschafter können jedoch mit der Gesellschaft, unabhängig vom Vorliegen der Kreditunwürdigkeit, einen Rangrücktritt ihrer Forderung vereinbaren oder ein Kündigungsrecht der Gesellschafter auch bei einer Verschlechterung der Vermögenslage ausschließen. In diesen Fällen gilt der eigenkapitalersetzende Charakter aufgrund der Übereinkunft des Gesellschafters mit der Gesellschaft.[123]

Die Frage nach einer Dispositionsbefugnis stellt sich aber auch im umgekehrten Fall. Kann ein Gesellschafter mit der Gesellschaft auch vereinbaren, dass eine nach den Kapitalersatzregeln gegebene eigenkapitalersetzende Gesellschafterleistung nicht als Eigenkapital behandelt wird? Nein, denn den Beteiligten fehlt hierfür die Dispositionsbefugnis. Der Erstattungsanspruch der Gesellschaft analog § 31 Abs. 1 GmbHG darf der Gesellschaft nicht genommen werden. Außerdem wirkt eine solche Vereinbarung zu Lasten der übrigen Gesellschaftsgläubiger und ist deshalb unwirksam.[124]

---

[120] Vgl. BGH, Urt. v. 14.11.1988 – II ZR 115/88, NJW 1989, 1219, 1220; BGH, Urt. v. 27.11.1989 – II ZR 43/89, NJW-RR 1990, 290, 291; *Hachenburg/Ulmer*, § 32a, b GmbHG, Rn. 64a; *Scholz/K. Schmidt*, §§ 32a, 32b GmbHG, Rn. 56.

[121] Vgl. *Pichler*, WM 1999, 411, 418.

[122] Vgl. BGH, Urt. v. 6.6.1994 – II ZR 292/91, BGHZ 126, 181, 200, NJW 1994, 2220, 2224; BGH, Urt. v. 2.6.1997 – II ZR 211/95, ZIP 1997, 1648, 1650, NJW 1997, 3171, 3172.

[123] Vgl. *Lutter/Hommelhoff*, §§ 32a/b GmbHG, Rn. 38.

[124] Vgl. *Lutter/Hommelhoff*, §§ 32a/b GmbHG, Rn. 38.

§ 4 Folgen des Eigenkapitalersatzes

I. Rechtliche Qualifikation

Liegen die Voraussetzungen der Kapitalersatzregeln vor, dann kommt es zu Umqualifizierung der in die Gesellschaft eingebrachten Gesellschaftermittel in Eigenkapital. Das bedeutet aber nicht, dass es sich bei den Vermögenswerten fortan um Eigenkapital handelt. Rechtlich bleibt es bei der Qualifikation als Fremdkapital. Die eigenkapitalersetzende Gesellschafterleistung bekommt nur die wirtschaftliche Funktion von Eigenkapital.[125]

II. Nachrangigkeit nach § 39 Abs. 1 Nr. 5 InsO bzw. § 32a Abs. 1 GmbHG

Nach § 39 Abs. 1 Nr. 5 InsO sind Forderungen auf Rückgewähr eines kapitalersetzenden Darlehens eines Gesellschafters oder gleichgestellte Forderungen nachrangige Insolvenzforderungen. Diese Forderungen können nach § 174 III InsO in einem Insolvenzverfahren nur angemeldet werden, soweit das Insolvenzgericht hierzu besonders auffordert.

§ 32a Abs. 1 GmbHG regelt ebenso die Nachrangigkeit von Ansprüchen auf Rückgewähr von kapitalersetzenden Darlehen.

Die Tatsache, dass überhaupt von einem Anspruch auf Rückgewähr von eigenkapitalersetzenden Gesellschafterleistungen die Rede ist, bestätigt, dass diese Mittel als Fremdkapital mit der wirtschaftlichen Funktion von Eigenkapital zu qualifizieren sind.[126]

III. Anfechtungstatbestand nach § 135 InsO

Nach § 135 InsO ist eine Rechtshandlung anfechtbar, die für die Forderung eines Gesellschafters auf Rückgewähr eines kapitalersetzenden Darlehens oder für eine gleichgestellte Forderung eine Sicherung (Nr. 1) oder Befriedigung (Nr. 2) gewährt hat.[127]

---

[125] *Lutter/Hommelhoff*, §§ 32a/b GmbHG, Rn. 12.

[126] Vgl. *Lutter/Hommelhoff*,§§ 32a/b GmbHG, Rn. 7.

[127] Eine ausführliche Darstellung der Anfechtungstatbestände erfolgt unter § 8, III.

IV. Kein Valutierungsanspruch

Wurde eine eigenkapitalersetzende Gesellschafterleistung lediglich versprochen und haben sich seit dem Eingehen dieser Verpflichtung die Vermögensverhältnisse verschlechtert, dann stellt sich die Frage, ob ein Anspruch auf tatsächliche Einbringung der Gesellschafterleistungen besteht oder ob dem Gesellschafter nach § 490 BGB ein außerordentliches Kündigungsrecht zusteht.

Grundsätzlich wird dieses Widerrufsrecht durch die Eigenkapitalersatzregeln nicht verdrängt. Die §§ 32a, 32b GmbHG schließen das außerordentliche Kündigungsrecht gemäß § 490 BGB n. F. (§ 610 BGB a. F.) nicht aus.[128] Es besteht also – trotz Vorliegen der Voraussetzungen für die Anwendung der Eigenkapitalersatzregeln – kein Valutierungsanspruch.

Anders kann es jedoch bei Sanierungsdarlehen sein. Hier ist auf die konkreten Regelungen des Darlehens- bzw. Sicherungsvertrages und auf den vereinbarten Zweck der Gesellschafterhilfe abzustellen.

Eine weitere Ausnahme gibt es für die Verpflichtung zur Leistung von sog. Finanzplankrediten. Diese Finanzierungsform sowie die damit zusammenhängenden Besonderheiten werden später noch ausführlich dargestellt. An dieser Stelle soll lediglich ein Hinweis auf den Ausnahmecharakter genügen.

V. Verzinslichkeit

Unstreitig ist, dass das Stehenlassen von Zinsforderungen der Gesellschafter unter den gleichen Voraussetzungen den Eigenkapitalersatzregeln unterliegt wie das Stehenlassen sonstiger Gesellschafterforderungen.

Wenn die Gesellschaft für die Gewährung von Gesellschafterleistungen die Verzinsung zugesagt, dann stellt sich nach der Umqualifizierung der Gesellschafterleistungen in Eigenkapital die Frage, ob die Verzinslichkeit weiterhin besteht. Die herrschende Meinung in der Literatur[129] und die Rechtsprechung[130] gehen

---

[128] Vgl. *Scholz/K. Schmidt*, §§ 32a, 32b GmbHG, Rn. 20.

[129] *Scholz/K. Schmidt*, §§ 32a, 32b GmbHG, Rn. 77, 110, *Michalski/Heidinger*, §§ 32a, 32b GmbHG, Rn. 376.

[130] Vgl. BGH, Urt. 11.7.1994 – II ZR 146/92, BGHZ 127, 17, 21, NJW 1994, 2349, 2350, ZIP 1994, 1441, 1442; BGH, Urt. v. 15.2.1996 – IX ZR 245/94, NJW 1996, 1341, 1343, GmbHR 1996, 285, 287.

davon aus, dass die Verzinslichkeit erhalten bleibt und der Zinslauf durch die Umqualifizierung in Eigenkapital nicht unterbrochen wird, sich jedoch die Auszahlungssperre des § 30 Abs. 1 GmbHG auch auf die Zinsen erstreckt, soweit die Auszahlung das zur Deckung des Stammkapitals erforderliche Gesellschaftsvermögen beeinträchtigt. Daneben gibt es weitere, im Detail abweichende, Meinungen.[131]

Auf den ersten Blick müsste die Gleichstellung von eigenkapitalersetzenden Gesellschafterleistungen mit haftendem Eigenkapital auch dazu führen, dass eine Verzinslichkeit für eigenkapitalersetzende Leistungen nicht besteht, da eine Verzinsung von Eigenkapital ebenfalls ausgeschlossen ist. Die Folge einer eigenkapitalersetzenden Umqualifizierung ist jedoch nicht die Begründung von originärem Eigenkapital. Die Gesellschafterleistungen bleiben Fremdkapital mit der wirtschaftlichen Funktion von Eigenkapital. Der Zinsanspruch folgt damit aus der Rechtsnatur der Mittel als Darlehen.[132] Auszugehen ist darüber hinaus vom Gläubigerschutzgedanken der Kapitalersatzregeln. Die Gläubiger haben ein Interesse daran, dass das Stammkapital nicht aufgezehrt wird. Wird also durch die weitere Zinsauszahlung die Stammkapitaldeckung nicht beeinträchtigt, so besteht grundsätzlich kein Grund, die Verzinsung nicht weiter laufen zu lassen. Allerdings dürfte diese Konstellation nur theoretische Bedeutung haben. Wenn eine Krise der Gesellschaft vorliegt und Kreditunwürdigkeit festgestellt worden ist, ist in den meisten Fällen auch das Stammkapital bereits angegriffen und eine weitere Verzinsung würde diese Unterdeckung noch verstärken.

VI. Im Insolvenzplanverfahren (§§ 217ff. InsO)

In einem Insolvenzplan gelten nach § 225 Abs. 1 InsO die Forderungen nachrangiger Insolvenzgläubiger grundsätzlich als erlassen. Es kann jedoch eine davon abweichende Regelung getroffen werden. Der Insolvenzplan kann etwa vorsehen, dass der Gesellschafter mit seinen eigenkapitalersetzenden Gesellschafterleistungen teilweise zu befriedigen ist. Insoweit verlieren die Finanzmittel den eigenkapitalersetzenden Charakter und sind damit zu einer normalen Insolvenzforderung geworden.[133]

Die Einzelheiten der Behandlung eigenkapitalersetzender Gesellschaftermittel im Insolvenzplanverfahren werden ausführlich bei den insolvenzrechtlichen Besonderheiten dargestellt.

---

[131] Nachweise bei *v. Gerkan/Hommelhoff/von Gerkan*, Rn. 3.90ff.

[132] *Lutter/Hommelhoff*, §§ 32a/b GmbHG, Rn. 104.

[133] *Lutter/Hommelhoff*, § 32/b GmbHG, Rn. 9.

VII. Rückgewähranspruch nach § 31 GmbHG

Auszahlungen, die einen Verstoß gegen § 30 Abs. 1 GmbHG darstellen, begründen den Rückgewährsanspruch gemäß § 31 GmbHG.

Sollte eine eigenkapitalersetzende Leistung entgegen § 30 Abs. 1 GmbHG an den Gesellschafter ausgezahlt worden sein, so erlischt der Erstattungsanspruch aus § 31 Abs. 1 GmbHG nicht von selbst.[134]

VIII. Aufstellung eines Überschuldungsstatus

Nach § 19 Abs. 2 Satz 1 InsO liegt Überschuldung vor, wenn das Vermögen des Schuldners die bestehenden Verbindlichkeiten nicht mehr deckt.

Auf der Aktivseite sind bei einer zu erwartenden Fortführung des Unternehmens Going-concern-Werte und bei einer zu erwartenden Liquidation des Unternehmens die Liquidationswerte anzusetzen.

Die Verbindlichkeiten werden auf der Passivseite dargestellt. Dabei ist strittig, ob die Forderungen der Gesellschafter aus kapitalersetzenden Leistungen auch zu passivieren sind. Eine Ansicht geht davon aus, dass keine Passivierung vorzunehmen ist, wenn ein Rangrücktritt der Forderungen aus kapitalersetzenden Gesellschafterleistungen vereinbart worden ist.[135] Einige meinen, dass aufgrund der gesetzlich festgelegten Nachrangigkeit von Forderungen auf Rückgewähr des kapitalersetzenden Darlehens eines Gesellschafters oder gleichgestellter Forderungen eine Passivierung nicht erfolgt.[136]

Der BGH hat in einer Grundsatzentscheidung aus dem Jahre 2001[137] festgestellt, dass eigenkapitalersetzende Gesellschafterdarlehen grundsätzlich bei der Aufstellung eines Überschuldungsstatus zu passivieren sind. Diese Passivierung erfolgt ungeachtet dessen, dass die Gesellschaft die eigenkapitalersetzenden

---

[134] *Hommelhoff/Goette/Kleindiek*, Rn. 20 u. 136a ff. mwN zur einschlägigen Rechtsprechung.

[135] *Baumbach/Hueck/Fastrich*, § 32a GmbHG, Rn. 12; *Roth/Altmeppen*, § 42 GmbHG, Rn. 49, § 64 GmbHG, Rn. 34; *Scholz/K. Schmidt*, §§ 32a, 32b GmbHG, Rn. 63; *MüKo-Stodolkowitz*, § 132 InsO, Rn. 49 mwN.

[136] Siehe hierzu noch *Lutter/Hommelhoff*, 15. Aufl., § 64 GmbHG, Rn. 17c, d; *v. Gerkan/Hommelhoff/Fleischer*, Rn. 6.25ff.

[137] BGH, Urt. v. 8.1.2001 – II ZR 88/99, BGHZ 146, 264, ZIP 2001, 235, 236ff., NJW 2001, 1280, 1281f.

Gesellschafterdarlehen grundsätzlich nicht zu bedienen hat. Eine Rangrücktrittserklärung der betroffenen Gesellschafter führt hingegen zum Entfallen der Passivierungspflicht und kann damit die Überschuldung der Gesellschaft beseitigen.

Der Streit über die Passivierung eigenkapitalersetzender Leistungen im Überschuldungsstatus ist seit der Grundsatzentscheidung des BGH für die Praxis obsolet geworden.

IX. Sicherheiten für Finanzierungsmittel des Gesellschafters

Wurde der Anspruch auf Rückgewähr eigenkapitalersetzender Leistungen durch Sicherheiten aus dem Vermögen der Gesellschaft abgesichert, so bietet sich zum einen für den Insolvenzverwalter die Möglichkeit einer Anfechtung gemäß § 135 Nr. 1 InsO, soweit dessen zeitliche Vorgaben erfüllt sind. Unabhängig von der Eröffnung eines Insolvenzverfahrens ist durch die eigenkapitalersetzende Umqualifizierung der Gesellschafterleistung die Verwertung der aus dem Gesellschaftsvermögen gestellten Sicherheiten aufgrund der Gleichstellung der gesicherten Forderung mit haftendem Kapital im Hinblick auf die Regelung des § 30 GmbHG nicht möglich.[138]

Sicherheiten für eigenkapitalersetzende Leistungen sind jedenfalls nicht verwertbar. Dies gilt sowohl für akzessorische als auch für nicht-akzessorische Sicherheiten.

Eine akzessorische Sicherheit ist dadurch gekennzeichnet, dass sie vom gesicherten Anspruch abhängig ist. Ist dieser gesicherte Anspruch eigenkapitalersetzend, dann kann auch die Sicherheit nicht zu einer abgesonderten Befriedigung dienen, da sonst die Haftung der Kreditmittel als Eigenkapital umgangen wird.

Erhalten die Gesellschafter bei der Gewährung von kapitalersetzenden Darlehen an die Gesellschaft von dieser zur Sicherheit eine Sicherungsabtretung von der Gesellschaft gehörenden Forderungen oder eine Sicherungsübereignung von der Gesellschaft gehörenden Gegenständen, dann wird das Kapitalersatzrecht umgangen, soweit diese Sicherheiten Bestand haben. Die Unverwertbarkeit von nicht-akzessorischen Sicherheiten für kapitalersetzende Leistungen ergibt sich unmittelbar aus dem Zweck der Kapitalersatznormen.[139]

---

[138] Vgl. *Scholz/K. Schmidt*, §§ 32a, 32b GmbHG, Rn. 60 mwN.

[139] Vgl. *MüKo-Stodolkowitz*, § 135 InsO, Rn. 76, 81.

X. Aufrechnung

Um den Schutz der Kapitalersatzvorschriften zu gewährleisten, darf mit dem Anspruch auf Rückgewähr einer kapitalersetzenden Leistung im Insolvenzverfahren auch nicht aufgerechnet werden.[140] Eine Aufrechnung ist mit einer nach § 135 Nr. 2 InsO unzulässigen Verrechnung vergleichbar.

XI. Kollision mit den Grundsätzen der Kapitalerhaltung

Bei Anwendung der Eigenkapitalersatzregeln und der Umqualifizierung der Gesellschafterleistung in eigenkapitalähnliches Haftkapital kann eine Kollision zwischen Kapitalersatz und Kapitalerhaltung entstehen, wenn auf Geberseite eine verbundene Gesellschaft auftritt und die voraussichtliche Uneinbringlichkeit des Rückgewähranspruchs gegen die nehmende Gesellschaft aufgrund der Nachrangigkeit gemäß § 39 Abs. 1 Nr. 5 InsO bei der gebenden Gesellschaft zur Entstehung oder Vertiefung einer Unterbilanz führt.

Es stellt sich somit das Problem der Abgrenzung des Gläubigerschutzes auf der Geberseite aufgrund der Grundsätze der Kapitalerhaltung und des Gläubigerschutzes auf der Nehmerseite aufgrund des Kapitalersatzrechtes. Eine Ansicht in der Literatur gibt den Kapitalersatzregeln den Vorrang mit der Begründung, dass diese Regeln unabhängig von der Natur des zugrunde liegenden Rechtsverhältnisses eingreifen.[141] Ein solches Vorrangverhältnis kann jedoch mit der gegebenen Begründung nicht angenommen werden. Vielmehr ist zu berücksichtigen, dass die Kapitalersatzregeln von den Kapitalerhaltungsregeln abgeleitet wurden. Beide Rechtsinstitute dienen dem Gläubigerschutz. Auch der Prioritätsgrundsatz hilft hier nicht weiter. Das Stehenlassen führt zur Anwendung der Kapitalersatzregeln mit der Folge der Nachrangigkeit des Rückgewähranspruches und gleichzeitig aufgrund der Umqualifizierung zur möglichen Entstehung oder Vertiefung der Unterbilanz.

Die Gläubiger der Geberseite sind über die Kapitalerhaltungsregeln der §§ 30f. GmbHG geschützt. Dieser Schutz darf nicht durch die Kapitalersatzregeln ausgehöhlt werden. Die Gläubigerrechte sind als Rechte Dritter damit auch nach Anwendung der Kapitalersatzregeln zu berücksichtigen. Eine ausführliche Darstellung der Rechte Dritter und eine Abgrenzung zu den Rechten aufgrund einer eigenkapitalersetzenden Umqualifizierung erfolgt im Rahmen der eigenkapital-

---

[140] BGH, Urt. v. 19.12.1994 – II ZR 10/94, NJW 1995, 658, 659 mwN.
[141] *v. Gerkan/Hommelhoff/Haas/Dittrich*, Rn. 8.130.

ersetzenden Nutzungsüberlassung. Auf die dortigen Feststellungen wird hier verwiesen.[142]

[142] Vgl. zu den Rechten Dritter bei der eigenkapitalersetzenden Nutzungsüberlassung und den notwendigen Abgrenzungen unter § 12, IV, 6. Der Kollisionsfall könnte in entsprechender Anwendung des § 103 InsO mit einer Abgrenzung auf den Zeitpunkt der Eröffnung des Insolvenzverfahrens und in Kombination mit einem Schadenersatzanspruch gegen den beherrschenden Gesellschafter gelöst werden.

§ 5 Einschränkungen des Eigenkapitalersatzrechts

Die dargestellten Regelungen zum Eigenkapitalersatz können aber auch die Sanierung von Unternehmen behindern. Die Kapitalersatzregeln können den Gesellschafter davon abhalten, Gesellschafterleistungen zur Sanierung des Unternehmens zu erbringen, weil er mit einer Umqualifizierung in eigenkapitalähnliches Haftkapital rechnen muss. Bei drohender wirtschaftlicher Krise der Gesellschaft sind es jedoch am ehesten die Gesellschafter, die zu weiteren Finanzierungsleistungen bereit sein werden.

Vor allem die Übernahme von Anteilen an dem zu sanierenden Unternehmen durch Kreditinstitute ist ein wichtiges Sanierungsinstrument. Dabei ist es aber problematisch, wenn dieses Kreditinstitut bereits vorher Fremdkapital an das Unternehmen gegeben hat oder im Zusammenhang mit der Sanierung neu vergibt. Die uneingeschränkte Anwendung der Eigenkapitalersatzregelungen würde zu einer Umqualifizierung der gesamten Fremdfinanzierung in Eigenkapital führen und die Bank wäre gemäß § 39 Abs. 1 Nr. 5 InsO im Insolvenzfall mit sämtlichen Rückforderungsansprüchen nur nachrangige Insolvenzgläubigerin. Aus diesem Grund wäre wohl kein Kreditinstitut zu einer Sanierung durch Übernahme von Geschäftsanteilen bei vorheriger oder gleichzeitiger Darlehensgewährung bereit. Der Schutz der Sanierungsgläubiger wird dadurch ins Gegenteil verkehrt[143].

In Anbetracht dieser Problematik wurde der Gesetzgeber tätig und hat in § 32a Abs. 3 GmbHG die Sätze 2 und 3 angefügt.

I. Einschränkung bei Zwerganteilen

§ 32a Abs. 3 Satz 2 GmbHG wurde eingeführt durch den Art. 2 Nr. 1 KapAEG (Kapitalaufnahmeerleichterungsgesetz vom 20.04.1998) und ist am 24.04.1998 in Kraft getreten. Danach gelten die Regeln über den Eigenkapitalersatz nicht für den nicht geschäftsführenden Gesellschafter, der mit 10% oder weniger am Stammkapital beteiligt ist. Die Inhaber von sog. Zwerganteilen sind somit von der Geltung des Kapitalersatzrechts ausgenommen.[144] Wichtig ist jedoch, dass es keine Freistellung für den Gesellschaftergeschäftsführer gibt.

---

[143] Vgl. *MüKo-Lwowski*, § 35 InsO, Rn. 251; *Batereau*, WM 1992, 1517ff.

[144] Vgl. *MüKo-Stodolkowitz*, § 135 InsO, Rn. 9, Rn. 34ff.

Diese Einschränkung des Kapitalersatzrechts bei Zwerganteilen gilt sowohl für die gesetzlichen Regelungen als auch für die Rechtsprechungsgrundsätze.[145]

Wird eine schon bestehende Beteiligung auf nicht mehr als 10% verringert oder das Geschäftsführeramt aufgegeben, dann bleibt eine schon vorliegende Umqualifizierung bestehen. Anwendung findet die Vorschrift des § 32a Abs. 3 Satz 2 GmbHG aber, wenn nach dem Eintritt der maßgeblichen Voraussetzungen Kredite gewährt werden.[146]

Der Sinn dieser Regelung besteht darin, Kleinbeteiligte, die in der Regel keinen unternehmerischen Einfluss haben, von den strengen Folgen des Kapitalersatzrechts auszunehmen. Nach Meinung der Literatur sollte mit der Privilegierung von Zwerganteilen auch die Möglichkeit einer Kapitalaufnahme bei den Gesellschaftern verbessert werden, insbesondere bei institutionellen Kreditgebern.[147]

Gegen die gesetzliche Regelung des § 32a Abs. 3 Satz 2 GmbHG werden viele Kritikpunkte vorgebracht. Die rechtliche Diskussion und Aufarbeitung dieser Probleme ist nicht Gegenstand der vorliegenden Arbeit. An dieser Stelle werden nur folgende kritische Anmerkungen dargestellt:[148]

(1) Die Festlegung der 10%-Beteiligungsgrenze beruht auf willkürlichen Erwägungen.

(2) Die Privilegierung von Kleinbeteiligten wird dazu führen, dass formal gering beteiligte Gesellschafter formal als Kreditgeber vorgeschoben werden.

(3) Die Beteiligung am Stammkapital der Gesellschaft ist nicht alleiniger Anknüpfungspunkt für die Ausübung unternehmerischen Einflusses.

(4) Für die Anwendung des § 32a Abs. 3 Satz 2 GmbHG gibt es keine Übergangsregelung, so dass die Behandlung von Altfällen nach wie vor strittig ist.

---

145 *Pentz*, GmbHR 1999, 437, 442f.; *Früh*, GmbHR 1999, 842, 847; *Dörrie*, ZIP 1999, 12, 15.

146 *MüKo-Stodolkowitz*, § 135 InsO, Rn. 37.

147 *v. Gerkan/Hommelhoff/von Gerkan*, Rn. 3.15.

148 Vgl. hierzu die Zweifelsfragen bei *v. Gerkan/Hommelhoff/von Gerkan*, Rn. 3.17ff. mwN.

(5) Es gibt keine eindeutige Regelung für die gemeinsame Kreditvergabe durch mehrere Kleingesellschafter, die sich zusammengeschlossen haben oder gemeinsame Interessen vertreten.

(6) Probleme entstehen bei einer Änderung der Beteiligung über oder unter 10% und bei der Annahme oder der Ablegung des Geschäftsführeramtes.

(7) Wie sind einem Gesellschafter über § 32a Abs. 3 Satz 1 GmbHG gleichgestellte Dritte zu behandeln?

(8) Die formale Anknüpfung an die Nichtausübung eines Geschäftsführeramtes genügt nicht. Es kommt entscheidend auf den unternehmerischen Einfluss an, der auch auf sonstige Weise ausgeübt werden kann.

II. Sanierungsprivileg

Außerdem hat der Gesetzgeber durch Art. 10 KonTraG (Gesetz zur Kontrolle und Transparenz im Unternehmensbereich vom 27.4.1998) § 32a Abs. 3 Satz 3 GmbHG eingeführt, der am 01.05.1998 in Kraft getreten ist, wonach in einem Fall, in dem der Darlehensgeber in der Krise der Gesellschaft Geschäftsanteile zum Zweck der Überwindung der Krise erwirbt, dies für seine bestehenden und neu gewährten Kredite nicht zur Anwendung der Regeln über den Eigenkapitalersatz führt. Durch diese gesetzliche Regelung wurde ein Sanierungsprivileg geschaffen und insofern auch hier die Anwendung des Kapitalersatzrechts eingeschränkt.[149] Allerdings muss die Beteiligung im Hinblick auf eine mögliche Sanierung vorgenommen werden. Nach pflichtgemäßer Einschätzung eines objektiven Dritten muss die Gesellschaft im Zeitpunkt des Anteilserwerbs sanierungsfähig sein und die Sanierungsmaßnahmen müssen objektiv geeignet sein, die Gesellschaft in angemessener Zeit zu sanieren. Der tatsächliche Eintritt des Sanierungserfolges ist aber nicht entscheidend.[150]

Nach dem Wortlaut privilegiert § 32a Abs. 3 Satz 3 GmbHG nur die Kredite des Geschäftsanteilerwerbers. Grundsätzlich sind jedoch auch die der Darlehensgewährung wirtschaftlich vergleichbaren Rechtshandlungen von Gesellschaftern oder Dritten in das Sanierungsprivileg einzubeziehen.[151] Aufgrund der mit dieser Vorschrift angestrebten Anreizfunktion für Sanierungsbeteiligungen werden

---

[149] *MüKo-Stodolkowitz*, § 135 InsO, Rn. 9, Rn. 22ff.

[150] *Lutter/Hommelhoff*, §§ 32a/b GmbHG, Rn. 84.

[151] *Dörrie*, ZIP 1999, 12, 14f.

auch sonstige Leistungen privilegiert, die andernfalls nach dem Recht des Eigenkapitalersatzes verstrickt wären.[152]

Auch diese Einschränkung gilt sowohl für die gesetzlichen Regelungen als auch für die Rechtsprechungsgrundsätze.[153]

Wichtig ist, dass ein Sanierungsgesellschafter kein Altgesellschafter sein darf und auch keine über § 32a Abs. 3 Satz 1 GmbHG dem Gesellschafter gleichgestellte Person, denn ihnen ist die Krise der Gesellschaft objektiv zuzurechnen. Ein Kleinbeteiligter im Sinne des § 32a Abs. 3 Satz 2 GmbH hat jedoch das Sanierungsprivileg.[154]

Das Sanierungsprivileg bedeutet in der Praxis hauptsächlich ein Bankenprivileg.[155] Die Privilegierung ist jedoch nicht auf Kreditinstitute beschränkt und auch nicht auf Personen, die bereits Gesellschaftsgläubiger sind.[156] Es gibt jedoch keine Privilegierung, wenn ein Kreditinstitut bereits vor der Darlehensgewährung an der kreditnehmenden Gesellschaft beteiligt ist. Aus Gründen des Gläubigerschutzes kann es grundsätzlich keine Trennung zwischen der einen Rolle der Hausbank und der anderen Rolle des Gesellschafters geben.[157] Bei einem Altgesellschafter kommt das Sanierungsprivileg des § 32a Abs. 3 Satz 3 GmbHG nicht zur Anwendung.

Besonderheiten ergeben sich bei Konsortialkrediten. Die Literatur nimmt hier bei der rechtlichen Beurteilung eine Trennung zwischen Außen- und Innenkonsortien vor. Gewährt ein Außenkonsortium, bei dem ein Gesellschafter der kreditnehmenden Gesellschaft Mitglied ist, dieser Gesellschaft ein Darlehen, dann kann bei Vorliegen der Voraussetzungen der Kapitalersatzregeln nur die auf den Gesellschafter entfallende Kreditquote in Eigenkapital umqualifiziert werden, nicht aber die Quoten der Dritten.[158] Die Behandlung von Krediten eines Innenkonsortiums ist umstritten. Eine Ansicht will nur die Quote den Regeln des Eigenkapitalersatzes unterwerfen, die innerhalb des Konsortiums auf den Gesellschafter entfällt.[159] Eine andere Meinung hingegen qualifiziert den Kon-

---

152 *Lutter/Hommelhoff*, §§ 32a/b GmbHG, Rn. 86 mwN.

153 *Pentz*, GmbHR 1999, 437, 450.

154 *Lutter/Hommelhoff*, §§ 32a/b GmbHG, Rn. 80.

155 *MüKo-Stodolkowitz*, § 135 InsO, Rn. 22.

156 *Lutter/Hommelhoff*, §§ 32a/b GmbHG, Rn. 81.

157 Vgl. *Lutter/Hommelhoff*, §§ 32a/b GmbHG, Rn. 40.

158 *Lutter/Hommelhoff*, §§ 32a/b GmbHG, Rn. 41 mwN.

159 Vgl. *v. Gerkan*, GmbHR 1990, 384, 386.

sortialkredit in voller Höhe um.[160] Für die volle Umqualifizierung spricht, dass bei einem Innenkonsortium der Gesellschafter im eigenen Namen, aber auf fremde Rechnung den Kredit an die Gesellschaft ausreicht. Die Gesellschaft kennt in der Regel die Beziehungen und Haftungsquoten innerhalb des Konsortiums nicht. Aufgrund der Konsortialabrede wird das Haftungsrisiko zwischen den Konsorten verteilt, das Verhältnis zwischen der Gesellschaft und dem Gesellschafter wird nicht berührt. Deshalb hat der Gesellschafter grundsätzlich seine Mitkonsorten von den Risiken des Eigenkapitalersatzrechts freizustellen und selbst die entsprechenden Kreditquoten zu tilgen, soweit die Gesellschaft dies nicht darf.[161] Unabhängig von der Art des Konsortiums ist die Frage der Kreditwürdigkeit hier genau zu prüfen. Da bei einem kreditgebenden Konsortium regelmäßig auch gesellschaftsfremde Dritte das Kreditgeberrisiko mit übernehmen, wird dies grundsätzlich die Kreditwürdigkeit der Gesellschaft indizieren.[162]

III. Unternehmensbeteiligungsgesellschaft

Außerhalb des GmbH-Gesetzes enthält § 24 UBGG (Unternehmensbeteiligungsgesetz) in der Fassung des Dritten Kapitalmarktförderungsgesetzes vom 24.03.1998 eine weitere Einschränkung des Kapitalersatzrechts. Danach wird der Anteilsbesitz einer behördlich anerkannten Unternehmensbeteiligungsgesellschaft an einem Unternehmen, dem ein Gesellschafter der Unternehmensbeteiligungsgesellschaft einen Kredit gewährt hat, diesem Kreditgeber nicht nach den Regeln über den Kapitalersatz zugerechnet.

IV. Weitere Einschränkungen

Ungeklärt ist hingegen, ob eine Privilegierung auch dann noch eingreift, wenn der Kreditgeber seine Anteile nicht unmittelbar nach Überwindung der Krise wieder veräußert. Diejenigen, die auch hier noch eine Privilegierung bejahen, argumentieren damit, dass eine zu enge zeitliche Begrenzung den Erfolg von Sanierungen gefährden würde.[163] Im Rahmen einer Sanierung privilegierte Gesellschaftsanteile können jedoch nach Beendigung der Sanierung keine Sonderstellung mehr einnehmen. Der Gläubigerschutz kann nicht für immer negiert

---

160 *v. Gerkan/Hommelhoff/von Gerkan*, Rn. 3.71 mwN.

161 *Lutter/Hommelhoff*, §§ 32a/b GmbHG, Rn. 42.

162 Vgl. *Lutter/Hommelhoff*, §§ 32a/b GmbHG, Rn. 41f.

163 Vgl. *MüKo-Lwowski*, § 35 InsO, Rn. 251; *Wittig*, NZI 1998, 49, 54ff.; *Obermüller*, ZInsO 1998, 51, 54.

werden, weil ehemals ein Gesellschafter erfolgreich eine Sanierungsmaßnahme betrieben hat und künftig frei von jedem unternehmerischen Risiko an Stelle einer ausreichenden Eigenkapitalausstattung der Gesellschaft nur noch Kredite zur Verfügung stellt, es bestünde sonst die Gefahr, dass ein Handel mit privilegierten Sanierungsgesellschaftsanteilen erfolgen könnte.[164] Eine Privilegierung ist nur bis zur erfolgreichen und gefestigten Sanierung der Gesellschaft zu befürworten. Danach handelt es sich bei den bisher privilegierten Finanzierungsmitteln wieder um normale Gesellschafterleistungen, die in einer erneuten Krise den Kapitalersatzregeln unterworfen werden können.

Zu einer Einschränkung des Kapitalersatzrechts führt auch die Regelung in § 56 e DMBilG[165]. Danach werden Kredite an Treuhandunternehmen aus dem Kapitalersatzrecht herausgenommen.[166]

V. Zusammenfassende Würdigung

Zusammenfassend kann festgehalten werden, dass die Regeln über den Eigenkapitalersatz keine Anwendung finden, wenn eine kreditgebende Bank eine Beteiligung am Stammkapital von 10% oder weniger hält oder die Beteiligung von über 10% erst in der Krise der Gesellschaft zum Zwecke der Sanierung erwirbt. Sanierungskredite bereits beteiligter Gesellschafter unterliegen keinen besonderen Regeln, sondern sind ebenso wie alle anderen Gesellschafterdarlehen zu behandeln[167] und sie unterliegen damit uneingeschränkt den Regeln des Kapitalersatzrechts.

---

[164] Vgl. *Pichler*, WM 1999, 411, 418.

[165] DM-Bilanzgesetz, eingeführt durch das Zweite Vermögensänderungsgesetz vom 14.07.1992.

[166] *MüKo-Stodolkowitz*, § 135 InsO, Rn. 13, Rn. 32f., *Henckel*, Kölner Schrift zur InsO, 1. Aufl., 645, 668.

[167] *Lutter/Hommelhoff*, §§ 32a/b GmbHG, Rn. 39.

Kapitel 2: Insolvenzrechtliche Besonderheiten

§ 6 Allgemeine insolvenzrechtliche Besonderheiten

I. Anwendbares Kapitalersatzrecht im Insolvenzverfahren

Die Vorschriften der §§ 32a, b GmbHG setzen tatbestandlich ein Insolvenzverfahren über das Vermögen der Gesellschaft voraus. Sie sind deshalb im Insolvenzverfahren als Spezialvorschriften vorrangig. Soweit die Voraussetzungen der Novellenregelungen jedoch nicht erfüllt sind, kann auf die Rechtsprechungsregeln zu den §§ 30, 31 GmbHG zurückgegriffen werden. Bei der Erläuterung des zweistufigen Schutzsystems der Kapitalersatzregeln wurde bereits festgestellt, dass die Novellenregelungen die Fortgeltung der Rechtsprechungsgrundsätze nicht ausschließen. Sie gelten damit auch im Insolvenzverfahren.

Ausschließlich im Insolvenzverfahren kommen die eigenkapitalersatzrechtlichen Sondervorschriften der Insolvenzordnung zur Anwendung. Zu beachten sind die besondere Insolvenzanfechtung gemäß § 135 InsO, die Nachrangigkeit des Rückgewähranspruches aus eigenkapitalersetzenden Darlehen und gleichgestellten Forderungen gemäß § 39 Abs. 1 Nr. 5 InsO sowie die mit der angeordneten Nachrangigkeit verbundenen Folgen im Insolvenzplanverfahren.

§ 6 AnfG ist hingegen im Insolvenzverfahren ausgeschlossen, da die Vorschriften des Anfechtungsgesetzes nur außerhalb eines Insolvenzverfahrens gelten.

Der Insolvenzverwalter darf sich zur Begründung der eigenkapitalersatzrechtlichen Verstrickung und zur Bestimmung von dessen Reichweite bei der Anwendung der entsprechenden Kapitalersatzregeln von Zweckmäßigkeitserwägungen leiten lassen. Sind beispielsweise die Ansprüche nach § 32b GmbHG oder §§ 143 Abs. 1, 135 InsO bereits verjährt,[168] so kann der Insolvenzverwalter innerhalb der Fünfjahresfrist des § 31 Abs. 5 GmbHG verbotene eigenkapitalersatzrechtliche Rückzahlungen zurückerstattet verlangen.

---

[168] Beide Ansprüche verjähren gemäß § 146 InsO. Seit dem 15.12.2004 gilt gemäß § 146 Abs. 1 InsO die Regelverjährungsfrist des § 195 BGB von drei Jahren. Zu beachten ist die Übergangsregelung in Art. 229 § 6 Abs. 3 EGBGB.

II. Dogmatische Einordnung der Kapitalersatzregeln

Eine rechtsdogmatische Einordnung der Kapitalersatzregeln verlangt die Frage, ob die Kapitalersatzregeln als Bestandteile des Insolvenzrechts anzusehen sind oder ob es sich hier um besondere gesellschaftsrechtliche Regelungen handelt.

Für die Bewertung der Kapitalersatzregeln als Insolvenzvorschriften sprechen die Novellenregelungen und die Sonderregelungen in der Insolvenzordnung. Die Vorschriften der §§ 32a, 32b GmbHG sind entsprechend ihrem Tatbestand nur im Insolvenzverfahren anzuwenden; die §§ 39 Abs. 1 Nr. 5, 135 InsO sind als Vorschriften der Insolvenzordnung bereits Bestandteile des Insolvenzrechts. In der Literatur wird dementsprechend vertreten, dass das Kapitalersatzrecht der Sache nach Insolvenzrecht ist und das kodifizierte Kapitalersatzecht sinnvollerweise in die InsO hätte übernommen werden sollen.[169]

Für die Zuordnung von Vorschriften zum Gesellschafts- oder Insolvenzstatut kommt es jedoch nicht darauf an, ob eine bestimmte Rechtsfrage im Gesellschafts- oder im Insolvenzrecht geregelt ist. Für die Zuordnung zum Insolvenzrecht ist maßgeblich, dass die Rechtsregel selbst unmittelbar der Verwirklichung insolvenzpolitischer Ziele dient.[170] Dementsprechend sind nach herrschender Ansicht in der Literatur die Kapitalersatzregeln dem Gesellschaftsrecht zuordnen. Es geht beim Eigenkapitalersatz um die Qualifikation von Krediten als funktionelles Haftkapital.[171] Die Eigenkapitalersatzregeln sind gesellschaftsrechtliche Regeln über die Behandlung von Gesellschafterdarlehen, nicht spezifisch insolvenzrechtliche Vorschriften.[172] Das Eigenkapitalersatzrecht ist – wie das gesamte Recht der Unternehmensfinanzierung – genuines Gesellschaftsrecht.[173]

Das Kapitalersatzrecht basiert auf einer Entwicklung von Rechtsprechungsregeln in Analogie zu den §§ 30f. GmbHG. Die gesetzlichen Regelungen sind im Zuge der GmbH-Novelle im Jahr 1980 eingefügt worden; daneben gelten jedoch die Rechtsprechungsregeln weiter. Sinn und Zweck des gesamten Kapitalersatzrechtes ist die zwingende Bindung der Gesellschaftermittel als eigenkapitalgleiche Haftungsmasse zum Schutz der Gesellschaftsgläubiger. Bei den

[169] *Eisner*, ZInsO 2005, 20, 23.
[170] Vgl. *Haas*, NZI 2002, 457, 466 mwN.
[171] *Karsten Schmidt*, GesR, S. 533.
[172] *Scholz/K. Schmidt*, §§ 32a, 32b GmbHG, Rn. 15 mwN.
[173] *Karsten Schmidt*, GmbHR 2005, 797, 805.

Kapitalersatzregeln handelt es sich damit richtigerweise um Regelungen des Gesellschaftsrechts.

Neue Bedeutung erlangt die Frage nach der dogmatischen Einordnung des Kapitalersatzrechts nunmehr im Hinblick auf EuGH-Rechtsprechung zu den sog. Scheinauslandsgesellschaften.[174]

III. Praktische Relevanz in der Insolvenz

Dennoch treten die eigenkapitalersatzrechtlichen Probleme vor allem in der Insolvenz der die Leistungen empfangenden Gesellschaft auf.

Die Umqualifizierung der Gesellschafterleistung in Eigenkapital setzt die Gewährung oder das Stehenlassen der Mittel in der Krise der Gesellschaft voraus. Zwar ist die „Insolvenzreife" nicht zwingende Voraussetzung für die Erfüllung des Tatbestandes des Eigenkapitalersatzrechts, das Vorliegen einer Krise wird jedoch auch durch die Insolvenzgründe der Zahlungsunfähigkeit im Sinne des § 17 InsO oder der Überschuldung im Sinne des § 19 InsO indiziert.[175] „Insolvenzreife" und Krise der Gesellschaft liegen meist eng beieinander. Der Normalfall der Krise, von der in § 32a Abs. 1 GmbHG die Rede ist, ist die Insolvenzreife der betreffenden Gesellschaft.[176]

Darüber hinaus wird es in der Praxis erst der Insolvenzverwalter sein, der die eigenkapitalersatzrechtlichen Sachverhalte aufdeckt und die eigenkapitalgleiche Haftung geltend macht.

Die Geltendmachung von eigenkapitalersatzrechtlichen Ansprüchen aufgrund der Rechtsprechungsregeln ist grundsätzlich Aufgabe des Geschäftsführers. Dieser Geschäftsführer hat – unterstellt man, dass ein Geschäftsführerwechsel nicht stattgefunden hat – die Gesellschaftermittel für die Gesellschaft in Empfang genommen und zusammen mit dem Gesellschafter die Fremdkapitalqualität festgelegt. Häufig ist der Geschäftsführer sogar selbst der finanzierende Gesellschafter. Der Geschäftsführer wird deshalb die kapitalersatzrechtlichen Ansprüche der Gesellschaft im Vorfeld einer Insolvenz nicht geltend machen und ggf. gerichtlich durchsetzen.

---

[174] Vergleiche ausführlich hierzu unter § 21, II.

[175] Siehe hierzu die obige ausführliche Darstellung unter § 3, I, 3 u. 4.

[176] *Goette*, ZIP 2005, 1481, 1485.

Die Gesellschaftsgläubiger können hingegen die eigenkapitalersatzrechtlichen Ansprüche aufgrund der Rechtsprechungsregeln im GmbH-Recht[177] nicht geltend machen.[178] Die Gesellschaftsgläubiger können den Anspruch der Gesellschaft aus §§ 30, 31 GmbHG gegen die Gesellschafter nur pfänden oder die Anfechtung nach § 6 AnfG erheben; hierzu werden ihnen jedoch meist die Kenntnis der eigenkapitalersatzrechtlichen Details und die Nachweismöglichkeiten fehlen.[179]

Der Insolvenzverwalter erhält insbesondere durch die Übernahme der Verwaltungs- und Verfügungsbefugnis gemäß § 80 Abs. 1 InsO und durch die Übernahme der Insolvenzmasse gemäß § 148 Abs. 1 InsO die Möglichkeit zur Einsichtnahme in alle Geschäftsunterlagen und kann, ggf. durch die Nutzung der Auskunfts- und Mitwirkungspflichten des Schuldners gemäß § 97 InsO, die eigenkapitalersatzrechtlichen Sachverhalte aufdecken.

Der Insolvenzverwalter kann neben den kapitalersatzrechtlichen Ansprüchen aufgrund der Rechtsprechungsregeln vor allem auch auf die Regelungen der §§ 32a und 32 b GmbHG zurückgreifen. § 6 AnfG gilt hingegen nur außerhalb eines Insolvenzverfahrens und steht damit dem Insolvenzverwalter nicht zur Verfügung. Die Insolvenzordnung enthält jedoch in § 135 InsO einen entsprechenden Anfechtungstatbestand für die Befriedigung oder Besicherung eigenkapitalersetzender Rückgewähransprüche.

Grundsätzlich kann der Insolvenzverwalter die eigenkapitalersatzrechtlichen Ansprüche aufgrund seiner Stellung kraft Amtes für die Gesellschaft geltend machen. Der Zustimmung des Gläubigerausschusses bzw. der Gläubigerversammlung bedarf der Insolvenzverwalter gemäß § 160 Abs. 2 Nr. 3 InsO nur, wenn es um erhebliche Ansprüche[180] geht, die im Rahmen eines Rechtsstreits oder Vergleichs behandelt werden. Durch einen Verstoß gegen § 160 Abs. 2 Nr. 3 InsO wird jedoch die Wirksamkeit der Handlung des Insolvenzverwalters im Außenverhältnis nicht berührt (§ 164 InsO). Bei Zweifeln über die Erheblichkeit im Sinne des § 160 Abs. 2 Nr. 3 InsO ist dem Insolvenzverwalter vor dem Hintergrund seiner Schadenersatzhaftung gemäß § 60 InsO zu einer Einholung der Zustimmung zu raten.

---

[177] Im Aktienrecht besteht ein Anspruch der Gesellschafter gemäß § 62 Abs. 2 AktG.

[178] *Baumbach/Hueck/Fastrich*, § 31 GmbHG, Rn. 7.

[179] v. Gerkan/Hommelhoff/*Johlke/Schröder*, Rn. 14.32.

[180] Zu den Kriterien bei der Bestimmung des „erheblichen Streitwerts" siehe u. a.: *Kübler/Prütting-Onusseit*, § 160 InsO, Rn. 18f.; *FK-Wegener*, § 160 InsO, Rn. 7f.; *HK-Flessner*, § 160 InsO, Rn. 9; eine feste Streitwertgrenze lässt sich jedoch nicht festlegen.

§ 7 Bei der Insolvenzantragstellung

Im Folgenden ist zu diskutieren, welche Auswirkungen eine Anwendung der Eigenkapitalersatzregeln auf Gesellschafterleistungen für die Insolvenzantragsstellung des Gesellschafters und für die Behandlung im Insolvenzantragsverfahren hat.

I. Antragsberechtigung

Zur Stellung eines Insolvenzantrages sind gemäß § 13 Abs. 1 Satz 2 InsO die Gläubiger und der Schuldner berechtigt. Ein Gläubigerantrag ist jedoch gemäß § 14 Abs. 1 InsO nur zulässig, wenn der Gläubiger ein rechtliches Interesse an der Eröffnung des Insolvenzverfahrens hat und seine Forderung sowie den Eröffnungsgrund glaubhaft macht. Hinsichtlich der Anforderungen an eine Glaubhaftmachung ist auf § 294 ZPO zu verweisen. Die §§ 13 und 14 InsO stellen nur auf die Gläubigereigenschaft ab und differenzieren nicht zwischen den verschiedenen Rangverhältnissen der Insolvenzgläubiger.

Auch ein im Insolvenzverfahren nur nachrangiger Insolvenzgläubiger ist als Gläubiger der Gesellschaft zu behandeln. Durch die Umqualifizierung der vom Gläubiger in die Gesellschaft eingebrachten Fremdmittel in eine eigenkapitalersetzende Leistung wird nur eine nachrangige Befriedigung der Gesellschafterrückforderung festgelegt. Die nachrangigen Gläubiger können ihre Forderung zur Insolvenztabelle anmelden, soweit nach § 174 Abs. 3 InsO das Insolvenzgericht zur Anmeldung dieser Forderungen auffordert. Auch ohne eine gerichtliche Aufforderung bleiben nachrangige Insolvenzgläubiger aber nach wie vor Insolvenzgläubiger. Mit der herrschenden Meinung[181] ist deshalb davon auszugehen, dass ein Gläubiger, der zugleich Gesellschafter ist, und dessen Forderung sich auf eine eigenkapitalersetzende Leistung bezieht, als Gläubiger die Antragsbefugnis gemäß § 13 Abs. 1 Satz 2 InsO besitzt.

Zu prüfen ist allerdings, ob der Antrag des Kapitalersatzgläubigers auch nach § 14 Abs. 1 InsO zulässig ist. Hierzu muss er u. a. ein rechtliches Interesse an der Eröffnung des Insolvenzverfahrens glaubhaft machen. Ob ein nachrangiger Insolvenzgläubiger diese Voraussetzung erfüllen kann, ist streitig. Während eine Ansicht die Glaubhaftmachung eines rechtlichen Interesses nur dann für möglich hält, wenn schon von vornherein eine Befriedigungsaussicht für die nachrangigen Insolvenzgläubiger besteht und das Insolvenzgericht zur Anmeldung dieser Forderungen gemäß § 174 Abs. 3 InsO auffordern wird, jedoch im Regel-

---

[181] v. Gerkan/Hommelhoff/*von Gerkan*, Rn. 3.84; ders./*Johlke/Schröder*, Rn. 14.129.

fall keine Befriedigungsaussicht und damit kein rechtliches Interesse besteht,[182] stellt eine andere Ansicht zur Begründung des rechtlichen Interesses im Sinne des § 14 Abs. 1 InsO auf die bloße Möglichkeit einer Verfahrensbeteiligung nachrangiger Insolvenzgläubiger ab.[183] Im Zeitpunkt der Insolvenzantragstellung können die einzelnen kapitalersetzenden Sachverhalte vom Insolvenzgericht meist nicht festgestellt werden. Deshalb ist schon die Qualifizierung als eigenkapitalersetzende Leistung mit Unsicherheiten belastet, die dem Antrag eines Gläubigers nicht die Zulässigkeit seines Antrages nehmen dürfen. Darüber hinaus kann das Insolvenzgericht regelmäßig bei Stellung des Insolvenzantrages nicht überblicken, wie groß die Insolvenzmasse sein wird, die den Gläubigern bei der Verteilung zur Verfügung steht. Selbst zur Feststellung der Insolvenzgründe und der Frage der Massezulänglichkeit setzt das Gericht regelmäßig einen Gutachter ein. Der Umfang der Insolvenzmasse wird maßgeblich von den Geschicken des vorläufigen und endgültigen Insolvenzverwalters bei der Fortführung des Geschäftsbetriebes des insolventen Unternehmens und auch von dessen Engagement bei der Mehrung der Masse im Rahmen der Insolvenzabwicklung beeinflusst. Ob mit einer wenigstens teilweisen Befriedigung der nachrangigen Insolvenzgläubiger zu rechnen ist, kann im Zeitpunkt der Insolvenzantragstellung des Kapitalersatzgläubigers nicht beurteilt werden. Für die Glaubhaftmachung seines rechtlichen Interesses reicht somit die Möglichkeit einer Befriedigung des Kapitalersatzgläubigers aus.

Darüber hinaus kann ein Rechtsschutzinteresse des Kapitalersatzgläubigers an der zulässigen Stellung eines Insolvenzantrages auch aus anderen Gründen gegeben sein. Nicht anzuerkennen ist ein steuerliches Interesse an der Durchführung eines Insolvenzverfahrens, weil dies nicht Ziel eines Insolvenzverfahrens entsprechend § 1 InsO ist. Jedoch kann die Glaubhaftmachung einer sonstigen Forderung oder die Stellung eines Insolvenzantrages zur Vermeidung einer Umqualifizierung anerkannt werden.[184]

II. Kompetenzen des vorläufigen Insolvenzverwalters

Zwischen der Insolvenzantragstellung und der Insolvenzeröffnung über das Vermögen der Gesellschaft wird vom Insolvenzgericht zur Verhütung einer für die Gläubiger nachteiligen Veränderung in der Vermögenslage des Schuldners ein vorläufiger Insolvenzverwalter eingesetzt.

---

[182] Vgl. *HK-Kirchhof*, § 14 InsO, Rn. 18; *Hess/Weis/Wienberg*, § 14 InsO, Rn. 22.

[183] Vgl. *Kübler/Prütting-Pape*, § 14 InsO, Rn. 63.

[184] Zum Ganzen: *v. Gerkan/Hommelhoff/Johlke/Schröder*, Rn. 14.131f.

Hinsichtlich der eigenkapitalersetzenden Gesellschafterleistungen sind die Befugnisse des vorläufigen Insolvenzverwalters zu untersuchen. Fraglich ist hier insbesondere, ob ein vorläufiger Insolvenzverwalter schon im Vorfeld der Insolvenz die eigenkapitalersatzrechtliche Umqualifizierung von Gesellschafterleistungen für die Gesellschaft geltend machen kann und ob bzw. mit welchem Rangverhältnis er neue Gesellschafterleistungen für die Gesellschaft entgegennehmen kann. Nachdem es jedoch verschiedene Ausprägungen der Kompetenzen eines vorläufigen Insolvenzverwalters gibt, gilt es zwischen den verschiedenen Stellungen des vorläufigen Insolvenzverwalters zu unterscheiden:

a) Schwacher vorläufiger Insolvenzverwalter und vorläufiger Insolvenzverwalter mit Zustimmungsvorbehalt

Bestellt das Insolvenzgericht gemäß § 21 Abs. 2 Nr. 1 InsO einen vorläufigen Insolvenzverwalter und ordnet es keine weiteren Sicherungsmaßnahmen an, die zu Sonderbefugnissen des vorläufigen Insolvenzverwalters führen, dann handelt es sich um einen sog. schwachen vorläufigen Insolvenzverwalter. Der schwache vorläufige Insolvenzverwalter führt die Geschäfte der Gesellschaft nicht, er überwacht lediglich die Geschäftsführungsmaßnahmen der Geschäftsleitung. Auch die Entgegennahme von neuen Gesellschafterleistungen ist Sache der bisherigen Geschäftsführung.

Eine Zustimmungsbefugnis besteht nur dann, wenn nach § 21 Abs. 2 Nr. 2, 2. Alt. InsO vom Insolvenzgericht weiter angeordnet ist, dass Verfügungen des Schuldners nur mit Zustimmung des vorläufigen Insolvenzverwalters wirksam sind. Ein vorläufiger Insolvenzverwalter mit Zustimmungsvorbehalt ist ein sog. „halbstarker" vorläufiger Insolvenzverwalter. Er kann den Geschäftsführungsmaßnahmen der Geschäftsleitung die Zustimmung erteilen oder versagen, es bleibt jedoch bei der Begründung von Rechten und Pflichten für die Gesellschaft.

Sollen bereits im Insolvenzeröffnungsverfahren die eigenkapitalersatzrechtlichen Wirkungen geltend gemacht werden, so hat dies bei der Bestellung eines schwachen vorläufigen Insolvenzverwalters der Geschäftsführer bzw. bei der Bestellung eines vorläufigen Insolvenzverwalters mit Zustimmungsbefugnis der Geschäftsführer mit Zustimmung des schwachen vorläufigen Insolvenzverwalters in die Wege zu leiten.

Es stellt sich weiter die Frage, ob die nach Eintritt der Insolvenzreife gewährten Gesellschafterleistungen eigenkapitalersetzend sein können. Dies ist generell umstritten. Nach der Ansicht von *Haas*[185] ist bei der Gewährung einer neuen Gesellschafterleistung im Insolvenzverfahren zu beachten, dass aufgrund der zu diesem Zeitpunkt meist evidenten Kreditunwürdigkeit eine eigenkapitalersetzende Umqualifizierung nicht mehr in Betracht kommt. Allgemein hängt die Qualifikation des Kredits gemäß § 32a jedoch nicht davon ab, ob der Kredit noch der Sanierung der Gesellschaft dienen konnte oder sollte. Kredite nach Eintritt der Insolvenz sind in jedem Fall eigenkapitalersetzend.[186] Es wird bei einer Gesellschafterleistung nach der Insolvenzantragstellung durch diese Gesellschaftsfinanzierung nicht mehr der Anschein einer genügenden Kapitalausstattung gesetzt, so dass eine Umqualifizierung aus Gläubigerschutzgründen ausscheidet. Die Entgegennahme von Gesellschafterleistungen nach Insolvenzantragstellung der empfangenden Gesellschaft führt auch bei der Anordnung eines schwachen vorläufigen Insolvenzverwalters oder eines vorläufigen Insolvenzverwalters mit Zustimmungsvorbehalt nicht mehr zu einer späteren Umqualifizierung.

b) Starker vorläufiger Insolvenzverwalter

Bestellt das Insolvenzgericht hingegen gemäß § 21 Abs. 2 Nr. 1 InsO einen vorläufigen Insolvenzverwalter und legt das Gericht dem Schuldner zugleich ein allgemeines Verfügungsverbot auf, so beurteilt sich die Rechtsstellung des vorläufigen Insolvenzverwalters nach § 22 InsO. Auf ihn ist die Verwaltungs- und Verfügungsbefugnis übergegangen. Dieser Insolvenzverwalter wird als starker vorläufiger Insolvenzverwalter bezeichnet. Er hat dieselben Befugnisse wie der endgültige Insolvenzverwalter nach Eröffnung des Insolvenzverfahrens.

In diesem Fall ist es auch alleinige Aufgabe des starken vorläufigen Insolvenzverwalters die eigenkapitalersatzrechtlichen Wirkungen im Insolvenzeröffnungsverfahren geltend zu machen. Die Entgegennahme von neuen Gesellschafterleistungen durch den starken vorläufigen Insolvenzverwalter begründet eine Masseverbindlichkeit gemäß § 55 Abs. 2 InsO im nachfolgenden Insolvenzverfahren.[187]

---

185 Vergleiche hierzu die Meinung von *Haas*, DZWIR 1999, 177, 182 im eröffneten Insolvenzverfahren.

186 *Scholz/K. Schmidt*, §§ 32a, 32b GmbHG, Rn. 39.

187 *v. Gerkan/Hommelhoff/Johlke/Schröder*, Rn. 14.155.

c) Sog. halbstarker vorläufiger Insolvenzverwalter

Ein sog. halbstarker vorläufiger Insolvenzverwalter ist eingesetzt, wenn das Insolvenzgericht den Zustimmungsvorbehalt gemäß § 21 Abs. 2 Nr. 2, 2. Alt. InsO anordnet oder dem vorläufigen Insolvenzverwalter bestimmte Sonderbefugnisse (z. B. Ermächtigung zur Aufnahme eines Massekredits) erteilt. Im Anordnungsbeschluss des Insolvenzgerichts müssen die Einzelbefugnisse des vorläufigen Insolvenzverwalters ausdrücklich konkretisiert sein. Die Verwaltungs- und Verfügungsbefugnis geht grundsätzlich nur für die Handlungen in Ausübung der Sonderbefugnisse auf den vorläufigen Insolvenzverwalter über.

Hinsichtlich der oben aufgeworfenen Fragen kommt es darauf an, ob dem halbstarken vorläufigen Insolvenzverwalter gerade die Befugnis erteilt wurde, die eigenkapitalersetzenden Wirkungen geltend zu machen bzw. Masseverbindlichkeiten zu begründen. Wurden dem vorläufigen Insolvenzverwalter diese Befugnisse erteilt, so hat er insofern die Kompetenzen wie ein starker vorläufiger Insolvenzverwalter; wurden sie im nicht erteilt, dann sind die obigen Ausführungen zum schwachen vorläufigen Insolvenzverwalter maßgeblich.

§ 8 Bei der Insolvenzabwicklung

I. Kompetenzen des Insolvenzverwalters

Mit Eröffnung des Insolvenzverfahrens geht gemäß § 80 Abs. 1 InsO auf den Insolvenzverwalter die Verwaltungs- und Verfügungsbefugnis über. Er hat ab diesem Zeitpunkt die Geschäfte der Gesellschaft zu führen. Dementsprechend hat er auch die eigenkapitalersetzenden Wirkungen und Rechtsfolgen geltend zu machen.

Bei der Aufnahme neuer Darlehen begründet der Insolvenzverwalter nunmehr Masseverbindlichkeiten gemäß § 55 Abs. 1 Nr. 1 InsO. Auch Gesellschafter oder diesen über § 32a Abs. 3 Satz 1 GmbHG gleichgestellte Dritte könne nach der Insolvenzeröffnung der Gesellschaft weitere Finanzmittel gewähren. Eine eigenkapitalersetzende Verstrickung kommt für die Gewährung von Gesellschafterleistungen ab der Insolvenzeröffnung nicht mehr in Betracht, da ab diesem Zeitpunkt keine Finanzierungsverantwortung der Gesellschafter oder gesellschaftergleichen Dritten mehr angenommen werden kann.[188] Es sind häufig jedoch gerade die Gesellschafter, die in einem Insolvenzverfahren erneut Finanzierungsmittel in ihre Gesellschaft einlegen, um eine Sanierung zu erreichen. Aufgrund der evidenten Kreditunwürdigkeit dürfen die Darlehen nicht zu Haftkapital erklärt werden, sondern sind als Masseverbindlichkeiten gemäß § 55 Abs. 1 Nr. 1 InsO zu behandeln.[189] Die Gesellschafterleistungen, die der Insolvenzverwalter für die Gesellschaft entgegennimmt, sind gemäß § 53 InsO als sonstige Masseverbindlichkeiten nach den Kosten des Insolvenzverfahrens vorweg zu berichtigen.

II. Nachrangigkeit gemäß § 39 Abs. 1 Nr. 5 InsO und deren Folgen

In der Insolvenzordnung gibt es in § 39 Abs. 1 Nr. 5 InsO eine Sonderregelung für eigenkapitalersetzende Leistungen, welche die Nachrangigkeit der Gesellschafteransprüche nach einer Umqualifizierung festlegt.

1. Tatbestand des § 39 Abs. 1 Nr. 5 InsO

Die Forderungen auf Rückgewähr eines kapitalersetzenden Darlehens eines Gesellschafters oder gleichgestellter Forderungen nehmen als nachrangige Insolvenzforderungen gemäß § 39 Abs. 1 Nr. 5 InsO den 5. Rang ein. Damit ist diesen Ansprüchen eine Rangstelle nach den Ansprüchen aller übrigen Gläubiger eingeräumt. Die Ansprüche gemäß § 39 Abs. 1 Nr. 5 InsO werden nur dann (teilweise) befriedigt, wenn die Ansprüche der übrigen Gläubiger aus der Insolvenzmasse erfüllt werden konnten. Gemäß § 174 Abs. 3 InsO sind die Forderungen nachrangiger Gläubiger im Insolvenzverfahren nur zur Insolvenztabelle anzumelden, soweit das Insolvenzgericht besonders zur Anmeldung dieser Forderungen auffordert. Bei einer Anmeldung solcher Forderungen ist auf den Nachrang hinzuweisen und die dem Gläubiger zustehende Rangstelle – hier also 5. Nachrang – zu bezeichnen.

In der Praxis kommt eine Anmeldung der nachrangigen Insolvenzforderung gemäß §§ 39 Abs. 1 Nr. 5, 174 Abs. 3 InsO nur äußerst selten vor. Die Insolvenzmasse reicht regelmäßig nicht zur vollen Befriedigung der Insolvenzgläubiger aus. Die Regelung des § 39 Abs. 1 Nr. 5 InsO wird jedoch entsprechend der Begründung des Regierungsentwurfs dem Sinn und Zweck des Kapitalersatzrechtes gerecht, wonach nach Befriedigung aller Gläubiger kein Bedürfnis mehr für

[188] Vgl. *Haas*, DZWIR 1999, 177, 182.
[189] *Noack*, in Kübler/Prütting, GesR, Rn. 208.

eine eigenkapitalersatzrechtliche Umqualifizierung der Gesellschafterleistungen besteht und die Rückgewährforderungen dann auch uneingeschränkt befriedigt werden können.[190]

Der Wortlaut des § 39 Abs. 1 Nr. 5 InsO erfasst nur Darlehensforderungen und diesen gleichgestellte Forderungen. Diese Vorschrift ist in Zusammenschau mit der Generalklausel des § 32a Abs. 3 GmbHG auszulegen.[191] Gleichgestellte Forderungen sind damit alle Forderungen, die über § 32a Abs. 3 GmbHG auch eigenkapitalersatzrechtlich verstrickt sind.

2. Insolvenzplanfähigkeit

Als nachrangige Forderungen können die Forderungen auf Rückgewähr eigenkapitalersetzender Darlehen auch im Rahmen eines Insolvenzplanes gemäß § 225 Abs. 2 InsO berücksichtigt werden. Wird im Insolvenzplan keine Regelung zu den Rechten der nachrangigen Insolvenzgläubiger getroffen, dann gelten sie gemäß § 225 Abs. 1 InsO – mit Ausnahme der Sachverhalte gemäß §§ 225 Abs. 3, 39 Abs. 1 Nr. 3 InsO – als erlassen.

3. Kreditrahmenfähigkeit

Die Rückgewähransprüche aus eigenkapitalersetzenden Darlehen sind gemäß § 264 Abs. 3 InsO auch nicht kreditrahmenfähig und damit stets nachrangig.[192] Alle eigenkapitalersatzrechtlich verstrickten Kreditvergaben von Gesellschaftern können damit über § 264 InsO nicht privilegiert werden. Wird dennoch eine Privilegierung für derartige Leistungen vorgesehen, so ist diese unwirksam.

III. Insolvenzanfechtung nach § 135 InsO

Gemäß § 135 InsO sind Rechtshandlungen anfechtbar, die für die Forderung eines Gesellschafters auf Rückgewähr eines kapitalersetzenden Darlehens oder für eine gleichgestellte Forderung eine Sicherung oder Befriedigung gewährt haben.

---

190 Vgl. Begr. RegE, BT-Drucks. 12/2443, S. 123.

191 Nach der Begr. des RegE, BT-Drucks. 12/2443, S. 123, werden Forderungen Dritter allerdings insoweit als „gleichgestellte Forderungen“ von Nummer 5 erfaßt, als sie nach § 32a Abs. 3 GmbHG in Verbindung mit Absatz 1 derselben Vorschrift der Darlehensgewährung durch einen Gesellschafter wirtschaftlich entsprechen.

192 Vgl. *Uhlenbruck*, § 264 InsO, Rn. 8.

Dabei müssen die zeitlichen Einschränkungen der jeweiligen Tatbestände berücksichtigt werden.

1. Allgemeine Voraussetzungen

Der Insolvenzanfechtungstatbestand des § 135 InsO setzt eine Rechtshandlung voraus, durch die eigenkapitalersetzende Ansprüche besichert oder befriedigt werden. Die Rechtshandlung muss zu einer objektiven Gläubigerbenachteiligung führen. Die Rechtshandlung muss nicht zwingend – wie in den Fällen des §§ 130, 131 InsO – eine Handlung des Schuldners sein. Für die objektive Gläubigerbenachteiligung genügt auch der Eintritt eines nur mittelbaren Nachteils. Entscheidend ist, dass die Insolvenzmasse ohne die dem Gesellschafter gewährte Sicherung oder Befriedigung reicher wäre.[193]

Der Insolvenzverwalter über das Vermögen der leistenden Gesellschaft hat mit Eröffnung des Insolvenzverfahrens die Anfechtungsbefugnis. Die Ausübung der Anfechtungsbefugnis hinsichtlich der Insolvenzanfechtungstatbestände ist jedoch kein Gestaltungsrecht, sondern bedeutet nur das Geltendmachen der Rechtsfolgen, die sich im jeweiligen Einzelfall aus der sonst bestehenden Anfechtbarkeit ergeben.[194] Es ist somit Aufgabe des Insolvenzverwalters, den Anfechtungsanspruch gemäß § 135, 143 InsO für die Insolvenzmasse geltend zu machen. Dabei hat er die Verjährungsfrist des § 146 InsO und die Anforderungen an die Geltendmachung zur Hemmung bzw. Unterbrechung der Verjährung zu beachten.

Der Begriff der „gleichgestellten Forderung“ in § 135 InsO erfasst die „wirtschaftlich entsprechenden“ Fälle des § 32a Abs. 3 GmbHG. Der Anfechtungstatbestand wird dadurch in seinem sachlichen und persönlichen Anwendungsbereich erweitert.[195]

2. Sicherung nach § 135 Nr. 1 InsO

Gemäß § 135 Nr. 1 InsO ist die Sicherung für eine eigenkapitalersetzenden Leistung anfechtbar, wenn die Rechtshandlung in den letzten zehn Jahren vor dem Antrag auf Eröffnung des Insolvenzverfahrens oder nach diesem Antrag vorgenommen worden ist. Bei zusammengesetzten Rechtshandlungen kommt es auf

---

[193] *MüKo-Stodolkowitz*, § 135 InsO, Rn. 74.
[194] *MüKo-Kirchhof*, § 129 InsO, Rn. 194.
[195] *Kübler/Prütting-Paulus*, § 135 InsO, Rn. 21.

den letzten Teilakt an.[196] Die Besicherung kann vom Schuldner rechtsgeschäftlich erteilt oder vom Gesellschafter im Wege einer Zwangsvollstreckung erlangt werden.[197]

Unter Sicherung i. d. S. werden alle dem Gesellschafter als Gläubiger einer kapitalersetzenden Leistung eingeräumten Sicherheiten erfasst, also auch solche, die ihm die Gesellschaft für eine Sicherung eingeräumt hat, welche aber für einen kapitalersetzenden Fremdkredit gestellt wurde.[198] Grundsätzlich kann ein Gesellschafter eine ihm von der Gesellschaft verschaffte Sicherheit vor der Insolvenzeröffnung auch für eigenkapitalersetzende Gesellschafterleistungen in Anspruch nehmen. Die spätere Anfechtung nach § 135 InsO geht dann entweder auf Duldung der Zwangsvollstreckung in das Sicherungsgut oder auf Wertersatz. Anders ist die Situation, wenn das Insolvenzverfahren bereits eröffnet ist. Hier ist zwischen einer akzessorischen und einer abstrakten Sicherheit zu unterscheiden. Eine akzessorische Sicherheit kann für eine eigenkapitalersetzende Leistung im Insolvenzverfahren nicht mehr durchgesetzt werden, da der Inanspruchnahme die Einrede der Nachrangigkeit der Darlehensforderung entgegen gesetzt werden kann. Bei der Verwertung einer abstrakten Sicherheit kann der Insolvenzverwalter die Befriedigung des Gesellschafters aus der Sicherheit nach § 135 InsO anfechten und damit bereits die Verwertung der Sicherheit unterbinden. Sicherheiten anderer Gesellschafter oder von Dritten können grundsätzlich auch in der Insolvenz verwertet werden. Die Vorschrift des § 32a Abs. 2 GmbHG ist jedoch zu beachten.[199]

Die zeitlichen Einschränkungen können jedoch vor allem im Fall des Stehenlassens von Gesellschafterleistungen Probleme bereiten. Wurde beispielsweise ein Gesellschafterdarlehen vor mehr als 10 Jahren mit gleichzeitiger Stellung einer Sicherheit durch die Gesellschaft an die Gesellschaft gewährt und kommt das Unternehmen nun, mehr als 10 Jahre später, in die Krise, wird das noch nicht zurückgezahlte Gesellschafterdarlehen nach den Grundsätzen des Stehenlassen von Gesellschafterleistungen in der Krise der Gesellschaft als eigenkapitalersetzend angesehen. Die Sicherheit hierfür wurde jedoch ebenfalls schon vor mehr als 10 Jahren gestellt, so dass eine Anfechtung gemäß § 135 Nr. 1 InsO nicht möglich wäre. Man könnte zwar einwenden, dass es für die Berechnung der Frist darauf ankommen müsse, wann die Sicherheit für eine eigenkapitalersetzende Leistung gewährt wurde – das wäre hier erst mit Stehenlassen der Gesell-

---

[196] *MüKo-Stodolkowitz*, § 135 InsO, Rn. 75.

[197] Vgl. *Kübler/Prütting-Paulus*, § 135 InsO, Rn. 30.

[198] *MüKo-Stodolkowitz*, § 135 InsO, Rn. 75.

[199] Zum Ganzen: *Lutter/Hommelhoff*, §§ 32a/b GmbHG, Rn. 100 mwN.

schafterleistung in der Krise der Gesellschaft der Fall – jedoch kommt es bei der Sicherung gemäß § 135 Nr. 1 InsO nicht auf den Zeitpunkt einer späteren Eigenkapitalfunktion an. Eine Sicherung ist anfechtbar, wenn sie innerhalb der Frist gewährt worden ist, und wenn im jetzigen Insolvenzverfahren das Darlehen nach Maßgabe der dargelegten Grundsätze wie Eigenkapital zu behandeln ist.[200] Wann der eigenkapitalersetzende Charakter der besicherten Forderung eingetreten ist, spielt für die Anfechtungsfrist des § 135 Nr. 1 InsO keine Rolle. Danach wäre im dargestellten Fall die Anfechtung gemäß § 135 Nr. 1 InsO nicht mehr möglich, da die Sicherheit bereits vor mehr als 10 Jahren gestellt worden ist.

Durch die vorstehende Gesetzesinterpretation entsteht jedoch trotzdem keine Schutzlücke im System des Kapitalersatzrechts. Kann die Insolvenzanfechtung gemäß § 135 Nr. 1 InsO nicht geltend gemacht werden, besteht kein Anspruch auf Rückgewähr der Sicherheit gemäß § 143 Abs. 1 InsO. Die Sicherheit kann allerdings vom Gesellschafter für eigenkapitalersetzende Leistungen trotz dieser Tatsache nicht beansprucht werden. Die Forderungen auf Rückgewähr eigenkapitalersetzender Gesellschafterleistungen sind gemäß § 39 Abs. 1 Nr. 5 InsO nachrangig. Daraus ergibt sich, dass die Sicherheiten nicht verwertet werden dürfen. Das Verwertungsverbot beruht darauf, dass aufgrund der Gleichstellung der gesicherten Forderung mit haftendem Kapital die Verwertung gegen § 30 GmbHG verstößt.[201] Die eigenkapitalgleichen Gesellschaftermittel können ebenso wenig wie Eigenkapitalmittel für den Ausfall abgesichert werden. Sie sind Haftkapital!

3. Befriedigung nach § 135 Nr. 2 InsO

Zur Befriedigung gehören alle Rechtshandlungen, durch die die Forderung eines Gesellschafters oder gleichgestellten Dritten getilgt werden und erlöschen. Neben einer Tilgung durch Zahlung werden von § 135 Nr. 2 InsO somit auch alle Erfüllungssurrogate erfasst, also die Leistungen an Erfüllungs Statt, die Leistungen erfüllungshalber, die Aufrechnung, eine Verrechnungsvereinbarung oder die Befriedigung aus einer Sicherheit. Darüber hinaus wird auch die Tilgung einer Nebenforderung als Befriedigung angesehen.[202] Zwar kann ein Gesellschafter vor der Insolvenzeröffnung grundsätzlich seinen Darlehensrückzahlungsanspruch mit Gegenforderungen der Gesellschaft aufrechnen, trotzdem bleibt eine spätere Anfechtung nach § 135 InsO möglich.[203] Gemäß § 96 Abs. 1 Nr. 3 InsO

---

[200] *Kübler/Prütting-Paulus*, § 135 InsO, Rn. 28.

[201] Vgl. *Scholz/K. Schmidt*, §§ 32a, 32b GmbHG, Rn. 60.

[202] *MüKo-Stodolkowitz*, § 135 InsO, Rn. 76.

[203] *Lutter/Hommelhoff*, §§ 32a/b GmbHG, Rn. 99.

ist eine Aufrechnung unzulässig, wenn ein Insolvenzgläubiger die Möglichkeit der Aufrechnung durch eine anfechtbare Rechtshandlung erlang hat.

Die Befriedigungshandlung muss gemäß § 135 Nr. 2 InsO im letzten Jahr vor dem Eröffnungsantrag oder nach diesem Antrag vorgenommen worden sein. Bei § 135 Nr. 2 InsO muss der von dem Gesellschafter gegebene Kredit zur Zeit der Befriedigung bereits eigenkapitalersetzend gewesen sein.[204] Gemäß § 140 Abs. 1 InsO gilt eine Rechtshandlung in dem Zeitpunkt als vorgenommen, in dem ihre rechtlichen Wirkungen eintreten. Die Vorschrift des § 135 Nr. 2 InsO begründet die unwiderlegliche Vermutung, dass ein Darlehen, das bei seiner Hergabe Eigenkapital ersetzenden Charakter hatte, diese Funktion auch noch im Zeitpunkt der Rückzahlung hatte, wenn es innerhalb eines Jahres nach diesem Zeitpunkt zum Insolvenzantrag gekommen ist.[205] Die Literatur streitet hingegen für eine widerlegliche Vermutung, da die Widerleglichkeit dem Gläubigerschutz der Kapitalersatzregeln gerecht wird und den Insolvenzverwalter gleichzeitig von seiner grundsätzlich bestehenden Beweislast entlastet, da der Beweis für das Nichteingreifen der Kapitalersatzregeln vollständig bei dem betroffenem Gesellschafter liegt.[206] Eine widerlegliche Vermutung ist deshalb vorliegend interessengerecht.

In diesem Zusammenhang kann beispielsweise eine Aufrechnung zwischen dem Anspruch des Gesellschafters auf Rückgewähr eigenkapitalersetzender Leistungen mit Gegenansprüchen des Gesellschafters gegen die Gesellschaft problematisch sein, wenn die Aufrechnungserklärung innerhalb der Jahresfrist des § 135 Nr. 2 InsO abgegeben wurde, die Aufrechnungslage aber bereits seit mehr als einem Jahr bestand. Erst durch die Erklärung der Aufrechnung nach § 388 BGB kann die Wirkung der Aufrechnung gemäß § 389 BGB eintreten, nämlich, dass die Forderungen, soweit sie sich decken, in dem Zeitpunkt als erloschen gelten, in welchem sie zur Aufrechnung geeignet einander gegenübergetreten sind. Wenn eine Aufrechnungslage schon außerhalb der Jahresfrist des § 135 Nr. 2 InsO gegeben war, ist eine Befriedigung auch außerhalb der Jahresfrist erfolgt. Die rechtlichen Wirkungen sind dann außerhalb der Frist des § 135 Nr. 2 InsO eingetreten und damit die Rechtshandlung nicht mehr gemäß § 135 Nr. 2 InsO anfechtbar. Dieses Problem wird jedoch wiederum mit dem Verweis auf § 32a Abs. 1 GmbHG und der Unzulässigkeit einer Aufrechnung mit dem Anspruch auf Rückgewähr einer den Kapitalersatzvorschriften unterliegenden Gesellschaf-

---

[204] *Kübler/Prütting-Paulus*, § 135 InsO Rn. 29.

[205] Vgl. BGH, Urt. v. 26.3.1984 – II ZR 14/84, NJW 1984, 1891, 1893, ZIP 1984, 698, 701; OLG Hamm, Urt. v. 28.10.2003 – 27 U 85/03, ZIP 2004, 1153.

[206] *Schoß/Hoffstadt*, ZInsO 2005, 571, 574f.

terleistung gelöst.[207] Eigenkapitalersetzende Leistungen sind Haftkapital und Rückgewähransprüche werden erst mit der Rangstelle des § 39 Abs. 1 Nr. 5 InsO befriedigt.

4. Rechtsfolge einer Anfechtung gemäß § 135 InsO

Als Rechtsfolge einer Insolvenzanfechtung bestimmt § 143 Abs. 1 Satz 1 InsO Anspruch der Insolvenzmasse auf Rückgewähr. Im Falle des § 135 InsO bedeutet dies, dass die Sicherung oder Befriedung für eigenkapitalersetzende Ansprüche aus dem Vermögen der Gesellschaft an diese zurückzugewähren ist.

5. Konkurrenzverhältnisse

a) § 135 InsO im Verhältnis zu § 31 GmbHG

Nachdem die Rechtsprechungsregeln neben den gesetzlichen Kapitalersatzregeln weiterhin gültig sind, kann ein anfechtungsrelevanter Sachverhalt im Sinne des § 135 InsO auch zu einem Rückgewähranspruch in entsprechender Anwendung des § 31 GmbHG führen. Der Rückgewähranspruch besteht, wenn Zahlungen aus dem Vermögen der Gesellschaft unmittelbar oder mittelbar an den Gesellschafter geleistet wurden und dabei die Vorschriften des § 30 GmbHG verletzt worden sind.

Der Rückgewähranspruch entsprechend § 31 GmbHG ist von der Eröffnung eines Insolvenzverfahrens unabhängig. Der Anspruch unterliegt nicht der insolvenzrechtlichen Anfechtungsverjährung des § 146 InsO, auch nicht den Fristen des § 135 Nr. 1 und 2 InsO, sondern es gilt hierfür die fünf Jahre betragende Frist des § 31 Abs. 5 GmbHG.[208]

Ein Konkurrenzverhältnis zwischen § 135 InsO und § 31 GmbHG besteht nicht. Die Tatbestände haben unterschiedliche Anwendungsvoraussetzungen und unterschiedliche Reichweiten. In einigen Fällen können sie parallel anwendbar sein. Der Insolvenzverwalter wird dann die Auswahl nach Zweckmäßigkeitserwägungen treffen oder beide Ansprüche parallel verfolgen.

---

[207] *MüKo-Stodolkowitz*, § 135 InsO, Rn. 77.

[208] *MüKo-Stodolkowitz*, § 135 InsO, Rn. 74, 106.

b) § 135 InsO im Verhältnis zu § 32b GmbHG

§ 32b Satz 1 GmbHG regelt den Erstattungsanspruch gegen einen Gesellschafter im Fall des § 32a Abs. 2, 3 GmbHG, der nicht von § 32a Abs. 3 Satz 1 GmbHG erfasst wird. Während § 135 InsO voraussetzt, dass für die Rückgewähransprüche des Gesellschafters auf eigenkapitalersetzende Leistungen eine Befriedigung oder Besicherung erfolgt ist, setzt § 32b Satz 1 GmbHG voraus, dass der Gesellschafter von seiner bestellten Sicherung freigeworden ist. Im ersten Fall geht es unmittelbar um die Forderung des Gesellschafters, im zweiten Fall nur um die Entbindung von der Haftung als Sicherungsgeber.

§ 32b GmbHG stellt einen eigenen Anfechtungstatbestand zur Verfügung, der als Parallelnorm zu § 135 InsO ausgestaltet ist.[209] In der Literatur wird deshalb vorgeschlagen, die Regelungen des § 32b GmbHG beim § 135 InsO in einen neu einzufügenden Absatz 2 aufzunehmen.[210] § 32b GmbHG hat einen eigenständigen Wirkungsbereich und es kann damit nicht von einem Konkurrenzverhältnis zu § 135 InsO gesprochen werden.

c) § 135 InsO im Verhältnis zu den §§ 130ff. InsO

§ 135 InsO stellt einen besonderen Insolvenzanfechtungstatbestand im Kapitalersatzrecht dar. Eine Befriedigung oder Besicherung von eigenkapitalersatzrechtlich verstrickten Gesellschafterforderungen könnte daneben auch einen der übrigen Insolvenzanfechtungstatbestände erfüllen. Es stellt sich somit die Frage nach dem Konkurrenzverhältnis zwischen dem § 135 InsO und den §§ 130ff. InsO. Hier gilt es zwischen den verschiedenen Anfechtungssachverhalten zu differenzieren:

Anfechtungen gegenüber einem Gesellschafter, dessen Forderung eigenkapitalersatzrechtlich umqualifiziert ist und der eine Befriedigung oder Sicherung für diese Forderung erhalten hat, regeln sich ausschließlich nach der Spezialvorschrift des § 135 InsO. Ihnen gegenüber finden die gewöhnlichen Anfechtungsbestimmungen der §§ 130, 131 InsO keine Anwendung.[211]

Anders ist es, wenn es um die Anfechtbarkeit gegenüber verschiedenen Anfechtungsgegnern geht. Ein solcher Fall ist gegeben, wenn ein gesellschafterbesichertes Drittdarlehen an den darlehensgewährenden Dritten zurückbezahlt

---

[209] *Smid*, § 135 InsO, Rn. 56; *Scholz/K. Schmidt*, §§ 32a, 32b GmbHG, Rn. 167.
[210] *Bormann*, ZInsO 2001, 308, 309; *Karsten Schmidt*, ZIP 1999, 1821, 1822.
[211] *Uhlenbruck*, § 39 InsO, Rn. 10.

wurde, ohne dass die Gesellschaftersicherheit in Anspruch genommen worden ist. In diesem Fall könnte der Insolvenzverwalter im Insolvenzverfahren über das Vermögen der darlehensnehmenden Gesellschaft zum einen die Insolvenzanfechtung nach den § 130 oder § 131 InsO geltend machen, je nachdem, ob der darlehensgewährende Dritte zum Zeitpunkt der Befriedigung einen Anspruch darauf hatte, und nur wenn die übrigen Insolvenzanfechtungstatbestandsmerkmale erfüllt sind. Zum anderen besteht gegenüber dem sichernden Gesellschafter, dessen Sicherheit eigenkapitalersetzenden Charakter hat, der Anfechtungstatbestand des § 32b GmbHG. Nur in den Fällen der gesellschafterbesicherten Drittdarlehen ist ein Konkurrenzverhältnis zwischen Ansprüchen aus Kapitalersatz und allgemeinen Insolvenz-anfechtungsrecht möglich, es muss jedoch eine Gläubigerschädigung im Sinne des § 129 Abs. 1 InsO vorliegen.[212]

Die Rechtsprechung bejaht das Vorliegen einer Gläubigerbenachteiligung im Sinne des § 129 Abs. 1 InsO auch dann, wenn die Darlehensrückführung durch Zahlungsmittel erfolgt ist, die aus dem Einzug von Forderungen stammen, die Gegenstand einer Globalzession zugunsten der darlehensgewährenden Bank waren. Im Fall der Globalzession standen die Gelder aus dem Forderungseinzug zwar nicht den Gläubigern zur Verfügung, aber bei Inanspruchnahme der Globalzession wären jedenfalls die Kostenbeiträge gemäß §§ 170, 171 InsO an die Insolvenzmasse zu leisten gewesen.[213] Erfolgte die Darlehensrückführung durch anderweitig nicht gebundene Zahlungsmittel aus dem Vermögen der Gesellschaftergesamtheit, liegt jedenfalls eine Gläubigerbenachteiligung vor.

Der Insolvenzverwalter kann die Anfechtung gegen die Bank gemäß §§ 130 oder 131 InsO erheben und daneben die Ansprüche gemäß § 32b GmbHG gegen den sichernden Gesellschafter geltend machen. Der Insolvenzverwalter hat insoweit ein Wahlrecht.[214] Auch hier darf sich der Insolvenzverwalter von Zweckmäßigkeitserwägungen leiten lassen. Er wird zunächst nach den für ihn leichter nachweisbaren Tatbeständen vorgehen, den Anfechtungsgegner wählen, der zur entsprechenden Leistung auch finanziell fähig ist, und daneben wird er die unterschiedlichen Fristenbestimmungen beachten müssen.

---

[212] Vgl. *v. Gerkan/Hommelhoff/Johlke/Schröder*, Rn. 14.102.

[213] Vgl. BGH, Urt. v. 5.4.2001 - IX ZR 216/98, ZIP 2001, 885, 887.

[214] *Bormann*, ZInsO 2001, 308, 310 mit Verweis auf die Rechtsprechung des BGH zum Wahlrecht des Insolvenzverwalters, ob er bei anfechtbaren Leistungen die Geschäftsführerhaftung nach § 64 Abs. 2 GmbHG geltend macht und/oder den Anfechtungstatbestand gegenüber dem Leistungsempfänger.

d) § 135 InsO im Verhältnis zur Geschäftsführerhaftung

Wer als Geschäftsführer einen eigenkapitalersetzenden Rückforderungsanspruch des Gesellschafters befriedigt oder besichert hat, haftet als Geschäftsführer im GmbH-Recht gemäß § 43 Abs. 2 und 3 GmbHG.[215] Diese Geschäftsführerhaftung kann neben dem Anfechtungstatbestand geltend gemacht werden. Gesellschafter und Geschäftsführer haften dann gesamtschuldnerisch.[216]

aa)

e) § 135 InsO im Verhältnis zu zivilrechtlichen Haftungstatbeständen

Schließlich kann der insolvenzrechtliche Rückgewähranspruch gemäß §§ 135, 143 InsO auch mit zivilrechtlichen Haftungstatbeständen konkurrieren.

Hat der Gesellschafter durch seine Handlung einen der Schadenersatztatbestände der §§ 812, 823, 826 BGB verwirklicht, haftet er grundsätzlich auch nach diesen zivilrechtlichen Haftungstatbeständen. Ein Vorrang- oder Ausschlussverhältnis besteht zwischen dem Kapitalersatzrecht und der zivilrechtlichen Haftung nicht. Vor allem in den Fällen, in denen die kapitalersatzrechtlichen Rückgewähransprüche aufgrund der Verjährung gemäß § 146 InsO nicht mehr durchsetzbar sind, können die zivilrechtlichen Schadenersatzansprüche u. U. noch zu einer Leistungsverpflichtung führen.[217]

Zu beachten ist bei diesem Konkurrenzverhältnis allerdings, dass die Einschränkungen des Kapitalersatzrechtes über § 32a Abs. 3 Satz 2 und 3 GmbHG auch auf die zivilrechtlichen Schadenersatzansprüche durchschlagen müssen.[218] Nur so kann dem Schutzzweck der Privilegierungen Rechnung getragen werden. Könnten die nach § 32a Abs. 3 Satz 2 und 3 GmbHG von den kapitalersatzrechtlichen Haftungen befreiten Gesellschafter über die zivil-rechtlichen Haftungstatbestände in Anspruch genommen werden, wäre der Schutz über § 32a Abs. 3

---

[215] Vgl. BGH, Urt. v. 8.1.2001 – II ZR 88/99, NJW 2001, 1280, 1281, ZIP 2001, 235, 237.

[216] *v. Gerkan/Hommelhoff/Johlke/Schröder*, Rn. 14.104.

[217] Seit dem 15.12.2004 gilt gemäß § 146 Abs. 1 InsO die Regelverjährungsfrist des § 195 BGB von drei Jahren. Zu beachten sind darüber hinaus die objektive Anknüpfung gemäß § 199 Abs. 1 Nr. 1 BGB, die subjektive Anknüpfung gemäß § 199 Abs. 1 Nr. 2 BGB und die Höchstverjährungsfrist des § 199 Abs. 4 BGB. Zivilrechtliche Schadenersatzansprüche unterliegen zwar ebenso der regelmäßigen Verjährungsfrist des § 195 BGB, jedoch ist hier die Sondervorschrift des § 199 Abs. 3 BGB maßgeblich. Darüber hinaus ist die Übergangsregelung des Art. 229 § 6 Abs. 3 EGBGB zu beachten.

[218] Vgl. *Bieder*, NZI 2000, 514, 520; *Westermann*, DZWIR 2000, 1, 8.

Satz 2 und 3 GmbHG ausgehöhlt. Zu beachten ist jedoch, dass in diesen Fällen nur die kapitalersatzrechtliche Haftung im Rahmen der zivilrechtlichen Haftung ausgeschlossen werden kann. Wurden darüber hinaus weitere, nicht kapitalersatzrechtlich relevante, Sachverhalte verwirklicht, bleibt insoweit die zivilrechtliche Haftungsverpflichtung bestehen.

IV. Weitere anwendbare Vorschriften der Insolvenzordnung

In den §§ 39 Abs. 1 Nr. 5 und 135 InsO wird ausdrücklich die Behandlung von eigenkapitalersetzenden Rückgewähransprüchen geregelt. Aufgrund der angeordneten Nachrangigkeit der eigenkapitalersatzrechtlich verstrickten Gesellschafteransprüche in § 39 Abs. 1 Nr. 5 InsO und der damit vorgenommenen Einordnung in den Kreis der Insolvenzgläubiger sind auch weitere Vorschriften der Insolvenzordnung anzuwenden.

a) Vollstreckungsbeschränkungen

Der Vollstreckungsschutz im Insolvenzverfahren gemäß den §§ 87ff. InsO gewährleistet, dass die Insolvenzmasse im letzten Monat vor dem Insolvenzantrag und während des Insolvenzverfahrens nicht durch Einzelzwangsvollstreckungsmaßnahmen geschmälert wird. Die Insolvenzmasse muss auch vor Zwangsvollstreckungsmaßnahmen der nachrangigen Gesellschafterforderungen geschützt werden. Zwar besteht über die Anfechtung gemäß § 135 InsO grundsätzlich ein Rückgewähranspruch bei Leistungen oder Sicherungen für eigenkapitalersetzenden Forderungen, die Vollstreckungsbeschränkungen der §§ 87ff. InsO führen jedoch zu einer automatischen Unwirksamkeit von unzulässigen Vollstreckungen und unterliegen keinen zusätzlichen Einschränkungen.

Der Wortlaut der §§ 87ff. InsO lässt die Anwendbarkeit auf Insolvenzgläubiger zu und damit auch auf die nachrangigen Insolvenzgläubiger. Somit gelten die Vollstreckungsbeschränkungen der Insolvenzordnung auch für die Kapitalersatzgläubiger.[219]

---

[219] Vgl. *HK-Eickmann*, § 39 InsO, Rn. 6.

b) Aufrechnungsbeschränkungen

Die Aufrechungsbeschränkungen im Insolvenzverfahren gemäß den §§ 95ff. InsO gewährleisten, dass die Insolvenzmasse vor gläubigerschädigenden Aufrechnungen geschützt wird.

Auch die §§ 95ff. InsO stellen auf die Insolvenzgläubigereigenschaft ab. Sowohl nach dem Wortlaut als auch nach dem Schutzzweck der Vorschriften der §§ 95ff. InsO gelten die Aufrechnungsbeschränkungen ebenfalls für die nachrangigen Insolvenzgläubiger.[220]

c) Einberufung, Teilnahme, Stimmrecht in der Gläubigerversammlung

Grundsätzlich sind auch die Gesellschaftergläubiger mit ihren Ansprüchen auf Rückgewähr eigenkapitalersetzender Leistungen Gläubiger der Gesellschaft. Es ist deshalb zu prüfen, ob bereits diese Gläubigerstellung genügt, um die Gläubigerrechte im Zusammenhang mit einer Gläubigerversammlung im Insolvenzverfahren ausüben zu können.

Gemäß § 74 Abs. 1 Satz 2 InsO sind zur Teilnahme an der Gläubigerversammlung u. a. alle Insolvenzgläubiger berechtigt. Dazu gehören auch die nachrangigen Insolvenzgläubiger.[221] Das Teilnahmerecht berechtigt grundsätzlich zu allen Handlungen, die zur Ausübung der Teilnahme gehören. Darin enthalten ist jedoch nicht das Recht auf Einberufung oder ein Stimmrecht.

Gemäß § 75 Abs. 1 InsO können den Antrag auf Einberufung der Gläubigerversammlung nur bestimmte Personen stellen. Die Aufzählung ist hier abschließend. In § 75 Abs. 1 Nr. 3 InsO werden die nachrangigen Insolvenzgläubiger im Umkehrschluss vom Antragsrecht ausgenommen.

Gemäß der ausdrücklichen Regelung in § 77 Abs. 1 Satz 2 InsO haben nachrangige Gläubiger kein Stimmrecht in der Gläubigerversammlung. Eine teleologische Reduktion für den Fall, dass aufgrund einer Aufforderung durch das Insolvenzgericht gemäß § 174 Abs. 3 InsO ausnahmsweise nachrangige Insolvenzforderungen zur Insolvenztabelle anzumeldenden sind und einer damit verbundenen Aussicht auf eine Befriedigung auch nachrangiger Gläubiger besteht, wird abgelehnt, da durch die Anordnung der Nachrangigkeit in § 39 Abs. 1 Nr. 5 InsO nur dem Vollabwicklungsgrundsatz Rechnung getragen werden sollte, je-

---

[220] Vgl. *Uhlenbruck*, § 94 InsO, Rn. 3 mwN.

[221] *Kübler/Prütting-Kübler*, § 74 InsO, Rn. 9.

doch durch die Einführung der Regelung des § 39 Abs. 1 Nr. 5 InsO keine Besserstellung der Kapitalersatzgläubiger im Vergleich zur fehlenden Anordnung einer Nachrangigkeit für diese Gläubiger nach der Konkursordnung bezweckt war.[222]

d) Vorzeitige Einstellung des Insolvenzverfahrens gemäß § 213 InsO

Das Insolvenzverfahren ist gemäß § 213 Abs. 1 Satz 1 InsO auf Antrag des Schuldners einzustellen, wenn er nach Ablauf der Anmeldefrist die Zustimmung aller Insolvenzgläubiger beibringt, die Forderungen angemeldet haben. Entsprechend der obigen Feststellung, dass unter den Begriff der Insolvenzgläubiger auch die nachrangigen Insolvenzgläubiger fallen, wäre die Einstellung des Insolvenzverfahrens gemäß § 213 InsO auch von der Zustimmung der nachrangigen Kapitalersatzgläubiger abhängig, wenn diese nach Aufforderung gemäß § 174 Abs. 3 InsO ihre kapitalersetzende Rückgewährforderung zur Insolvenztabelle angemeldet hätten.

Die Vorschrift des § 213 InsO bezweckt durch das Zustimmungserfordernis aller Insolvenzgläubiger, die Forderungen zur Insolvenztabelle angemeldet haben, deren Schutz durch eine geordnete Gläubigerbefriedigung im Rahmen der Fortführung des Insolvenzverfahrens. Einige Vertreter der Literatur stützen sich darauf, dass durch die Fortführung eines Insolvenzverfahrens nicht die nachrangigen Insolvenzgläubiger zu schützen sind und nehmen deshalb eine teleologische Reduktion des Wortlauts des § 213 Abs. 1 Satz 1 BGB vor. Zu verlangen sei im Rahmen des § 213 Abs. 1 Satz 1 InsO nur die Zustimmung aller Insolvenzgläubiger im Sinne des § 38 InsO.[223] Andere Literaturmeinungen hingegen verlangen gemäß dem Wortlaut des § 213 Abs. 1 Satz 1 InsO auch die Zustimmung der nachrangigen Insolvenzgläubiger, wenn ihnen über § 174 Abs. 3 InsO die Möglichkeit zur Anmeldung ihrer Forderungen zur Insolvenztabelle gegeben wurde.[224] Auch den nachrangigen Insolvenzgläubigern muss der Schutz der Insolvenzordnung zugute kommen, wenn sie durch die Fortführung des Insolvenzverfahrens Aussicht auf zumindest eine teilweise Befriedigung ihrer Forderung haben. Diese Aussicht wird grundsätzlich bei Aufforderung des Gerichts gemäß § 174 Abs. 3 InsO bestehen. Sofern die nachrangigen Insolvenzgläubiger ihre Ansprüche zur Insolvenztabelle anmelden können, stehen auch sie unter dem Schutz des Zustimmungserfordernisses aller Insolvenzgläubiger und kön-

---

[222] Vgl. zur Ablehnung einer teleologischen Reduktion und den hierfür maßgeblichen Argumenten *v. Gerkan/Hommelhoff/Johlke/Schröder*, Rn. 14. 134.

[223] Vgl. *FK-Smid*, § 213 InsO, Rn. 3.

[224] *Hess/Weis/Wienberg*, § 213 InsO, Rn. 13f.

nen durch ihre Nicht-Zustimmung die Fortführung im geordneten Insolvenzverfahren erreichen.

e) Berücksichtigung bei Abschlagsverteilungen gemäß § 187 Abs. 2 InsO

In § 187 Abs. 2 Satz 2 InsO ist geregelt, dass nachrangige Insolvenzgläubiger bei Abschlagsverteilungen nicht berücksichtigt werden sollen. Dies ist vor dem Hintergrund gerechtfertigt, dass sie nur bei voller Befriedigung der übrigen Insolvenzgläubiger überhaupt Zahlungen aus der Masse beanspruchen können.[225]

Obwohl eine Aufforderung durch das Insolvenzgericht gemäß § 174 Abs. 3 InsO zur Anmeldung nachrangiger Insolvenzforderungen regelmäßig erst ergehen wird, wenn zumindest die Aussicht auf teilweise Befriedigung der nachrangigen Insolvenzforderungen besteht, so kann nicht ausgeschlossen werden, dass dennoch die Insolvenzmasse nicht ausreichen wird, um die Insolvenzgläubiger im Sinne des § 38 InsO voll zu befriedigen. Genaue Zahlen zu den Forderungen und zum verteilenden Vermögen in der Insolvenzmasse ergeben sich erst im Zeitpunkt der Schlussverteilung. Durch Abschlagszahlungen soll nur diejenigen Gläubiger eine teilweise Vorabbefriedigung erhalten, die jedenfalls mit Zahlungsleistungen aus der Insolvenzmasse rechnen können.

f) Haftungsansprüche gegen den Insolvenzverwalter gemäß § 60 InsO

Gemäß § 60 Abs. 1 Satz 1 InsO ist der Insolvenzverwalter allen Beteiligten zum Schadenersatz verpflichtet, wenn er schuldhaft die Pflichten verletzt, die ihm nach diesem Gesetz obliegen. Auch die nachrangigen Insolvenzgläubiger sind Beteiligte in diesem Sinne.[226]

Ein Kapitalersatzgläubiger könnte beispielsweise einen Schadenersatzanspruch gegen den Insolvenzverwalter gemäß § 60 InsO erheben, wenn der Verwalter das Unternehmen übereilt und zu einem unangemessenen Preis veräußert, die nachrangigen Gläubiger aber bei einer Veräußerung zu einem angemessenen Preis noch eine Aussicht auf eine quotale Befriedung gehabt hätten.[227]

---

[225] Vgl. *HK-Irschlinger*, § 187 InsO, Rn. 6; *Hess/Weis/Wienberg*, § 187 InsO, Rn. 31.

[226] Vgl. *HK-Eickmann*, § 60 InsO, Rn. 7.

[227] *v. Gerkan/Hommelhoff/Johlke/Schröder*, Rn. 14.138 mit Vergleich zu einem Fall des BGH (Urt. v. 22.1.1985 – VI ZR 131/83, ZIP 1985, 423, 425).

V. Stellung der Kapitalersatzgläubiger im Insolvenzplanverfahren

In den Vorschriften zum Insolvenzplanverfahren in den §§ 217ff. InsO finden sich zahlreiche Regelungen zur Rechtsstellung von nachrangigen Insolvenzgläubigern. Kapitalersatzgläubiger sind als nachrangige Insolvenz-gläubiger gemäß § 39 Abs. 1 Nr. 5 InsO zu berücksichtigen.

Die Kapitalersatzgläubiger sind somit überall dort erfasst, wo es um die Stellung der nachrangigen Gläubiger geht; in § 264 Abs. 3 InsO wird darüber hinaus speziell an die Vorschrift des § 39 Abs. 1 Nr. 5 InsO angeknüpft. Die nachfolgenden Ausführungen sollen einen Überblick zur Stellung der Kapitalersatzgläubiger im Insolvenzplanverfahren geben.

1. Teilnahme- und Stimmrechte

Gemäß § 222 Abs. 1 Satz 2 Nr. 3 ist zwischen den einzelnen Rangklassen der nachrangigen Insolvenzgläubiger zu unterscheiden, soweit deren Forderungen nicht nach § 225 als erlassen gelten sollen.

Grundsätzlich gelten über § 225 Abs. 1 InsO die Forderungen der nachrangigen Insolvenzgläubiger als erlassen. Demzufolge ist dann auch keine eigene Gruppe gemäß § 222 Abs. 1 Satz 2 InsO zu bilden.

Soll hingegen in dem Insolvenzplan eine Regelung zur Befriedigung der nachrangigen Insolvenzgläubiger getroffen werden, so sind gemäß § 225 Abs. 2 InsO im gestaltenden Teil für jede Gruppe der nachrangigen Gläubiger die in § 224 vorgeschriebenen Angaben zu machen. Demgemäß ist für die Gruppe der nachrangigen Kapitalersatzgläubiger eine eigene Gruppe entsprechend der Anordnung in § 222 Abs. 1 Satz 2 Nr. 3 InsO zu bilden.

In § 237 InsO wird das Stimmrecht der Insolvenzgläubiger geregelt. Danach gilt für das Stimmrecht der Insolvenzgläubiger bei der Abstimmung über den Insolvenzplan § 77 Abs. 1 Satz 1, Abs. 2 und 3 Nr. 1 entsprechend. Auf § 77 Abs. 1 Satz 2 InsO wird hingegen nicht verwiesen. Damit kommt im Umkehrschluss den nachrangigen Insolvenzgläubigern bei der Abstimmung über den Insolvenzplan – anders als bei der Abstimmung in der Gläubigerversammlung – ein Stimmrecht zu. Aufgrund des Verweises auf § 77 Abs. 1 Satz 1 InsO gewähren jedoch nur die Forderungen ein Stimmrecht, die angemeldet und weder vom Insolvenzverwalter noch von einem stimm-berechtigten Gläubiger bestritten worden sind. Regelt also der Insolvenzplan die Rechte der nachrangigen Insolvenzgläubiger, dann hat das Gericht die nachrangigen Insolvenzgläubiger entsprechend der Gruppenzuordnung nach § 222 Abs. 1 Nr. 3 InsO besonders zur Anmeldung ihrer Forderungen aufzufordern, § 174 Abs. 3 InsO.[228]

2. Zustimmungsersetzung und Obstruktionsverbot

Grundsätzlich ist gemäß § 244 Abs. 1 InsO zur Annahme des Insolvenzplanes durch die Gläubiger erforderlich, dass in jeder Gruppe die Mehrheit der abstimmenden Gläubiger dem Plan zustimmt und die Summe der Ansprüche der zustimmenden Gläubiger mehr als die Hälfte der Summe der Ansprüche der abstimmenden Gläubiger beträgt. Man spricht insoweit vom Erfordernis einer Kopf- und Summenmehrheit. Werden diese Mehrheiten nicht erreicht, so kann die Zustimmung über das Obstruktionsverbot unter den Voraussetzungen des § 245 InsO fingiert werden.

Eine besondere Zustimmungsersetzung für die Kapitalersatzgläubiger regelt § 246 Nr. 2 InsO. Danach gilt die Zustimmung der Gruppen mit einem Rang hinter § 39 Abs. 1 Nr. 3 InsO – also auch für die Kapitalersatzgläubiger – als erteilt, wenn kein Insolvenzgläubiger durch den Plan besser gestellt wird als die Gläubiger dieser Gruppe. Das bedeutet, dass die Zustimmung der Kapitalersatzgläubiger ersetzt wird, wenn sie nach dem Plan zumindest die gleiche Quotenleistung erhalten sollen wie die übrigen Gläubiger; umgekehrt kann die Zustimmung nicht über § 246 Nr. 2 InsO ersetzt werden, wenn sie planmäßig weniger erhalten sollen, dann allerdings ist eine Zustimmungsersetzung über § 245 InsO zu prüfen.[229]

Über § 245 InsO kann die Zustimmung der Kapitalersatzgläubiger praktisch immer fingiert werden. Danach kann eine Zustimmung einer Abstimmungsgruppe ersetzt werden, wenn die Voraussetzungen der § 245 Abs. 1 Nr. 1 bis 3 InsO kumulativ vorliegen.

Regelmäßig werden bei der Nicht-Zustimmung der Gruppe der Kapitalersatzgläubiger bereits die Voraussetzungen des § 245 Abs. 1 Nr. 1 InsO vorliegen. Danach dürfen die Gläubiger dieser Gruppe durch den Insolvenzplan voraussichtlich nicht schlechter gestellt werden, als sie ohne einen Plan stünden. Ohne einen Insolvenzplan erhalten die nachrangigen Insolvenzgläubiger regelmäßig keine Quote. Die Kapitalersatzgläubiger nehmen im Vergleich zu den Ansprüchen der übrigen nachrangigen Insolvenzgläubiger sogar nur den 5. Rang ein – sie werden daher so gut wie nie eine Befriedigungsaussicht haben. Wenn der In-

---

[228] *Gottwald/Braun*, Insolvenzrechts-Hdb., § 68 Rn. 41.

[229] Vgl. *Kübler/Prütting-Otte*, § 246 InsO, Rn. 5.

solvenzplan also Regelungen für die nachrangigen Insolvenz-gläubiger trifft, dann privilegiert der Plan die Rechte der Kapitalersatzgläubiger.

Darüber hinaus wird auch die Erfüllung des § 245 Abs. 1 Nr. 2 InsO Probleme bereiten. Entsprechend dieser Vorschrift müssten die Kapitalersatzgläubiger angemessen an dem wirtschaftlichen Wert beteiligt werden, der auf der Grundlage des Plans den Beteiligten zufließen soll. Ob eine angemessene Beteiligung vorliegt, regelt § 245 Abs. 2 InsO mit drei Voraussetzungen in den Nummern 1 bis 3, die ebenfalls kumulativ vorliegen müssen. Problematisch ist hier insbesondere die Regelung in § 245 Abs. 2 Nr. 2 InsO, wonach weder ein Gläubiger, der ohne einen Plan mit Nachrang gegenüber den Gläubigern der Gruppe zu befriedigen wäre, noch der Schuldner oder eine an ihm beteiligte Person einen wirtschaftlichen Wert erhalten darf. Eine kapitalersetzende Leistung verlangt jedoch eine Gesellschafterstellung oder eine wirtschaftlich damit vergleichbare Position. Ein Gesellschafter ist eine am Schuldner beteiligte Person. Diese dürfen aber gemäß § 245 Abs. 2 Nr. 2 InsO keinen wirtschaftlichen Wert erhalten. Um das Obstruktionsverbot auf die Kapitalersatzgläubiger in einem sinnvollen Zusammenhang anwenden zu können, muss hier eine teleologische Reduktion vorgenommen werden. Es muss möglich sein, die in eigenkapitalähnliche Leistungen umqualifizierte Gesellschafterfremdmittel zu befriedigen, ohne damit gegen § 245 Abs. 2 Nr. 2 InsO zu verstoßen. Nach dem Sinn und Zweck der Vorschrift soll verhindert werden, dass keine Eigenkapitalleistungen an die Gesellschafter ausbezahlt werden, bevor nicht die übrigen Gläubiger Befriedigung erhalten haben.

3. Minderheitenschutz

Schließlich können sich die Kapitalersatzgläubiger auch auf den Minderheitenschutz des § 251 InsO berufen. Danach ist auf Antrag eines Gläubigers die gerichtliche Bestätigung des Insolvenzplans gemäß § 248 InsO zu versagen, wenn der Gläubiger dem Plan unter Einhaltung der Formalia des § 251 Abs. 1 Nr. 1 InsO widersprochen hat und durch den Plan voraussichtlich schlechter gestellt wird, als er ohne einen Plan stünde. Die letztgenannte Voraussetzung hat der Gläubiger bei Stellung des Antrags glaubhaft zu machen.

Den Antrag gemäß § 251 InsO können alle Gläubiger stellen, also auch die Kapitalersatzgläubiger, deren Rechte nicht durch den Insolvenzplan geregelt werden und die deshalb nicht stimmberechtigt sind.[230] Allerdings wird die Glaubhaftmachung, dass sie durch den Plan voraussichtlich schlechter gestellt

---

[230] Vgl. *Kübler/Prütting-Otte*, § 251 InsO, Rn. 4; Haarmeyer/Wutzke/Förster, Kap. 9, Rn. 90.

werden als ohne einen Plan – aufgrund ihrer Nullquoten-Aussicht ohne Plan – in der Praxis regelmäßig nicht gelingen.

4. Wirkungen des Insolvenzplanes

a) Abweichung von den Kapitalerhaltungsregeln in §§ 30, 31 GmbHG

Probleme bereitet schließlich ein Insolvenzplan, der eine (Teil-)befriedigung der Kapitalersatzgläubiger regelt, aber diese (Teil-)befriedigung bei einer bestehenden Unterbilanz gegen die Grundsätze der Kapitalerhaltung in den §§ 30, 31 GmbHG verstößt.

Nach einer Entscheidung des BGH[231] zur Rechtslage vor Einführung der Insolvenzordnung konnten Forderungen der Gesellschafter im Rahmen eines Vergleichs gemäß § 32a Abs. 1 Satz 2 GmbHG a. F. zwar geregelt werden, der eigenkapitalersetzende Charakter wurde dadurch aber nicht beseitigt. Demnach konnte eine Rückzahlung von Gesellschafterleistungen erst nach Beseitigung der Unterbilanz und der Wiederherstellung der Kreditwürdigkeit, also nach einer Entsperrung der Gesellschafterleistungen, erfolgen.

Aufgrund der Regelung des § 217 InsO können in einem Insolvenzplan die Rechte der Beteiligten abweichend von den Vorschriften dieses Gesetzes geregelt werden. Eine Abweichung von Rechtsregeln, die zu anderen Gesetzen gefunden wurden, ist dann erlaubt, wenn diese Regeln Insolvenzsachverhalte betreffen.[232] Zwar sind die Kapitalersatzregeln als Bestandteile des Gesellschaftsrechts anzusehen und nicht dem Insolvenzrecht zuzuordnen, jedoch kommen die Kapitalersatzregeln vor allem in Insolvenzverfahren zum Tragen.[233] Es ist deshalb grundsätzlich gerechtfertigt, im Rahmen eines Insolvenzplanes auch von den gesellschaftsrechtlichen Kapitalersatzregeln abzuweichen.

b) Reichweite

Klärungsbedürftig ist allerdings noch, wie weit die Wirkungen des Insolvenzplanes reichen. Gemäß § 254 Abs. 1 Satz 1 InsO treten mit der Rechtskraft der Bestätigung des Insolvenzplans die im gestaltenden Teil festgelegten Wirkungen für und gegen alle Beteiligten ein. Diese Vorschrift stellt auf die Beteiligung der

---

[231] BGH, Urt. v. 6.4.1995 – II ZR 108/94, ZIP 1995, 816ff.

[232] *Noack*, in: Kübler/Prütting, GesR, Rn. 214.

[233] Siehe hierzu oben unter § 6, II u. III.

Gläubiger ab und gibt damit auch die notwendige Abgrenzung vor. Alle am Insolvenzplanverfahren beteiligten Gläubiger werden durch die Regeln der §§ 222ff. InsO ausreichend geschützt, so dass für die Anwendung weiterer gläubigerschützender Regeln des Gesellschaftsrechts weder Raum noch Bedürfnis besteht.[234] Nach In-Kraft-Treten des Planes neu hinzukommende Gläubiger, die folglich auch an der Abstimmung über den Insolvenzplan nicht beteiligt waren, dürfen hingegen auf die grundsätzlich nicht disponiblen Kapitalerhaltungsregeln der §§ 30ff. GmbHG vertrauen.[235] Diese Gläubiger müssen so gestellt werden, als wenn die Folgen der Anwendung der Kapitalersatzregeln auf Gesellschafterleistungen geltend gemacht worden wären. Soweit der Insolvenzplan dafür keine Mittel separiert hat, bleibt die Haftung der Gesellschafter bestehen.

c) Nachträgliche Entsperrung

Darüber hinaus sollte in einem Insolvenzplan geregelt werden, welche Ansprüche bestehen, wenn die kapitalersetzende Verstrickung der Gesellschafterleistung durch eine sog. Entsperrung aufgelöst wird. Dann sind die Gesellschafterforderungen auch nicht mehr als nachrangige Insolvenzforderungen zu betrachten, sondern als Insolvenzforderungen im Sinne des § 38 InsO. Dann aber könnte die planmäßige Befriedigung der Gläubigerforderungen mit dem Anspruch auf Rückzahlung der bisher eigenkapitalersetzenden Leistungen in Konflikt geraten und dadurch u. U. die Unternehmensfortführung wieder gefährden.

Selbst wenn die Zahlungsfähigkeit der Gesellschaft durch den Plan wiederhergestellt wurde, sollten die Vorschriften über die kapitalersetzenden Darlehen in der Weise ausgelegt werden, dass diese nicht abgezogen werden dürfen, solange damit die plangemäße Befriedigung der Gläubiger gefährdet würde. Sicherheitshalber sollten in den Insolvenzplan entsprechende Regelungen aufgenommen werden.[236]

5. Kreditrahmen und Sanierungsprivileg (§ 32a Abs. 3 Satz 3 GmbHG)

Eine ausdrückliche Regelung für die Kapitalersatzgläubiger ist in § 264 Abs. 3 GmbHG getroffen. Danach bleibt im Zusammenhang mit der Kreditrahmenpri-

---

234 *Noack*, in: Kübler/Prütting, GesR, Rn. 215.

235 *v. Gerkan/Hommelhoff/Johlke/Schröder*, Rn. 14.149.

236 *Henckel*, Kölner Schrift zur InsO, 1. Aufl., 645, 648.

vilegierung die Nachrangigkeit der Forderungen der Kapitalersatzgläubiger gemäß § 39 Abs. 1 Nr. 5 InsO unberührt.

Entsprechend der Vorschrift des § 264 InsO sollen Neugläubiger und ihre Mittel nicht abziehende Massegläubiger dadurch privilegiert werden, dass die Insolvenzgläubiger erst nach einem im Insolvenzplan vorgesehen Kreditrahmen für Neukreditvergaben und stehen gelassenen Massekrediten zu befriedigen sind. Gemäß § 264 Abs. 3 InsO bleibt § 39 Abs. 1 Nr. 5 InsO unberührt, wonach anzunehmen ist, dass die Privilegierung des § 264 InsO nicht für kapitalersetzende Leistungen gelten soll.

Die Reichweite des § 264 Abs. 3 InsO ist allerdings ungeklärt. Nach *Noack*[237] kann es nur um Neukredite gehen, die nach Aufhebung des Insolvenzverfahrens von Gesellschafterseite der noch nicht wieder kreditwürdigen Gesellschaft gewährt werden. Absatz 3 soll hingegen keine Anwendung finden bei gesellschafterlichen Massegläubigern, die ihren Kredit in die Zeit der Überwachung hinein stehen lassen, da man ansonsten die Gesellschafter zum Abzug ihrer Mittel zwingt und damit die Sanierung des Unternehmens erneut gefährdet wird. In der Überwachungszeit neu gewährte Gesellschafterdarlehen sind somit an den Kapitalersatzregeln zu messen und können nicht in den Kreditrahmen des § 264 Abs. 1 InsO aufgenommen werden.[238]

Allerdings besteht zwischen der Privilegierung von Sanierungsdarlehen im Rahmen der Insolvenzordnung in § 264 InsO und dem Sanierungsprivileg des Gesellschaftsrechts in § 32a Abs. 3 Satz 3 GmbHG ein gewisser Wertungswiderspruch. Während über § 264 Abs. 3 InsO die Kapitalersatz-gläubiger von der Kreditrahmenprivilegierung ausgenommen sind, kann durch den Erwerb von Gesellschaftsanteile in der Krise der Gesellschaft zum Zwecke der Überwindung der Krise die kapitalersatzrechtliche Verstrickung für die Gesellschafterleistungen verhindert werden.[239] Anderer Ansicht zufolge ist allerdings nur ein vermeintlicher Widerspruch zwischen § 264 InsO und § 32a Abs. 3 Satz 3 GmbHG gegeben.[240] An dieser Stelle soll es lediglich genügen, die Problematik der unterschiedlichen Wirkungskreise der bezeichneten Sanierungsvorschriften aufzuzeigen. § 264 Abs. 3 InsO schließt seinem Wortlaut nach die Privilegierung von eigenkapitalersetzenden Gesellschafterdarlehen aus, während § 32a Abs. 3 Satz 3 GmbHG die Privilegierung ermöglicht. Allerdings ist zu berücksichtigen, dass

---

[237] *Noack*, in: Kübler/Prütting, GesR, Rn. 218.

[238] Vgl. *Scholz/K. Schmidt*, §§ 32a, 32b GmbHG, Rn. 67.

[239] Vgl. *Hirte*, ZInsO 1998, 147, 150.

[240] *Bieder*, ZInsO 2000, 531, 532.

die Vorschrift des § 264 Abs. 3 InsO nicht festlegt, welche Ansprüche eigenkapitalersetzend und damit gemäß § 39 Abs. 1 Nr. 5 InsO nachrangig sind, während § 32a Abs. 3 Satz 3 GmbHG in seiner Rechtsfolge eine Umqualifizierungsfeststellung trifft. Soweit die Regelung des § 264 Abs. 3 InsO die Erfolg versprechende Sanierung über Gesellschafterdarlehen verhindert, sollte – entsprechend dem Normzweck des § 32a Abs. 3 Satz 3 GmbHG – eine teleologische Reduktion vorgenommen werden.

Kapitel 3: Eigenkapitalersatzrechtliche Fallgruppen

§ 9 Eigenkapitalersetzende Darlehen

I. Grundfall

Grundfall der eigenkapitalersetzenden Gesellschafterleistungen ist die Gewährung eines Darlehens an eine GmbH durch einen Gesellschafter in der Krise der Gesellschaft.

Unter einer Darlehensgewährung versteht man jede Zurverfügungstellung von Kreditmitteln. Darunter fallen u. a. die Einräumung einer Kreditlinie, das sog. unechte Factoring und nach der Rechtsprechung des BGH auch die bloße Darlehenszusage, wenn die Mittel zur Erreichung des Gesellschaftszwecks unumgänglich nötig sind. Eine Darlehenszusage kann in der Krise der Gesellschaft nicht widerrufen werden.[241] Durch die Gewährung eines Darlehens, sei es auch nur durch eine Kreditzusage, trifft der Gesellschafter seine zu verantwortende Finanzierungsentscheidung.[242] Die Folge dieser Darlehensgewährung der Gesellschafter in der Krise der Gesellschaft ist die Umqualifizierung der Kreditmittel in Eigenkapital.

Wird jedoch kein Risikodarlehen zugesagt, sondern ohne Krisensituation ein Darlehen gewährt, das vor Insolvenzeröffnung noch nicht ausbezahlt war, dann kann der Insolvenzverwalter dieses Darlehen nicht einfordern. Die gesetzlichen Eigenkapitalersatzregeln beziehen sich nur auf bereits zugeführte Gesellschafterdarlehen.[243] Die nur zugesagten Finanzierungsmittel haben noch keine eigenkapitalersetzende Wirkung entfaltet, da sie noch nicht ins Gesellschaftsvermögen eingebracht wurden.

Streitig ist, ob ein Darlehen aufgespaltet werden kann in einen Teilbetrag, der als Fremdkapital zu behandeln ist und in einen Teilbetrag, der als Eigenkapital umzuqualifizieren ist. Dieser Fall ist nur von Interesse, wenn der Gesellschafter nachweisen kann, dass er hinsichtlich eines Teilbetrages auch von einem anderen Kreditgeber ein Darlehen bekommen hätte. Herrschender Ansicht nach ist eine Aufteilung eines einheitlichen Darlehens in einen eigenkapitalersetzenden

---

[241] *MüKo-Stodolkowitz*, § 135 InsO, Rn. 19.

[242] Vgl. *Scholz/K. Schmidt*, §§ 32a, 32b GmbHG, Rn. 31.

[243] Vgl. *Lutter/Hommelhoff*, §§ 32a/b GmbHG, Rn. 98.

und einen Fremdkapitalanteil nach § 32a Abs. 1 GmbHG nicht möglich.[244] Dem Grundgedanken des Eigenkapitalersatzrechts folgend, müsste man jedoch anderer Ansicht nach eine Aufspaltung vornehmen. Können von dritter Seite für einen Teilbetrag Kreditmittel generiert werden, so besteht kein Grund, das Gesellschafterdarlehen in voller Höhe umzuqualifizieren.[245] Eine Teilumqualifizierung kann erfolgen, wenn die Gläubigerinteressen nicht beeinträchtigt werden.

Ein scheinbares Problem ergibt sich, wenn mehrere Darlehensforderungen eines Gesellschafters bestehen, die ständig getilgt und wieder neu ausgereicht werden. Nach dem BGH ist dann für die Beurteilung des eigenkapitalersetzenden Charakters auf den durchschnittlichen Saldo abzustellen.[246] Der Durchschnittswert bildet das Finanzierungsvolumen ab. Mit diesem Volumen hat der Gesellschafter seine Gesellschaft finanziell unterstützt und in dieser Höhe hätte ein ordentlicher Kaufmann in der Krise der Gesellschaft Eigenkapital einlegen müssen.

Als kapitalersetzende Finanzierungshilfen sind darüber hinaus auch Mittel anzusehen, die von einem Gesellschafter auf ein Treuhandkonto zugunsten der Gesellschaft einbezahlt werden.[247]

II. „Stehenlassen"

1. Allgemeine Ausführungen

In Anbetracht des Grundgedankens des Kapitalersatzrechts, eine Verlagerung des Unternehmensrisikos von den Gesellschaftern auf die Gesellschaftsgläubiger zu verhindern, bedarf auch der Fall des Stehenlassens von Gesellschaftermitteln nach Eintritt der Krise besonderer Betrachtung. Von der Rechtsprechung wird

[244] OLG München, Urt. v. 7.3.1997 - 23 W 642/97, ZIP 1997, 1118, 1119; *Lutter/Hommelhoff*, §§ 32 a/b GmbHG, Rn. 92; *Rowedder/Schmidt-Leithoff/Pentz*, § 32a GmbHG, Rn. 68; *Baumbach/Hueck/Fastrich*, § 32a GmbHG, Rn. 48; *Scholz/K. Schmidt*, §§ 32a, 32b GmbHG, Rn. 53 mwN.

[245] Vgl. OLG Hamm, Urt. v. 28.9.1989 - 27 U 81/88, ZIP 1989, 1398, 1399; *Lutter*, DB 1980, 1317, 1321; *Roth/Altmeppen*, § 32 a GmbHG, Rn. 29f.; *Früh*, GmbHR 1999, 842, 846.

[246] BGH, Urt. v. 28.11.1994 – II ZR 77/93, ZIP 1995, 23, 24, NJW 1995, 457, 459, GmbHR 1995, 35, 36.

[247] Vgl. OLG Düsseldorf, Urt. v. 24.9.1998 – 6 U 199/97, ZIP 1998, 2101, 2103; grundsätzlich zustimmend auch die Anmerkung *v. Gerkan*, EWiR 1999, 25, 26.

das Stehenlassen von Gesellschafterhilfen aller Art mit der Darlehensgewährung grundsätzlich gleichgestellt.[248] Diese Gleichstellung ergibt über § 32a Abs. 3 Satz 1 GmbHG, dass auch hier die Regeln über die eigenkapitalersetzenden Gesellschafterleistungen anwendbar und zu prüfen sind.

Unter die Regeln des Kapitalersatzrechts fällt zunächst der Fall, dass eine fällige Darlehensforderung des Gesellschafters nach Eintritt der Krise gestundet oder die Darlehenslaufzeit einverständlich verlängert wird.[249] Solche Vereinbarungen entsprechen einer erstmaligen Darlehensgewährung zum Zeitpunkt der Krise der Gesellschaft. Jegliches Belassen von Gesellschaftermittel bedarf einer genaueren Prüfung, ob die Kapitalersatzregeln anzuwenden sind. Eine Umqualifizierung kommt auch für rechtlich zunächst unbedenklich gestundete Ansprüche des Gesellschafters aus Lieferungs- und Leistungsverträgen mit der Gesellschaft, aus Anstellungsverträgen oder auf Dividende in Betracht.[250]

Allgemeine Voraussetzung für die Umqualifizierung von stehen gelassenen Gesellschaftermitteln in Eigenkapital ist, dass der Gesellschafter in der Lage wäre, die Mittel bei Eintritt der Krise aus dem Unternehmen abzuziehen.[251] Grundlage dafür kann ein ordentliches oder außerordentliches Kündigungsrecht sein oder die gesellschaftsrechtliche Möglichkeit, die Gesellschaft zu liquidieren.[252] Ein außerordentliches Kündigungsrecht besteht beispielsweise im Fall des § 490 BGB n. F. (§ 610 BGB a. F.). Die Ausübung eines Kündigungsrechts widerspricht nicht der gesellschaftsrechtlichen Treuepflicht, weil der Gesellschafter auch im Interesse der Gesellschaftsgläubiger zur Entscheidung über die Kündigung gezwungen wird.[253] Bei der Bürgschaft hat der Bürge nach § 775 Abs. 1 Nr. 1 BGB einen Anspruch auf Befreiung gegenüber der Gesellschaft. Der Gesellschafter soll die Entscheidung treffen, ob die Gesellschaft den Insolvenzantrag stellen muss. Besteht kein Kündigungs-recht, dann kommt es auf die Möglichkeit der Liquidierung an. Eine Gesellschafterleistung gilt nicht als stehen gelassen, wenn der Gesellschafter statt der Kündigung die Liquidierung der

---

[248] Vgl. BGH, Urt. v. 26.11.1979 – II ZR 104/77, BGHZ 75, 334, 336f., ZIP 1980, 115, 116; BGH, Urt. v. 13.7.1981 – II ZR 256/79, BGHZ 81, 252, 257, ZIP 1981, 974, 975f., NJW 1981, 2570, 2571; BGH, Urt. v. 12.1.1987 – II ZR 63/86, NJW-RR 1987, 806 mwN.

[249] Vgl. *MüKo-Stodolkowitz*, § 135 InsO, Rn. 56; *Hachenburg/Ulmer*, § 32a, b GmbHG, Rn. 28 mwN.

[250] *Lutter/Hommelhoff*, §§ 32a/b GmbHG, Rn. 45.

[251] *Michalski/Heidinger*, §§ 32a, 32b GmbHG, Rn. 113 mwN.

[252] *MüKo-Stodolkowitz*, § 135 InsO, Rn. 57 mwN.

[253] *Lutter/Hommelhoff*, §§ 32a/b GmbHG, Rn. 49.

Gesellschaft betreibt.[254] Hierbei muss § 60 Abs. 1 Nr. 2 GmbHG beachtet werden, wonach die Auflösung der Gesellschaft mit beschränkter Haftung eines Beschlusses des Gesellschafters bedarf. Dabei ist grundsätzlich die Dreiviertelmehrheit erforderlich. Es liegt somit nicht die Auflösung der Gesellschaft, wohl aber die Finanzierungsentscheidung in der Hand des kreditgebenden Gesellschafters.[255]

Allerdings ist dem Gesellschafter eine angemessene Bedenkzeit für die Entscheidung zu gewähren, ob und welche Maßnahmen er bei Eintritt der Krise treffen will. Abgestellt wird dabei auf den Zeitpunkt der Erkennbarkeit des Eintritts der Krise für den Gesellschafter.[256] Die Rechtsprechung orientiert sich hier an die Insolvenzantragspflicht des § 64 Abs. 1 GmbHG an und billigt eine Überlegungsfrist von grundsätzlich drei Wochen zu.[257] Stellt die Gesellschaft jedoch selbst innerhalb dieser angemessenen Überlegungsfrist nach Eintritt der Krise den Insolvenzantrag, dann findet eine Umqualifizierung nicht statt.[258]

Die Fälle, in denen eine fällige Darlehensforderung nicht geltend gemacht wird oder ein kündbares Darlehen bei Eintritt der Krise nicht gekündigt wird, werden in Rechtsprechung und Literatur unterschiedlich beurteilt. Während eine weit verbreitete Literaturmeinung für die Anwendung der Kapitalersatzregeln eine besondere Finanzierungsabrede verlangt[259], lässt es der BGH ausreichen, wenn der Gesellschafter die Tatsachen erkennen konnte, die die Kreditunwürdigkeit der Gesellschaft begründen[260]. Hierzu wird nachfolgend ausführlich Stellung genommen.

---

[254] BGH, Urt. v. 19.12.1994 - II ZR 10/94, ZIP 1995, 280, NJW 1995, 658, GmbHR 1995, 219.

[255] *Karsten Schmidt*, GmbHR 2005, 797, 800.

[256] *MüKo-Stodolkowitz*, § 135 InsO, Rn. 58.

[257] Vgl. BGH, Urt. v. 15.6.1998 – II ZR 17/97, NZG 1998, 771, 772, GmbHR 1998, 936, 937.

[258] Vgl. BGH, Urt. v. 19.12.1994 – II ZR 10/94, ZIP 1995, 280, 281, NJW 1995, 658, 659.

[259] Vgl. *Jaeger/Henckel*, § 32a KO, Rn. 19; *Hachenburg/Ulmer*, § 32a, b GmbHG, Rn. 30ff.; *Scholz/K. Schmidt*, §§ 32a, 32b GmbHG, Rn. 48 mit dem Hinweis auf die nur theoretischen Meinungsunterschiede .

[260] BGH, Urt. v. 7.11.1994, BGHZ 127, 336, 344ff., NJW 1995, 326, 329; BGH, Urt. v. 28.11.1994 – II ZR 77/93, NJW 1995, 457, 459; BGH, Urt. v. 26.6.2000 – II ZR 370/98, ZIP 2000, 1491, NJW 2000, 3565, BB 2000, 1753, WM 2000, 1695, BB 2000, 1753.

2. Rücktritt

Wird eine Forderung aufgrund „Stehenlassens" in der Krise als eigenkapitalersetzend beurteilt, kann diese Umqualifizierung nicht durch weitere zulässige und wirksame Rechtshandlungen wieder rückgängig gemacht werden.

Wird beispielsweise die Kaufpreisforderung des Gesellschafters gegen die Gesellschaft bis in die Krise der Gesellschaft hinein stehen gelassen, dann kann der Gesellschafter bei Vorliegen der rechtsgeschäftlichen oder gesetzlichen Rücktrittsvoraussetzungen zwar von diesem Kaufvertrag zurücktreten, deren Wirkungen dürfen jedoch die Folgen der Anwendung der Kapitalersatzregeln nicht beseitigen. Gemäß § 346 Abs. 1 sind im Fall des Rücktritts die empfangenen Leistungen zurückzugewähren und die gezogenen Nutzungen herauszugeben. Danach wäre also der Kaufgegenstand an den Verkäufer herauszugeben, die Kaufpreisforderung würde erlöschen und der Käufer hätte an den Verkäufer die Nutzungen herauszugeben. Aufgrund der eigenkapitalersetzenden Verstrickung der stehen gelassenen Kaufpreisforderung wird der stehen gelassene Geldbetrag als eigenkapitalähnliches Haftkapital behandelt und im Insolvenzfall käme nur eine nachrangige Befriedigung (§ 39 Abs. 1 Nr. 5 InsO) in Betracht. Darüber hinaus hat der Insolvenzverwalter einen Rückgewähranspruch der seit Eintritt der Krise möglicherweise geleisteten Kaufpreisratenzahlungen.

Der Bundesgerichtshof hatte einen Fall zu entscheiden, in dem der Gesellschafter nach Umqualifizierung seiner stehen gelassenen Kaufpreisforderung zwischen der Forderung des Insolvenzverwalters auf Rückzahlung bereits geleisteter Kaufpreisraten und seinem auf Grund des Rücktritts vom Kaufvertrag entstandenen Nutzungsentschädigungsanspruch aufrechnen wollte. Der BGH hat eine solche Aufrechnung nicht zugelassen. Der durch den in der Krise der Gesellschaft erklärten Rücktritt vom Kaufvertrag entstandene Nutzungsentschädigungsanspruch des Gesellschafters teilt das Schicksal des bis dahin gestundeten Kaufpreisanspruchs und sei wie dieser als eigenkapitalersetzende Gesellschafterhilfe einzuordnen.[261]

Abgesehen vom Nutzungsentschädigungsanspruch hätte die Gesellschaft dem Gesellschafter aufgrund des Rücktritts grundsätzlich auch den überlassenen Kaufgegenstand herauszugeben und die Kaufpreisforderung würde im Gegenzug erlöschen. Die eigenkapitalersatzrechtliche Verstrickung der Kaufpreisforderung führt jedoch dazu, dass die stehen gelassene Geldforderung wie die

---

[261] BGH, Urt. v. 2.7.2001 – II ZR 264/99, ZIP 2001, 1366, GmbHR 2001, 725, EWiR 2001, 815.

Zuführung von Eigenkapital zu behandeln ist. Die Zuführung des eigenkapitalähnlichen Vermögenswertes verkörpert sich hier in dem überlassenen Kaufgegenstand. Der Abzug des Kaufgegenstandes würde die Vermögensstellung in der Gesellschaft beeinträchtigen und die eigenkapitalersetzende Wirkung damit umgehen. Deshalb darf auch der Kaufgegenstand nicht aus dem Vermögen der Gesellschaft herausgegeben werden. Dieses Ergebnis bestätigt sich durch einen Vergleich mit einer zweiaktigen Anschaffung des Kaufgegenstandes über einen Kaufvertrag und einer Finanzierung der Kaufpreisforderung über ein Darlehen. Hätte der Gesellschafter der Gesellschaft ein eigenkapitalersetzendes Darlehen gewährt und hätte die Gesellschaft das hierdurch zur Verfügung stehende Geld für die Anschaffung des Kaufgegenstandes verwendet, dann wäre der Kaufvertrag zwischen dem Verkäufer und der Gesellschaft erfüllt worden und die wirksame Übereignung des Kaufgegenstandes wäre keinen Rückgewähr- bzw. Bereichungsansprüchen wegen Nichterfüllung des Verpflichtungsgeschäftes ausgesetzt.

Um hier zu einem gerechten Ausgleich zwischen den Interessen der Gläubiger der Gesellschaft und den Rechten des Gesellschafters zu gelangen, bedarf es einer genauen Analyse der im Verhältnis zwischen Gesellschaft und Gesellschafter geschaffenen Rechtswirkungen. Zu prüfen ist, ob tatsächlich eine Übereignung des Vermögensgegenstandes stattgefunden hat oder ob nur eine vorübergehende Gebrauchsgewährung gewollt war. Im letzteren Fall könnte die Fallgruppe einer eigenkapitalersetzenden Nutzungsüberlassung vorliegen.

3. Insolvenzanfechtung

Darüber hinaus wird diskutiert, ob es eine Insolvenzanfechtung des Stehenlassens gemäß den §§ 129ff. InsO geben kann. Praktische Relevanz erlangt diese Problematik aber erst in der Insolvenz des Gesellschafters. Hier wird diese Problematik im Zusammenhang mit der eigenkapitalersetzenden Nutzungsüberlassung diskutiert. Auf die entsprechenden Ausführungen ist deshalb zu verweisen.[262]

III. Erkennbarkeit der Kreditunwürdigkeit

Bisher wurden lediglich die objektiven Voraussetzungen für den Kapitalersatz bei Gesellschafterdarlehen dargestellt. Fraglich ist, ob es in diesem Zusammenhang überhaupt subjektive Voraussetzungen gibt. In der Rechtsprechung und Li-

---

262 Siehe hierzu unter § 12, IV, 6, g, dd.

teratur wird hier zwischen dem Erbringen und dem Stehenlassen der Gesellschafterdarlehen unterschieden.

Beim Erbringen der Gesellschafterdarlehen ist es nach herrschender Meinung für die Umqualifizierung in Eigenkapital nicht erforderlich, dass der Gesellschafter die Kreditunwürdigkeit der Gesellschaft gekannt hat oder hätte kennen könne.[263]

Unterschiedliche Auffassungen gibt es hingegen beim Stehenlassen der Gesellschafterdarlehen. Während die Literatur früher zumindest eine stillschweigende Finanzierungsabrede zwischen dem Gesellschafter und der Gesellschaft für den Eigenkapitalersatz für erforderlich hielt[264], verlangt der BGH, dass der Gesellschafter zum Zeitpunkt des Stehenlassens die Krise gekannt hat oder doch erkennen konnte.[265] Die Literatur hat sich diesen Ausführungen der Rechtsprechung inzwischen weitgehend angeschlossen. Nur so könne der Finanzierungsfolgenverantwortung der Gesellschafter ausreichend Rechnung getragen werden.[266] Diejenigen, die trotzdem noch eine Finanzierungsabrede fordern, begründen dies damit, dass der Gesellschafter beim Stehenlassen von Gesellschafterdarlehen keine rechtsgeschäftliche Entscheidung trifft. Durch das Erfordernis einer Finanzierungsabrede würde der Gesellschafter eine Finanzierungsentscheidung treffen und damit eine rechtsgeschäftliche Erklärung abgeben. Durch die Forderung nach einer positiven Entscheidung des Gesellschafters hat es dieser aber in der Hand, die Folgen des Stehenlassens von Gesellschafterdarlehen in der Krise der Gesellschaft zu umgehen, indem er sich um die Belange und die Finanzsituation der Gesellschaft nicht kümmert und keine Finanzierungsabrede trifft. Deshalb muss die Möglichkeit des Gesellschafters, eine Finanzierungsentscheidung zu treffen, für die Anwendung der Kapitalersatzregeln beim Stehenlassen von Gesellschafterdarlehen genügen. Dem Gesell-

---

[263] BGH, Urt. v. 14.12.1992 – II ZR 298/91, BGHZ 121, 31, 41, NJW 1993, 392, 394; *Baumbach/Hueck/Fastrich*, § 32a GmbHG, Rn. 49; *Hachenburg/Ulmer*, § 32a, b GmbHG, Rn. 56; *Jaeger/Henckel*, § 32 a KO, Rn. 45; *Scholz/K. Schmidt*, §§ 32a, 32b GmbHG, Rn. 44.

[264] *Jaeger/Henckel*, § 32a KO, Rn. 19; *Hachenburg/Ulmer*, § 32a, b GmbHG, Rn. 30ff.; *Scholz/K. Schmidt*, §§ 32a, 32b GmbHG, Rn. 48.

[265] BGH, Urt. v. 7.11.1994 – II ZR 270/93, BGHZ 127, 336, 344ff., NJW 1995, 326, 329; BGH , Urt. v. 28.11.1994 – II ZR 77/93, NJW 1995, 457, 459; BGH, Urt. v. 26.6.2000 – II ZR 370/98, ZIP 2000, 1491, NJW 2000, 3565, BB 2000, 1753, WM 2000, 1695.

[266] Vgl. *Lutter/Hommelhoff*, §§ 32a/b GmbHG, Rn. 47 mwN; aA *Roth/Altmeppen*, § 32a GmbHG, Rn. 42ff., wonach der Kapitalersatzgedanke mit Fahrlässigkeit des Gesellschafters nichts zu tun hat und nur der Eintritt der objektiv zu bestimmenden Krisensituation für die Verstrickung der Kredithilfe relevant sein kann.

schafter muss eine Finanzierungsentscheidung lediglich möglich und zumutbar sein.[267]

Danach wären die subjektiven Voraussetzungen in den Fällen der Darlehensgewährung und des Stehenlassens von Gesellschafterdarlehen differenziert zu beurteilen. Man sollte sich hier jedoch noch einmal den Zweck des Eigenkapitalersatzrechts vergegenwärtigen, nämlich die Finanzierungsfolgenverantwortung durch die Gesellschafter. In Anbetracht dessen ist es nicht gerechtfertigt, die Frage der subjektiven Voraussetzungen unterschiedlich zu beantworten. Schon die Möglichkeit der Entscheidung durch die Gesellschafter rechtfertigt, ihnen auch das Risiko aufzuerlegen. Damit ist es auch bei der Hingabe von Gesellschafterdarlehen an eine kreditunwürdige Gesellschaft für die Anwendung des Kapitalersatzrechts erforderlich, dass der Gesellschafter bei seiner Leistung an die Gesellschaft deren Kreditunwürdigkeit kannte oder hätte erkennen können.[268] Auch bei der Gewährung der Kredithilfe kann der Gesellschafter die ihm von der Rechtsordnung abverlangte Entscheidung nur treffen, wenn er zumindest die Möglichkeit hatte, den Eintritt der Krise der Gesellschaft zu erkennen.[269]

Im Anschluss daran stellt sich die Frage nach der Beurteilung der Möglichkeit des Gesellschafters, die Krise des Unternehmens zu erkennen. Ob der Gesellschafter die Krise der Gesellschaft erkennen konnte, bemisst sich objektiv nach § 276 BGB, falls der Gesellschafter ein Privatmann ist und nach § 43 Abs. 1 GmbHG, falls es sich bei dem Gesellschafter um ein Unternehmen mit kaufmännisch organisiertem Geschäftsbetrieb handelt.[270] Grundsätzlich muss der Gesellschafter von sich aus sicherstellen, dass er laufend zuverlässig über die wirtschaftliche Lage der Gesellschaft informiert ist.[271] Die Gesellschafter haben beispielsweise gemäß § 51a GmbHG bestimmte Auskunfts- und Einsichtsrechte. Grundsätzlich werden dem Gesellschafter daher die wirtschaftlichen Umstände bekannt sein oder hätten ihm zumindest bekannt sein müssen. Ein Ausnahmefall kann nur bei besonderen Umständen vorliegen. Der Gesellschafter muss nachweisen, dass er die wirtschaftliche Situation der Gesellschaft nicht erkennen

---

[267] *MüKo-Stodolkowitz*, § 135 InsO, Rn. 54.

[268] Vgl. *Rowedder/Schmidt-Leithoff/Pentz*, § 32a GmbHG, Rn. 67; *Lutter/Hommelhoff*, §§ 32a/b GmbHG, Rn. 5; *Baumbach/Hueck/Fastrich*, § 32a GmbHG, Rn. 49; *Stodolkowitz*, in: BankR-Hdb., § 84 Rn. 43.

[269] *Habersack*, ZHR 162 (1998), 201, 207.

[270] *Lutter/Hommelhoff*, §§ 32a/b GmbHG, Rn. 48.

[271] BGH, Urt. v. 7.11.1994 – II ZR 270/93, BGHZ 127, 336, 346, NJW 1995, 326, 329.

konnte.[272] Während der BGH dem Gesellschafter die Beweislast auferlegt[273], genügt es nach zutreffender Ansicht, ihm die Darlegungslast zuzuweisen.[274] Von Bedeutung wird hier u. a. sein, in welchem Umfang der Gesellschafter an der Gesellschaft und der Geschäftsführung beteiligt ist.[275]

IV. „Entsperrung"

Die Kapitalersatzfunktion findet jedoch dann ihr Ende, wenn die Gesellschaft ihre Kreditwürdigkeit nachhaltig wiedererlangt und bis zur Rückzahlung keine erneute Kreditunwürdigkeit eingetreten ist.[276] Eines rechtskonstitutiven Freigabeaktes bedarf es in diesem Falle jedoch nicht.[277]

In diesem Zusammenhang ist auch noch die Frage zu untersuchen, ob mit der nachhaltigen Auffüllung des Gesellschaftsvermögens auf die Stammkapitalziffer entsprechend den Regelungen des §§ 30, 31 GmbHG auch die kapitalersetzende Wirkung des Gesellschafterdarlehens entfällt und eine „Entsperrung" eintritt. Der BGH hat in einem neueren Urteil entschieden, dass ein einmal wegen Verstoßes gegen § 30 Abs. 1 GmbHG entstandener Erstattungsanspruch gemäß § 31 Abs. 1 GmbHG nicht automatisch entfällt, wenn das Gesellschaftskapital bis zur Höhe der Stammkapitalziffer nachhaltig wieder hergestellt wird. Diese Feststellungen gelten auch für die kapitalersatzrechtliche Beurteilung. Allein die Tatsache, dass das Stammkapital nach einer Unterdeckung und einer daraus resultierenden Kreditunwürdigkeit wieder aufgefüllt wird, führt somit nicht zu einer Entsperrung der Gesellschaftermittel.[278] Die Wiederherstellung der Kreditwürdigkeit und damit die Beseitigung der Krise ist anhand der oben dargestellten Indizien[279] im Rahmen einer Gesamtwürdigung zu beurteilen.

---

272 BGH, Urt. v. 7.11.1994 – II ZR 270/93, aaO; BGH, Urt. v. 26.6.2000 – II ZR 370/98, aaO.

273 BGH, Urt. v. 7.11.1994 – II ZR 270/93, BGHZH 127, 336, 347, NJW 1995, 326, 329f.; BGH, Urt. v. 15.6.1998 – II ZR 17/97, NJW 1998, 3200, 3201.

274 *MüKo-Stodolkowitz*, § 135 InsO, Rn. 55 mwN.

275 *MüKo-Stodolkowitz*, § 135 InsO, Rn. 55.

276 Vgl. *Scholz/K. Schmidt*, §§ 32a, 32b GmbHG, Rn. 54 mwN.

277 *Hommelhoff/Goette/Kleindiek*, Rn. 19.

278 BGH, Urt. v. 29.5.2000 – II ZR 118/98, BGHZ 144, 336, ZIP 2000, 1251, NJW 2000, 2577 unter Aufgabe von BGH, Urt. v. 11.5.1987 – II ZR 226/86, ZIP 1987, 1113, EWiR 1987, 1099, NJW 1988, 139.

279 Siehe hierzu die Ausführungen unter § 3, I, 3.

V. Geldmittel auf Treuhandkonten

Ein Gesellschafter kann seiner Gesellschaft Darlehensmittel auch durch die Einzahlung der Geldmittel auf ein Treuhandkonto, das zugunsten der Gesellschaft geführt wird, zur Verfügung stellen. Die Gelder auf dem Anderkonto gehören wirtschaftlich der Gesellschaft. Im Ergebnis liegt somit eine Darlehensgewährung eines Gesellschafters an seine Gesellschaft vor.

VI. Abgrenzungen

1. Sanierungskredite

Sanierungskredite sind allgemein solche Kapitalleistungen, die einer Gesellschaft zum Zwecke der Überwindung einer wirtschaftlichen Krise gewährt werden. Häufig wird der darlehensgewährende Gesellschafter mit der Gewährung der Kreditmittel seinen Einfluss auf die Geschäftsführung begründen oder ausbauen wollen, um die Sanierung entsprechend seinen Vorstellungen voranzubringen. Mit der Gewährung von Sanierungskrediten wird deshalb häufig auch ein Anteilserwerb des Kreditgebers an der empfangenden Gesellschaft verbunden sein. Nach die Übernahme einer formalen Gesellschafterstellung grundsätzlich zur der Anwendung der Kapitalersatzregeln führt, wurde daraus die Sanierungsfeindlichkeit des Kapitalersatzrechtes abgeleitet.[280]

Bei Sanierungskrediten ist jedoch nunmehr das Sanierungsprivileg in § 32a Abs. 3 Satz 3 GmbHG zu beachten. Die davon erfassten Kredite fallen nicht unter § 264 InsO.[281] Voraussetzung der Privilegierung ist, dass die Geschäftsanteile zur Überwindung der Krise der Gesellschaft erworben werden. Dabei ist ein objektiver Sorgfaltsmaßstab anzulegen und nicht eine subjektive Sanierungsabsicht. Ein Erfolg versprechender Sanierungsversuch liegt vor, wenn ein in sich schlüssiges Sanierungskonzept gegeben ist, das von den erkennbaren tatsächlichen Gegebenheiten ausgeht und eine begründete Aussicht auf Erfolg bietet.[282] Dabei ist die Sicht eines unvoreingenommenen, branchenkundigen Fachmanns, dem die vorgeschriebenen oder üblichen Buchhaltungsunterlagen vorliegen, ent-

---

[280] *Lutter/Hommelhoff*, §§ 32a/b GmbHG, Rn. 79; *Karsten Schmidt*, in: Karsten Schmidt/Uhlenbruck, Rn. 89.

[281] *MüKo-Stodolkowitz*, § 135 InsO, Rn. 22; *Obermüller*, ZInsO 1998, 51, 54; *Hirte*, ZInsO 1998, 147, 151.

[282] Vgl. *Lutter/Hommelhoff*, §§ 32a/b GmbHG, Rn. 84; *Pentz*, GmbHR 1999, 437, 449f.

scheidend.[283] Von besonderer Bedeutung ist in diesem Zusammenhang, dass unter den Voraussetzungen des § 32a Abs. 3 Satz 3 GmbHG nicht nur neue Darlehensgewährungen, sondern auch etwaige Altkredite des Gesellschafters nicht mehr als Eigenkapital umqualifiziert werden. Eine bereits zum Zeitpunkt der Sanierungshilfe eingetretene Umqualifizierung von Altkrediten bleibt jedoch bestehen. Sobald allerdings die Krise der Gesellschaft überwunden ist, entfällt die Privilegierung der dazu gegeben Sanierungskredite.[284] Der Sanierungsgesellschafter muss deshalb unter Umständen eine Veräußerung seiner in der Krise erworbenen Anteile oder eine Rückführung seiner Kredite erwägen, um das Risiko einer Umqualifizierung seiner Kredite in einer neuerlichen Krise zu vermeiden.[285]

Eine andere Form des Sanierungskredits liegt vor, wenn die Gesellschafter bei drohender Insolvenz der Gesellschaft aufgrund eines Sanierungsplanes Fremdkapital gewähren. Diese Darlehen sind ausnahmsweise als Fremdkapital privilegiert.[286]

Zu den Sanierungskrediten zählen grundsätzlich auch die Finanzierungen eines Gesellschafters, der bereits bei der Gewährung an einen möglichen Kriseneintritt der Gesellschaft denkt und die Leistung von vornherein als Krisenfinanzierung ansieht. Von kapitalersatzrechtlicher Bedeutung ist die von Anfang an zumindest auch auf eine Krisenfinanzierung angelegte Gesellschafterfinanzierung bei einem späteren Eintritt der Krise. Die Grundsätze und Voraussetzungen des Stehenlassens spielen dann keine Rolle mehr. Die Darlehen, die auch im Hinblick auf eine spätere Krise gewährt werden, sind mit Eintritt der Krise automatisch wie Eigenkapital gebunden. Diese Fallgruppe zählt jedoch nicht zu den Gesellschaftermitteln, die in der Krise der Gesellschaft gewährt oder stehen gelassenen wurden und gemäß § 32a Abs. 1 GmbHG den Kapitalersatzregeln unterworfen werden. Die Einordnung dieser auf die künftige Krisenfinanzierung angelegten Darlehen ist streitig. Nach überwiegender Meinung in der Literatur sind die von vornherein auf Krisenfinanzierung angelegte Finanzierungsleistungen nichts anderes als Finanzplankredite; mit eigenkapitalersetzenden Darlehen i. S. v. §§ 32a, b GmbHG, §§ 129a, 172a HGB haben sie nichts gemein.[287] Auf die späteren Ausführungen hierzu wird verwiesen.

---

[283] *MüKo-Stodolkowitz*, § 135 InsO, Rn. 24.

[284] Vgl. *MüKo-Stodolkowitz*, § 135 InsO, Rn. 26; *Haas*, DZWIR 1999, 177, 180f.

[285] *Dörrie*, ZIP 1999, 12, 16.

[286] *Lutter/Hommelhoff*, §§ 32a/b GmbHG, Rn. 35.

[287] *Habersack*, ZHR 161 (1997), 457, 466; *Fleischer*, S. 300f.

2. Überbrückungskredite

Die Darlehensgewährung zur Überbrückung eines kurzfristigen und nur vorübergehenden Finanzbedarfs führt nicht zwingend zu einer Umqualifizierung der gewährten Gesellschafterleistung.

Bei der Finanzierung über Gesellschaftermittel ist die konkrete finanzielle Situation der Gesellschaft deshalb stets genau zu betrachten. Werden etwa Gesellschafterdarlehen zur kurzfristigen Überbrückung eines Liquiditätsengpasses eingebracht, kommt es darauf an, ob im Zeitpunkt der Kreditvergabe eine realistische Aussicht besteht, den Kredit planmäßig wieder abzulösen.[288] Besteht eine solche Aussicht, dann gehört ein solcher Überbrückungskredit nicht zu den eigenkapitalersetzenden Gesellschafterdarlehen. Besteht allerdings aufgrund der Kreditunwürdigkeit der Gesellschaft keine Aussicht auf baldige Rückzahlung, dann handelt es sich um ein umzuqualifizierendes Verschleppungsdarlehen.[289]

In der Praxis bedürfen vor allem die von einem Gesellschafter gewährten Kontokorrentkredite der Überprüfung, ob diese lediglich der kurzfristigen Überbrückung von Liquiditätsengpässen dienen.

Ein kurzfristiger Finanzbedarf kann jedoch nur angenommen werden, wenn alsbald mit einer Rückzahlung zur rechnen ist. Maßgebliche Beurteilungskriterien können die Drei-Wochenfrist des § 64 Abs. 1 Satz 1 GmbHG sein oder eine bereits manifestierte Unterbilanz, die eine baldige Rückzahlung ausschließen wird.[290] Anderer Ansicht zufolge kann ein eigenkapitalersatzrechtlich nicht relevanter Überbrückungskredit nur angenommen werden, wenn ein realistischer Finanzplan zur baldigen Rückzahlung aufgestellt werden kann.[291]

3. Finanzplankredite

a) Bedeutung

Finanzplankredite sind Gesellschaftermittel, die der Gesellschaft im Rahmen eines Unternehmens- und Finanzierungsplanes zur Verfügung gestellt werden.

---

[288] Vgl. OLG Düsseldorf, Urt. v. 2.3.1989 – 12 U 74/88, ZIP 1989, 586, 588; BGH, Urt. v. 28.11.1994 – II ZR 77/93, ZIP 1995, 23, 24, NJW 1995, 457, 458, GmbHR 1995, 35, 36.

[289] *Lutter/Hommelhoff*, §§ 32a/b GmbHG, Rn. 34.

[290] Vgl. *Bormann*, ZInsO 2001, 308, 309.

[291] Vgl. *Hachenburg/Ulmer*, § 32a/b GmbHG, Rn. 54.

Zu den Finanzplankrediten zählen insbesondere solche Gesellschafterleistungen, die während einer bestehenden oder bevorstehenden Krise der Gesellschaft versprochen, aber der Gesellschaft noch nicht tatsächlich gewährt worden sind.[292] Die Finanzverfassung der Gesellschaft wird durch ein solches Darlehensversprechen entscheidend geprägt. Finanzplankredite sind dabei weder Einlagen, noch wird man ihnen einen reinen Fremdkapitalcharakter zusprechen können. Finanzplankredite in der Form von krisenrelevanten Darlehenszusagen sind als eigenkapitalähnliche Leistungen zu qualifizieren.

Finanzplanleistungen liegen darüber hinaus auch vor, wenn bestimmte Gesellschafterkredite tatsächlich gewährt oder versprochen worden sind, ohne dass eine Krise der Gesellschaft vorliegt, aber die Gewährung insbesondere im Hinblick auf einen möglichen, aber momentan noch gar nicht absehbaren Kriseneintritt erfolgt. Die Kredite diese Fallgruppe werden meist als Krisendarlehen bezeichnet.[293] Ein Indiz für diese Art der Finanzierung ist beispielsweise der Ausschluss des Kündigungsrechtes gemäß § 490 Abs. 1 BGB.[294] Die Rechtsprechung des Bundesgerichtshofes argumentiert bei dieser Fallgruppe aufgrund der bereits ausgezahlten Darlehensleistung mit der Nähe zum Kapitalersatzrecht. Der BGH nimmt jedoch an, dass die Darlehensverpflichtung im Hinblick auf eine zukünftige Krise bereits eine für die eigenkapitalähnliche Bindung maßgebliche Finanzierungsentscheidung beinhaltet und mit dem tatsächlichen Eintritt der Krise eine automatische Umqualifizierung erfolgt.[295] Bei den sich nach beiden Ansichten ergebenden Rechtsfolgen dürften grundsätzlich keine Unterschiede bestehen. Dennoch soll hier eine konkrete Einordnung vorgenommen werden. Aus Gründen der Gleichbehandlung und der Rechtssicherheit darf es für die Annahme von Finanzplanleistungen nicht darauf ankommen, ob die Leistungen schon ausbezahlt sind oder nicht. Entscheidend ist die Darlehensverpflichtung mit Bezug zu einer bestehenden, bevorstehenden oder zukünftigen Krise. Auch die Krisendarlehen gehören somit zu den Finanzplankrediten.

Zu den Finanzplankrediten gehören auch solche Gesellschaftermittel, die der Gesellschaft im Gründungsstadium – beispielsweise in Fällen der Betriebsaufspaltung – oder zum Zweck der Ausweitung der Unternehmenstätigkeit zur Verfügung gestellt werden.[296]

---

[292] *v. Gerkan/Hommelhoff/Hommelhoff*, Rn. 1.27.

[293] Vgl. *Habersack*, ZHR 161 (1997), 457, 465f.; *Fleischer*, S. 300f.

[294] Vgl. BGH, Urt. v. 9.3.1992 – II ZR 168/91, ZIP 1992, 616, 617, NJW 1992, 1763, 1764.

[295] Vgl. BGH, Urt. v. 28.6.1999 – II ZR 272/98, ZIP 1999, 1263, 1264, GmbHR 1999, 911, 912.

[296] *MüKo-Stodolkowitz*, § 135 InsO, Rn. 42.

Die Zusage von einlagegleichen Leistungen ist von einer reinen Liquiditätszusage abzugrenzen. Bei einer Liquiditätszusage verspricht ein Gesellschafter der Gesellschaft, künftig für deren hinreichende Liquidität zu sorgen.[297] Wird aufgrund einer solchen Zusage eine Leistung erbracht, dann fällt diese unter die Regeln für eigenkapitalersetzenden Gesellschafterdarlehen.[298]

b) Streitige Behandlung

aa) Finanzplankredite unterliegen den Regeln des Kapitalersatzrechts

Nach einer weit verbreiteten Meinung bilden die Finanzplankredite eine selbständige Kategorie des Kapitalersatzrechts. Begründet wird dies damit, dass Finanzplankredite zur Ausweitung der Unternehmenstätigkeit zur Verfügung gestellt werden. Werden solche Kredite nicht gewährt, dann kann sich eine Gesellschaft nicht entsprechend ihrem Unternehmenszweck betätigen. Die Nichterreichung des Gesellschaftszwecks ist ein Anwendungsfall des Kapitalersatzrechts.[299] Finanzplanleistungen werden zumeist zu den einlagen-gleichen Leistungen gezählt und somit dem Kapitalersatzrecht über § 32a Abs. 3 Satz 1 GmbHG unterworfen. Man spricht in diesem Zusammenhang auch von „Risikodarlehen“ oder „Quasikapital“.[300]

Die Finanzplankredite werden ebenso an den Regeln des Kapitalersatzrechts gemessen. Das allgemeine Tatbestandsmerkmal der Kreditunwürdigkeit ist auch für diese Art von Gesellschafterleistungen maßgebend und ausreichend.[301]

bb) Finanzplankredite unterliegen eigenen Regeln

Der BGH hat in seiner Rechtsprechung zu den Krisenfinanzierungskrediten zunächst vertreten, dass es sich hierbei um kapitalersetzende Leistungen kraft Vereinbarung handelt.[302] Diese Rechtsprechung hat der Bundesgerichtshof durch seine neueren Entscheidungen jedoch zwischenzeitlich abgeändert.

---

297 Vgl. *Wiedemann/Hermanns*, ZIP 1994, 997f.
298 Vgl. *Lutter/Hommelhoff*, §§ 32a/b GmbHG, Rn. 185.
299 *MüKo-Stodolkowitz*, § 135 InsO, Rn. 42.
300 *Lutter/Hommelhoff*, §§ 32a/b GmbHG, Rn. 169.
301 *MüKo-Stodolkowitz*, § 135 InsO, Rn. 52.
302 Vgl. BGH, Urt. v. 8.3.1982 – II ZR 86/81, NJW 1983, 120, 121.

In seiner neueren Rechtsprechung hat der BGH[303], anders als der BFH[304], entschieden, dass der Finanzplankredit nicht nach den Eigenkapitalersatzregeln zu behandeln ist. Der Bundesgerichtshof hat schließlich in seiner Grundsatzentscheidung vom 28.06.1999[305] ausdrücklich klargestellt, dass es eine eigenständige Kategorie der Finanzplankredite gibt, dass es für die Annahme der Eigenkapitalähnlichkeit auf den Willen der Gesellschafter ankommt, der sich in einer entsprechenden Abrede manifestiert haben muss und dass dadurch ein wesentlicher Unterschied zum Kapitalersatzrecht besteht. Für die Verpflichtung zur Einzahlung der versprochenen Darlehensleistungen und dem Verbot der Rückzahlung von Finanzplankrediten komme es nach dem BGH nicht auf die Feststellung der materiellen Unterkapitalisierung an. Entscheidend ist allein der Wille der Parteien.

Abgestellt wird auf den Konsens zwischen Gesellschaft und Gesellschafter, der mit einem bestimmten Leistungszweck verbunden ist. Die Bindung der Finanzplankredite beruht auf der privatautonomen Ausübung der Finanzierungsfreiheit des Gesellschafters.[306] Die Eigenkapitalähnlichkeit ist somit aufgrund der Parteivereinbarung gegeben und muss nicht mehr durch die Anwendung der Kapitalersatzregeln begründet werden. Darüber hinaus führen die Kapitalersatzregeln lediglich zu einem Abzugsverbot von eigenkapitalersetzenden Leistungen. Rechtsfolgen für noch nicht gewährte Finanzplankredite kann das Kapitalersatzrecht überhaupt nicht bieten.

Die einlagegleichen Finanzplanleistungen unterliegen nach dieser Ansicht also einem eigenständigen Rechtsregime. Zwar sind auch diese Leistungen als Fremdkapital in der Bilanz auszuweisen, sie haben aber materiell die Funktion von Eigenkapital. Da es allein auf den Parteiwillen ankommt, muss deshalb jeder Vertrag daraufhin überprüft werden, ob die eigenkapitalrechtliche Bindung bezweckt war. Maßgeblich sind in erster Linie die Vereinbarungen in den gesellschaftsrechtlichen Verträgen und Satzungen; jedoch kommt der Abrede in den schuldrechtlichen Verträgen, beispielsweise den Darlehensverträgen, auch indizielle Bedeutung zu.[307]

Indizien für die eigenkapitalähnliche Funktion von Finanzplanleistungen sind u. a. die Unentbehrlichkeit der Gesellschaftermittel für die Verwirklichung vor-

---

303 BGH, Urt. v. 28.6.1999 – II ZR 272/98, BGHZ 142, 116, 122, NJW 1999, 2809, 2811.
304 BFH, Urt. v. 13.7.1999 – VIII R 31/98, NJW-RR 2000, 249, 250.
305 BGH, Urt. v. 28.6.1999 – II ZR 272/98, BGHZ 142, 116, NJW 1999, 2809.
306 *v. Gerkan/Hommelhoff/Hommelhoff*, Rn. 1.28.
307 Vgl. *v. Gerkan/Hommelhoff/Dauner-Lieb*, Rn. 9.8; *Steinbeck*, ZGR 2000, 503, 514f.

gesehener gesellschaftlicher Ziele, besonders günstige Kreditkonditionen für die Gesellschaft, langfristige Einlageverpflichtung, keine bzw. nur eingeschränkte Kündigungsmöglichkeit, Rückforderungsverzicht für den Insolvenzfall, Rückzahlung des Kredits nur aus den Gewinnen und fehlende Kreditwürdigkeit der Gesellschaft bei Leistungszufuhr oder -verpflichtung.[308] Nachdem der Parteiwillen anhand dieser Indizien festzustellen ist, verbleibt in der Praxis eine große Rechtsunsicherheit bei der Bestimmung, ob ein Finanzplankredit im oben dargestellten Sinn vorliegt. Wünschenswert wäre die Festlegung objektiver Kriterien für die Annahme der Eigenkapitalähnlichkeit durch die Rechtsprechung.

c) Abgrenzungen zum Kapitalersatzrecht

aa) Unterschiede

Nach der zuletzt dargestellten Ansicht des Bundesgerichtshofes, wonach Finanzplankredite eigenen Regeln unterliegen, bestehen auch konkrete Unterschiede zwischen einlagengleichen Finanzplankrediten und eigenkapitalersetzenden Gesellschafterdarlehen, die im Folgenden dargestellt werden:[309]

(1) Beim Finanzplankredit tritt die eigenkapitalersatzrechtliche Bindung aufgrund des Konsenses zwischen Gesellschaft und Gesellschafter automatisch mit Einritt der Krise ein. Beim eigenkapitalersetzenden Darlehen hingegen hat der Gesellschafter bei Einritt der Krise noch die Wahl, ob er die Darlehensmittel stehen lässt und damit der eigenkapitalersatzrechtlichen Verstrickung unterwirft oder ob er die Rückzahlung fordert.

(2) Eine Verpflichtung zur Leistung von Finanzplankrediten muss auch noch bei Eintritt der Krise der Gesellschaft erfüllt werden. Hingegen kann eine sonstige Darlehenszusage des Gesellschafters bei Kriseneintritt widerrufen werden.

(3) Für die einlagengleichen Leistungen gelten nicht die zeitlichen und summenmäßigen Begrenzungen der Eigenkapitalersatzregeln.

---

[308] Vgl. BGH, Urt. v. 21.3.1988 – II ZR 238/87, ZIP 1988, 638, 641 mwN; *Lutter/Hommelhoff*, §§ 32a/b GmbHG, Rn. 176ff. mwN; *Steinbeck*, ZGR 2000, 503, 513.

[309] Zum Ganzen: *Lutter/Hommelhoff*, §§ 32a/b GmbHG, Rn. 172.

(4) Eine Mithaftung der Gesellschafter entsprechend § 31 Abs. 3 GmbHG kommt nur in Betracht, wenn sie am Konsens bei der Gewährung der Leistung beteiligt waren oder diesen zumindest billigend in Kauf genommen haben.

bb) Anwendung des § 32a Abs. 3 Satz 2 und Satz 3 GmbHG

Da die einlagegleichen Leistungen – entsprechend der herrschenden Meinung in der Rechtsprechung – grundsätzlich nicht den Regeln des Kapitalersatzrechts unterliegen, ist fraglich, ob der Rechtsgedanke der einschränkenden Regelungen des § 32a Abs. 3 Satz 2 und Satz 3 GmbHG dennoch zur Anwendung kommt. Eine unmittelbare Anwendung der Vorschriften bei Finanzplanleistungen scheidet aufgrund der Differenzierung zwischen eigenkapitalähnlichen Leistungen und eigenkapitalersetzenden Leistungen aus. Ob eine analoge Anwendung hier möglich und gerechtfertigt ist, ist streitig. Hierzu werden unterschiedliche Ansichten vertreten.

Aufgrund vorstehender Ausführungen ist mit der herrschenden Meinung in der Rechtsprechung davon auszugehen, dass die Finanzplankredite nicht an den Kapitalersatzregeln zu messen sind. Danach wäre es nur konsequent, wenn auch die Vorschriften, die die Anwendung der Kapitalersatzregeln einschränken, nicht zur Anwendung kämen.

§ 32a Abs. 3 Satz 2 GmbHG kann nach der überwiegenden Ansicht in der Literatur die Folgen der Gewährung von einlagegleichen Leistungen nicht einschränken.[310] Auch ein Kleingesellschafter wird durch den Konsens gebunden und er kann sich nicht auf eine mangelnde Einflussnahmemöglichkeit berufen. Durch die Verpflichtung zur Gewährung eines Finanzplanes trifft der Gesellschafter eine seinem Willen entsprechende privatautonome Finanzierungsentscheidung, an die er gebunden ist. Nach anderer Ansicht müsse die Privilegierung auch bei Finanzplankrediten zumindest analog zur Anwendung kommen.[311]

Um den Sinn des Sanierungsanreizes des § 32a Abs. 3 Satz 3 GmbHG nicht zu gefährden, dürfen nach einer Ansicht in der Literatur die Regeln der Finanz-

---

310 Vgl. *Habersack*, ZGR 2000, 384, 412; *Sieger/Aleth*, GmbHR 2000, 462, 468; *Lutter/Hommelhoff*, §§ 32a/b GmbHG, Rn. 180; *Baumbach/Hueck/Fastrich*, § 32a GmbHG, Rn. 46b mwN.

311 Vgl. *Bieder*, WM 2000, 2533, 2537f.

plankredite in den von § 32a Abs. 3 Satz 3 GmbHG geregelten Fällen nicht angewendet werden.[312] Nach anderer Ansicht wird die Anwendung des Sanierungsprivileges bei Finanzplankrediten ausgeschlossen.[313]

Um die Richtungsvorgabe der Rechtsprechung konsequent umzusetzen, ist allein auf den Parteiwillen abzustellen und die Sondervorschriften des Eigenkapitalersatzrechtes in den § 32a Abs. 3 Satz 2 und 3 GmbHG nicht anzuwenden. Die einschränkenden Regelungen des § 32a Abs. 3 Satz 2 und 3 GmbHG sind als Ausnahmevorschriften auf kapitalersetzende Leistungen bezogen. Es ist dort ausdrücklich von den Regeln des Eigenkapitalersatz die Rede. Eine Anwendung auf Finanzplankredite verbietet sich also auch deshalb. Nur soweit auf Finanzplankredite auch die Eigenkapitalersatzregeln angewendet werden, können die Ausnahmevorschriften greifen. Die Anwendung der Sätze 2 und 3 des § 32a Abs. 3 GmbHG ist also im Einzelfall danach zu bestimmen, ob die Kapitalersatzregeln zur Anwendung kommen oder die rechtsgeschäftliche Vereinbarung ihre Wirkung entfaltet.

d) Allgemeine Rechtsfolgen

Eine Folge der Eigenkapitalähnlichkeit ist, dass der Gesellschafter versprochene Leistungen in die Gesellschaft zu erbringen hat und ihm auch nach Eintritt der Krise kein außerordentliches Kündigungsrecht gemäß § 490 Abs. 1 BGB zusteht. Der Gesellschafter muss deshalb den Finanzplankredit vereinbarungsgemäß an die Gesellschaft erbringen.

Für bereits ausgezahlte Finanzplankredite oder sonstige Finanzplanleistungen des Gesellschafters bestehen aufgrund der Eigenkapitalähnlichkeit bestimmte Rückforderungssperren. Auf die Merkmale des Eigenkapitalersatzrechtes „Krise", „Stehenlassen", „Finanzierungsentscheidung", etc. kommt es jedoch nicht an. Der Finanzplankredit ist ab Eintritt der Krise bestimmungsgemäß eigenkapitalersetzend.[314] Wenn in Ermangelung eines Kündigungsrechts bei Eintritt der Krise keine Möglichkeit zum Abzug der Mittel besteht, dann kann von einem Stehenlassen der Mittel und damit von einer Finanzierungsentscheidung nicht gesprochen werden.[315] Entscheidend für die Annahme der Eigenkapitalähnlichkeit ist nach der oben dargestellten Rechtsprechung allein die Parteivereinbarung. Allein dadurch wird die Verpflichtung zur Auszahlung oder das Verbot

---

312 Vgl. *Lutter/Hommelhoff*, §§ 32a/b GmbHG, Rn. 180; *Bieder*, WM 2000, 2533, 2538.

313 Vgl. *Habersack*, ZGR 2000, 384, 412; *Sieger/Aleth*, GmbHR 2000, 462, 468f.

314 *Noack in: Kübler/Prütting, GesR*, Rn. 203.

315 *Habersack*, ZHR 161 (1997), 457, 483.

einer Rückzahlung statuiert. Eine weitere Finanzierungsentscheidung ist für die Annahme der eigenkapitalähnlichen Bindung nicht erforderlich. Der BGH setzt sich in seiner Entscheidung vom 28.6.1999 insofern in einen Widerspruch, wenn er aufgrund von Stehenlassens der Gesellschafterleistungen in der Krise der Gesellschaft zusätzlich die Kapitalersatzregeln für anwendbar erklärt.

e) Finanzplanleistungen in der Insolvenz

aa) Einzahlungsgebot

Auch in der Insolvenz der Gesellschaft besteht die Verpflichtung zur Leistung von Finanzplanmittel fort. Wurden die Gesellschafterleistungen bisher lediglich versprochen, aber noch nicht erbracht, dann muss der Gesellschafter in der Krise der Gesellschaft oder in ihrer Insolvenz diese versprochenen Mittel gewähren, soweit diese Leistung benötigt wird, um die Gesellschaftsgläubiger zu befriedigen.[316] Der Insolvenzverwalter kann ein bereits zugesagtes, aber noch nicht einbezahltes Risikodarlehen einfordern, soweit die Gesellschafterleistung benötigt wird, um die vorrangigen Gesellschaftsgläubiger zu befriedigen.[317]

Bei Aufstellung dieses Grundsatzes ist jedoch zu beachten, dass nach der oben dargestellten Rechtsprechung des Bundesgerichtshofes für die Feststellung der Eigenkapitalähnlichkeit der übereinstimmende Wille in den Parteivereinbarungen maßgeblich ist. Darin kann ausdrücklich oder konkludent ein Vorbehalt bei Eintritt der Krise oder Insolvenz der Gesellschaft vereinbart sein, wonach die Eigenkapitalähnlichkeit aufgehoben wird und noch nicht gewährte Finanzplanmittel folglich nicht mehr gewährt werden müssen. Fraglich ist, ob ein solcher Vorbehalt wirksam ist:

Eine Ansicht in der Literatur[318] lehnt sich diesbezüglich an die Ausführungen der Rechtsprechung zur privatautonomen Bestimmung der Eigenkapitalähnlichkeit an. Danach entspricht ein konkludenter Vorbehalt für den Insolvenzfall der allgemeinen Lebenserfahrung. Anhaltspunkte für einen gegenteiligen Willen der Parteien hätte der Insolvenzverwalter darzulegen und zu beweisen. Ist beispielsweise ein Rangrücktritt für den Insolvenzfall vereinbart, so wollten die

---

[316] *v. Gerkan/Hommelhoff/Hommelhoff*, Rn. 1.28.

[317] Vgl. *Lutter/Hommelhoff*, §§ 32a/b GmbHG, Rn. 183 mwN; *Stodolkowitz*, in: BankR-Hdb., § 84 Rn. 42.

[318] Vgl. *v. Gerkan/Hommelhoff/Dauner-Lieb*, Rn. 9.11a; *Altmeppen*, in: FS Sigle, 211, 217f.; *Karsten Schmidt*, ZIP 1999, 1241, 1250.

Gesellschafter auch im Insolvenzfall nicht zurücktreten. Nach dieser Literaturmeinung kann jedenfalls durch einen ausdrücklichen Zusatz klargestellt werden, dass für den Fall der Eröffnung eines Insolvenzverfahrens keine weiteren Kredite mehr auszuzahlen sind. Anderer Ansicht zufolge ist eine Freistellung der Mittel für den Fall des Insolvenzeintritts nicht wirksam.[319]

Eine auflösende Bedingung für den Insolvenzfall kann darüber hinaus auch insolvenzrechtlich anfechtbar sein, insbesondere gemäß § 133 Abs. 1 InsO als vorsätzliche Benachteiligung der Insolvenzgläubiger.

bb) Rückzahlungsverbot

Die Einzahlung der Finanzplanleistungen erfolgt aufgrund der privatautonomen Ausübung der Finanzierungsfreiheit. Der Darlehensgeber bzw. der Darlehensversprechende ist aufgrund seiner Vereinbarung mit der Gesellschaft bzw. den Gesellschaftern nach Eintritt der Gesellschaftskrise oder der Insolvenz gebunden. Gesellschafterleistungen sind dann grundsätzlich nicht mehr rückholbar.[320]

Im Insolvenzfall ist deshalb zu prüfen, ob innerhalb des letzten Jahres seit Insolvenzantragstellung ein vorher bestehender Konsens über die Gewährung eines Finanzplankredits rückgängig gemacht wurde. Eine Rückleistung der ursprünglich als Finanzplanmittel eingezahlten Gelder wäre dann entsprechend § 135 InsO anfechtbar und die Gelder entsprechend § 143 InsO zur Insolvenzmasse zurückzugewähren. Bedarf es des zusätzlichen Schutzes über die Kapitalersatzregeln nicht, dann sind die Rückzahlungen aufgrund der Eigenkapitalähnlichkeit an § 31 GmbHG zu messen.

Bei der Eröffnung des Insolvenzverfahrens ist schließlich auch noch die Bestimmung des Ranges der Rückforderungsansprüche der Finanzplanmittelgeber problematisch. Bei Anwendung der Eigenkapitalersatzregeln wird gemäß § 39 Abs. 1 Nr. 5 InsO die Forderung als nachrangige Insolvenzforderung eingestuft. Kann das Verbot einer Rückzahlung auf die Eigenkapitalähnlichkeit der Finanzplanmittel gestützt werden, dann besteht keine Nachrangigkeit mehr, sondern die Mittel sind wie echtes Eigenkapital zu behandeln.

Darüber hinaus ist bei Aufhebung der Finanzplanverpflichtungen im Vorfeld der Insolvenzantragstellung vom Insolvenzverwalter zu prüfen, ob die Aufhebungs-

---

319 Vgl. *Lutter/Hommelhoff*, §§ 32a/b GmbHG, Rn. 171 mwN auch zu anderen Ansichten.

320 *v. Gerkan/Hommelhoff/Hommelhoff*, Rn. 1.28.

vereinbarung gemäß §§ 129ff. InsO, insbesondere gemäß § 131 InsO, angefochten werden kann.

f) Aufhebung der Finanzplanwirkung

Wurde die Erbringung von Finanzplanleistungen in der Satzung oder in einer schuldrechtlichen Vereinbarung zugesagt, und ist mit der Rechtsprechung des Bundesgerichtshofes aufgrund der Parteiautonomie der Wille der Parteien und damit ausschließlich die Parteivereinbarung maßgeblich, so ist zu diskutieren, ob die Finanzplanverpflichtungen auch wieder einvernehmlich aufgehoben werden können.

Grundsätzlich gilt, dass Verpflichtungen in der Satzung durch Aufhebungsregelungen in der Satzung und Verpflichtungen in einer schuldrechtlichen Vereinbarung durch eine schuldrechtliche Aufhebungsvereinbarung aufgehoben werden können. Bei Finanzplanverpflichtungen sind nach der Rechtsprechung des Bundesgerichtshofes alleine die Bestimmungen in der Satzung entscheidend. Satzungsregelungen können nur durch entsprechende neue Satzungsregelungen aufgehoben werden. Schuldvertragliche Verpflichtungen haben nur indizielle Bedeutung.[321] Bestehen jedoch nur schuldvertragliche Finanzplanverpflichtungen, so bedarf es zur Aufhebung dieser Verpflichtung der Zustimmung aller Gesellschafter.[322] Die Mitwirkungsverpflichtung aller Gesellschafter ist aufgrund der Änderungen in der Haftungsverfassung der Gesellschaft durch die Aufhebung der Finanzplanverpflichtungen zu befürworten.

Die Aufhebungsmöglichkeiten hängen jedoch davon ab, ob die Krise der Gesellschaft absehbar bzw. schon eingetreten ist oder noch keine Anhaltspunkte für den Eintritt der Krise vorliegen.

aa) Vor Eintritt der Krise

Streitig ist die Frage, ob ein gewährter Finanzplankredit zu einem Zeitpunkt an den Gesellschafter zurückgezahlt werden darf, in dem eine Krise noch nicht eingetreten oder absehbar ist, wenn eine entsprechende Parteivereinbarung hierzu vorliegt:

---

[321] Vgl. BGH, Urt. v. 28.6.1999 – II ZR 272/98, BGHZ 142, 116, 123ff., ZIP 1999, 1263ff., NJW 1999, 2809ff.

[322] Vgl. *Goette*, DStR 1999, 1201f.

Die Rechtsprechung und das überwiegende Schrifttum vertreten hier die Meinung, dass eine Rückzahlung der Gesellschafterleistungen jedenfalls dann erlaubt ist, wenn sämtliche Parteien des Kreditvertrages einverstanden sind.[323] Unterwirft man die Finanzplanleistungen einem eigenständigen Rechtsregime, ist davon auszugehen, dass die Rückzahlung des Kredits bei Einverständnis der Parteien des Kreditvertrages möglich ist. Die Rechtsprechung stellt dabei auf § 19 Abs. 2, 3 GmbHG ab.[324]

Die Rückzahlung ist hingegen anders zu beurteilen, wenn man den Finanzplankredit den Regeln des Eigenkapitalersatzrechtes unterstellt. Dann sind die Finanzplanleistungen der Gesellschafter an den Auszahlungssperren des § 30 Abs. 1 und Abs. 2 GmbHG zu messen. Danach darf ein Finanzplankredit erst zurückgezahlt werden, wenn die Gesellschaft nach den Regeln der Kapitalerhaltung nicht mehr darauf angewiesen ist.[325] Verbotene Rückzahlungen sind dementsprechend gemäß § 31 GmbHG zu erstatten.

Die Kapitalersatzregeln kommen jedoch erst mit Eintritt der wirtschaftlichen Krise des Unternehmens zur Anwendung. Die Aufhebbarkeit von Finanzplanverpflichtungen wird vor Eintritt der wirtschaftlichen Krise des Unternehmens durch den Sinn und Zweck der Kapitalersatzregeln nicht beeinträchtigt. Die Probleme zum Nebeneinander bzw. zu den Überschneidungen zwischen den Finanzplangrundsätzen und den Kapitalersatzregeln werden erst bei der Aufhebung von Verpflichtungen nach Eintritt der Krise relevant. Ausführlich wird dazu im folgenden Gliederungspunkt eingegangen.

bb) Nach Eintritt der Krise

Streit besteht außerdem hinsichtlich der Frage, ob die Verpflichtung aus dem Versprechen zur Leistung eines Finanzplankredites auch noch nach Eintritt der wirtschaftlichen Krise des Unternehmens einvernehmlich aufgehoben werden kann. Das Problem besteht bei dieser Fallvariante darin, dass nach Eintritt der Krise die Kapitalersatzregeln für Gesellschafterleistungen grundsätzlich Bedeutung erlangen. Folgende Meinungen werden hierzu vertreten:

---

[323] Vgl. BGH, Urt. v. 28.6.1999 – II ZR 272/98, ZIP 1999, 1263, 1264: *Bieder*, WM 2000, 2533, 2534; *Sieger/Aleth*, GmbHR 2000, 462, 470f.; *von Gerkan*, ZGR 1997, 173, 194; *Gehde*, S. 115f.

[324] Vgl. BGH, Urt. v. 28.6.1999 – II ZR 272/98, aaO.

[325] *v. Gerkan/Hommelhoff/Hommelhoff*, Rn. 1.29 mwN.

Eine einvernehmliche Aufhebung der Finanzplanverpflichtungen ist nach Meinung der Rechtsprechung und der herrschenden Literatur nach Eintritt der wirtschaftlichen Krise ausgeschlossen.[326] Damit soll vermieden werden, dass bei grundsätzlicher Anwendbarkeit der Kapitalersatzregeln durch die Aufhebung der Finanzplanverpflichtungen der Gläubigerschutz ausgehebelt wird. Der Bundesgerichtshof wendet dabei die Regelungen des § 58 GmbHG entsprechend an. Nach der Rechtsprechung ist hier die Vorschrift des § 19 Abs. 2, 3 GmbHG maßgeblich. Die Literatur knüpft hingegen zur Begründung der eingeschränkten Aufhebbarkeit der Finanzplanzusagen mit Eintritt der Krise an § 30 GmbHG an. Auf versprochene Einlagenverpflichtungen kann nicht verzichtet werden, wenn der Verzicht eine materielle Unterkapitalisierung verursacht oder sogar vertieft. *Habersack*[327] stellt auf die Eigenkapitalähnlichkeit ab. Er knüpft jedoch nicht, wie die Rechtsprechung des BGH, an die §§ 19 Abs. 2 und Abs. 3, 58 GmbHG an, sondern an die Vorschriften der §§ 26ff. GmbHG i. V. m. § 30 Abs. 1 GmbHG. Der Erlass von Nachschusskapitalverpflichtungen darf nicht zu einer Unterbilanz führen. Dies hat auch für den Erlass von Finanzplanverpflichtungen zu gelten.

Ganz anders argumentieren hingegen einige Vertreter in der Literatur. Sie meinen, eine einvernehmliche Parteivereinbarung könne jederzeit einvernehmlich wieder aufgehoben werden. Abzustellen sei auf das Prinzip der Vertragsfreiheit, das es den Parteien erlaubt, das von ihnen begründete Schuldverhältnis im Konsens inhaltlich zu modifizieren oder es (teilweise) aufzuheben.[328] Der Eintritt der Krise oder sogar der Insolvenz lasse die parteiautonome Regelungsbefugnis unberührt.[329] *Dauner-Lieb* geht im Sinne dieser Ansicht davon aus, dass die unaufhebbare Verpflichtung zur Überlassung privatautonom gewidmeten Haftkapitals einen sorgfältig zu begründenden Sonderfall darstellt.[330]

Für ein Nebeneinander der Finanzplangrundsätze und der Kapitalersatzregeln nach Eintritt der Krise spricht, dass nur so ein umfassender Gläubigerschutz gewährleistet werden kann. Könnten die Parteien durch eine einvernehmliche Aufhebung der Finanzplanwirkungen die Rückzahlung von eigenkapital-ähnlichen

---

326 Vgl. BGH, Urt. v. 28.6.1999 – II ZR 272/98, BGHZ 142, 116, 121, ZIP 1999, 1263, 1264; *Habersack*, ZHR 161 (1997), 457, 479; *Steinbeck*, ZGR 2000, 503, 515ff.

327 *Habersack*, ZGR 2000, 384, 415ff.;

328 *Bieder*, WM 2000, 2533, 2534.

329 Siehe ausführlich zur Unanwendbarkeit der Rechtsgedanken des § 58 GmbHG bzw. § 30 GmbHG *Altmeppen*, NJW 1999, 2812, 2813, *ders.*, in: FS Sigle, 211, 214f.; *Bieder*, WM 2000, 2533, 2535f.; vergleiche auch *Steinbeck*, ZGR 2000, 503, 515ff.;

330 *v. Gerkan/Hommelhoff/Dauner-Lieb*, Rn. 9.16d.

Leistungen trotz formeller Unterkapitalisierung erreichen, so würden damit die Kapitalersatzregeln umgangen. Ist nach den Eigenkapitalersatzregeln bereits eine Verstrickung der Gesellschafterleistung erfolgt, so dürfen diese Wirkungen zum Schutz der Gläubiger nicht durch Parteivereinbarung wieder beseitigt werden.[331]

Es ist deshalb mit *Karsten Schmidt*[332] davon auszugehen, dass für ein Gesellschafterdarlehen verschiedene Bindungen zu beachten sind, die sich zum Teil auch überlagern können. Sobald über die Regeln des Kapitalersatzrechts eine eigenkapitalersetzende Umqualifizierung eingetreten ist, kann diese nicht mehr durch eine einvernehmliche Parteivereinbarung aufgehoben werden. Sobald die Krise eintritt und die Finanzplanmittel ihre Wirkungen entfalten können, dürfen die einlagengleichen Leistungen nicht mehr entzogen oder vorenthalten werden. Die Finanzplankredite unterliegen einer doppelten Bindung, nämlich der gewillkürten und der gesetzlichen.[333]

4. Finanzhilfen des Gesellschafters bei Unternehmenskauf

Die Kapitalersatzregeln sind entsprechend der Rechtsprechung des BGH auch bei Finanzhilfen des Gesellschafters an die erwerbende Gesellschaft bei einem Unternehmenskauf anwendbar. Sind an einem Unternehmenskauf auf der Veräußerer- und der Erwerberseite dieselben Personen beteiligt, so kann eine Hilfe, die ein Gesellschafter der werbenden GmbH in diesem Zusammenhang gewährt, als eigenkapitalersetzende Leistung zu behandeln sein. Dabei können sowohl die Stundung des Kaufpreises als auch weitere Gesellschafterleistungen, wie die Gebrauchsüberlassung eines Betriebsgrundstücks, eigenkapitalersetzend sein.[334]

In dem Fall einer Gesellschafteridentität auf Erwerber- und Veräußererseite sind die Kapitalersatzregeln auch aufgrund der Anwendung bei verbundenen Unternehmen über § 32a Abs. 3 Satz 1 GmbHG maßgeblich.[335]

---

331 Vgl. *Altmeppen*, in: FS Sigle, 211, 213; *Bieder*, WM 2000, 2533, 2534f.

332 Scholz/*Karsten Schmidt*, §§ 32a, 32b GmbHG, Rn. 96; *Karsten Schmidt*, ZIP 1999, 1241, 1242f.

333 *Karsten Schmidt*, GmbHR 2005, 797, 806.

334 BGH, Urt. v. 16.6.1997 – II ZR 154/96, ZIP 1997, 1375, NJW 1997, 3026, GmbHR 1997, 793f.

335 Siehe ausführlich hierzu unter § 14.

5. Konsortialkredite

Ein Darlehen an eine Gesellschaft kann auch von einem Konsortium, bestehend aus mehreren Personen bzw. auch Banken, ausgereicht werden. Die Problematik des Eigenkapitalersatzrechts tritt in einem solchen Fall dann auf, wenn ein Konsorte auch Gesellschafter der kreditnehmenden Gesellschaft ist. Es gibt jedoch verschiedene Formen eines Konsortiums, welche unterschiedliche eigenkapitalersatzrechtliche Bewertungen erfordern.

a) Außenkonsortium

Ein Außenkonsortium liegt vor, wenn die einzelnen Konsorten selbst als Kreditgeber auftreten. Hier gibt es zwei verschiedene Ausgestaltungsformen.

aa) Echtes Außenkonsortium

Schließt der Konsortialführer den Kreditvertrag kraft seiner Geschäftsführungs- und Vertretungsbefugnis im Namen und für Rechnung aller beteiligten Konsorten ab, wird jeder Konsorte im Verhältnis zur Gesellschaft alleiniger Kreditgeber im Umfang seiner Quote. Nur hinsichtlich der Kreditquote des Gesellschafterkonsorten können die Eigenkapitalersatzregeln angewandt werden.[336]

bb) Unechtes Außenkonsortium

Im Unterschied zum echten Außenkonsortium schließt bei einem unechten Außenkonsortium jeder Konsorte einen eigenen Kreditvertrag mit der kreditnehmenden Gesellschaft ab. Man spricht in diesem Zusammenhang auch von sog. Parallelkrediten.[337] Was die Beurteilung unter Eigenkapitalersatzgrundsätzen betrifft, so ist diese so vorzunehmen wie beim echten Außenkonsortium.

b) Innenkonsortium

Bei einem Innenkonsortium tritt der einzelne kreditgebende Konsorte nicht im Außenverhältnis, sondern ausschließlich im Innenverhältnis auf. Der Konsortialführer schließt den Kreditvertrag über die gesamte Kreditsumme im eigenen

---

[336] Zum Ganzen: Vgl. *v. Gerkan-Hommelhoff/von Gerkan*, Rn. 3.67.

[337] *v. Gerkan-Hommelhoff/von Gerkan*, Rn. 3.68.

Namen ab. Die übrigen Konsorten sind lediglich intern am Kredit beteiligt und haften intern entsprechend der übernommenen Quote. Sie bilden dabei eine Innengesellschaft bürgerlichen Rechts.[338]

aa) Konsortialführer als Gesellschafter

Ist der Konsortialführer Gesellschafter der kreditnehmenden Gesellschaft und schließt dieser im eigenen Namen einen Kreditvertrag mit der Gesellschaft ab, dann ist formal betrachtet der gesamte Konsortialkredit ein Gesellschafterkredit.[339]

In der Literatur ist dies jedoch umstritten. Einige Vertreter der Literatur meinen, dass für die Qualifizierung als eigenkapitalersetzenden Gesellschafterkredit auf das interne Kreditrisiko abzustellen sei. Aufgrund der treuhänderischen Verwaltung durch den Konsortialführer übernimmt dieser ein eigenes Kreditrisiko nur für die eigene interne Quote. Nur insoweit könne ein Gesellschafterkredit angenommen werden.[340] Andere wiederum argumentieren für die formale Betrachtung damit, dass die interne Verteilung des Kreditrisikos unter den einzelnen Konsorten eines Innenkonsortiums nach außen nicht in Erscheinung tritt und im Außenverhältnis allein der kreditnehmende Konsorte das Kreditrisiko übernommen hat.[341]

Für die Entscheidung, welcher Meinung hier der Vorzug einzuräumen ist, sollte man wiederum auf den Sinn und Zweck der Eigenkapitalersatzregeln achten. Es ist dem Schutz der Gläubiger Rechnung zu tragen, die keinen oder nur geringen Einblick in die wirtschaftlichen Verhältnisse des Unternehmens haben und aufgrund ihrer Nichtbeteiligung am Unternehmen auch keine Einflussnahmemöglichkeiten auf die Geschäftsführung der Gesellschaft besitzen. Maßgeblich sind die Vertrauenswirkungen, die im Außenverhältnis gesetzt werden.

bb) Sonstiger Konsorte als Gesellschafter

Ist der Konsortialführer kein Gesellschafter des kreditnehmenden Unternehmens, sondern nur ein im Innenverhältnis verpflichteter Konsorte, dann handelt es sich beim Konsortialkredit formal betrachtet um keinen Gesellschafterkredit.

---

338 *v. Gerkan-Hommelhoff/von Gerkan*, Rn. 3.69.

339 *v. Gerkan-Hommelhoff/von Gerkan*, Rn. 3.70.

340 Vgl. *Lutter*, ZIP 1989, 477, 483.

341 Vgl. *Lutter/Hommelhoff*, §§ 32a, 32b GmbHG, Rn. 42; *von Gerkan*, ZGR 1997, 173, 181.

Aber auch hier muss der Sinn und Zweck der Eigenkapitalersatzregeln beachtet werden. Durch die Konstruktion eines im Außenverhältnis als Darlehensgeber auftretenden Dritten und im Innenverhältnis haftenden Gesellschafters wird das Eigenkapitalersatzrecht umgangen. Allerdings wurde mit § 32a Abs. 3 Satz 1 GmbHG ein Auffangtatbestand geschaffen, der Umgehungsversuche verhindern soll. Die Übernahme der Kredithaftung für eine bestimmte Quote im Innenverhältnis entspricht wirtschaftlich der Gewährung eines Gesellschafterdarlehens. Somit ist der interne Kreditanteil, den der Gesellschafter-Konsorte aufbringt und für den er das Kreditrisiko trägt, als eigenkapitalersetzend anzusehen.[342]

In Anbetracht dieser rechtlichen Wertungen, wonach es nicht auf die Darstellung im Außenverhältnis ankommen kann, sondern der Umgehungsschutz des Eigenkapitalersatzrechts gewährleistet werden soll, wird auch das soeben beim Außenkonsortium dargestellte Ergebnis verständlicher.

c) Konsortialkredite und Kreditwürdigkeit

Meist wird es bei der Kreditvergabe durch ein Konsortium, an dem neben dem Gesellschafter weitere Kreditgeber vorhanden sind, an der Kreditunwürdigkeit der Gesellschaft fehlen. Die Kreditvergabebereitschaft der übrigen Konsorten ist ein Indiz für die Kreditwürdigkeit der Gesellschaft. Solange diese Konsorten den Kredit selbst bei Eintritt einer Krise stehen lassen, spricht dies für eine fortbestehende Kreditwürdigkeit und damit gegen eine Umqualifizierung der Gesellschafterkreditquote in ein kapitalersetzendes Gesellschafterdarlehen.[343]

Allerdings sind stets die Besonderheiten des Einzelfalles zu beachten und ein Augenmerk auf mögliche Umgehungen des Kapitalersatzrechts zu legen.

Wird beispielsweise das Ausfallrisiko für die einzelnen Konsorten durch eine interne Ausfallhaftung eines Gesellschafters der Kreditnehmerin besichert, dann handelt es sich um einen gesellschafterbesicherten Kredit im Sinn des § 32a Abs. 2 GmbHG.[344] Die Regeln des § 32a Abs. 2 GmbHG sind damit auf den Konsortialkredit anzuwenden.

---

[342] *v. Gerkan/Hommelhoff/von Gerkan*, Rn. 3.72.

[343] Vgl. *Lutter/Hommelhoff*, §§ 32a, b GmbHG, Rn. 41.

[344] *v. Gerkan/Hommelhoff/von Gerkan*, Rn. 3.74.

6. Refinanzierungskredit

Ein Refinanzierungskredit liegt vor, wenn sich der primäre Geldkreditgeber die ausgereichten Mittel durch Kreditaufnahme bei einem Dritten beschafft. Bei der Betrachtung unter Eigenkapitalersatzgesichtspunkten kommt es darauf an, in welchem Verhältnis ein Gesellschafter an der kreditnehmenden Gesellschaft beteiligt ist. Beim Refinanzierungskredit werden zwei selbständige Kreditverhältnisse mit jeweils eigener Risikoverteilung begründet.[345]

Tritt der Gesellschafter bereits im Primärverhältnis als Kreditgeber auf, dann wird diese Darlehensausreichung unstreitig den Regeln des Kapitalersatzrechts unterworfen. Ob zusätzlich eine Refinanzierung stattfindet, spielt für diese rechtliche Bewertung keine Rolle.

Eine differenziertere Betrachtung ist jedoch für den Fall des gesellschafterlichen Refinanzierungskreditgebers erforderlich. Grundsätzlich hat der Refinanzierer nur für den von ihm ausgereichten Refinanzierungskredit einzustehen. Wenn in diesem Verhältnis keine Gesellschafter-Gesellschafts-Beziehung vorliegt, dann kommen auch die Regeln des Eigenkapitalersatzes nicht in Betracht. Im Primärkreditverhältnis hingegen tritt der Gesellschafter nicht als Kreditgeber auf. Deshalb wird in der Literatur die Ansicht vertreten, dass bei einer Kreditvergabe mit gleichzeitiger Refinanzierung bei einem Gesellschafter kein Gesellschafterkredit im Sinne des Eigenkapitalersatzrechts vorliegt.[346] Allerdings können diese Ergebnisse nicht uneingeschränkt gelten. So kommt es auf die Umstände des Einzelfalles an. Wenn beispielsweise die Kreditvergabe an die Gesellschaft nur deshalb erfolgt ist, weil sich der Gesellschafter gleichzeitig als Refinanzierer angeboten hat, dann liegt zwar in der Refinanzierung keine Besicherung des Primärkredits vor und der Primärkreditgeber haftet alleine für den Kreditausfall im Primärverhältnis, jedoch können verschiedene vertragliche Verknüpfungen dazu führen, dass der refinanzierende Gesellschafter wirtschaftlich betrachtet dennoch das Kreditrisiko im Primärverhältnis trägt.

7. Nachschusskapital

Grundsätzlich gibt es keine Verpflichtung zum Nachschuss von Eigenkapital. Für die GmbH kann jedoch beispielsweise nach § 26 Abs. 1 GmbHG im Gesellschaftsvertrag bestimmt werden, dass die Gesellschafter über den Betrag der

---

[345] *v. Gerkan/Hommelhoff/von Gerkan*, Rn. 3.79.

[346] Vgl. *v. Gerkan/Hommelhoff/von Gerkan*, Rn. 3.79.

Stammeinlagen hinaus die Einforderung von weiteren Einzahlungen (Nachschüssen) beschließen können. Hierzu hat der Gesetzgeber in den §§ 26ff. GmbHG entsprechende Regelungen getroffen.

Solche Zuzahlungen auf das haftende Kapital sind jedoch keine Darlehen im Sinne des § 32a Abs. 1 GmbHG. Sie unterliegen ohne weiteres der Kapitalbindung nach § 30 GmbHG.[347]

[347] *Scholz/K. Schmidt*, §§ 32a, 32b GmbHG, Rn. 30.

§ 10 Gesellschafterbesicherte Drittdarlehen

I. Allgemeine Grundsätze

Wieder ausgehend vom Grundgedanken des Kapitalersatzrechts, nämlich dem Schutz der Gläubiger vor Überwälzung des Unternehmensrisikos, müssen auch sog. gesellschafterbesicherte Drittdarlehen von den Regeln des Eigenkapitalersatzes erfasst werden. Diese Fallgruppe wird bereits durch die Bezeichnung als „gesellschafterbesicherte Drittdarlehen" erklärt. Ein außenstehender Dritter gewährt einer Gesellschaft einen Darlehen (Drittdarlehen) und ein Gesellschafter der darlehensnehmenden Gesellschaft sichert den Rückzahlungsanspruch des Dritten ab (Gesellschaftersicherheit), z. B. durch die Übernahme einer Bürgschaft.

Zu beachten ist, dass eine Finanzierungsfolgenverantwortung im Sinne des Kapitalersatzrechts allein die Gesellschafter trifft. Zwischen dem Drittdarlehensgeber und der Gesellschaft bestehen nur die üblichen Wirkungen des Darlehensverhältnisses. Damit wirkt auch das kapitalersatzrechtliche Rückzahlungs- und Tilgungsverbot nur im Verhältnis der Gesellschaft zu den Gesellschaftern. Um Umgehungen des Schutzzwecks des Eigenkapitalersatzrechts zu vermeiden, bedarf es einer Regelung für die Behandlung gesellschafterbesicherter Drittdarlehen.

II. Rechtsprechungsgrundsätze und gesetzliche Regelungen

Die Rechtsprechung zu den §§ 30, 31 GmbHG hat bereits vor dem Inkrafttreten der Novellenregelungen zum GmbHG festgestellt, dass eine Gesellschaftersicherheit für Drittdarlehen an die Gesellschaft einer direkten Darlehensgewährung durch den Gesellschafter an die Gesellschaft wirtschaftlich entspricht.[348] Entscheidend wird dabei darauf abgestellt, dass auch eine Gesellschaftersicherheit dazu geeignet ist, die Fortführung einer Gesellschaft in wirtschaftlicher Schieflage zu fördern bzw. zu ermöglichen. Gerade diese soll aus Gläubigerschutzgedanken verhindert werden.

Mit den Novellen wurden ins GmbHG Vorschriften zu den gesellschafterbesicherten Drittdarlehen eingeführt:

---

[348] Vgl. schon BGH, Urt. v. 27.9.1976 – II ZR 162/75, BGHZ 67, 171, 182, NJW 1977, 104, 106; BGH, Urt. v. 13.7.1981 – II ZR 256/79, BGHZ 81, 252, 260, ZIP 1981, 974, 977, NJW 1981, 2570, 2572.

Gemäß § 32a Abs. 2 GmbHG kann ein Dritter, der der Gesellschaft in einem Zeitpunkt, in dem ihr die Gesellschafter als ordentliche Kaufleute Eigenkapital zugeführt hätten, statt dessen ein Darlehen gewährt hat und ihm ein Gesellschafter für die Rückgewähr des Darlehens eine Sicherung bestellt oder er sich dafür verbürgt hat, im Insolvenzverfahren über das Vermögen der Gesellschaft nur für den Betrag verhältnismäßige Befriedigung verlangen, mit dem er bei der Inanspruchnahme der Sicherung oder des Bürgen ausgefallen ist. Diese Vorschrift gibt im Ergebnis eine Verwertungs- und Verteilungsanweisung. Der Darlehensgeber muss sich für die Befriedigung seiner Ansprüche zuerst an den sichernden Gesellschafter halten. Nur für den Anteil, mit dem er über die Inanspruchnahme des Gesellschafters ausgefallen ist, kann er Ansprüche gegen die darlehensnehmende Gesellschaft geltend machen.

Auch für die Fälle der gesellschafterbesicherten Drittdarlehen sichert die Generalklausel in § 32a Abs. 3 Satz 1 GmbHG die Gläubigergesamtheit vor möglichen Umgehungen ab. Während § 32a Abs. 2 GmbHG ausdrücklich nur die Bestellung einer Sicherheit oder die Stellung einer Bürgschaft durch den Gesellschafter regelt, werden über § 32a Abs. 3 Satz 1 GmbHG auch alle anderen Rechtshandlungen eines Gesellschafters oder eines Dritten erfasst, die der Darlehensgewährung wirtschaftlich entsprechen. Als Beispiel kann der vom BGH entschiedene Fall dienen, in dem sich ein Gesellschafter die Finanzierungsmittel durch gemeinschaftliche Darlehensaufnahme zusammen mit einem Dritten beschafft und diesen dann – unter interner Freistellung von dessen Rückzahlungspflicht – als Darlehensgeber gegenüber der Gesellschaft eingesetzt hat.[349] In diesem Fall wird die Anwendung der Kapitalersatzregeln über § 32a Abs. 3 Satz 1 GmbHG erweitert und der Dritte kann nicht auf Rückgewähr von in der Krise der Gesellschaft geleisteten Zins- und Tilgungsleistungen in Anspruch genommen werden, der Gesellschafter hat die Finanzierungsfolgenverantwortung zu tragen und dem Insolvenzverwalter die von der Gesellschaft erbrachten Leistungen zu erstatten.[350]

Daneben gibt § 32b GmbHG eine Absicherung bei der unberechtigten Rückzahlung eines gesellschafterbesicherten Darlehens durch die Gesellschaft in der Krise in Form eines Erstattungsanspruchs. Es soll verhindert werden, dass im letzten Jahr vor dem Antrag auf Eröffnung des Insolvenzverfahrens oder nach diesem Antrag ein Darlehen an den Drittgläubiger zurückgezahlt wird, um die Gesellschaftersicherheit nicht beanspruchen zu müssen. Die Rechtsfolge des

---

349 BGH, Urt. v. 26.6.2000 – II ZR 370/98, ZIP 2000, 1491, NJW 2000, 3565, WM 2000, 1695.

350 *Hommelhoff/Goette/Kleindiek*, Rn. 128a.

§ 32b GmbHG ist ein Erstattungsanspruch der Gesellschaft gegen den Gesellschafter. Dieser Anspruch ist grundsätzlich von Gesellschaftsgläubigern pfändbar. Im Insolvenzverfahren kann der Erstattungsanspruch jedoch nur noch vom Insolvenzverwalter geltend gemacht werden.

Die Regelungen in §§ 32a Abs. 2, 32b GmbHG sind jedoch nur im Insolvenzverfahren anwendbar. Daneben und außerhalb eines Insolvenzverfahrens greifen aber zum Schutz der Gläubiger vor Umgehungsfinanzierungen die oben dargestellten Rechtsprechungsregeln.

III. Problemanalyse

Mit § 32a Abs. 2 GmbHG wird der Fall erfasst, dass ein Gesellschafter für die Rückgewähr eines Darlehens, das ein Dritter der Gesellschaft zu einem Zeitpunkt gewährt, zu dem ihr die Gesellschafter als ordentliche Kaufleute Eigenkapital zugeführt hätten, eine Sicherheit bestellt oder sich dafür verbürgt. Hintergrund dieser Vorschrift ist, dass in Zeiten der Krise der Gesellschaft kein externer Kapitalgeber bereit sein wird, der Gesellschaft ein Darlehen ohne Sicherheiten zur Verfügung zu stellen. Hinzu kommt, dass in Zeiten der Krise die Gesellschaft selbst regelmäßig keine Sicherheiten mehr stellen kann. Wenn in einer solchen Konstellation der Gesellschafter die Kreditgewährung von Dritten dadurch fördert, dass er selbst für die Rückgewähr des Darlehens eine Sicherheit bestellt oder sich dafür verbürgt, dann hat der Gesellschafter die Gewährung des Kredits erst ermöglicht.

Der Zweck dieser Vorschrift ist, Umgehungen des Kapitalersatzrechts zu unterbinden. Der Gesellschafter könnte sonst durch die Stellung von Sicherheiten für einen Drittkredit der Gesellschaft Liquidität verschaffen, obwohl es geboten wäre der Gesellschaft Eigenkapital zur Verfügung zu stellen. Damit ist es gerechtfertigt, dass diese Sicherheiten von Gesellschaftern selbst den Kapitalersatzregeln unterliegen. Es ist allerdings der besicherte Kredit, nicht die „eigenkapitalersetzende Sicherheit", der als „mittelbares Gesellschafterdarlehen" im Gesellschaftsvermögen gebunden bleibt.[351]

Es gilt jedoch zu unterscheiden, ob mit der Gesellschaftersicherheit ein von dritter Seite gewährter Kredit abgesichert wird oder sonstige Unterstützungshandlungen. Handelt es sich um ein gesellschafterbesichertes Drittdarlehen, dann greift die Sondervorschrift des § 32a Abs. 2 GmbHG ein, andernfalls ist § 32a Abs. 3 Satz 1 GmbHG heranzuziehen.

---

[351] *Karsten Schmidt*, ZIP 1999, 1821, 1823.

IV. Einzelheiten beim Tatbestand

1. Eigenkapitalersetzende Finanzierungsmittel

Das gewährte Drittdarlehen muss selbst eigenkapitalersetzende Funktion haben. Die Beurteilung als eigenkapitalersetzend erfolgt nach den allgemeinen Kriterien.

Dem Darlehen werden gemäß § 32a Abs. 3 Satz 1 GmbHG alle Rechtshandlungen gleichgestellt, die einer Darlehensgewährung wirtschaftlich entsprechen. Auch das Stehenlassen eines Darlehens ist eine Finanzierungsleistung, die einer Darlehensgewährung wirtschaftlich entspricht. Auch solche Finanzierungen können eigenkapitalersetzend abgesichert werden.

Dem darlehensgebenden Dritten muss die eigenkapitalersetzende Funktion nicht bekannt sein. Er ist wie jeder andere darlehensgebende Dritte nur an die Bedingungen seines Darlehensverhältnisses gebunden und nicht im Rahmen des Kapitalersatzes verantwortlich. Die eigenkapitalersetzende Finanzierungsfolgenverantwortung kann nur einen Gesellschafter treffen.

2. Drittdarlehensgeber

Darlehensgeber muss im Rahmen der Anwendung des § 32a Abs. 2 GmbHG ein Nichtgesellschafter sein und er darf auch nicht gemäß § 32a Abs. 3 Satz 1 GmbHG zu den gleichgestellten Personen gehören. D. h. jedwede Besicherung einer Gesellschafterleistung durch eine Gesellschaftersicherheit wird nicht von § 32a Abs. 2 GmbHG erfasst.

3. Eigenkapitalersetzende Sicherheiten

a) Erfasste Sicherheiten

§ 32a Abs. 2 GmbHG spricht zwar wörtlich nur von einer Gesellschaftersicherheit. Die Vorschrift ist jedoch auch anwendbar, wenn ein Vierter die Sicherheit bestellt und dieser Vierte einem Gesellschafter gemäß § 32a Abs. 3 GmbHG gleichzustellen ist.

Der Begriff der Sicherheit in § 32a Abs. 2 GmbHG ist im weitesten Sinne zu verstehen. Um einen möglichst umfassenden Umgehungsschutz zu gewährleisten, fallen unter § 32a Abs. 2 GmbHG alle Arten von dinglichen und persönlichen Sicherheiten:

Von § 32a Abs. 2 GmbHG werden insbesondere Grundpfandrechte, Sicherungsübereignungen, Sicherungsabtretungen, Verpfändungen, sonstige Mobiliarpfandrechte usw. erfasst. Von den persönlichen Sicherheiten nennt § 32a Abs. 2 GmbHG ausdrücklich die Bürgschaft. Darüber hinaus werden aber auch die Garantie, die Stellung einer Kaution, der Schuldbeitritt, der Kreditauftrag, das selbständige Schuldversprechen oder eine harte Patronatserklärung erfasst.[352]

Im Rahmen des § 32a Abs. 2 GmbHG sind auch untypische oder gesetzliche Sicherungsinstrumente zu erfassen. Jede Fallgruppe, bei der eine Haftung des Gesellschafters die Befriedigung der Drittgläubiger absichert, muss aus Gründen des Gläubigerschutzes als Gesellschaftersicherheit im Sinne des § 32a Abs. 2 GmbHG anerkannt werden. Die Rechtsprechung und Literatur ist sich einig, dass der Begriff der Sicherheit in § 32a Abs. 2 GmbHG im weitesten Sinne zu verstehen ist. Es kommt allein darauf an, dass der Drittgläubiger einen Haftungsanspruch gegen den Gesellschafter geltend machen kann und deshalb die gewährten Mittel der Gesellschaft weiterhin belässt.

Zu diskutieren ist außerdem, ob zu den Sicherheiten im Sinne des § 32a Abs. 2 GmbHG auch gesetzlich eintretende Zahlungsverpflichtungen des Gesellschafters gehören, beispielsweise die Nachhaftungsverpflichtung gemäß § 133 UmwG. Man könnte argumentieren, dass bei einer gesetzlich angeordneten Haftung des Gesellschafters diesem die Möglichkeit einer Finanzierungsentscheidung fehle und ihm deshalb die Finanzierungsfolgenverantwortung über die Anwendung der Kapitalersatzregeln nicht aufzuerlegen sei. Andererseits zeigt eine genaue Analyse dieser Fallgruppe, dass der Gesellschafter auch hier – trotz der automatischen gesetzlichen Haftung – eine Finanzierungsentscheidung treffen kann. Die beispielhaft genannte Nachhaftungsverpflichtung nach UmwG kann rechtsgeschäftlich abbedungen werden. Die Entscheidung, den vorherigen Ausschluss einer Nachhaftung nicht zu vereinbaren, stellt eine Finanzierungsentscheidung dar. Darüber hinaus ist es dem Gesellschafter auch zuzumuten, zur Abwendung der eigenkapitalersatz-rechtlichen Behandlung bei einer nachträglichen Verschlechterung der wirtschaftlichen Lage der Gesellschaft die Liquidation der Gesellschaft einzuleiten oder Insolvenzantrag zu stellen. Ob sich die Rechtsprechung dieser zugegebenermaßen starken Ausweitung der Anwendung

---

[352] *MüKo-Stodolkowitz*, § 135 InsO, Rn. 82.

der Kapitalersatzregeln zugunsten des Gläubigerschutzes anschließen wird, ist fraglich und bleibt abzuwarten.

Eine Ausfallsicherheit sichert bei einem eigenkapitalersetzenden Darlehen auch das Risiko des Ausfalls der Rückzahlung wegen der Umqualifizierung in Eigenkapital ab. § 32a Abs. 2 GmbHG wurde bei Drittdarlehensgebern als Sondervorschrift zum Umgehungsschutz eingefügt. Der Schutz des § 32a Abs. 2 GmbHG über die vorrangige Befriedigungsverpflichtung beim sichernden Gesellschafter würde durch die wirksame Vereinbarung einer Ausfallsicherheit ausgehebelt.

Es muss sich bei § 32a Abs. 2 GmbHG um eine Sekundärsicherheit handeln, d. h. sie muss neben einem Kredit oder einer weiteren Sicherheit stehen. Es reicht nicht, dass der Gesellschafter eine bereits anderweitig gestellte Sicherheit wertmäßig absichert. Das OLG Köln[353] hat deshalb entschieden, dass keine Gesellschaftersicherheit im Sinne des § 32a Abs. 2 GmbHG vorliegt, wenn ein Gesellschafter ein unwiderrufliches Kaufangebot für ein Warenlager abgibt, das die Gesellschaft dem Darlehensgeber zur Sicherheit übereignet hat. Durch dieses unwiderrufliche Kaufangebot wird keine eigenständige Sicherheit gestellt, sondern eine bereits bestehende Sicherheit werthaltiger gemacht. § 32a Abs. 2 GmbHG verpflichtet den Darlehensgeber zur vorrangigen Inanspruchnahme der Gesellschaftersicherheit. Im Fall des OLG Köln müssten zunächst die Rechte aus der Sicherungsübereignung der Gesellschaft beansprucht werden, um auf das unwiderrufliche Kaufangebot des Gesellschafters durchgreifen zu können. § 32 a Abs. 2 GmbHG umfasst jedoch nicht eine solche subsidiäre Gesellschafterhaftung.

b) Eigenkapitalersetzender Charakter

Darüber hinaus muss auch die Gesellschaftersicherheit eigenkapitalersetzenden Charakter haben. Die Voraussetzungen hierfür bestimmen sich nach den beim Gesellschafterdarlehen bereits dargestellten Kriterien. Der Eigenkapitalersatzcharakter kann mit Stellung der Sicherheit oder erst mit Stehenlassen der Sicherheit in der Krise der Gesellschaft zur Anwendung kommen.

---

[353] OLG Köln, Urt. v. 12.8.1998 – 11 U 12/98, NZG 1999, 314f.; kritische Anmerkung *Michalski/Kolja de Vries*, NZG 1999, 315, 316, wonach in Anbetracht der gebotenen weiten Auslegung des Begriffs der Sicherheit i. S. des § 32a II GmbHG und der ebenfalls gebotenen wirtschaftlichen Betrachtungsweise im Eigenkapitalersatzrecht (vgl. § 32a III GmbHG) zu erwägen ist, ein solches unwiderrufliches Kaufangebot als Gesellschaftersicherheit einzuordnen.

Bei der Stellung einer Gesellschaftersicherheit in der Krise der Gesellschaft trifft der Gesellschafter bei deren Erkennbarkeit eine Finanzierungsentscheidung, die ohne das Vorliegen weiterer Voraussetzungen eine Anwendung der Kapitalersatzregeln rechtfertigt. Beim Stehenlassen muss ebenso die Möglichkeit einer Finanzierungsentscheidung des Gesellschafters bestehen. Um die eigenkapitalersatzrechtliche Umqualifizierung einer in der Krise der Gesellschaft stehen gelassenen Gesellschaftersicherheit zu vermeiden, müsste der Gesellschafter das der Sicherheitenbestellung zugrunde liegende Kausalverhältnis außerordentlich kündigen und Freistellung von der Gesellschaft verlangen.[354] Diese Entscheidungsmöglichkeit nimmt den Gesellschafter in die Finanzierungsverantwortung. Im Übrigen sind beim Stehenlassen von Gesellschaftersicherheiten die Grundsätze beim Stehenlassen von Gesellschafterleistungen anzuwenden.

Bei der Übernahme einer Bürgschaft gibt es gesetzliche Befreiungsmöglichkeiten gemäß § 775 BGB. Der Bürge kann gemäß § 775 Abs. 1 Nr. 1 BGB einen Anspruch auf Befreiung aus seiner Bürgschaftsverpflichtung gegenüber dem Hauptschuldner erheben, wenn sich die Vermögensverhältnisse des Hauptschuldners wesentlich verschlechtert haben. Diesen Anspruch muss der Bürge erheben, um der Umqualifizierung seiner Gesellschaftersicherheit als eigenkapitalersetzend und damit die Anwendung des § 32a Abs. 2 GmbHG zu vermeiden. Wird die Möglichkeit des § 775 Abs. 1 Nr. 1 BGB allerdings vertraglich ausgeschlossen, so ist damit die Sicherheit gebunden und im Ergebnis liegt in diesem Fall ein Rangrücktritt vor.[355] Bei einer anderen Sicherheit als einer Bürgschaft gibt es regelmäßig vergleichbare Abwicklungsmöglichkeiten für den Gesellschafter.[356]

Stehen dem Gesellschafter keine besonderen Entscheidungsmöglichkeiten für ein positives Stehenlassen oder ein Abziehen der Gesellschaftersicherheit zur Verfügung, dann hat er ebenso wie beim Stehenlassen von sonstigen Gesellschafterleistungen zumindest die Möglichkeit die Liquidation der Gesellschaft zu betreiben bzw. Insolvenzantrag zu stellen. Entscheidet sich der Gesellschaft in der Krisensituation gegen eine Liquidation bzw. gegen die Stellung eines Insolvenzantrages, dann trifft er damit die Entscheidung zur Fortführung der Gesellschaft unter Stehenlassen seiner Gesellschaftersicherheit.

---

354 Vgl. *Lutter/Hommelhoff*, §§ 32a/b GmbHG, Rn. 119.

355 *MüKo-Stodolkowitz*, § 135 InsO, Rn. 84; BGH, Urt. v. 9.10.1986 – II ZR 58/86, NJW 1987, 1080, 1081f.

356 Siehe hierzu *Roth/Altmeppen*, § 32a GmbHG, Rn. 136, 35f.

Auf die Frage einer Finanzierungsentscheidung beim Stehenlassen einer Gesellschaftersicherheit kommt es hingegen nicht mehr an, wenn die Gesellschaftersicherheit von Anfang an zur Besicherung einer Krisenfinanzierung eingesetzt wurde. Es reicht aus, wenn der Eintritt der Krise bei der Gewährung der Finanzierung zumindest mitbedacht und nicht ausgeschlossen wurde. Gewährt ein Gesellschafter unter diesen Prämissen eine Sicherheit, so verzichtet er bereits bei der Sicherheitenbestellung auf seine Kündigungs- und Abzugsmöglichkeiten. Seine Finanzierungsentscheidung trifft der Gesellschafter dann bereits bei der Sicherheitenbestellung. Mit dem Eintritt der Krise erfolgt automatisch eine eigenkapitalersetzende Umqualifizierung der Gesellschaftersicherheit.

4. Vereinbarungen

Nach der Rechtsprechung des BGH steht es der Anwendung des § 32a Abs. 2 GmbHG nicht entgegen, wenn es eine Vereinbarung gibt, nach der die Gesellschaftersicherheit nur nachrangig nach einer von der Gesellschaft gestellten Sicherheit haftet.[357]

Darüber hinaus sind abweichende Vereinbarungen von § 32a GmbHG wegen dessen zwingenden Charakters nicht möglich. Die Rechte aus § 32a GmbHG können also nicht wirksam abbedungen werden. Die Rechte der Gesellschaft bzw. des Insolvenzverwalters aus § 32a Abs. 2 GmbHG bleiben unberührt.[358]

Besonderheiten sind jedoch zu beachten, soweit der Kreditgeber auf die Inanspruchnahme der Gesellschaftersicherheit verzichtet. Hat der Kreditgeber zum Zeitpunkt des Verzichts erkannt oder erkennen können, dass die Gesellschaft kreditunwürdig ist und damit in der Krise steht, dann verliert der Kreditgeber in Höhe des Verzichts seinen Befriedigungsanspruch gegenüber der Gesellschaft.[359]

Anders ist es jedoch, wenn der Kreditgeber die Krise der Gesellschaft nicht erkannt hat bzw. erkennen konnte. In diesem Fall kann der Kreditgeber trotz des Verzichts seine Forderung in voller Höhe im Insolvenzverfahren geltend machen. Der Gesellschafter haftet jedoch nach § 32b GmbHG für das zurückgezahlte Darlehen. Der Gesellschafter hat an die Insolvenzmasse denjenigen

---

[357] Vgl. BGH, Urt. v. 28.9.1987 – II ZR 28/87, NJW 1988, 824, 825; BGH, Urt. v. 19.2.1990 – II ZR 268/88, GmbHR 1990, 251, 253, NJW 1990, 1725, 1727.

[358] *MüKo-Stodolkowitz*, § 135 InsO, Rn. 86.

[359] *MüKo-Stodolkowitz*, § 135 InsO, Rn. 86.

Betrag zu zahlen, den der Kreditgeber aus der Inanspruchnahme der Sicherheit erlangt hätte.[360]

5. Unwirksame Kreditvergabe bzw. unwirksame Sicherheitenbestellung

Auf der einen Seite ist nach den Folgen einer unwirksamen Kreditvergabe für die dafür haftende Gesellschaftersicherheit zu fragen. Wenn das gesellschafterbesicherte Darlehen eines Dritten nichtig ist und das Kreditverhältnis nicht entsteht, dann gebührt die Sicherheit dem Gesellschafter und darf nicht länger als Eigenkapitalersatz zurückgehalten werden.[361]

Auf der anderen Seite entsteht ein Problem, wenn die Sicherheitenbestellung als solche nichtig ist. Hier ist darauf abzustellen, ob der Nichtigkeitsgrund auch im Verhältnis des Gesellschafters zur Gesellschaft Wirkung entfalten soll. Ist dies nicht der Fall, z. B. bei einer Nichtigkeit der Sicherheit aus Verbraucherschutzerwägungen, dann behält die Gesellschaft trotz Nichtigkeit der Sicherheit den Freistellungsanspruch gegen den Gesellschafter.[362]

V. Einzelheiten bei den Rechtsfolgen

1. Allgemein

Die Rechtsfolge des § 32a Abs. 2 GmbHG besteht darin, den Kreditgeber vorrangig auf die Sicherheit des Gesellschafters zu verweisen. Nur soweit er mit seinem Anspruch nach Inanspruchnahme der Sicherheit ausgefallen ist, kann er verhältnismäßige Befriedigung von der Gesellschaft verlangen. Der Kreditgeber ist nicht Adressat der Eigenkapitalersatzregeln, sondern der Gesellschafter. § 32a Abs. 2 GmbHG verpflichtet den Kreditgeber, den Gesellschafter vorrangig aus der Sicherheit in Anspruch zu nehmen. Die Rechte des Kreditgebers werden darüber hinaus nicht eingeschränkt. Die Vorgabe der Befriedigungsreihenfolge für den Kreditgeber dient dem Gläubigerschutz.

Problematisch ist der Fall, dass ein Gesellschafter ein eigenkapitalersetzendes Gesellschafterdarlehen besichert. Die einhellige Meinung in der Literatur fasst

---

[360] Vgl. *Jaeger/Henckel*, § 32a KO, Rn. 49; *Fastrich*, NJW 1983, 260, 263f.; BGH, Urt. v. 2.6.1997 – II ZR 211/95, NJW 1997, 3171, 3172.

[361] *Lutter/Hommelhoff*, §§ 32a/b GmbHG, Rn. 44 mwN.

[362] Vgl. *Lutter/Hommelhoff*, §§ 32a/b GmbHG, Rn. 117.

diesen Fall nicht unter § 32a Abs. 2 GmbHG, sondern das ausgereichte Darlehen wird von § 32a Abs. 1 GmbHG erfasst, die Sicherung von § 32a Abs. 3 GmbHG.[363] Allerdings sind die Rechtsfolgen dieser Fallgruppe mit den Regelungen des § 32a Abs. 2 GmbHG vergleichbar. Der Bundesgerichtshof hat hierzu entschieden, dass sich der Bürge nicht auf die Akzessorietät seiner Bürgschaftsverpflichtung berufen kann.[364] Das bedeutet, dass sich die Gesellschaft auf den kapitalersetzenden Charakter der besicherten Hauptschuld beziehen und damit die Rückzahlung verweigern kann, der darlehensgebende Gesellschafter jedoch den sichernden Gesellschafter aus der Bürgschaft in Anspruch nehmen darf. Durch die Bürgschaft wird auch das Kapitalersatzrisiko abgesichert.

2. Rechtsfolgen in den einzelnen Beziehungen

Im Fall des § 32a Abs. 2 GmbHG sind mindestens drei Parteien beteiligt: der Kreditgeber, die Gesellschaft und der sichernde Gesellschafter. Die einzelnen Rechtsverhältnisse sind mit unterschiedlichen Rechten und Pflichten ausgestaltet. Darüber hinaus ist § 32a Abs. 2 GmbHG nach seinem Wortlaut nur im Insolvenzverfahren über das Vermögen der Gesellschaft anwendbar. Nachdem in der vorliegenden Ausarbeitung vor allem das Eigenkapitalersatz-recht in der Insolvenz behandelt werden soll, werden an dieser Stelle nur die Rechtsfolgen im Falle der Eröffnung eines Insolvenzverfahrens aufgezeigt.

a) Zwischen kreditgebenden Dritten und Gesellschaft

Grundsätzlich bleibt der Rückzahlungsanspruch des Dritten gegen die Gesellschaft bestehen. Die Rechte des Fremdkapitalgebers werden in der Insolvenz der Gesellschaft durch die Sonderverpflichtungen des § 32a Abs. 2 GmbHG überlagert. Der kreditgebende Dritte kann seinen Anspruch sofort in voller Höhe als Insolvenzgläubiger zur Tabelle anmelden, jedoch nur für den Ausfall. Er muss zunächst versuchen, aus der vom Gesellschafter gestellten Sicherheit Befriedigung zu erlangen. Nur in Höhe des Ausfalls kann er am Insolvenzverfahren teilnehmen und dafür eine Quotenzahlung erhalten. Die Rechte des Kreditgebers sind mit den Rechten eines absonderungsberechtigten Gläubigers gemäß § 52 InsO vergleichbar und orientieren sich am sog. Ausfallprinzip.[365]

---

[363] *v. Gerkan/Hommelhoff/Fleischer*, Rn. 6.10.

[364] Vgl. BGH, Urt. v. 15.2.1996 – IX ZR 245/94, ZIP 1996, 538, DStR 1996, 877, NJW 1996, 1341.

[365] Vgl. *Hachenburg/Ulmer*, §§ 32a, b GmbHG, Rn. 128.

Ein Sonderproblem besteht, wenn sowohl der Gesellschafter als auch die Gesellschaft dem Dritten eine Sicherung bestellt haben. Bei dieser Doppelbesicherung stellt sich die Frage, ob der Kreditgeber entsprechend § 32a Abs. 2 GmbHG verpflichtet ist, seine Ansprüche vorrangig beim sichernden Gesellschafter geltend zu machen oder nach seiner Wahl auch zuerst aus der Gesellschaftssicherheit Befriedigung zu erhalten. Eine Ansicht in der Literatur[366] stellt auf den Schutzzweck des § 32a Abs. 2 GmbHG ab und verpflichtet den Kreditgeber auch im Falle der Doppelbesicherung, den Gesellschafter vorrangig in Anspruch zu nehmen. Die übrigen Literaturvertreter und die Rechtsprechung[367] geben dem Kreditgeber in einem solchen Fall die Wahl, ob er zunächst die Sicherung gegenüber der Gesellschaft oder gegenüber dem Gesellschafter geltend macht. Die Gesellschaft hat aber in diesem Fall einen Erstattungsanspruch gegen den Gesellschafter. Die Sicherheit des Gesellschafters sichert unter bestimmten Voraussetzungen diesen Erstattungsanspruch der Gesellschaft ab.[368] Die zuletzt genannte Ansicht bringt die Interessen des Kreditgebers und der Gesellschaftsgläubiger am Besten in Einklang. Der Kreditgeber ist grundsätzlich nicht Adressat der Kapitalersatzregeln. Hat er mehrere Sicherheiten zur Auswahl, so kann er den Weg der einfachsten und sichersten Befriedigung wählen. Die Gesellschaftsgläubiger sind durch einen Freistellungsanspruch gegen den Gesellschafter gemäß § 30 GmbHG und einen Erstattungsanspruch gegen den Gesellschafter gemäß § 32b GmbHG ausreichend geschützt.

Die Verpflichtung des Kreditgebers gemäß § 32a Abs. 2 GmbHG vorrangig den Gesellschafter aus seiner gewährten Sicherheit in Anspruch zu nehmen, könnte den Gesellschafter veranlassen, seine Inanspruchnahme von bestimmten Bedingungen abhängig zu machen:

Beispielsweise könnte der Gesellschafter seine Sicherheiten unter der auflösenden Bedingung der Eröffnung eines Insolvenzverfahrens bestellen. Soweit eine solche Bedingung zu einer Gläubigerbenachteiligung führt, sind jedoch die Tatbestände einer Insolvenzanfechtung zu prüfen. Darüber hinaus wird sich ein Kreditgeber gerade für den Insolvenzfall der kreditnehmenden Gesellschaft durch eine Gesellschaftersicherheit absichern wollen. Steht diese Gesellschaftersicherheit unter der genannten auflösenden Bedingung, so wird sich der Kreditgeber in der Krise der Gesellschaft nicht zu einer Finanzierung bereit erklären.

---

366 *Scholz/Karsten Schmidt*, §§ 32a, 32b GmbHG, Rn. 143 mwN.

367 Vgl. schon BGH, Urt. v. 14.10.1985 – II ZR 280/84, NJW 1986, 429, 430; *Hachenburg/Ulmer*, § 32a/b GmbHG, Rn. 143f. mit Darstellung der Rechtsentwicklung; *Lutter/Hommelhoff*, §§ 32/b GmbHG, Rn. 126.

368 Vgl. *Lutter/Hommelhoff*, §§ 32a/b GmbHG, Rn. 127.

Die Fortführung der Gesellschaft in der Krise der Gesellschaft wird durch die auflösend bedingte Gesellschaftersicherheit nicht gefördert bzw. ermöglicht. Diese Gesellschaftersicherheit wäre dann von vornherein nicht eigenkapitalersetzend. Dieselben Erwägungen sind beim Stehenlassen einer solchen durch die Insolvenz auflösend bedingten Sicherheit zu beachten.

Der Gesellschafter könnte seine Sicherheit auch nur als Ausfallsicherheit ausgestalten. Der Kreditgeber müsste vereinbarungsgemäß zuerst seine Ansprüche gegen die Gesellschaft durchsetzen und könnte den Gesellschafter nur für den Ausfall und damit subsidiär in Anspruch nehmen. Hier ist der Schutzzweck des § 32a Abs. 2 GmbHG und dessen Abwicklungsreihenfolge vorrangig zu berücksichtigen. Der kreditgebende Dritte ist trotz der vereinbarten Nachrangigkeit verpflichtet, zuerst Befriedigung vom sichernden Gesellschafter zu verlangen.[369]

Schließlich könnte der Gesellschafter den Kreditgeber zu einem Verzicht auf die Inanspruchnahme der Gesellschaftersicherheit veranlassen oder entsprechende Bedingungen in den Sicherungsvertrag aufnehmen. Hier ist zwischen verschiedenen Fallgruppen zu unterscheiden: Wurde der Verzicht bei der Sicherheitenbestellung bereits ausgehandelt und hat sich der Kreditgeber auf diese Sicherheitensituation eingelassen, dann hängt die Fortführung der Gesellschaft nicht zwingend von der Gesellschaftersicherheit ab. Diese Fallgruppe ist mit der vorstehend dargestellten auflösenden Bedingung im Falle der Insolvenz vergleichbar und deshalb ebenso zu behandeln. Wird der Kreditgeber jedoch nachträglich zu einem Verzicht auf die Gesellschaftersicherheit veranlasst, so ist der Gläubigerschutz des § 32a Abs. 2 GmbHG vorrangig zu beachten. Der verzichtende Kreditgeber muss sich im Insolvenzverfahren der Gesellschaft so behandeln lassen, als ob er zunächst die Gesellschaftersicherheit in Anspruch genommen und zumindest zum Teil befriedigt worden wäre. Im Innenverhältnis zwischen Kreditgeber und Gesellschafter bleibt der Verzicht auf die Inanspruchnahme der Sicherheit wirksam, im Außenverhältnis werden die Rechte des Kreditgebers nach Maßgabe des § 32a Abs. 2 GmbHG eingeschränkt.[370]

Eine weitere wichtige Frage ist es, ob der Kreditgeber im Insolvenzfall der Gesellschaft schon vor Befriedigung seiner Ansprüche aus der Sicherheit die voraussichtliche Ausfallforderung zur Insolvenztabelle anmelden darf. Diese

---

[369] Vgl. *Hachenburg/Ulmer*, §§ 32a, b GmbHG, Rn. 142; Baumbach/*Hueck*/Fastrich, § 32a GmbHG, Rn. 70; differenzierend *Scholz/K. Schmidt*, §§ 32a, 32b GmbHG, Rn. 160.

[370] Vgl. *v. Gerkan/Hommelhoff/Fleischer*, Rn. 6.36.

verfahrensrechtliche Frage ist umstritten. Die herrschende Meinung[371] bejaht die Möglichkeit einer Anmeldung der voraussichtlichen Ausfallforderung, da sich § 32a Abs. 2 InsO erst im Verteilungsverfahren auswirkt. Bei der Verteilung bzw. anteilsmäßigen Befriedigung wird der Kreditgeber im Falle des § 32a Abs. 2 GmbHG ebenso wie ein absonderungsberechtigter Gläubiger entsprechend § 190 InsO behandelt. Ihm ist deshalb auch die Befugnis zur Anmeldung der voraussichtlichen Ausfallforderung zur Insolvenztabelle zuzugestehen.

Abgesehen davon, kann der Kreditgeber auch eine bereits vor Insolvenzeröffnung bestehende Aufrechnungslage gegenüber der Gesellschaft nutzen. Ist ein Gläubiger zur Zeit der Eröffnung des Insolvenzverfahrens kraft Gesetzes oder auf Grund einer Vereinbarung zur Aufrechnung berechtigt, so wird dieses Recht gemäß § 94 InsO durch das Insolvenzverfahren nicht berührt. Die Folge ist, dass die Sondervorschrift des § 32a Abs.2 GmbHG, die nur bei der Eröffnung des Insolvenzverfahrens gilt, eine vorrangige Aufrechnungsmöglichkeit des Kreditgebers gegenüber der Gesellschaft nicht aushebelt. Die grundsätzliche Zulässigkeit der Aufrechnung im Insolvenzverfahren ist jedoch an den §§ 94ff. InsO zu messen. Darüber hinaus steht der durch die Aufrechnung des Kreditgebers in Anspruch genommenen Gesellschaft ein Erstattungsanspruch gegenüber dem sichernden Gesellschafter nach § 32b GmbHG zu.[372] § 32b Abs. 1 Satz 1 GmbHG setzt u. a. nur voraus, das ein Fall des § 32a Abs. 2 GmbHG vorliegt, dass sich die Rechtsfolge des § 32a Abs. 2 GmbHG durch § 94 InsO nicht auswirkt, spielt für die Anwendung des § 32b GmbHG keine Rolle. Schließlich könnte eine Anfechtung gemäß § 135 InsO in Betracht kommen.[373]

b) Zwischen kreditgebenden Dritten und Gesellschafter

Der kreditierende Dritte muss aufgrund der zwingenden Vorschrift des § 32a Abs. 2 GmbHG für die Befriedigung seiner Forderung zunächst die Sicherheit des Gesellschafters geltend machen, bevor er mit seiner Ausfallforderung an der Quotenzahlung im Insolvenzverfahren teilnimmt.

Es kann jedoch auch Vereinbarungen geben, die im Ergebnis eine Einschränkung dieses Vorrangverhältnisses verursachen oder sogar ausschließen. Fraglich

---

371 Vgl. *Jaeger/Henckel*, § 32a KO, Rn. 48; *Hachenburg/Ulmer*, §§ 32a, b GmbHG, Rn. 149; *Scholz/K. Schmidt*, §§ 32a, 32 b GmbHG, Rn. 155; *Karsten Schmidt*, ZIP 1999, 1821, 1826f.

372 Vgl. *Baumbach/Hueck/Fastrich*, § 32a GmbHG, Rn. 69.

373 Siehe hierzu ausführlich unter § 8, III.

ist, ob eine solche Vereinbarung aufgrund des zwingenden Charakters des § 32a Abs. 2 GmbHG im Falle einer Insolvenz unwirksam wird, oder ob nur der Anspruch des Dritten im Insolvenzverfahren entsprechend reduziert wird. Nach dem Sinn und Zweck des § 32a Abs. 2 GmbHG geht es unter dem Stichwort „Masseschonung“ vor allem darum, dass die Insolvenzmasse nur mit dem Teil der Forderung belastet wird, der nicht durch die Inanspruchnahme der Sicherheit des Gesellschafters befriedigt werden kann. Dieses Ziel wird dadurch erreicht, dass der Dritte, trotz etwaiger Vereinbarungen mit dem sichernden Gesellschafter, im Insolvenzverfahren nur für den Restbetrag, der nach der Inanspruchnahme der Sicherheit offen bleibt, eine Quotenzahlung erhält.

Es besteht jedoch kein Grund, die rechtsgeschäftlichen Vereinbarungen als unwirksam zu behandeln. Auch eine Anfechtbarkeit aus insolvenzrechtlichen Erwägungen ist nicht gegeben. Der Dritte hat durch eine einschränkende Vereinbarung mit dem sichernden Gesellschafter seinen Anspruch beschnitten. Die Vereinbarungen zwischen Kreditgeber und Gesellschafter bleiben im Innenverhältnis wirksam. Das bedeutet, das Nachrangigkeitsvereinbarungen mit dem Gesellschafter im Außenverhältnis keine Geltung haben und Verzichtsvereinbarungen dazu führen, dass der Kreditgeber sich die beim Gesellschafter hypothetisch erzielbare Befriedigung von seiner Forderung anrechnen lassen muss.

In welche Höhe der Dritte nach einer Inanspruchnahme der Gesellschaftersicherheit mit seiner Forderung ausgefallen wäre und für diesen Ausfall im Insolvenzverfahren noch an der Masseverteilung über die Insolvenztabelle teilnehmen kann, muss dieser nachweisen.[374]

c) Zwischen Gesellschaft und Gesellschafter

Zum besseren Verständnis der Auswirkungen der Anwendung der Kapitalersatzregeln im Insolvenzverfahren sind zunächst die Ansprüche der Gesellschaft gegen den Gesellschafter außerhalb eines Insolvenzverfahrens darzustellen. Bei der Stellung einer Doppelsicherheit durch Gesellschaft und Gesellschafter hat die Gesellschaft gegen den Gesellschafter einen Freistellungsanspruch im Falle der Inanspruchnahme durch den Dritten oder einen Erstattungsanspruch im Falle der bereits erfolgten Tilgung der Forderungen des Dritten. Die Freistellungs- oder Erstattungsansprüche des Gesellschafters gegen die Gesellschaft sind jedoch durch die Kapitalschutzvorschriften der §§ 30, 31 GmbHG beschränkt. Das Stammkapital darf unter keinen Umständen unmittelbar oder mittelbar an die Gesellschafter ausgekehrt werden. Ansprüche der Gesellschafter dürfen nur bis

[374] Vgl. *Scholz/K. Schmidt*, §§ 32a, 32b GmbHG, Rn. 141.

zur Höhe der Deckung des Stammkapitals (§ 30 Abs. 1 GmbHG analog bzw. § 31 Abs. 1 GmbHG analog) bedient werden.[375] Ohne Freistellungs- bzw. Erstattungsansprüche müsste die Gesellschaft Gesellschaftsmittel aufwenden; wenn diese zur Erhaltung des Stammkapitals erforderlich sind, läge mittelbar eine verbotene Auszahlung an den sichernden Gesellschafter vor. Außerhalb des Insolvenzverfahrens hat grundsätzlich auch der Gesellschafter Ansprüche gegen die Gesellschaft gemäß § 670 BGB oder aufgrund eines Forderungserwerbs gemäß den § 426 Abs. 2 BGB, § 774 BGB, § 1143 BGB oder § 1225 BGB.[376]

Wurde das Insolvenzverfahren über das Vermögen der Gesellschaft eröffnet und die Gesellschaft durch den Dritten in Anspruch genommen, obwohl der Gesellschafter ebenso für die Rückzahlung der Forderung des Dritten eine Sicherheit gestellt hatte, dann besteht ein Erstattungsanspruch der Gesellschaft gegen den Gesellschafter gemäß § 32b GmbHG unter den dort aufgestellten Voraussetzungen. Umgekehrt hat der Gesellschafter gegen die Gesellschaft nach Insolvenzeröffnung zwar noch einen Freistellungs- oder Erstattungsanspruch, er kann den Anspruch jedoch aufgrund der eigenkapitalersatzrechtlichen Wertungen gemäß § 39 Abs. 1 Nr. 5 InsO nur noch als nachrangige Insolvenzforderung geltend machen.

Eine bereits vor Eröffnung des Insolvenzverfahrens geleistete Regresszahlung an den Gesellschafter unterliegt der Insolvenzanfechtung nach § 135 Nr. 2 InsO. Bei einer durch die Regresszahlung eingetretenen oder erweiterten Unterbilanz bei der Gesellschaft besteht auch ein Erstattungsanspruch der Gesellschaft gegen den Gesellschafter nach § 31 Abs. 1 GmbHG analog.[377]

VI. Umgehungen

§ 32a Abs. 2 GmbHG könnte umgangen werden, indem der Gesellschafter einen Dritten beauftragt, der Gesellschaft Finanzierungsmittel zur Verfügung zu stellen. Dies unterbindet jedoch § 32a Abs. 3 Satz 1 GmbHG. Danach gelten die Kapitalersatzregeln auch für den Fall, dass die Sicherheit von einem dem Gesellschafter gleichgestellten Dritten zur Verfügung gestellt wird.[378]

---

[375] Vgl. *Lutter/Hommelhoff*, §§ 32a/b GmbHG, Rn. 130f.

[376] *v. Gerkan/Hommelhoff/Fleischer*, Rn. 6.64.

[377] Vgl. *Lutter/Hommelhoff*, §§ 32a/b GmbHG, Rn. 136; *Scholz/K. Schmidt*, §§ 32a, 32b GmbHG, Rn. 176.

[378] *MüKo-Stodolkowitz*, § 135 InsO, Rn. 83.

Einen Schritt weiter geht es, wenn ein Dritter ein Darlehen eines Nichtgesellschafters an die Gesellschaft absichert, aber der Gesellschafter oder ein ihm gleichgestellter Dritter für die gegebene Sicherheit eine weitere Sicherheit für die Darlehenserfüllung gewährt. Damit wird die Erfüllung der Rückzahlungsforderung mittelbar abgesichert und die Kreditgewährung ermöglicht.[379] Auch dieser Fall wird von § 32a Abs. 3 Satz 1 GmbHG erfasst.[380]

VII. Freistellungs- bzw. Erstattungsansprüche

§ 32b GmbHG und die Rechtsprechungsregeln zu den §§ 30, 31 GmbHG regeln die oben bereits dargestellten Freistellungs- bzw. Erstattungsansprüche der Gesellschaft gegen den sichernden Gesellschafter.

Wörtlich ordnet § 32b Satz 1 GmbHG nur einen Erstattungsanspruch an. Ein Freistellungsanspruch kann aber auch selbst aus dem Sinn und Zweck der genannten Vorschrift nicht abgeleitet werden. Gemäß § 32b Satz 3 GmbHG kann der Gesellschafter von seiner Erstattungsverpflichtung frei werden, wenn er die Gegenstände, die dem Gläubiger als Sicherung gedient hatten, der Gesellschaft zu ihrer Befriedigung zur Verfügung stellt. § 32b Satz 3 GmbHG gibt ausschließlich dem Gesellschafter die sog. Ersetzungsbefugnis.[381] Der Freistellungsanspruch der Gesellschaft gegen den Gesellschafter ergibt sich aus einer analogen Anwendung der §§ 30, 31 GmbHG.[382]

1. Erstattungsanspruch

§ 32b GmbHG setzt die Eröffnung eines Insolvenzverfahrens bei der darlehensnehmenden Gesellschaft voraus und ist demzufolge auch nicht anwendbar, wenn ein Insolvenzverfahren mangels Masse abgelehnt wird. Außerhalb eines Insolvenzverfahrens kommen nur die Rechtsprechungsregeln zu §§ 30, 31 GmbHG in Betracht. Die analoge Anwendung des § 31 Abs. 1 GmbHG gibt einen sofort fälligen Erstattungsanspruch gegen den Gesellschafter, wenn Leistungen an den Gesellschafter aus dem Gesellschaftsvermögen erbracht wurden, die zur Erhaltung des Stammkapitals erforderlich sind.

---

[379] *Vgl. Scholz/K. Schmidt*, §§ 32a, 32b GmbHG, Rn. 149.
[380] *MüKo-Stodolkowitz*, §135 InsO, Rn. 83.
[381] Vgl. *Baumbach/Hueck/Fastrich*, § 32b GmbHG, Rn. 5.
[382] Vgl. *Roth/Altmeppen*, § 32b GmbHG, Rn. 10.

§ 32b GmbHG ergänzt die Insolvenzanfechtungstatbestände bei eigenkapitalersetzenden Gesellschafterleistungen der §§ 135 InsO, 6 AnfG.

Der Anspruch gemäß § 32b GmbHG besteht in Höhe des zurückgezahlten Betrages und ist nicht auf die Deckung der Stammkapitalziffer beschränkt, aber der Anspruch geht nicht über den Betrag der vom Gesellschafter gestellten Sicherheit hinaus. Der Gesellschafter muss der Gesellschaft den für ihn verauslagten Betrag erstatten.[383] Wörtlich spricht § 32b Satz 1 GmbHG von „zurückgezahlt". Es kommt jedoch nach dem Sinn und Zweck der Vorschrift nicht auf Zahlungsleistungen an den Gesellschafter an. Der Begriff ist deshalb weit auszulegen.[384] Erfasst werden alle Rechtshandlungen, die das Gesellschaftsvermögen vermindern und den Gesellschafter besser stellen, d. h. den Erstattungsanspruch lösen auch eine Aufrechnung, eine Zwangsvollstreckung in das Vermögen der Gesellschaft oder die vorrangige Inanspruchnahme der Gesellschaft bei gleichzeitig bestehender eigenkapitalersetzender Gesellschaftersicherheit aus. Zu beachten ist die in § 32b Satz 1 GmbHG festgelegte Jahresfrist – von dem Antrag auf Eröffnung des Insolvenzverfahrens zurückgerechnet. Für die Verjährung verweist § 32b Satz 1 GmbHG a. E. auf § 146 InsO. Seit dem 15.12.2004 gilt gemäß § 146 Abs. 1 InsO nunmehr die dreijährige Regelverjährungsfrist des § 195 InsO.[385] Soweit diese Fristen im konkreten Fall zu einem Ausschluss der Ansprüche der Gesellschaft gegen den Gesellschafter führen, kann der Insolvenzverwalter der Gesellschaft über die parallele Anwendbarkeit der Rechtsprechungsregeln zu den §§ 30, 31 GmbHG einen auf die Stammkapitalziffer beschränkten Erstattungsanspruch mit einer Fünfjahresfrist geltend machen.

Gemäß § 32b Satz 2 GmbHG hat der Gesellschafter der Gesellschaft einen Betrag in Höhe der übernommenen Bürgschaftsverpflichtung oder in Höhe des Sicherungswertes im Zeitpunkt der Rückzahlung des Darlehens zu erstatten. Zu erstatten sind auch Nebenforderungen (z. B. Zinsen), die die Gesellschaft an den Dritten geleistet hat, soweit die Sicherung des Gesellschafters auch diese Nebenforderungen abgesichert hat.

---

383 Vgl. BGH, Urt. v. 2.4.1990 – II ZR 149/89, ZIP 1990, 642, 643.

384 Vergleiche hierzu die Darstellung bei *Rowedder/Schmidt-Leithoff/Pentz*, § 32b GmbHG, Rn. 3.

385 Auf die Vorschrift des § 199 BGB zur Regelung des Beginns der regelmäßigen Verjährung und den Höchstfristen sowie auf die Übergangsvorschrift des Art. 229 § 6 Abs. 3 EGBGB wird hingewiesen.

Der Gesellschafter kann der Erstattung dadurch entgehen, dass er der Gesellschaft nach § 32b Satz 3 GmbHG die Verwertung der Sicherheiten überlässt.

2. Freistellungsanspruch

Die Art und Weise der Freistellung hingegen liegt im Ermessen des Gesellschafters. Er könnte die Kreditschuld durch Vertrag mit dem Kreditgeber gemäß § 414 BGB übernehmen. Er könnte auch der Gesellschaft zur Rückzahlung der Kreditschuld einen Betrag in Höhe der Sicherheitenablösesumme treuhänderisch zur Verfügung stellen oder die Kreditschuld gemäß § 267 BGB tilgen.

Diese Freistellungsvarianten werden jedoch erst relevant, wenn der Kreditgeber seine Forderungen gegen die Gesellschaft fällig stellt. Dann ist es Aufgabe des Geschäftsführers, im Rahmen seiner Verpflichtung zur Geschäftsführung mit der Sorgfalt eines ordentlichen Kaufmannes (§ 43 Abs. 1 GmbHG) den Freistellungsanspruch gegen den Gesellschafter rechtzeitig geltend zu machen. Andernfalls droht ihm eine Schadensersatzverpflichtung. Gemäß § 43 Abs. 3 Satz 1 GmbHG ist der Geschäftsführer insbesondere dann zum Schadensersatz verpflichtet, wenn er den Bestimmungen des § 30 GmbHG zuwider Zahlungen aus dem zur Erhaltung des Stammkapitals erforderlichen Vermögens der Gesellschaft geleistet hat. Problematisch ist in diesem Zusammenhang der Nachweis der Gesellschaft, dass bei rechtzeitiger Geltendmachung des Freistellungsanspruchs durch den Geschäftsführer eine Inanspruchnahme der Gesellschaft und damit letztlich ein Schaden hätte vermieden werden können. Ein Schaden liegt nicht vor, wenn der Geschäftsführer den Erstattungsanspruch gegen den Gesellschafter geltend macht und die getätigten Aufwendungen der Gesellschaft durch die Erstattung vollends befriedigt werden.

3. Tatbestandsvoraussetzungen

Zahlt die Gesellschaft ein Darlehen im letzten Jahr vor dem Antrag auf Eröffnung des Insolvenzverfahrens oder nach diesem Antrag zurück, hat der Gesellschafter, der die Sicherung bestellt hat oder als Bürge haftet, in Höhe der Sicherheit nach § 32b GmbHG den zurückgezahlten Betrag zu erstatten. Somit handelt es sich bei § 32b GmbHG der Sache nach um einen Insolvenzanfechtungstatbestand.[386] Damit ein solcher Insolvenzanfechtungstatbestand auch geltend gemacht werden kann, ist es nötig, dass ein Insolvenzverfahren auch

---

[386] Vgl. *Jaeger/Henckel*, 32a KO, Rn. 89; *Scholz/K. Schmidt*, §§ 32a, 32b GmbHG, Rn. 167 mwN.

tatsächlich eröffnet wird. Hinsichtlich der Verjährung wird über § 32b Satz 1 a. E. GmbHG der § 146 InsO entsprechend angewandt.

4. Erweiterter Tatbestand

Um einen weiten Schutz durch § 32b GmbHG zu erreichen, werden von dieser Vorschrift nicht nur die im Gesetzeswortlaut aufgeführten Geldrückzahlungen erfasst, sondern auch alle der Rückzahlung gleichstehenden Rechtshandlungen.[387]

§ 32b GmbHG ist auch relevant für den Fall, dass die Gesellschaft zusammen mit dem Gesellschafter einen Kredit aufnimmt und dieser an die Gesellschaft ausbezahlt wird, die Gesellschaft sich jedoch im Innenverhältnis zur Rückzahlung gegen Verrechnung mit einem vom Gesellschafter gewährten eigenkapitalersetzendem Darlehen verpflichtet. Hier entsteht der Rückzahlungsanspruch nach § 32b GmbHG in Höhe der von der Gesellschaft an den Kreditgeber geleisteten Zins- und Tilgungszahlungen.[388]

Unter § 32b GmbHG fällt auch die Verwertung einer Gesellschaftssicherheit, obwohl daneben eine Gesellschaftersicherheit bestellt wurde.[389]

Um auch hier mögliche Umgehungsversuche zu verhindern, werden von der Vorschrift des § 32b Satz 4 GmbHG alle Rechtshandlungen erfasst, die der Darlehensgewährung wirtschaftlich entsprechen.

5. Begrenzte Haftung

Nach § 32b S. 3 GmbHG besteht die Verpflichtung zur Rückzahlung nur bis zur Höhe des Betrages, mit dem der Gesellschafter als Bürge haftete oder der dem Wert der von ihm bestellten Sicherung im Zeitpunkt der Rückzahlung des Darlehens entspricht.

---

[387] *Hachenburg/Ulmer*, §§ 32a, b GmbHG, Rn. 152 mwN; *Scholz/K. Schmidt*, §§ 32a, 32b GmbHG, Rn. 170.

[388] *MüKo-Stodolkowitz*, § 135 InsO, Rn. 88.

[389] *MüKo-Stodolkowitz*, § 135 InsO, Rn. 88.

6. Ersetzungsbefugnis

Nach § 32b S. 4 GmbHG ist der Geber der Gesellschaftersicherheiten im Falle des § 32b GmbHG berechtigt, statt der Rückzahlung die Sicherungsgegenstände der Gesellschaft zu ihrer Befriedigung zur Verfügung zu stellen. Damit wird er von seiner Rückzahlungspflicht vollständig frei. Darüber hinaus hat er einen Anspruch auf Auszahlung eines den Rückzahlungsanspruch übersteigenden Mehrerlöses.

7. Tilgungsverpflichtung

Die Rechtsprechung entwickelte aus der entsprechenden Anwendung des § 32b GmbHG neben einer Rückzahlungsverpflichtung auch eine vorrangige Tilgungsverpflichtung des vorrangig haftenden Gesellschafters.

Im Insolvenzverfahren besteht entsprechend § 32b GmbHG eine Verpflichtung des sichernden Gesellschafters auf Tilgung der Darlehensschulden der Gesellschaft im Umfang des Wertes der Sicherheit.[390] Die Tilgung der Darlehensschulden der Gesellschaft sollte am Besten direkt vom Gesellschafter an den Darlehensgeber erfolgen, damit die Gesellschaft auch kurzfristig keine Liquidität dadurch einbüßen muss, dass sie selbst die Tilgung vornimmt und den Wert erst anschließend vom Gesellschafter ausgeglichen bekommt. Die Rechtsprechung und ein Großteil der Literatur erkennen deshalb einen Tilgungsfreistellungsanspruch der Gesellschaft gegen den Gesellschafter an.[391] Darüber hinaus bejaht die Rechtsprechung einen solchen Anspruch bereits vor Eröffnung eines Insolvenzverfahrens.[392] Zum Schutz der Gesellschaft vor einem Liquiditätsengpass aufgrund einer Darlehensablösung mit eigenkapitalersetzender Sicherheit, der u. U. zu einer Insolvenzantragsverpflichtung führen kann, ist der Tilgungsfreistellungsanspruch auch schon vor der Eröffnung eines Insolvenzverfahrens zu befürworten.

---

[390] Vgl. schon BGH, Urt. v. 14.10.1985 – II ZR 280/84, NJW 1986, 429, 430.

[391] BGH, Urt. v. 16.12.1991 – II ZR 294/90, ZIP 1992, 242, NJW 1992, 1166, GmbHR 1992, 165, EWiR 1992, 279; BGH, Urt. v. 2.6.1997 – II ZR 211/95, NJW 1997, 3171, 3172; *Lutter/Hommelhoff*, §§ 32a/b GmbHG, Rn. 130; *Scholz/K. Schmidt*, §§ 32a, 32b GmbHG, Rn. 165; *Fastrich*, NJW 1983, 260, 263.

[392] *MüKo-Stodolkowitz*, § 135 InsO, Rn. 91, 106 mwN.

§ 11 Fallgruppen des § 32a Abs. 3 Satz 1 GmbHG

I. Tatbestand des § 32a Abs. 3 Satz 1 GmbHG

Nach § 32a Abs. 3 Satz 1 GmbHG gelten die Vorschriften des § 32a Abs. 1 und Abs. 2 GmbHG sinngemäß für andere Rechtshandlungen eines Gesellschafters oder eines Dritten, die der Darlehensgewährung wirtschaftlich entsprechen. Mit dieser Vorschrift wurde ein Umgehungsschutztatbestand geschaffen, der den Grundtatbestand in vielerlei Hinsicht erweitert.

Über § 32a Abs. 3 Satz 1 GmbHG erfolgt zum einen eine Gleichstellung von bestimmten Nichtgesellschaftern mit Gesellschaftern, zum anderen eine wirtschaftliche Gleichstellung von eigenkapitalersetzenden Gesellschafterdarlehen mit anderen Gesellschafterleistungen. Auch das Stehenlassen von Forderungen kann unter § 32a Abs. 3 S. 1 GmbHG erfasst werden.

II. Einem Gesellschafter gleichgestellte Personen

Die Gleichstellung von bestimmten Nichtgesellschaftern mit einem Gesellschafter wird stets auf folgende Grundgedanken gestützt: Entscheidend ist jeweils, ob die der Gesellschaft zur Verfügung gestellten Kreditmittel im wirtschaftlichen Ergebnis aus dem Vermögen eines Gesellschafters aufgebracht werden oder ob die Nichtgesellschafter aufgrund besonderer Rechtstellung einem Gesellschafter gleichgestellt werden können.

1. Nahe Angehörige des Gesellschafters

Bei der Hingabe von Finanzierungsmitteln an eine Gesellschaft durch nahe Angehörige eines Gesellschafters drängt sich der Gedanke auf, dass diese Mittel tatsächlich vom Gesellschafter stammen und das Eigenkapitalersatzrecht umgangen werden soll. Die Besonderheit bei der Einschaltung von nahen Angehörigen liegt darin, dass anzunehmen ist, dass der Gesellschafter entscheidenden Einfluss hat.

Der Schutz des Kapitalersatzrechts vor einer Umgehung durch die Zwischenschaltung von nahen Angehörigen war ausdrücklich im Regierungsentwurf von 1977 zu den Novellenregelungen im § 32a Abs. 6 GmbHG vorgesehen. Dort war geregelt, dass für Forderungen und Sicherungen des Ehegatten oder minderjähriger Kinder des Gesellschafters die unwiderlegliche Vermutung besteht, dass diese aus Mitteln des Gesellschafters erworben oder bestellt worden sind.[393] Diese Vermutungswirkung war aus verfassungsrechtlichen Gründen zu weitgehend und wurde deshalb nicht kodifiziert.

Die Rechtsprechung hat seit dem Inkrafttreten der Novellenregelung mehrmals zur Finanzierung eines Unternehmens durch nahe Angehörige des Gesellschafters im Hinblick auf die Anwendung der Kapitalersatzregeln zu entscheiden. Geld und geldwerte Mittel von nahen Angehörigen des Gesellschafters an die Gesellschaft werden den Eigenkapitalersatzregeln unterworfen, wenn es sich bei diesen Mitteln um Geldwerte des Gesellschafters handelt und sie der Gesellschaft für Rechnung des Gesellschafters zur Verfügung gestellt werden.[394] Handelt es sich hingegen um eigene Mittel des nahen Angehörigen und werden die eingebrachten Mittel auch nicht für Rechnung des Gesellschafters eingelegt, dann kann nur bei Vorliegen von weiteren qualifizierten Voraussetzungen die Anwendung des Kapitalersatzrechts gerechtfertigt werden.[395] Dem stimmt weitgehend auch die Literatur zu.[396]

Uneinig ist man sich jedoch hinsichtlich der Beweisführung. Grundsätzlich trägt derjenige die Beweislast, der sich auf für ihn günstige Tatsachen beruft. Die Literatur[397] lässt eine Beweiserleichterung in Form eines Anscheinsbeweises zu, wenn zumindest Hinweise auf die Erfüllung der genannten Voraussetzungen bestehen und die Umstände des Einzelfalles eine Durchreichung der Mittel über eine nahe stehende Person vermuten lassen. Ein solcher Fall wäre beispielsweise die Mittelüberlassung durch eine ansonsten mittellose Person. Die Rechtsprechung[398] ist indes strenger. Sie lässt keinen Anscheinsbeweis zu, sondern verlangt einen Nachweis vom Insolvenzverwalter, dass die Mittel aus dem Vermögen des Gesellschafters stammen.

Der von der Rechtsprechung geforderte konkrete Nachweis ist in der Praxis kaum möglich. Deshalb sind bei Gesellschaftern, die mit dem Gedanken des Ei-

---

393 § 32a Abs. 6 RegE 1977, BT-Drucks. 8/1347, S. 10.

394 BGH, Urt. v. 18.2.1991 – II ZR 259/89 – II ZR 259/89, NJW-RR 1991, 744, 745; BGH, Urt. v. 14.6.1993 – II ZR 252/92, NJW 1993, 2179, 2180 mwN.

395 BGH, Urt. v. 14.6.1993 – II ZR 252/92, ZIP 1993, 1072, 1073.

396 *Lutter/Hommelhoff*, §§ 32a, 32b GmbHG, Rn. 62; *Hachenburg/Ulmer*, § 32a, b GmbHG, Rn. 120.

397 *Scholz/K. Schmidt*, §§ 32a, 32b GmbHG, Rn. 134; *Baumbach/Hueck/Fastrich*, § 32a GmbHG, Rn. 25.

398 BGH, Urt. v. 18.2.1991 – II ZR 259/89, ZIP 1991, 366, 367; OLG Zweibrücken, Urt. v. 18.5.1999 – 8 U 36/98, NZG 2000, 49, 50.

genkapitalersatzrechts vertraut sind, häufig auch deren Eltern, Kinder, Ehegatten oder Geschwister als Fremdkapitalgeber in die Gesellschaft eingebunden. Kommen weitere Umstände wie die Mittellosigkeit der nahen Angehörigen hinzu, dann spricht viel für die Zulassung eines Anscheinsbeweises. Ein solcher Anscheinsbeweis wird im Zivilprozessrecht immer dann als zulässig angesehen, wenn sich mögliche Beweisunterlagen in der Herrschaftssphäre der anderen Partei befinden und die grundsätzlich beweispflichtige Partei keinen Einblick in die Verhältnisse des anderen nehmen kann. So liegt es auch im Fall der Einschaltung naher Angehöriger bei der Unternehmensfinanzierung. Der Insolvenzverwalter, der mit Insolvenzantragstellung erstmals Einblick in die Unternehmensverhältnisse erhält und nur am Rande die persönlichen Verhältnisse kennen lernt, wird Schwierigkeit haben, die familiären Zusammenhänge zu erkennen. Noch schwieriger wird ein entsprechender Nachweis sein. Deshalb ist die Zulassung eines Anscheinsbeweises hier gerechtfertigt. Dies gilt auch vor dem Hintergrund, dass dieser Anscheinsbeweis durch den Vortrag von Gegentatsachen wieder entkräftet werden kann. Eine unwiderlegliche Vermutung, wie im Regierungsentwurf vorgesehen, wäre in der Tat zu weitgehend.

2. Mittelbare Stellvertretung

Grundsätzlich werden nur Finanzierungshilfen eines Gesellschafters an die Gesellschaft vom Eigenkapitalersatzrecht erfasst. Durch die Einschaltung eines außen stehenden Dritten könnte der Gesellschafter jedoch versuchen, die Kapitalersatzregeln zu umgehen.

Die mittelbare Stellvertretung kann auf zwei verschiedenen Wegen zur Umgehung der Kapitalersatzregeln beitragen. Der mittelbare Stellvertreter kann sowohl als Gesellschafter als auch als Mittelgeber auftreten.

a) Mittelbarer Gesellschafter

Eine mittelbare Stellvertretung auf Gesellschafterebene liegt vor, wenn ein Gesellschafter im eigenen Namen seinen Geschäftsanteil hält, aber dies im Interesse und für Rechnung eines von ihm vertretenen Dritten tut. Dieser Dritte ist somit tatsächlich Geschäftsherr und wie ein Gesellschafter zu behandeln.[399] Für den vertretenen Dritten gelten die Eigenkapitalersatzregeln über § 32a Abs. 3 Satz 1 GmbHG.

---

[399] *v. Gerkan/Hommelhoff/Johlke/Schröder*, Rn. 5.14.

b) Mittelbarer Finanzgeber

Eine andere Form der mittelbaren Stellvertretung liegt vor, wenn ein Gesellschafter einem Dritten als Zahlungsmittler Finanzierungsmittel für Gewährung an die Gesellschaft zur Verfügung stellt. Gewährt der Dritte der Gesellschaft die überlassenen Finanzierungsmittel zwar im eigenen Namen aber für Rechnung und im Interesse des Gesellschafters, dann muss hierfür auch der Umgehungsschutz des § 32a Abs. 3 Satz 1 GmbHG eingreifen.

Die Rechtsprechung hat hierzu entschieden, dass ein Dritter, der vom Gesellschafter beauftragt worden ist, für Rechnung des Gesellschafters und mit seinen Mittel der Gesellschaft Finanzierungsmittel zur Verfügung zu stellen, ausnahmsweise auch als mittelbarer Stellvertreter vom Kapitalersatzrecht erfasst wird.[400] Der darlehensgebende Dritte wird wie ein Gesellschafter nach § 32a Abs. 3 Satz 1 GmbHG behandelt werden.

Diese Fallgestaltung wird häufig bei der Einschaltung von nahen Angehörigen oder verbundenen Unternehmen gewählt.

Nach dem allgemein geltenden Beweislastgrundsatz hat der Insolvenzverwalter, der sich auf die internen Verrechnungsabsprachen beruft, zu beweisen, dass das Geschäft im Interesse und für Rechnung des Gesellschafters erfolgt ist. Sind diese Voraussetzungen nicht eindeutig gegeben, dann wird hier wohl die Anwendung des Anscheinsbeweises gerechtfertigt sein, wenn zumindest Hinweise auf die Erfüllung der Voraussetzungen bestehen.[401] Diese Beweiserleichterung dient der effektiven Anwendung der Kapitalersatzregeln.

3. Vertragliche oder gesetzliche Freistellungs-/Erstattungsansprüche

Eine weitere wirtschaftlich vergleichbare Gesellschafterstellung im Sinne des § 32a Abs. 3 Satz 1 GmbHG liegt vor, wenn ein unbeteiligter Dritter einer Gesellschaft ein Darlehen gewährt und über vertragliche oder gesetzliche Freistellungs- und Erstattungsansprüche letztlich auf den Gesellschafter zugreifen kann. Im Ergebnis wird der Dritte dann im Interesse und für Rechnung des Gesellschafters tätig.

---

[400] BGH, Urt. v. 18.11.1996 – II ZR 207/95, NJW 1997, 740, 741.

[401] *Hachenburg/Ulmer*, §§ 32a, b GmbHG, Rn. 120; *Scholz/K. Schmidt*, §§ 32a, 32b GmbHG, Rn. 134 mwN.

Zu dieser Fallgestaltung gehören etwa Finanzierungen mit einer gesetzlichen Ausgleichsverpflichtung des Gesellschafters als Gesamtschuldner nach § 426 BGB, einem Aufwendungsersatzanspruch des beauftragten Dritten gegen den Gesellschafter nach § 670 BGB oder einem Aufwendungs- und Verlustersatzanspruch des Dritten gegen den Gesellschafter nach § 110 HGB.[402]

Ein möglicher Umgehungsversuch kann auch bei gemeinschaftlichen Finanzierungen gegeben sein. Der Bundesgerichtshof hatte über die Anwendung der Kapitalersatzregeln in einem Fall zu entscheiden, bei dem sich ein Gesellschafter und ein Dritter die von der Gesellschaft benötigten Finanzierungsmittel auf dem Kapitalmarkt beschafft haben und der Dritte gegenüber der Gesellschaft als Kapitalgeber auftrat, dieser Dritte aber vom Gesellschafter intern von der Rückzahlung des Bankdarlehens freigestellt wurde. Der BGH entschied, dass es sich hier um eine Umgehung der Kapitalersatzregeln handele und deshalb der Tatbestand des § 32a Abs. 3 Satz 1 GmbHG gegeben sei.[403] Wirtschaftlich betrachtet wurden die Mittel aus dem Vermögen des Gesellschafters aufgebracht.

Der dargestellte Fall hatte jedoch die Besonderheit, dass der Gesellschafter hier als Kreditauftraggeber fungierte. Wer einen anderen beauftragt, im eigenen Namen und auf eigene Rechnung einem Dritten ein Darlehen oder eine Finanzierungshilfe zu gewähren, haftet nach § 778 BGB dem Beauftragten für die aus dem Darlehen oder der Finanzierungshilfe entstehende Verbindlichkeit des Dritten als Bürge. Das bedeutet im vorliegenden Fall, dass der Kreditauftraggeber als Gesellschafter dem Dritten als Kreditgeber der Gesellschaft eine Sicherheit, nämlich eine Bürgschaft, zur Verfügung stellt. Dann aber ergibt sich die eigenkapitalersetzende Funktion bereits aus dem Tatbestand einer Absicherung des der Gesellschaft gewährten Darlehens.[404]

4. Eintritt als neuer Gesellschafter nach Darlehenshingabe

Die Kapitalersatzregeln werden nur angewandt auf Gesellschafter oder diesen gleichgestellte Dritte. Erwirbt ein Darlehensgeber nach der Darlehenshingabe Geschäftsanteile an der darlehensnehmenden Gesellschaft, so wird er ab der Begründung der formalen Gesellschafterstellung der Anwendung der Kapitaler-

---

[402] Vgl. *v. Gerkan/Hommelhoff/Johlke/Schröder*, Rn. 5.15.

[403] BGH, Urt. v. 26.6.2000 – II ZR 21/99, NJW 2000, 3278, 3279, siehe bereits die Darstellung unter § 11, II, 3.

[404] Vgl. *v. Gerkan*, EWiR 2001, 19.

satzregeln unterworfen. Zu beachten ist in diesem Fall jedoch das Sanierungsprivileg des § 32a Abs. 3 Satz 3 GmbHG.[405]

5. Treuhandverhältnisse

a) Treuhandverhältnis hinsichtlich der Gesellschafterstellung

Bei der Diskussion der Behandlung von gesellschaftsrechtlichen Treuhandverhältnissen geht es in erster Linie darum, wer im Rahmen einer eigenkapitalersatzrechtlichen Bewertung als Gesellschafter anzusehen ist.

Folgender Beispielsfall soll die Problematik näher darstellen:

Fall: *Der Alleingesellschafter einer GmbH überträgt seine Gesellschaftsanteile zur treuhänderischen Verwaltung auf einen bisher unbeteiligten Dritten. Anschließend gewährt der Treugeber der GmbH ein Darlehen, das in die Krise hinein stehen gelassen wird. Nunmehr entschließt sich auch der treuhänderisch verwaltende Dritte der Gesellschaft seinerseits finanzielle Unterstützung in Form eines Darlehens zu gewähren.*

Welche Fremdmittel unterliegen hier dem Eigenkapitalersatzrecht?

aa) Treugeber

Der Bundesgerichtshof hat in seiner ständigen Rechtsprechung ausgeführt, dass ein Treugeber mit einem Gesellschafter gleichzustellen ist. Ein Treugeber, der an der Gesellschaft zumindest mittelbar oder wirtschaftlich beteiligt ist, muss aus Gründen der Zielsetzung der Kapitalersatzregeln auch Adressat des Kapitalersatzrechts sein.[406] Für die Anwendung der Eigenkapitalersatzregeln kommt es darauf an, dass der Treugeber im Zeitpunkt der Gewährung der Kapitalhilfe wirtschaftlich der Inhaber der Mitgliedschaft ist.[407] Ob es sich dabei um eine Verwaltungstreuhand oder um eine Sicherungstreuhand handelt, ist gleichgültig.[408]

---

[405] Ausführlich zur Gesellschafterstellung unter § 3, II; zum Sanierungsprivileg unter § 5, II.

[406] Vgl. BGH, Urt. v. 14.11.1988 – II ZR 115/88, NJW 1989, 1219, 1220 mwN.

[407] *v. Gerkan/Hommelhoff/Johlke/Schröder*, Rn. 5.10 mwN zur ständigen Rechtsprechung.

[408] *MüKo*-Stodolkowitz, § 135 InsO, Rn. 69; Hachenburg/*Ulmer*, §§ 32a, b GmbHG, Rn. 123.

Der Treugeber eines Gesellschaftsanteils behält die wirtschaftliche Stellung als Gesellschafter. Der Treugeber gibt formal seine Gesellschafterstellung auf und regelt mit dem Treuhänder dessen Rechte- und Pflichtenkatalog, der allerdings nur im Innenverhältnis Gültigkeit erlangt. Über diesen Einfluss auf den Treuhänder behält der Treugeber wirtschaftlich betrachtet seine Gesellschafterstellung.

Im Falle des Stehenlassens der Kapitalhilfe kommt es auf die wirtschaftliche Gesellschafterstellung im Zeitpunkt des Stehenlassens an.

Der Treugeber hat formal keine Gesellschafterstellung inne, weshalb § 32a Abs. 1 GmbHG nicht einschlägig ist. Die eigenkapitalersatzrechtlichen Wirkungen treffen den Treugeber allerdings über die wirtschaftliche Gleichstellung mit dem formalen Gesellschafter gemäß § 32a Abs. 3 Satz 1 GmbHG.

Im oben dargestellten Beispielsfall ist der Treugeber der Gesellschaftsanteile im Zeitpunkt des Stehenlassens der Darlehensmittel bei Eintritt der Krise der Gesellschaft über § 32a Abs. 3 Satz 1 GmbHG den eigenkapitalersatzrechtlichen Wertungen unterworfen.

bb) Treuhänder

Der Treuhänder der Gesellschafterstellung ist formal betrachtet der Gesellschafter. Aufgrund der Abrede mit dem Treugeber kann seine Rechtsstellung eingeschränkt sein. Das Nähere regelt der Treuhandvertrag. Diese Einschränkungen gelten jedoch nur im Verhältnis zwischen Treugeber und Treuhänder. Im Außenverhältnis ist der Treuhänder mit allen Rechten und Pflichten eines Gesellschafters ausgestattet.

Für den Treuhänder gilt damit in der Insolvenz der Gesellschaft das Eigenkapitalersatzrecht unmittelbar über § 32a Abs. 1 GmbHG.

Im obigen Beispielsfall erfolgt die Umqualifizierung bereits im Zeitpunkt der Gewährung der Darlehensmittel in der Krise nach § 32a Abs. 1 GmbHG.

cc) Doppeltreuhand

Ein besonderer Fall eines Treuhandverhältnisses liegt vor, wenn der Treuhänder verpflichtet wird, den Gesellschaftsanteil treuhänderisch für zwei verschiedene Berechtigte zu halten. Man spricht dann von einer sog. Doppeltreuhand. Meist wird es sich um einen Fall handeln, bei dem neben dem wirtschaftlichen Inhaber des Geschäftsanteils über die Treuhandabrede auch ein Darlehensgeber der Gesellschaft gesichert werden soll.

Nach einer Entscheidung des OLG Hamburg[409] ist der Treugeber bei einer sog. Doppeltreuhand jedenfalls dann einem Gesellschafter nicht gleichzusetzen, wenn der Treuhändergesellschafter für ihn nur Sicherungszwecke wahrnimmt und seine Stellung der eines Pfandgläubigers angenährt ist. Bei einer solchen Doppeltreuhand sei der Sicherungsnehmer kapitalersatzrechtlich lediglich wie ein Pfandrechtsinhaber zu behandeln.[410] Dem ist nur insoweit zuzustimmen, als dem über die Treuhandabrede gesicherten Darlehensgeber tatsächlich kein maßgeblicher Einfluss zusteht. Bei einer der Verpfändung ähnlichen Treuhandabrede ist eine beherrschende Stellung des Sicherungsnehmers regelmäßig nicht anzunehmen. Anders ist jedoch die Einräumung atypischer Einflussnahmemöglichkeiten zu beurteilen, wenn sich dadurch die gesellschaftergleiche Stellung ableiten lässt. Es kommt somit auf die Regelungen der Treuhandvereinbarung im Einzelnen an.

b) Treuhandverhältnis hinsichtlich Gesellschaftsvermögen

aa) Treuhandgesellschafter

Ein Treuhandgesellschafter, der seiner Gesellschaft Treugut zur Verfügung stellt, unterliegt den Regeln des Eigenkapitalersatzes.

bb) Treugeber mit besonderen Interessen

Es kann aber auch der Fall vorliegen, dass ein Treugeber der Gesellschaft Gegenstände oder Geldmittel zur treuen Hand zur Verfügung stellt. Handelt es sich bei dem Treugeber um einen Gesellschafter der empfangenden Gesellschaft, dann stellt sich die Frage, ob dann ebenfalls die Regeln über den Kapitalersatz eingreifen sollen. Aus Gläubigerschutzgründen ist die Anwendung der Kapitalersatzregeln auf jede Gesellschafterleistung mit Finanzierungseffekt zu befürworten, also auch auf die Überlassung von Vermögensgegenständen durch den Gesellschafter an die Gesellschaft zur treuen Hand.

---

[409] OLG Hamburg, Urt. v. 27.6.1997 – 11 U 233/96, WM 1997, 1846ff.
[410] *MüKo-Stodolkowitz*, § 135 InsO, Rn. 69.

c) Ausschluss des Kapitalersatzrechts im Treuhandverhältnis

Durch die Regelung des § 56 e DMBilG wurden Kredite an Treuhandunternehmen aus dem Kapitalersatzrecht herausgenommen.[411]

6. Strohmänner und Mittelsmänner

Die Behandlung der Strohmann- und Mittelmannverhältnisse erfolgt entsprechend der Behandlung von Treuhandverhältnissen.

Bereits im Jahr 1959 hat sich der Bundesgerichtshof mit einer Strohmanngründung einer GmbH auseinandergesetzt.[412] Der BGH hat entschieden, dass derjenige, der mit seinen Mitteln durch einen Strohmann eine GmbH gründet, der Gesellschaft gegenüber wie ein Gesellschafter zu behandeln ist.

7. Stille Gesellschafter

Die „stille Gesellschaft" ist keine eigenständige Rechtsform. Eine stille Beteiligung kann an jedem Handelsgewerbe begründet werden. Das Handelsgesetzbuch enthält in den §§ 230ff. HGB besondere Regelungen für die stille Gesellschaft.

Eine stille Gesellschafterbeziehung liegt immer dann vor, wenn von einem Gesellschafter oder Dritten eine Vermögenseinlage an eine Gesellschaft gewährt wird und diese Einlage nicht zu einer Beteiligung am Stammkapital führt, sondern lediglich eine schuldrechtliche Beziehung zwischen stillem Gesellschafter und der Gesellschaft begründet.

Für die Anwendung der Kapitalersatzregeln ist zu prüfen, ob der stille Gesellschafter im konkreten Fall eine gesellschafterähnliche Stellung einnimmt. Zur genauen Analyse müssen bei der stillen Gesellschaft mehrere Unterscheidungen vorgenommen werden.[413]

---

[411] *MüKo-Stodolkowitz*, § 135 InsO, Rn. 13 mit weiteren Ausführungen zur Entwicklung und zum Anwendungsbereich des § 56e DMBilG unter Rn. 32f.

[412] BGH, Urt. v. 14.12.1959 – II ZR 187/57, BGHZ 31, 258, 266, NJW 1960, 285, 287f.

[413] Siehe hierzu die Fallgruppen eigenkapitalersetzender stiller Beteiligungen bei *Paulick*, Rn. 1052ff.

a) Stille Einlage eines Gesellschafters

Legt ein Gesellschafter zusätzlich eine stille Einlage ein, dann wird diese Einlage wie ein eigenkapitalersetzendes Darlehen behandelt, sofern im Übrigen dessen Voraussetzungen[414] erfüllt sind. Ob hier eine typisch oder eine atypisch stille Beteiligung des Gesellschafters gegeben ist, ist nicht entscheidend.[415] Ein Gesellschafter hat für jeden Finanzierungsbeitrag die Finanzierungsfolgenverantwortung zu tragen.

b) Stille Einlage eines Dritten

Stellt hingegen ein unbeteiligter Dritter der Gesellschaft eine stille Einlage zur Verfügung, dann sind weitere Differenzierungen erforderlich. Ein stiller Gesellschafter wird durch seinen Finanzierungsbeitrag nicht selbst Gesellschafter, da er nicht am Stammkapital beteiligt ist. Ein Dritter kann jedoch satzungsmäßig oder durch rechtsgeschäftliche Vereinbarung mit unterschiedlichen Beteiligungs- und Mitwirkungsrechten ausgestattet werden und dadurch eine mit einem am Stammkapital beteiligten Gesellschafter wirtschaftlich vergleichbare Stellung einnehmen.

Der Bundesgerichtshof[416] hat entschieden, dass eine stille Einlage eines unbeteiligten Dritten grundsätzlich als Fremdkapital anzusehen ist und er seine Rückzahlungsforderung in der Insolvenz der Gesellschaft, soweit sie den Betrag des auf ihn fallenden Anteils am Verlust übersteigt, als Insolvenzgläubiger gemäß § 236 HGB i. V. m. § 38 InsO als Insolvenzgläubiger geltend machen kann. Im Falle einer atypischen Beteiligung am Vermögen und Ertrag und der Ausstattung mit Mitwirkungsbefugnissen ähnlich einem Kommanditisten sei dieser atypisch stille Gesellschafter wie ein Gesellschafter zu behandeln und die Kapitalersatzregeln auf seine Finanzierungsbeiträge anzuwenden.

Hier kommt es also darauf an, ob eine typisch stille Beteiligung oder eine atypisch stille Beteiligung gegeben ist.

---

[414] Welche Voraussetzungen für eine Darlehensähnlichkeit im Sinne des § 32a Abs. 3 Satz 1 GmbHG gegeben sein müssen, wird bei der Analyse der gleichgestellten Forderungen unter § 11, III, 3 erörtert.

[415] *v. Gerkan/Hommelhoff/Hommelhoff*, Rn. 1.38; vgl. auch Baumbach/Hueck/*Fastrich*, § 32a GmbHG, Rn. 30; *Hachenburg/Ulmer*, §§ 32a, b GmbHG, Rn. 96f.; *Scholz/K. Schmidt*, §§ 32a, 32b GmbHG, Rn. 119.

[416] Vgl. BGH, Urt. v. 7.11.1988 – II ZR 46/88, BGHZ 106, 7, 9ff., ZIP 1989, 95, 96ff.; insoweit zustimmend *Koch*, EWiR 1989, 587f.

aa) Typisch stille Beteiligung

Gesetzlich geregelt ist in den §§ 230ff. HGB lediglich die typische stille Gesellschaft. Ein typisch stiller Gesellschafter kann im Insolvenzverfahren der Gesellschaft seine Einlagenrückforderung nach § 236 Abs. 1 HGB als Insolvenzgläubiger geltend machen. Gewährt dieser stille Gesellschafter zusätzlich zu seiner Einlage weitere Mittel an die Gesellschaft, dann handelt es sich hierbei um ein Drittdarlehen, dass unter keinen Umständen zwangsweise in Eigenkapitalersatz umqualifiziert werden kann.[417]

Die Beteiligung am Gewinn und Verlust nach § 231 HGB rechtfertigt es nicht, den typisch stillen Gesellschafter rangmäßig schlechter zu stellen als einen sonstigen Gesellschaftsgläubiger.

Auch eine Rangrücktrittsvereinbarung hinsichtlich der Leistungen eines typisch stillen Beteiligten ändert nichts an der Art der Beteiligung; eine vergleichbare Gesellschafterstellung wird dadurch nicht begründet. Es wird nur der Anspruch, in der Insolvenz der Gesellschaft als Insolvenzgläubiger gemäß § 236 Abs. 1 HGB berücksichtigt zu werden, durch den Rangrücktritt aufgegeben. Die Rangrücktrittsvereinbarung zwischen dem typisch stillen Beteiligten und der empfangenden Gesellschaft führt dazu, dass der Rückzahlungsanspruch als Verbindlichkeit der Gesellschaft bei der Aufstellung des Überschuldungsstatus unberücksichtigt bleibt.

bb) Atypisch stille Beteiligung

Nach herrschender Meinung ist eine atypisch stille Beteiligung jedenfalls gegeben, wenn der Kapitalgeber neben einer Beteiligung am Gewinn und Verlust der Gesellschaft auch am Vermögen der Gesellschaft anteilsmäßig beteiligt ist. Er hat dementsprechend umfassende Mitwirkungs- und Kontrollmöglichkeiten.[418] Der atypisch stille Gesellschafter ist dann auch steuerrechtlich ein Mitunternehmer.

Ergibt die rechtliche Qualifizierung der Einlage des Dritten, dass es sich hierbei um eine atypisch stille Beteiligung handelt, dann wird der Stille einem Gesell-

---

[417] *v. Gerkan/Hommelhoff/Hommelhoff*, Rn. 1.35.

[418] Vgl. BGH, Urt. v. 7.11.1988, BGHZ 106, 7, ZIP 1989, 25, GmbHR 1989, 152, NJW 1989, 982f.; OLG Hamburg, Urt. v. 13.10.1989 – 11 U 108/89, NJW-RR 1991, 105, 106, WM 1990, 1292, 1294.

schafter über § 32a Abs. 3 GmbHG gleichgestellt.[419] Sowohl die Einlage als auch die Gewährung sonstiger Geldmittel des atypisch stillen Gesellschafters an die Gesellschaft werden unter den oben dargestellten Voraussetzungen der Rechtsprechungs- oder Novellenregeln zum Eigenkapitalersatz als eigenkapitalersetzende Leistungen behandelt.

Hier ist jedoch umstritten, wie die atypische stille Beteiligung ausgestaltet sein muss, damit der stille Gesellschafter dem formalen Gesellschafter nach § 32a Abs. 3 Satz 1 GmbHG gleichgestellt werden kann. Im Folgenden soll dargestellt werden, welche stillen Kapitalgeber der Gesellschaft unter den Tatbestand des § 32a Abs. 3 Satz 1 GmbHG fallen.

aaa) Beteiligung am Vermögen und Informations-, Kontroll- und Mitwirkungsrechte

Ein stiller Gesellschafter, der vertraglich nicht nur am Unternehmensvermögen beteiligt ist, sondern darüber hinaus auch Informations-, Kontroll- und Mitwirkungsrechte wie ein Gesellschafter hat, wird unbestritten von § 32a Abs. 3 Satz 1 GmbHG erfasst. Anhaltspunkte für eine solche Form der stillen Beteiligungen liegen vor, wenn bestimmte Entscheidungen oder Handlungen der Geschäftsführung der Zustimmung des Stillen bedürfen, der Stille in der Gesellschafterversammlung stimmberechtigt ist, bestimmte Beschlüsse der Gesellschafterversammlung zu ihrer Wirksamkeit der Zustimmung des Stillen bedürfen oder dem Stillen bestimmte Befugnisse der Gesellschafterversammlung übertragen wurden. [420]

bbb) Beteiligung am Vermögen und fehlende Informations-, Kontroll- und Mitwirkungsrechte

Auch ohne Informations-, Kontroll- und Mitwirkungsrechte kann ein stiller Gesellschafter einem Gesellschafter nach § 32a Abs. 3 Satz 1 GmbHG gleichstehen. Erforderlich ist jedoch in jedem Fall eine Beteiligung am Ertrag und Vermögen der Gesellschaft. Dadurch, dass der stille Gesellschafter anteilig am Vermögen der Gesellschaft beteiligt ist, erhält er die Funktion eines finanziellen

---

[419] Vgl. *Scholz/K. Schmidt*, §§ 32a, 32b GmbHG, Rn. 19, 119; *Roth/Altmeppen*, § 32a GmbHG, Rn. 175; *Baumbach/Hueck/Fastrich*, § 32a GmbHG, Rn. 22; *Hachenburg/Ulmer*, § 32a GmbH, Rn. 124f.

[420] *v. Gerkan/Hommelhoff/Johlke/Schröder*, Rn. 5.19.

Treugebers. Als solcher ist er einem Gesellschafter nach § 32a Abs. 3 Satz 1 GmbHG gleichgestellt.

ccc) Informations-, Kontroll- und Mitwirkungsrechte und keine Beteiligung am Vermögen

Eine atypisch stille Beteiligung liegt vor, wenn der Dritte am Vermögen und Ertrag der Gesellschaft beteiligt ist und auch deren Geschicke bestimmen kann[421], er also eine mitunternehmerische Stellung einnimmt. Nach anderer Ansicht sind jedoch die Geschäftsführungsrechte des „Stillen" nicht relevant.[422] Ungeklärt ist nach wie vor, ob für die Bejahung dieser mitunternehmerischen Stellung Informations-, Kontroll- und Mitwirkungsrechte des stillen Gesellschafters ausreichen oder ob ihm darüber hinaus auch eine schuldrechtliche Beteiligung am Vermögen der Gesellschaft zustehen muss.

In einer Entscheidung des BGH vom 17.12.1984[423] wurde die Einlage eines stillen Gesellschafters dem Eigenkapitalersatzrecht unterworfen, obwohl keine Anhaltspunkte für eine Beteiligung des Stillen am Unternehmensvermögen bestanden. Es waren lediglich umfassende Mitwirkungsrechte und eine Gewinnbeteiligung, jedoch kein Verlustbeteiligung, für den stillen Gesellschafter vorgesehen. Der BGH begründete die Gleichstellung dieses stillen Gesellschafters mit einem formalen Gesellschafter anhand der Vergleichbarkeit mit den Mitwirkungsrechten eines Kommanditisten. Es gilt der Grundsatz, dass stille Gesellschafter mit Kommanditisten gleichgestellt werden können, wenn ihre Mitwirkungsbefugnisse vergleichbar sind. Die Einlagen eines Kommanditisten werden als Eigenkapital betrachtet und zusätzliche Finanzierungsleistungen des Kommanditisten unterliegen den Regeln des Kapitalersatzrechts. Dies hat dann auch für die vergleichbaren stillen Gesellschafter zu gelten. Nach dieser Rechtsprechung ist es für die Behandlung des stillen Gesellschafters nach § 32a Abs. 3 Satz 1 GmbHG entscheidend, dass für ihn eine Gewinnbeteiligung vereinbart ist und ihm darüber hinaus kommanditistenähnliche Einflussnahmemöglichkeiten auf die Geschäftsführung zustehen. Eine Beteiligung am Vermögen der Gesellschaft wäre für die Annahme einer atypisch stillen Beteiligung, die zur Anwendung der Kapitalersatzregeln führt, nach dieser Ansicht hingegen nicht erforderlich.

---

[421] BGH, Urt. v. 7.11.1988 – II ZR 46/88, BGHZ 106, 7, 9; *Baumbach/Hueck/Fastrich*, § 32a GmbHG, Rn. 22; *Scholz/K. Schmidt*, §§ 32a, 32b GmbHG, Rn. 139; *Lutter/Hommelhoff*, § 30 GmbHG, Rn. 56.

[422] *Roth/Altmeppen*, § 32a GmbHG, Rn. 177.

[423] BGH, Urt. v. 17.12.1984 – II ZR 36/84, ZIP 1985, 347f.

In späteren Entscheidungen hat der BGH festgestellt, dass eine atypisch stille Beteiligung jedenfalls gegeben ist, wenn der Kapitalgeber neben einer Beteiligung am Gewinn und Verlust der Gesellschaft auch am Vermögen der Gesellschaft anteilsmäßig beteiligt ist.[424] Nachdem in diesen Fällen eine Vermögensbeteiligung gegeben war, wurde die BGH-Entscheidung aus dem Jahr 1984 nicht ausdrücklich bestätigt. Der BGH hat hierauf aber in einem späteren Urteil bestätigend Bezug genommen.[425] Die Linie der Rechtsprechung kann aufgrund dieser Entwicklung noch nicht als gefestigt gelten.

Die Diskussion in der Literatur zu den Voraussetzungen der Unterwerfung eines stillen Gesellschafters unter die Regeln des Kapitalersatzrechts nach § 32a Abs. 3 Satz 1 GmbHG ist ebenfalls sehr differenziert:

Nach wohl herrschender Meinung in der Literatur sind umfangreiche Mitwirkungs- und Kontrollrechte allein, ohne Beteiligung am Vermögenswert, nicht ausreichend für die Annahme einer typisch stillen Beteiligung. Für die Geltung der Eigenkapitalersatzregeln seien sowohl Informations-, Kontroll- und Mitwirkungsrechte für den stillen Gesellschafter als auch eine Beteiligung des Stillen am Vermögen der Gesellschaft notwendig.[426] Andere Meinungen stellen lediglich darauf ab, dass der Kapitalgeber am Vermögen und Erfolg einer Gesellschaft teilhat.[427] Ob daneben auch eine Beteiligung am Verlust bestehen muss[428]oder nicht,[429] ist umstritten. Wieder andere lassen es für die Anwendung der Kapitalersatzregeln genügen, wenn der stille Gesellschafter entweder am Vermögen beteiligt ist oder ihm umfassende Mitwirkungs-, Kontroll- und Informationsrechte, gleich denen eines Kommanditisten, eingeräumt sind.[430] Allerdings bedarf es stets einer Ergebnisbeteiligung nach den gesetzlichen Regelungen der §§ 230, 231 HGB. Eine wirtschaftliche Beteiligung sei deshalb notwendig, weil auch eine Unterwerfung eines Nur-Geschäftsführers unter die Kapitalersatzregeln abgelehnt wird.[431]

---

[424] BGH, Urt. v. 7.11.1988 – II ZR 46/88, BGHZ 106, 7, NJW 1989, 982f., GmbHR 1989, 152, ZIP 1989, 95, 96f.; OLG Hamburg, Urt. v. 13.10.1989 – 11 U 198/89, NJW-RR 1991, 105, 106, WM 1990, 1292, 1294.

[425] BGH, Urt. v. 13.7.1992 – II ZR 251/91, NJW 1992, 3035, 3036f., ZIP 1992, 1300, 1301.

[426] Vgl. *Scholz/K. Schmidt*, §§ 32a, 32b GmbHG, Rn. 139.

[427] *Altmeppen*, ZIP 1993, 1677, 1683.

[428] Vgl. *Altmeppen*, ZIP 1993, 1677, 1683f.

[429] *MüKo-Stodolkowitz*, § 135 InsO, Rn. 72.

[430] Vgl. *Fleischer*, ZIP 1998, 313, 316ff.

[431] *v. Gerkan/Hommelhoff/Johlke/Schröder*, Rn. 5.26.

Für die Annahme einer atypisch stillen Beteiligung ohne Vermögensbeteiligung spricht, dass auch demjenigen die Finanzierungsverantwortung aufzuerlegen ist, der umfassende Einflussnahmerechte auf die Geschäftsführung hat und wenigstens am Erfolg des Unternehmens beteiligt ist. Wichtig ist allerdings, dass die mangelnde Beteiligung am Vermögen und damit am wirtschaftlichen Wert der Gesellschaft durch verstärkte Einflussnahmerechte ausgeglichen wird.

Der BFH ordnet einen stillen Gesellschafter als Mitunternehmer ein, wenn er sowohl das Merkmal der Mitunternehmerinitiative als auch das Merkmal des Mitunternehmerrisikos erfüllt. Beide Merkmale können dabei unterschiedlich stark ausgeprägt sein. Ein Weniger an Mitunternehmerrisiko kann durch ein Mehr an Mitunternehmerinitiative ausgeglichen werden. Erforderlich ist stets eine Gesamtschau aller Einzelumstände. Diese steuerrechtlichen Wertungen können auch für die Frage der Anwendbarkeit der Regeln des Eigenkapitalersatzrechts auf den stillen Gesellschafter angewandt werden. Eine Mitunternehmerschaft indiziert eine eigenkapitalersatzrechtlich relevante gesellschaftergleiche Stellung.

Anderseits sind hier auch die Wertungen des § 32a Abs. 3 Satz 2 GmbHG zu berücksichtigen. Danach gelten die Regeln über den Eigenkapitalersatz nicht für den nicht geschäftsführenden Gesellschafter, der mit zehn vom Hundert oder weniger am Stammkapital beteiligt ist. Daraus lässt sich im Umkehrschluss ableiten, dass die Eigenkapitalersatzregeln für den geschäftsführenden Gesellschafter auch bei einer Beteiligung unter 10% des Stammkapitals gelten. Neben der Einflussnahmemöglichkeit über die Geschäftsführerstellung kommt es auch auf eine - wenn auch noch so geringe - Beteiligung am Stammkapital an. Allein eine Beteiligung des Geschäftsführers am Erfolg des Unternehmens, beispielsweise über die Vereinbarung einer Gewinnbeteiligung, führt nicht zu einer Unterwerfung seiner an die Gesellschaft gewährten Finanzierungsmittel unter das Eigenkapitalersatzrecht. Deshalb darf allein eine Erfolgsbeteiligung eines stillen Gesellschafters, der kommanditistengleiche Einflussnahmemöglichkeiten auf die Geschäftsführung hat, nicht zu einer Anwendung des § 32a GmbHG führen. Für die Anwendung der Kapitalersatzregeln kommt es letztlich auf die Beteiligung am Vermögen der Gesellschaft an.

cc) Gegenstand und Umfang der Umqualifizierung

Nach der Bejahung der Anwendung der Kapitalersatzregeln bei einem atypisch stillen Gesellschafter ist nach den Rechtsfolgen insbesondere danach zu fragen, welche Gelder konkret den Regeln des Kapitalersatzes unterliegen.

Umqualifiziert werden grundsätzlich alle Leistungen des atypisch stillen Gesellschafters. Streitig ist jedoch die Anwendung der Kapitalersatzregeln auf die stille Einlage selbst.

Der BGH qualifiziert die Einlage eines atypisch stillen Gesellschafters als einlagengleiche Leistung und somit als Eigenkapital. Andere hingegen lassen die Regeln des Eigenkapitalersatzes eingreifen, um zur Haftung der stillen Einlage als Eigenkapital zu kommen.[432]

Im praktischen Ergebnis spielt dieser Streit nur eine Rolle, wenn mit der Befriedigung der eigenkapitalersetzenden Ansprüche im Rang des § 39 Abs. 1 Nr. 5 InsO zu rechnen ist. Wird die stille Einlage ohne Anwendung der Kapitalersatzregeln als Eigenkapital angesehen, dann werden die Ansprüche auf Rückzahlung erst letztrangig berücksichtigt. Nachdem allerdings mit einer Befriedigung der Ansprüche des § 39 InsO regelmäßig nicht zu rechnen ist, hat es keine praktische Auswirkung, ob die stille Einlage als einlagengleich angesehen oder den Kapitalersatzregeln unterworfen wird. Nachdem jedoch die Annahme einer Eigenkapitalgleichheit einer dogmatischen Rechtfertigung bedarf, ist die stille Einlage selbst der Anwendung der Kapitalersatzregeln zu unterstellen. Die Grundsätze des Eigenkapitalersatzes sind deshalb sowohl für die stille Beteiligung selbst als auch für sonstige Leistungen an die Gesellschaft anzuwenden.

Der Umfang der Umqualifizierung richtet sich danach, ob die Rechtsprechungsregeln oder die Novellenregeln auf die Leistungen des atypisch stillen Beteiligten angewandt werden.[433]

8. Pfandgläubiger eines Geschäftsanteils ohne formale Gesellschafterstellung

Auch bei einem Pfandgläubiger eines Geschäftsanteils ohne formale Gesellschafterstellung wird die Frage nach der Anwendbarkeit des § 32a Abs. 3 Satz 1 GmbHG diskutiert.

An einer Gesellschaft unbeteiligte Dritte, denen Geschäftsanteile an einer Gesellschaft zur Sicherheit verpfändet wurden, sind gesetzlich nur zur Zwangsvollstreckung in den Geschäftsanteil berechtigt. Die Sicherungsnehmer erhalten als Pfandgläubiger keine mit einem Gesellschafter wirtschaftlich vergleichbare Stel-

---

[432] Vgl. *MüKo-Stodolkowitz*, § 135 InsO, Rn. 16, 72, 123.

[433] Siehe ausführlich hierzu unter § 2, III, 1, c.

lung. Aufgrund der Vertragsfreiheit können jedoch die Befugnisse der Pfandgläubiger rechtsgeschäftlich erweitert werden.

Der Bundesgerichtshof hatte in seiner sog. „Pfandgläubigerentscheidung" vom 13.07.1992[434] zu klären, ob für einen Pfandgläubiger auch die Eigenkapitalersatzregeln gelten. Zur Entscheidung stand folgender Fall:

Fall: *Ein Kreditinstitut war Pfandgläubiger eines Geschäftsanteils. Es hatte sich in der Sicherungsvereinbarung rechtsgeschäftlich auch umfassende Einflussnahmemöglichkeiten auf die Geschäftsführung ausbedungen. Daneben waren auch die Gewinnbezugsrechte der Gesellschafter an das Kreditinstitut verpfändet und Ansprüche auf Abfindung, Liquidationserlös und Kaufpreiszahlung zur Sicherheit an die Bank abgetreten. Das Kreditinstitut hatte damit eine Position erlangt, die der eines Gesellschafters gleichkam.*

Der BGH hat in dem oben genannten Urteil entschieden, dass ein Pfandgläubiger, der mit solch umfangreichen Rechten ausgestattet ist, auch die Finanzierungsverantwortung für die Gesellschaft trägt und damit einem Gesellschafter nach § 32a Abs. 3 Satz 1 GmbHG gleichzustellen ist. Unerheblich sei, dass die Bank als Sicherungsnehmerin regelmäßig nur Sicherungsinteressen verfolgt.

Auch die herrschende Meinung in der Literatur sieht in einer umfassenden Mitbestimmungsmöglichkeit des Sicherungsnehmers eine Stellung, die mit der eines Gesellschafters vergleichbar ist. Damit sei auch die Anwendung der Eigenkapitalersatzregeln auf diese Fälle gerechtfertigt.[435] Andere stellen hingegen darauf ab, dass der Pfandgläubiger nur aus dem Sicherungsvertrag als Austauschvertrag berechtigt ist und deshalb weder wirtschaftlich noch rechtlich einem Gesellschafter gleichstehen kann.[436]

Ein solcher Vergleich des Pfandgläubigers mit einer Gesellschafterstellung bedarf jedoch genauerer Untersuchung. Der BGH stellte in oben dargestellter Entscheidung nicht auf eine Beteiligung am Vermögen der Gesellschaft ab. Es genügten ihm für die Gleichstellung des Pfandgläubigers mit einem Gesellschafter lediglich rechtsgeschäftliche Befugnisse. Ein Sicherungsnehmer mit nur aty-

---

[434] BGH, Urt. v. 13.7.1992 – II ZR 251/91, BGHZ 119, 191ff., NJW 1992, 3035ff., ZIP 1992, 1300, 1301ff.

[435] Vgl. *Hachenburg/Ulmer*, §§ 32a, b GmbHG, Rn. 126; *Scholz/K. Schmidt*, §§ 32a, 32b GmbHG, Rn. 139.

[436] Vgl. *Roth/Altmeppen*, § 32a GmbHG, Rn. 179; *Altmeppen*, ZIP 1993, 1677, 1680.

pischen Mitbestimmungsbefugnissen ist keineswegs mit einem Gesellschafter vergleichbar. Es fehlen dem Sicherungsnehmer die Gewinn- und Verlustbeteiligung sowie die Beteiligung am Vermögenswert der Gesellschaft. Allein eine unternehmerische Einflussnahme ist nicht ausschlaggebend, nur die Beteiligung am Unternehmenswert rechtfertigt die Auferlegung der Finanzierungsfolgenverantwortung und damit die Anwendung der Kapitalersatzregeln.

Hat sich der Pfandgläubiger jedoch auch Gewinnansprüche abtreten lassen, dann ist er zumindest auch am Ertrag des Unternehmens beteiligt. Die Abtretung der Abfindungs- und Liquidationsansprüche führt letztlich auch zu einer Beteiligung am Vermögen. Der Pfandgläubiger erhält damit wirtschaftlich die Stellung eines Gesellschafters. Gewährt ein solcher Pfandgläubiger dann Darlehensmittel an die Gesellschaft, dann signalisiert er den anderen Gläubigern sein Vertrauen in die Gesellschaft. Aus Gründen des Gläubigerschutzes ist es deshalb gerechtfertigt einen solchen – wie im obigen Fall dargestellten - atypischen Pfandgläubiger über § 32a Abs. 3 Satz 1 GmbHG dem Kapitalersatzrecht zu unterwerfen.

Problematisch ist jedoch, welche Befugnisse der Pfandgläubiger rechtsgeschäftlich erlangen darf, ohne dass er den Eigenkapitalersatzregeln ausgesetzt ist. Die Kreditinstitute neigen dazu, sich zunehmend mehr Befugnisse zur Einflussnahme auf die Gesellschaft einräumen zu lassen. Sie hoffen dabei, ihrem Sicherungsinteresse besser gerecht zu werden und die Krise auf diese Weise frühzeitiger erkennen und entsprechend reagieren zu können. Diese Entwicklung ist jedoch gefährlich, wie die oben dargestellte Pfandgläubigerentscheidung des BGH zeigt. Schwierig ist allerdings eine Grenzziehung. Welche atypischen Befugnisse führen noch nicht zu einer Gleichstellung mit einem Gesellschafter? Die Praxis muss derzeit mit dieser Unsicherheit zurechtkommen.

9. Einlagen von Nießbrauchern einer Gesellschaft

Die Rechte eines Nießbrauchers sind allgemein in den §§ 1030 ff. BGB geregelt. Gesetzlich steht dem Nießbraucher vor allem das Recht zu, die Nutzungen der Sache zu ziehen (§ 1030 BGB). Daneben können die Rechte des Nießbrauchers rechtsgeschäftlich erweitert werden.

a) Nießbrauch an einem Gesellschaftsanteil

Auch der Nießbrauch an einem Gesellschaftsanteil ist möglich. Neben dem Recht des Nießbrauchers, die Nutzungen aus dem Gesellschaftsanteil zu ziehen, können ihm – wie beim atypischen Pfandgläubiger – umfassende Einflussnahmemöglichkeiten eingeräumt werden. Problematisch ist, ob ein solcher atypischer, d. h. rechtsgeschäftlich besonders befugter, Nießbraucher den Eigenkapitalersatzregeln unterworfen wird, wenn er der Gesellschaft Finanzierungsmittel zur Verfügung stellt.

Soweit es sich bei diesen Rechten lediglich um Mitwirkungs- und Kontrollrechte handelt, kann – entgegen der herrschenden Meinung in der Literatur[437] – eine kapitalersatzrechtliche Vergleichbarkeit zwischen einem Nießbraucher und einem Gesellschafter nicht angenommen werden. Der Nießbraucher darf zwar nach § 1030 BGB die Nutzungen ziehen – das sind nach § 100 BGB die Früchte einer Sache oder eines Rechts sowie die Vorteile, welche der Gebrauch der Sache oder des Rechtes gewährt – und der Nießbraucher ist somit bei dem Nießbrauch an einem Gesellschaftsanteil am Gewinn des Unternehmens beteiligt, jedoch fehlt es bei einem nur mitwirkungsbefugten Nießbraucher an der Vermögensbeteiligung.

Für die Anwendung der Eigenkapitalersatzregeln kommt es jedoch entscheidend auf eine Beteiligung am Vermögen an. Nur wenn dies durch die Einräumung weiterer rechtsgeschäftlicher Befugnisse für den Nießbraucher der Fall ist, dann werden entsprechend den Regeln bei der stillen Gesellschaft auch die Kapitalersatzregeln angewandt.[438] Auf die näheren Ausführungen zur Anwendung der Kapitalersatzregeln bei Leistungen stiller Gesellschafter wird an dieser Stelle verwiesen.[439]

b) Nießbrauch an der überlassenen Sache

Im Rahmen der Eigenkapitalersatzproblematik kann auch eine andere Fallgestaltung im Zusammenhang mit einem Nießbrauchsrecht auftreten, nämlich der Nießbrauch an einer Sache, die der Gesellschaft überlassen wurde.

---

[437] *Scholz/K. Schmidt*, §§ 32a, 32b GmbHG, Rn. 139; *Baumbach/Hueck/Fastrich*, § 32a GmbHG, Rn. 21.

[438] Vgl. *Scholz/K. Schmidt*, §§ 32a, 32b GmbHG, Rn. 139.

[439] Vergleiche hierzu ausführlich unter § 11, II, 7.

Zur Veranschaulichung soll folgender Fall dienen:

Fall: *Der Gesellschafter ist Eigentümer eines Lagergrundstücks. Er überträgt den Nießbrauch an diesem Grundstück an seinen Vater. Damit ist der Vater berechtigt, die Nutzungen aus dem Grundstück zu ziehen. Der Vater vermietet diese Lagergrundstück in Ausübung seines Nießbrauchsrechts an die Gesellschaft, an der der Sohn als Gesellschafter beteiligt ist.*

Ist der Nießbraucher an der einer Gesellschaft zur Nutzung überlassenen Sache einem Gesellschafter gleichgestellt und gelten für ihn damit über § 32a Abs. 3 Satz 1 GmbHG die Eigenkapitalersatzregeln?

Da es sich hier um die Frage einer eigenkapitalersetzenden Nutzungsüberlassung handelt, soll eine ausführliche Darstellung im dafür vorgesehen Kapitel erfolgen.[440] An dieser Stelle genügt lediglich ein Hinweis auf die Problematik.

10. Unterbeteiligung als vergleichbare Sonderform

Eine mit oben dargestellten Fallgruppen vergleichbare Sonderform ist die gesellschaftsrechtliche Unterbeteiligung. Dabei räumt ein Gesellschafter einem Dritten rechtsgeschäftlich Rechte an einem Gesellschaftsanteil ein. Der Gesellschafter ist entsprechend der geschlossenen Vereinbarung dem Dritten im Innenverhältnis verpflichtet. Nach außen hin tritt allein der Gesellschafter als Inhaber des Gesellschaftsanteils auf.

Diese Art der Beteiligung ist mit der eines stillen Gesellschafters vergleichbar. Werden in der internen Vereinbarung dem Dritten umfassende Einflussnahmemöglichkeiten und eine Gewinn- und Vermögensbeteiligung zugesagt, dann nimmt dieser Dritte eine Position ein, die mit der eines Gesellschafters wirtschaftlich vergleichbar ist. Der Dritte kann über die dargestellten weit reichenden Befugnisse den formalen Gesellschafter entsprechend seinen Vorstellungen steuern und ist verdeckt der eigentliche Nutznießer des Unternehmenserfolges. Legt ein solcher umfassend befugter Unterbeteiligter Darlehensmittel in die Gesellschaft ein, dann unterliegen diese auch den Eigenkapitalersatzregeln.

Einige Meinungen in der Literatur lassen es für eine Anwendung des § 32a Abs. 3 Satz 1 GmbHG genügen, dass dem Unterbeteiligten zumindest indirekte Informations-, Kontroll- und Mitwirkungsrechte eingeräumt wurden und er ent-

---

[440] Siehe hierzu unter § 12, V.

weder am Anteilswert oder Unternehmensergebnis beteiligt ist.[441] Die alternative Beteiligung am Gewinn oder Vermögen der Gesellschaft führt jedoch nicht in jedem Fall zur Anwendung der Kapitalersatzregeln. Nach dem Sinn und Zweck des Eigenkapitalersatzrechts sollen nur Gesellschafter oder gesellschafterähnliche Beteiligte eine Finanzierungsfolgenverantwortung tragen. Die Gläubiger vertrauen auf die Kreditwürdigkeit der Gesellschaft bei der Darlehenshingabe eines am Vermögen der Gesellschaft Beteiligten. Ein am Vermögen der Gesellschaft Beteiligter würde in seine kreditunwürdige Gesellschaft kein Fremdkapital einschließen, wenn er mit einem wirtschaftlichen Zusammenbruch seines Unternehmens bereits rechnet. Mit der Tatsache, dass er als Vermögensbeteiligter an der Gesellschaft und damit als Kenner der Gesellschaftsverhältnisse weiteres Kapital zur Verfügung stellt, schafft er einen Vertrauenstatbestand. Allein die Beteiligung am Ertrag schafft nicht diese Vertrauensposition für Dritte, so dass eine Vergleichbarkeit mit einem Gesellschafter letztlich bei einer Nur-Gewinnbeteiligung ausscheiden muss.

III. Gleichgestellte Forderungen

Für die Fälle des § 32a Abs. 3 Satz 1GmbHG wurde der Begriff der gleichgestellten Forderungen geprägt. Über den Begriff der gleichgestellten Forderungen werden auch die von der Rechtsprechung entsprechend der §§ 30, 31 GmbHG entwickelten Kapitalersatzregeln in den Anfechtungstatbestand des § 135 InsO einbezogen.[442] § 32a Abs. 3 Satz 1 GmbHG betrifft jedoch ausschließlich Fälle der nominellen Unterkapitalisierung, nicht erfasst werden die Fälle einer materiellen Unterkapitalisierung.[443]

Streitig ist in diesem Zusammenhang, ob die in § 32a Abs. 3 Satz 1 GmbHG geforderte Rechtshandlung ein rechtsgeschäftliches Verhalten voraussetzt. Nach einer Ansicht wird ein rechtsgeschäftliches Vorgehen gefordert, da andernfalls das Kapitalersatzrecht zu weit ausgedehnt würde.[444] Die Rechtsprechung hingegen fasst unter eine Rechtshandlung im Sinne des § 32a Abs. 3 Satz 1 GmbHG jede Maßnahme, die der Finanzierung der Gesellschaft durch Zuführung oder Belassen von Finanzierungsmittel dient. Jedoch wird verlangt, dass der Gesellschafter die Umstände, aus denen sich die Kreditunwürdigkeit der Gesellschaft

---

[441] *v. Gerkan/Hommelhoff/Johlke/Schröder*, Rn. 5.34.

[442] *MüKo-Stodolkowitz*, § 135 InsO, Rn. 61.

[443] *Scholz/K. Schmidt*, §§ 32a, 32b GmbHG, Rn. 113.

[444] Vgl. *Jaeger/Henckel*, § 32a KO, Rn. 51; *Hachenburg/Ulmer*, §§ 32a, b GmbHG, Rn. 87ff. mwN.

ergibt, erkennen kann.[445] Dabei ist nach der Rechtsprechung des BGH grundsätzlich von der Kenntnismöglichkeit des Gesellschafters auszugehen.[446]

Im Rahmen dieser Fallgruppe werden alle Kapitalhilfen erfasst, die der Darlehensgewährung wirtschaftlich entsprechen. Zu untersuchen ist die Vergleichbarkeit von eigenkapitalersetzenden Darlehen mit darlehensähnlichen Rechtshandlungen. Die einzelnen Fallgruppen, die unter die gleichgestellten Forderungen im Sinne des § 32a Abs. 3 Satz 1 GmbHG subsumiert werden können, sollen nachfolgend dargestellt werden.

1. Stundung von Forderungen

Die Stundung von Forderungen durch Gläubiger führt bei der verpflichteten Gesellschaft zu einer Verbesserung ihrer Liquidität. Dabei ist gleichgültig, aus welchen Verpflichtungsgeschäften die jeweiligen Forderungen stammen. Die Stundung von Forderungen aus Warenlieferungen wird ebenso behandelt wie die Stundung von Geschäftsführergehältern, rückständigen Mietbeiträgen oder Zins- und Tilgungsforderungen.

Bei der Stundung von Forderungen kommt es für die Anwendung der Eigenkapitalersatzregeln grundsätzlich auf einen Drittvergleich an. Anhand des Drittvergleichs wird geprüft, ob ein fremder Dritter zur Stundung der entstandenen Forderung unter denselben Bedingungen wie ein Gesellschafter bereit gewesen wäre. Ist dies der Fall, dann kommt eine Anwendung der Eigenkapitalersatzvorschriften nicht in Betracht. Hätte sich der Dritte hingegen zu einer Stundung nicht bereit erklärt, weil er an der ordnungsmäßigen und vollständigen Bezahlung der Forderung zweifelt, dann wird eine Stundung von Forderungen durch einen Gesellschafter oder gleichgestellten Dritten als darlehensähnliche Rechtshandlung dem Anwendungsbereich des § 32a Abs. 3 Satz 1 GmbHG unterworfen.

Wird bereits die Stundung von Forderungen dem Kapitalersatzrecht unterworfen, dann muss aus Gründen der Vermeidung einer Aushöhlung des Gläubigerschutzes im Falle eines wirksamen Rücktritts vom Vertrag auch der Nutzungsentschädigungsanspruch nach § 346 Abs. 1 BGB an Stelle der ursprünglichen Kaufpreisforderung von der Umqualifizierung erfasst werden. Der BGH hat hierzu entschieden, dass der durch den in der Krise der Gesellschaft erklärten Rücktritt vom Kaufvertrag entstandene Nutzungsentschädigungsan-

---

[445] *MüKo-Stodolkowitz*, § 135 InsO, Rn. 62.

[446] BGH, Urt. v. 7.11.1994 – II ZR 270/93, BGHZ 127, 336, 346f., NJW 1995, 326, 329.

spruch des Gesellschafters das Schicksal des bis dahin gestundeten Kaufpreisanspruchs teilt und wie dieser als eigenkapitalersetzende Gesellschafterhilfe einzuordnen ist.[447]

Die Stundung selbst muss nicht im Rahmen einer Fälligkeits- oder Stundungsvereinbarung erfolgen. Nach der Rechtsprechung genügt es, dass der Gesellschafter seinen Anspruch nicht durchsetzt und eine bestehende Verrechnungsmöglichkeit nicht nutzt.[448]

Um die Stundung von Forderungen in der Krise der Gesellschaft dem Eigenkapitalersatzrecht unterwerfen zu können, muss der Gesellschafter die Krise erkannt haben oder zumindest erkennen können und entsprechend dieser Einsicht die weitere Stundung der Forderung unterbinden können.[449] Zu den Maßstäben der Erkennbarkeit und zur Überlegungsfrist für die Unterbindung einer weiteren Stundung wurde bereits bei der Darstellung des eigenkapitalersetzenden Gesellschafterdarlehens näher eingegangen.[450]

Wird fortlaufend der Stundungsgesamtbetrag durch Rückzahlungen ermäßigt, aber durch neue Stundungen auch wieder erhöht, dann stellt sich die Frage nach dem Umfang der kapitalersatzrechtlichen Bindung. Grundsätzlich ist die jeweils ausstehende und gestundete Forderungsgesamthöhe für Umqualifizierung in Eigenkapital maßgeblich. Zu beachten ist jedoch, dass eine gestundete und bereits umqualifizierte Forderung grundsätzlich nicht zurückgezahlt werden dürfte. Der Geschäftsverkehr ist jedoch zu einer erneuten Stundung regelmäßig nur bereit, wenn auf ältere Forderungen Zahlungen geleistet werden, die eigenkapitalersatzrechtlich nicht zu beanstanden sind. Die Rechtsprechung stellt deshalb bei wechselndem gestundetem Forderungsbestand auf den durchschnittlichen Saldo der gestundeten Forderungen ab und unterwirft diesen durchschnittlichen Saldo den Eigenkapitalersatzregeln.[451] Rückzahlungen auf eigenkapitalersetzende Forderungen, die über diesen durchschnittlichen Saldo hinausgehen, dürfen somit nicht erfolgen. Problematisch ist allerdings, welcher Zeitraum für die Berechnung des Durchschnittssaldos maßgeblich ist und ob ein einmal bestehender

---

447 BGH, Urt. v. 2.7.2001 – II ZR 264/99, ZIP 2001, 1366, 1367, GmbHR 2001, 725, 726.

448 Vgl. BGH, Urt. v. 28.11.1994 – II ZR 77/93, ZIP 1995, 23, 24f., NJW 1995, 457, 458f.; OLG Düsseldorf, Urt. v. 15.9.1994 – 12 U 98/93, ZIP 1995, 1907, 1910.

449 Vgl. BGH, Urt. v. 28.11.1994 – II ZR 77/93, aaO; *Lutter/Hommelhoff*, §§ 32a/b GmbHG, Rn. 47 mwN.

450 Vergleiche die Ausführungen zur angemessenen Bedenkzeit unter § 9, II, 1 und zur Erkennbarkeit der Kreditunwürdigkeit unter § 9, III.

451 BGH, Urt. v. 28.11.1994 – II ZR 77/93, aaO.

Saldo durch den Rückgang von erneuten Stundungen reduziert werden kann. Hinsichtlich des Berechnungszeitraums kommt es auf die zeitlichen Vorgaben der Stundungsabreden und die Häufigkeit der Rückzahlung und Neuausreichung im Einzelfall an. Der eigenkapital-ersatzrechtlich gebundene Saldo kann aus Gläubigerschutzgründen nur bei einer (Teil-) Entsperrung reduziert werden.

a) Begründung bzw. Erwerb

Sowohl die ursprüngliche Stundung von Forderungen durch einen Gesellschafter als auch der Erwerb von bereits gestundeten Forderungen durch einen Gesellschafter in der Krise der Gesellschaft führen zu einer darlehensähnlichen Kapitalhilfe für die verpflichtete Gesellschaft.

Beim Erwerb einer gestundeten Forderung besteht die Kapitalhilfe darin, dass der Dritte aufgrund der eingetretenen Krise der Gesellschaft nicht mehr bereit gewesen wäre die Stundung weiter aufrechtzuerhalten. Er hätte folglich bei Fälligkeit der Forderung die Liquidation bzw. die Eröffnung des Insolvenzverfahrens beantragt. Durch die Ablösung der Forderung durch einen Gesellschafter wird die Fortführung der Gesellschaft trotz Krise weiterhin ermöglicht.

Beim Erwerb einer gestundeten Forderung verlangen einige Vertreter der Literatur, dass für die Anwendung der Kapitalersatzregeln dem Gesellschafter die Stundung der erworbenen Forderung bekannt sein muss, da er nur dann eine Finanzierungsentscheidung trifft.[452] Dem ist jedoch nicht uneingeschränkt zuzustimmen. Erwirbt ein Gesellschafter eine Forderung gegen die Gesellschaft von einem Dritten und stundet er sie der Gesellschaft trotz Vorliegen einer Krise ab dem Erwerb selbst, so spielt es keine Rolle, ob die Forderung bereits bisher vom Dritten gestundet war. Mit der weiteren Stundung in der Krise der Gesellschaft trifft der Gesellschafter die erforderliche Finanzierungsentscheidung.

b) Eigentumsvorbehalt

aa) Darstellung der Problematik

Im täglichen Geschäftsverkehr spielt der Eigentumsvorbehalt eine große Rolle. Dieser Sicherungsform können sich auch Gesellschafter bedienen, die Waren an die Gesellschaft liefern. Es stellt sich jedoch die Frage, wie die Sicherung durch Vereinbarung eines Eigentumsvorbehalts zu behandeln ist, wenn die zu sichern-

---

[452] *Scholz/K. Schmidt*, §§ 32a, 32b GmbHG, Rn. 118.

de Forderung aufgrund der bereits dargestellten Voraussetzungen nach den Eigenkapitalersatzregeln umqualifiziert wird.

bb) In der Insolvenz gilt § 107 InsO

Zunächst soll dargestellt werden, wie der Eigentumsvorbehalt im Falle einer Insolvenz des Käufers ohne Anwendung der Kapitalersatzregeln zu beurteilen ist.

§ 107 InsO stellt eine Sonderregelung für beiderseitig nicht vollständig erfüllte Verträge beim Eigentumsvorbehalt dar. § 107 Abs. 1 InsO regelt den Fall der Verkäuferinsolvenz und § 107 Abs. 2 InsO den Fall der Käuferinsolvenz. Im eigenkapitalersatzrechtlichen Zusammenhang ist nur § 107 Abs. 2 InsO relevant, da es um eine Eigentumsvorbehaltslieferung des Gesellschafters an die Gesellschaft geht, welche in die Krise bzw. bereits in die Insolvenz geraten ist. Nach § 107 Abs. 2 InsO hat der Insolvenzverwalter das Wahlrecht nach § 103 InsO.

Lehnt der Insolvenzverwalter nach § 103 InsO die Erfüllung des beiderseitig nicht vollständig erfüllten Vertrages ab, dann wird die Bedingung für den vollständigen Eigentumserwerb auf Käuferseite, nämlich die vollständige Kaufpreiszahlung, nicht erfüllt und der Verkäufer hat aufgrund des weiter bestehenden Eigentums ein Aussonderungsrecht nach § 47 InsO.

cc) Reichweite des Kapitalersatzrechts

Würde der Eigentumsvorbehalt auch bei eigenkapitalersetzenden Gesellschaftermitteln greifen, dann würde der Gläubigerschutz des Kapitalersatzrechts dadurch ausgehebelt.

Einige Vertreter der Literatur sehen den Eigentumsvorbehalt jedoch als Zurückbehaltungsrecht nach § 320 BGB an und verneinen damit die Anwendbarkeit der Kapitalersatzregeln.[453]

Dem wird entgegen gehalten, dass im Falle eines erweiterten Eigentumsvorbehalts ebenfalls kein Zurückbehaltungsrecht nach § 320 BGB gegeben ist und lediglich ein Absonderungsrecht geltend gemacht werden kann. Ein solches

---

[453] *Altmeppen*, NJW 1994, 2353f.; *ders.* ZIP 1995, 26ff.; *Roth/Altmeppen*, § 32 a GmbHG, Rn. 210; *Rowedder/Schmidt-Leithoff/Pentz*, § 32a GmbHG, Rn. 168.

Absonderungsrecht muss aber gegenüber den Kapitalersatzregeln zurücktreten.[454]

Hat sich der Verkäufer einer beweglichen Sache das Eigentum bis zur Zahlung des Kaufpreises vorbehalten, so ist gemäß § 449 Abs. 1 BGB im Zweifel anzunehmen, dass das Eigentum unter der aufschiebenden Bedingung vollständiger Zahlung des Kaufpreises übertragen wird. Mit der Lieferung einer Ware unter Eigentumsvorbehalt ist gleichzeitig eine Stundung der Kaufpreisforderung verbunden. Diese Stundungsabrede wird – entsprechend den oben dargestellten Grundsätzen – den Eigenkapitalersatzregeln unterworfen.

Problematisch ist jedoch, wie die Kapitalersatzregeln auf den Vorbehalt des Eigentums auswirken:

Die Rechtsprechung[455] vergleicht die Lieferung unter Eigentumsvorbehalt unter Stundung der Kaufpreisforderung mit einer Kreditgewährung in Verbindung mit einer Sicherungsübereignung. Aufgrund der Sicherungsfunktion des Eigentumsvorbehalts besteht eine Nähe zum Pfandrecht.

Die Folge dieser Rechtsprechung ist, dass die Stundung als Kreditgewährung nach § 32a Abs. 3 Satz 1 GmbHG grundsätzlich den Eigenkapitalersatzregeln unterworfen ist. Der Vergleich des Eigentumsvorbehalts mit der Sicherungsübereignung bzw. einem Pfandrecht führt letztlich dazu, dass das Sicherungsgut bei Vorliegen der Eigenkapitalersatzvoraussetzungen nicht an den Sicherungsgeber herausgegeben werden darf bzw. entsprechend § 135 Nr. 1 InsO das Sicherungsgut zur Masse zu ziehen ist.[456] Die gestundete Kaufpreisforderung ist bei Anwendung der Kapitalersatzregeln in der Insolvenz gemäß § 39 Abs. 1 Nr. 5 InsO nur nachrangig zu berücksichtigen. Sicherheiten für nachrangige Forderungen sind wertlos.

Eine andere Ansicht[457] weist darauf hin, dass das Eigentum nicht nur zur Sicherung des Kaufpreisanspruches vorbehalten wird. Danach sind die Fälle des Eigentumsvorbehalts den Fällen einer Nutzungs- bzw. Gebrauchsüberlassung gleichzustellen. Die unter Eigentumsvorbehalt gelieferte Sache wird der Gesell-

---

[454] *MüKo-Stodolkowitz*, § 135 InsO, Rn. 67.

[455] Vgl. OLG Celle, Urt. v. 14.7.1998 – 16 U 3/98, NZG 1999, 75, 77; OLG Hamm, Urt. v. 25.6.1992 – 27 U 257/91, GmbHR 1992, 753, 754.

[456] Vgl. *v. Gerkan/Hommelhoff/Johlke/Schröder*, Rn. 5.59ff.

[457] Vgl. *Roth/Altmeppen*, § 32a GmbHG, Rn. 210f.; *Weisang*, WM 1997, 197, 205; *Rowedder/Schmidt-Leithoff/Pentz/Schmidt-Leithoff/Pentz*, § 32a GmbHG, Rn. 168.

schaft mit der Option zur Nutzung überlassen, durch die Erfüllung bestimmter Voraussetzungen, nämlich die vollständige Bezahlung des Kaufpreises, Eigentum an der Sache zu erwerben.

Der Vergleich des Eigentumsvorbehalts mit einer Sicherungsübereignung bzw. einem Pfandrecht ist problematisch. Auf folgende Unterschiede ist hinzuweisen:

Bei einem Eigentumsvorbehalt behält sich der Verkäufer sein Eigentum von vornherein zurück. Der einfache Eigentumsvorbehalt berechtigt in der Insolvenz des Käufers nach § 47 InsO zur Aussonderung. Bei einer Sicherungsübereignung geht jedoch das Eigentum am Sicherungsgegenstand zunächst auf den Sicherungsnehmer über. In der Insolvenz besteht bei einer Sicherungsübereignung aufgrund der wirtschaftlichen Betrachtungsweise und der Nähe zum Pfandrecht für den Sicherungsnehmer nur ein Absonderungsrecht nach § 51 Abs. 1 Nr. 1 InsO.

Darüber hinaus ist zu beachten, dass sich der Gesellschafter bei der Vereinbarung eines Eigentumsvorbehalts sein Privateigentum vorbehält. Er sichert den Kaufpreiszahlungsanspruch folglich nicht mit Werten aus der Masse ab.

Außerdem widerspricht die eigenkapitalersatzrechtlich Gleichstellung eines Eigentumsvorbehalts mit der Sicherung durch Übertragung von Volleigentum der grundsätzlich bestehenden Finanzierungsfreiheit der Gesellschafter. Dem Gesellschafter steht es danach frei, ob und in welchem Umfang er seiner Gesellschaft in der Krise finanziell helfen will. Hat sich ein Gesellschafter dazu entschlossen den Kaufpreis zu stunden und sich das Eigentum am Verkaufsgegenstand vorzubehalten, dann wollte er gerade nicht, dass das Volleigentum übertragen wird.[458]

Andererseits gibt es einige Gründe, weshalb eine eigenkapitalersatzrechtliche Gleichstellung zwischen Eigentumsvorbehalt und Sicherungsübereignung gerechtfertigt ist:

Auszugehen ist wiederum vom Sinn und Zweck der Kapitalersatzregeln. Bei Eintritt der Krise der Gesellschaft soll der Gesellschafter nicht durch eigene Fremdfinanzierung die Fortführung der Gesellschaft ermöglichen, denn dadurch täuscht er die übrigen Gesellschaftsgläubiger über die Fortführungsfähigkeit, die Kapitalausstattung und das Vertrauen in die Kreditwürdigkeit der Gesellschaft.

---

[458] Vgl. *v. Gerkan/Hommelhoff/Johlke/Schröder*, Rn. 5.63.

Hat ein Gesellschafter eine eigene Kaufpreisforderung gegen die Gesellschaft gestundet, dann hat er bereits eine Finanzierungsentscheidung getroffen, die eigenkapitalersatzrechtlich von Bedeutung ist. Nur durch die Absicherung über den Eigentumsvorbehalt kann diese Wirkung nicht ausgehebelt werden. Es ist mit Treu und Glauben nicht vereinbar, wenn sich der Gesellschafter aus der gelieferten Kaufsache befriedigen könnte, obwohl ihm nach den Kapitalersatzregeln die Geltendmachung der gesicherten Forderung verwehrt ist.[459]

Darüber hinaus ist auf die häufig vorgenommene wirtschaftliche Vergleichbarkeit zwischen Eigentumsvorbehalt und Sicherungsübereignung abzustellen. Beide bezwecken die Sicherung einer Zahlungsforderung. In der sichernden Wirkung ist der Eigentumsvorbehalt dem Sicherungseigentum gleichwertig. Außerdem wird in § 135 Nr. 1 InsO nicht vorausgesetzt, dass der Schuldner die sichernde Leistung erbracht hat. Entscheidend ist, dass eine die Sicherung gewährende Rechtshandlung vorliegt. In der Vereinbarung eines Eigentumsvorbehalts sind die Voraussetzungen dafür erfüllt.[460]

Schließlich ist auf die risikospezifische Vergleichbarkeit zwischen dem Kauf unter Eigentumsvorbehalt und der Gewährung eines Darlehens zu achten. Beide Geschäfte führen zu einer Kreditierung des Käufers bzw. Darlehensnehmers. Die Kaufkraft des Schuldners soll gestärkt werden.[461]

Die Kapitalersatzregeln sind aufgrund der Darlehensähnlichkeit über § 32a Abs. 3 Satz 1 GmbHG anzuwenden – folglich auch die Rechtsfolgen bei einem eigenkapitalersetzenden Darlehen. Die Grundsätze der eigenkapitalersetzenden Nutzungsüberlassung sind hingegen nicht einschlägig. Die mit dem Eigentumsvorbehalt verbundene Stundung der Kaufpreiszahlung ist liquiditätswirksam. Somit steht die Finanzierungsfunktion beim Kauf unter Eigentumsvorbehalt eindeutig im Vordergrund.

In der Praxis nur selten anzutreffen ist der Fall, dass eine Vereinbarung eines Eigentumsvorbehalts besteht, der Verkäufer jedoch keine Stundung der Kaufpreisforderung gewähren möchte. Der Eigentumsvorbehalt dient dann nur der kurzfristigen Zahlungssicherung während der üblichen Bezahlungs- und Geldverbuchungszeit. Sobald der Verkäufer jedoch eine fällige Kaufpreisforderung stehen lässt, kommen die oben dargestellten Regeln auch in einem solchen Fall zur Anwendung.

---

[459] Vgl. OLG Celle, Urt. v. 14.7.1998 – 16 U 3/98, NZG 1999, 75, 76f.
[460] Vgl. *v. Gerkan/Hommelhoff/Johlke/Schröder*, Rn. 5.66.
[461] *v. Gerkan/Hommelhoff/Haas/Dittrich*, Rn. 8.87c.

2. Vorauszahlungen und ähnliche finanzielle Vorteile

Der umgekehrte Fall der Stundung einer Forderung ist die Vorauszahlung. Die Vorauszahlung spielt eigenkapitalersatzrechtlich jedoch nur dann eine Rolle, wenn sie an die Gesellschaft erbracht wurde, ohne dass diese ihre Leistung sofort erbringen musste und eine spätere Verrechnung mit der Zahlungspflicht der Gesellschaft ein Unterbilanz verursachen oder vertiefen würde.

Aber auch ohne dass die Rückzahlung zu der Entstehung oder Vertiefung einer Unterbilanz führt, kann die Vorauszahlung den Eigenkapitalersatzregeln über § 32a Abs. 3 Satz 1 GmbHG aufgrund der Darlehensähnlichkeit der Rechtshandlung unterworfen werden. Wird die Vorauszahlung beispielsweise in der Krise der Gesellschaft gewährt, dann trägt sie zum einstweiligen Fortbestand des empfangenden Unternehmens bei.

Diese Grundsätze sind jedoch nicht nur bei Vorauszahlungen anzuwenden, sondern bei allen Rechtshandlungen, die ähnliche finanzielle Vorteile für eine Gesellschaft gewähren, beispielsweise bei der erfüllungshalber erfolgten Hingabe von Wechseln an die Gesellschaft und bei einem pactum de non petendo.[462]

3. Einlagen von stillen Gesellschaftern

Wie bereits dargestellt wurde, werden atypisch stille Gesellschafter mit einer Beteiligung am Gesellschaftsvermögen wie ein formaler Gesellschafter behandelt und den Regeln des Kapitalersatzrechts nach § 32a Abs. 3 Satz 1 GmbHG unterworfen. Diese Fallgruppe stellt auf die Gesellschafterähnlichkeit ab.

Die Einlagen von stillen Gesellschaftern können jedoch unter einem anderen Blickwinkel auch als darlehensähnlich gewertet werden. Ein solcher Fall liegt vor, wenn ein Gesellschafter oder ein nach § 32a Abs. 3 Satz 1 GmbHG gleichgestellter Dritter der Gesellschaft daneben eine stille Beteiligung gewährt.

Eine typisch stille Beteiligung eines Gesellschafters oder gleichgestellten Dritten wird als darlehensähnlich dem Anwendungsbereich des § 32a Abs. 3 Satz 1 GmbHG unterworfen. Bei Vorliegen der übrigen Eigenkapitalersatzvoraussetzungen sind die Forderungen auf Rückgewähr der typisch stillen Einlage somit nach § 39 Abs. 1 Nr. 5 InsO als nachrangige Insolvenzforderung zu qualifizieren.

---

[462] *v. Gerkan/Hommelhoff/Johlke/Schröder*, Rn. 5.53 mwN.

Wird hingegen vom Gesellschafter oder einem gleichgestellten Dritten eine atypisch stille Beteiligung gewährt, dann kommt eine Anwendung der Eigenkapitalersatzregeln über § 32a Abs. 3 Satz 1 GmbHG nur in Betracht, wenn die Einlage selbst nicht schon als Eigenkapital gewährt wurde. Eine atypisch stille Beteiligung kann nur dann dem Kapitalersatzrecht unterliegen, wenn sie nicht bereits als materielles Eigenkapital anzusehen ist, da eine Anwendung der Kapitalersatzregeln auf materielles Eigenkapital nicht in Betracht kommt.[463]

4. Befriedigung von Gläubigern durch Gesellschafter ohne sofortigen Regress

Eine weitere Art der darlehensähnlichen Rechtshandlungen besteht in der Befriedigung von Gläubigern durch einen Gesellschafter, ohne dass der Gesellschafter sofort Regress gegenüber der verpflichteten Gesellschaft nimmt. Diese Schuldtilgung führt mittelbar zu einer Gesellschaftsfinanzierung durch Gesellschafter.

5. Rückbelastungsverpflichtung oder Rückbelastungsoption

a) Unechtes Factoring und Mischformen

aa) Factoring

Beim Factoring (Forderungskauf) ist zwischen dem echten Factoring (Factor übernimmt das Ausfallrisiko) und dem unechten Factoring (Factor übernimmt nicht das Ausfallsrisiko, sondern hat bei Ausfall der Forderung das Recht der Kaufpreisrückerstattung) zu unterscheiden. Dieser Unterschied ist auch für die eigenkapitalersatzrechtliche Beurteilung von entscheidender Bedeutung.

bb) Unechtes Factoring

Nur beim unechten Factoring trägt der Factor nicht das Delkredererisiko, sondern hat die Möglichkeit, bei einem Ausfall seiner gekauften Forderung den Kaufpreis an den Verkäufer der Forderung zurückzubelasten. Der Forderungskauf im Rahmen eines unechten Factorings ist im Anbetracht der rechtlichen Wirkungen ein Darlehensgeschäft.

---

[463] *v. Gerkan/Hommelhoff/Johlke/Schröder*, Rn. 5.49a.

Eigenkapitalersatzrechtliche Bedeutung kommt dem unechten Factoring zu, wenn ein Gesellschafter oder gleichgestellter Dritter als Factor von seiner Gesellschaft Forderungen zum Einzug in der Krise der Gesellschaft erwirbt. In einem solchen Fall ist die darlehensähnliche Kapitalhilfe – also der Kaufpreis für den Erwerb der Forderungen, der an die Gesellschaft fließt – durch das unechte Factoring als Eigenkapitalersatz zu qualifizieren.[464] Wirtschaftlich betrachtet handelt es sich um eine Kreditierung der erfüllungshalber abgetretenen Forderungen.[465]

cc) Mischformen

Aufgrund der Vertragsfreiheit gibt es in der Praxis jedoch nicht nur ein echtes oder ein unechtes Factoring, sondern häufig auch Mischformen. Solche Mischformen können auf unterschiedlichste Art ausgestaltet sein. Möglich ist beispielsweise, dass eine Rückbelastungsmöglichkeit des Factors auf den Verkäufer in Höhe eines bestimmten Prozentsatzes der gekauften Gesamtforderungen vereinbart wird. Hier ergeben sich für die eigenkapitalersatz-rechtliche Beurteilung zwei Problemkreise:

Zum einen ist zu klären, in welcher Höhe eine darlehensähnliche Finanzierung angenommen werden kann und folglich die Grundvoraussetzung für den Eigenkapitalersatzcharakter gegeben ist. Eine Ansicht in der Literatur kommt zum Ergebnis, dass eine Kreditierungsfunktion dem Factoring in solchen Konstellationen allein in dem Umfang zukommt, in dem dem Factor kein Rückgriffsanspruch zusteht.[466] In Anbetracht der oben dargestellten Argumentation kann diese Aussage jedoch nicht richtig sein. Für den Verkauf von Forderungen erhält die Gesellschaft den Kaufpreis und nimmt diesen in ihr Vermögen auf. Nur für den prozentualen Anteil der Rückbelastungsmöglichkeit ist der Kaufpreis noch nicht vollständig in das Vermögen der Gesellschaft übergegangen, sondern steht unter dem Vorbehalt einer Rückforderung. Folglich liegt nur für den Rückforderungsbetrag ein Kreditgeschäft vor. Nur für diesen Teil können die Eigenkapitalersatzregeln Anwendung finden.

Zum anderen stellt sich das Problem, ob für die Anwendung der Kapitalersatzregeln die vertragliche Regelung eines prozentualen Rückgriffs bereits ausreicht oder der tatsächliche Rückgriff selbst erfolgen muss. Das OLG Köln stellte hierzu fest, dass allein die rechtliche Ausgestaltung des Factoringvertrages dafür

---

[464] Vgl. *Rowedder/Schmidt-Leithoff/Pentz*, § 32a GmbHG, Rn. 158 mwN.

[465] *Rümker*, in: M-Hdb. des GesR, Bd. 3, § 53 Rn. 70 mwN.

[466] *v. Gerkan/Hommelhoff/Johlke/Schröder*, Rn. 5.55a.

entscheidend ist, ob und in welchem Umfang das Kapitalersatz-recht Anwendung findet, auf die tatsächliche Vertragsdurchführung und auf den Umfang des Rückgriffsanspruches komme es nicht an.[467] Diese Ausführungen sind kritisch zu hinterfragen. Zum Vergleich ist zunächst auf den Grundfall der Darlehensgewährung abzustellen. Wie bereits oben dargestellt, kommt es für die Kapitalersatzvoraussetzungen eines Gesellschafterdarlehens auf den Zeitpunkt der Darlehenszusage an. Allerdings erfolgt eine Umqualifizierung in Eigenkapital grundsätzlich erst, wenn das Darlehen dann auch tatsächlich ausbezahlt wurde. Ein anders zu beurteilender Fall liegt vor bei der Zusage von sog. Finanzplankrediten, die auf eine Krisenfinanzierung angelegt sind. Ein Factoringvertrag, der nur eine prozentuale Rückgriffsmöglichkeit vorsieht, ist hingegen nicht anders zu behandeln als ein Darlehensversprechen ohne Auszahlung. Bei sog. gemischten Factoringverträgen kann die Anwendung der Kapitalersatzregeln somit nur für den Umfang eines tatsächlich erfolgten Rückgriffs in Betracht kommen.

b) Wechseldiskontierung

Bei einer Wechseldiskontierung kauft ein Diskontierer, regelmäßig ein Kreditinstitut, die Wechselforderung gegen den Wechselverpflichteten an und stellt dem Wechselberechtigten die Wechselsumme, abzüglich eines anhand des geltenden Diskontsatzes errechneten Diskontbetrages, zur Verfügung. Eigenkapitalersatzrechtlich relevant wird die Wechseldiskontierung dann, wenn die Gesellschaft Wechselberechtigte ist und der Gesellschafter als Diskontierer auftritt.

Die Diskontierung eines Wechsels durch den Gesellschafter, der im Einzelfall ein Darlehensvertrag zugrunde liegen kann, die aber häufig aufgrund eines Kaufvertrages erfolgt, unterliegt im ersten Fall dem § 32a Abs. 1, im zuletzt genannten Fall der Vorschrift des § 32a Abs. 3 Satz 1, wenn wechselrechtliche Rückgriffsansprüche gegen die GmbH möglich sind oder wenn zugunsten des Diskontierers ein Rückbelastungsrecht vereinbart ist.[468] Die Wechseldiskontierung kann vertraglich ausgestaltet werden. Soweit ein Rückgriffsanspruch des Diskontierers im Falle eines Ausfalls bei der Wechselziehung vereinbart wird, handelt es sich bei der Wechseldiskontierung um ein Kreditgeschäft. Liegen die übrigen Voraussetzungen des Kapitalersatzrechts bei der Diskontierung vor, dann finden insoweit die Eigenkapitalersatzregeln Anwendung.

---

[467] Vgl. OLG Köln, Urt. v. 25.7.1986 – 22 U 311/85, ZIP 1986, 1585, 1587.
[468] *Scholz/K. Schmidt*, §§ 32a, 32b GmbHG, Rn. 117.

c) Pensionsgeschäfte nach § 340b HGB

Eine Sonderform des eigenkapitalersatzrechtlich relevanten Kreditgeschäfts ist das in § 340b HGB geregelt Pensionsgeschäft.

Pensionsgeschäfte sind gemäß § 340b Abs. 1 HGB Verträge, durch die ein Kreditinstitut oder der Kunde eines Kreditinstituts (Pensionsgeber) ihm gehörende Vermögensgegenstände einem anderen Kreditinstitut oder einem seiner Kunden (Pensionsnehmer) gegen Zahlung eines Betrags überträgt und in denen gleichzeitig vereinbart wird, dass die Vermögensgegenstände später gegen Entrichtung des empfangenen oder eines im voraus vereinbarten anderen Betrags an den Pensionsgeber zurück übertragen werden müssen oder können. Das Pensionsgeschäft ist die Vollrechtsübertragung von Vermögensgegenständen, z.B. Wechsel oder Wertpapiere, für einen begrenzten Zeitraum.[469]

Auch hier wird zwischen echten und unechten Pensionsgeschäften unterschieden. Übernimmt der Pensionsnehmer die Verpflichtung, die Vermögensgegenstände zu einem bestimmten oder vom Pensionsgeber zu bestimmenden Zeitpunkt zurück zu übertragen, so handelt es sich nach § 340b Abs. 2 HGB um ein echtes Pensionsgeschäft. Ist der Pensionsnehmer lediglich berechtigt, die Vermögensgegenstände zu einem vorher bestimmten oder von ihm noch zu bestimmenden Zeitpunkt zurück zu übertragen, so handelt es sich nach § 340b Abs. 3 HGB um ein unechtes Pensionsgeschäft.

Bei beiden Arten eines Pensionsgeschäftes liegt wirtschaftlich betrachtet ein Kreditgeschäft vor. Sowohl die Verpflichtung zum Rückkauf der Vermögensgegenstände durch die Gesellschaft, als auch die Berechtigung des Pensionsnehmers zur Rückübertragung verschafft dem Pensionsnehmer vorübergehende Liquidität durch Fremdfinanzierung.

Umstritten ist lediglich die Einordnung in § 32a Abs. 1 GmbHG oder in § 32a Abs. 3 Satz 1 GmbHG. Die herrschende Meinung qualifiziert die Pensionsgeschäfte als Kaufvertrag verbunden mit einer Rückkaufsvereinbarung oder einem Rückkaufsrecht und sieht sie daher als darlehensähnliche Rechtshandlung im Sinne des § 32a Abs. 3 Satz 1 GmbHG an.[470] Ein Darlehensgeschäft im Sinne der §§ 488ff. BGB in Verbindung mit § 32a Abs. 1 GmbHG kann streng genommen aufgrund der wechselseitigen Übertragung eines Vermögensgegenstandes gegen Zahlung eines Geldbetrages nicht angenommen werden. Für die

---

[469] *Baumbach/Hopt*, § 340b HGB, Rn. 1.

[470] Vgl. *Rümker*, in: M-Hdb. des GesR, Bd. 3, § 53 Rn. 69.

Anwendung der Kapitalersatzregeln kommt es im Ergebnis jedoch auf die genaue Einordnung nicht an.

6. Ausgabe von Anleihen

Die Ausgabe von Anleihen, häufig als Industrieobligationen bezeichnet, ist ein in der Praxis zunehmendes Instrument der Unternehmensfinanzierung. Ein Unternehmen gibt Anleihen mit bestimmten Modalitäten aus und verkauft diese entweder direkt an private Anleger oder an ein Emissionskonsortium.

Ist der private Anleger zugleich auch Gesellschafter der ausgebenden Gesellschaft, dann ist die Anwendung der Eigenkapitalersatzregeln unproblematisch. Bei der Übernahme der Anleihen durch ein Emissionskonsortium kommt es hingegen auf die Art des Konsortiums, auf deren Zusammensetzung und auf die Vertriebsmodalitäten an. Hier ist grundsätzlich auf die oben zum Konsortialkredit bereits erfolgte Stellungnahme zu verweisen.

An dieser Stelle sei kurz nochmals auf folgende – oben bereits dargestellte – Problematik hingewiesen:

Sind an dem Emissionskonsortium nicht nur Gesellschafter der ausgebenden Gesellschaft beteiligt, sondern darüber hinaus auch unbeteiligte Dritte, so stellt sich die Frage, ob nicht darin ein Indiz für die Kreditwürdigkeit der Gesellschaft gegeben ist.

7. Leasing

Eine besondere Form der Überlassung von Gesellschaftermitteln an die Gesellschaft stellt das Leasinggeschäft dar. Der Gesellschafter stellt in diesem Fall der Gesellschaft Gegenstände des Anlagevermögens zur Verfügung und erhält hierfür die Leasingrate. Dadurch erlangt die Gesellschaft Vermögensgegenstände, wodurch sie indirekt, indem sich die Gesellschaft die Eigenanschaffung spart, ihre Liquidität verbessern kann.

Auch diese Art der Gesellschafterfinanzierung unterfällt den Regeln des Eigenkapitalersatzes wegen des dem Leasing innewohnenden Finanzierungselements.

Beim Leasinggeschäft gilt es jedoch zunächst, die verschiedenen Ausgestaltungsformen zu differenzieren, denn das Finanzierungsmoment ist je nach Erscheinungsform unterschiedlich stark ausgeprägt.

a) Finanzierungsleasing

Beim Finanzierungsleasing wird die Leasingrate so berechnet, dass nach Ablauf der Leasingzeit zumindest ein Teil des Kaufpreises durch die Leasingraten getilgt worden ist. Regelmäßig wird die volle Amortisation der Anschaffungs- und Finanzierungskosten des Leasinggebers zur Kalkulation der Leasingrate und der Leasinglaufzeit maßgeblich sein.[471] Ein Finanzierungsleasing verlangt jedenfalls ein Finanzierungselement. Entscheidend ist die Kreditfunktion dieser Verträge.[472] Ein Finanzierungselement liegt vor, wenn die Leasingraten nicht allein Entgelt für die Nutzungsüberlassung sind, sondern gleichzeitig auch den (teilweisen) Substanzwert der Sache vergüten.[473] Beim Finanzierungsleasing sind in der Leasingrate somit ein Betrag für die reine Nutzungsentschädigung sowie ein Abzahlungsbeitrag enthalten.

Im wirtschaftlichen Ergebnis handelt es sich hierbei um einen durch die Leasinggesellschaft finanzierten Kauf. Man könnte in der Überlassung von Gegenständen des beweglichen Anlagevermögens gegen Zahlung eines bestimmten Betrages jedoch auch an den ähnlichen Fall der Nutzungsüberlassung denken. Es ist deshalb streitig, ob beim Finanzierungsleasing die Rechtsfolgen des eigenkapitalersetzenden Darlehens oder der eigenkapitalersetzenden Nutzungsüberlassung herangezogen werden.

Eine Ansicht in der Literatur[474] spricht sich dafür aus, das Finanzierungsleasing einer Darlehensgewährung nicht gleichzustellen, da die Sachsubstanz nicht in das Vermögen des Vertragspartner überführt wird. Der Leasinggeber bleibt wirtschaftlicher Eigentümer des Leasinggegenstandes und kann in der Insolvenz der Gesellschaft ein Aussonderungsrecht gemäß § 47 InsO geltend machen. Diese Tatsache begründe die Nähe zur Gebrauchsüberlassung. Es wird deshalb vertreten, dass der Finanzierungsleasingvertrag im Regelfall als Mietvertrag zu qualifizieren ist.[475]

Eine Ansicht stellt jedoch auf das Finanzierungselement des Finanzierungsleasings ab und begründet so die Vergleichbarkeit mit einer Darlehensfinanzierung.

---

[471] Vgl. BGH, Urt. v. 22.1.1986 – VIII ZR 318/84, ZIP 1986, 439, 441.

[472] *MüKo-Habersack*, § 499 BGB, Rn. 34.

[473] *Gottwald/Adolphsen*, Kölner Schrift zur InsO, 1. Aufl., 805, 820.

[474] *Roth/Altmeppen*, § 32a GmbHG, Rn. 213.

[475] *Gottwald/Adolphsen*, Kölner Schrift zur InsO, 1. Aufl., 805, 820.

Es handelt sich jedenfalls wirtschaftlich um ein Finanzierungsgeschäft.[476] Nach einer Ansicht in der Literatur fällt der Leasinggegenstand des Finanzierungsleasings deshalb auch in die Insolvenzmasse.[477] Dieser letzten Meinung kann jedoch nicht gefolgt werden, da die Eigentümerstellung des Leasinggebers – trotz der Nähe zum Darlehensgeschäft – nicht beeinträchtigt wird.

Aufgrund der Finanzierungsfunktion ist das Finanzierungsleasing der Darlehensfremdfinanzierung ähnlich und wird deshalb gemäß § 32a Abs. 3 Satz 1 GmbHG den Eigenkapitalersatzregeln unterworfen.[478] Folglich sind die Rechtsfolgen eines eigenkapitalersetzenden Darlehens beim Finanzierungsleasing maßgeblich. Auf die vorstehenden Ausführungen hierzu wird verwiesen.

Geht man hingegen davon aus, dass der Finanzierungsleasingvertrag der Anwendung der Regeln des Mietrechts unterliegt, dann werden die Kapitalersatzregeln über die Fallgruppe der kapitalersetzenden Nutzungsüberlassung[479] ebenfalls über § 32a Abs. 3 Satz 1 GmbHG angewandt.

b) „sale and lease back“

Sale and lease back heißt frei übersetzt: Verkaufe und miete/pachte zurück. Dieses in der Praxis häufig vorgenommene Verfahren wird in der Unternehmensfinanzierung zur Beschaffung von Liquidität eingesetzt. Ein Unternehmen verkauft beispielsweise einen Teil seines Anlagevermögens an den späteren Leasinggeber und vereinbart gleichzeitig die Überlassung bzw. Belassung der Gegenstände beim Unternehmen als Leasingnehmer. Bei genauer Betrachtung zeigt sich, dass es sich eigentlich um einen Sonderfall des Finanzierungsleasings handelt. Die Finanzierungsfunktion steht eindeutig im Vordergrund.[480] Die Kaufpreiszahlung des Käufers/Leasinggebers an den Verkäufer/Leasingnehmer wird als eine Art Darlehen gegen Sicherungsübereignung des Kaufgegenstandes/Leasinggegenstandes verstanden und die Leasingraten stellen wie beim Finanzierungsleasing die Zins- und Tilgungsleistungen dar.[481]

---

[476] Vgl. *Lutter/Hommelhoff*, §§ 32a/b GmbHG, Rn. 153; *Karsten Schmidt*, ZIP 1990, 69, 70f.; *Scholz/K. Schmidt*, §§ 32a, 32b GmbHG, Rn. 122; *Hachenburg/Ulmer*, §§ 32a, b GmbHG, Rn. 100f. mwN.

[477] *Lutter/Hommelhoff*, §§ 32a/b GmbHG, Rn. 153.

[478] Vgl. *Baumbach/Hueck/Fastrich*, § 32a GmbHG, Rn. 33c.

[479] Hierzu ausführlich unter § 12.

[480] *Gottwald/Adolphsen*, Kölner Schrift zur InsO, 805, 826f.

[481] Vgl. *v. Gerkan/Hommelhoff/Johlke/Schröder*, Rn. 5.73; *Scholz/K. Schmidt*, §§ 32a, 32b GmbHG, Rn. 122; *Hachenburg/Ulmer*, §§ 32a, b GmbHG, Rn. 99 mwN.

Für den Problemkreis des Eigenkapitalersatzes ist diese Gestaltungsmöglichkeit von Interesse, wenn ein Gesellschafter einen Gegenstand von der Gesellschaft erwirbt und der Gesellschafter den Vermögensgegenstand der Gesellschaft im Rahmen einer Leasingvereinbarung dann wieder zur Verfügung stellt.

Aufgrund der Darlehensähnlichkeit des Sale-and-lease-back-Verfahrens sind die Eigenkapitalvorschriften über § 32a Abs. 3 Satz 1 GmbHG anzuwenden. Es treten die Rechtsfolgen des eigenkapitalersetzenden Darlehens ein. An dieser Stelle sei hierauf verwiesen.

c) Operatingleasing

Beim Operatingleasing steckt in der Leasingrate regelmäßig kein Finanzierungsbestandteil, sondern die Leasingrate wird als Nutzungsentgelt für eine bestimmte Laufzeit berechnet. Das Operatingleasing hat dadurch Ähnlichkeit mit einem Miet- bzw. Pachtverhältnis und wird deshalb als Anwendungsfall der Nutzungs- bzw. Gebrauchsüberlassung angesehen.[482] Nachdem die Nutzungs- bzw. Gebrauchsüberlassung ein Fall des § 32a Abs. 3 Satz 1 GmbHG ist, wird auch das Operatingleasing dort eingeordnet.

Für diese Form des Leasinggeschäfts gelten somit die Eigenkapitalersatzregeln der eigenkapitalersetzenden Nutzungs- bzw. Gebrauchsüberlassung. Damit sind auch die Rechtsfolgen der eigenkapitalersetzenden Nutzungs- bzw. Gebrauchsüberlassung für das Operatingleasing maßgeblich. Auf die nachfolgenden Ausführungen hierzu wird verwiesen.

8. Überlassung von Sicherheiten an die Gesellschaft

Die finanzielle Unterstützung der Gesellschaft durch einen Gesellschafter kann auf verschiedenste Weise erfolgen. Für die eigenkapitalersatzrechtliche Bewertung ist nicht erforderlich, dass tatsächlich Geldmittel an die Gesellschaft durch die Gesellschafter erbracht werden. Eine Liquiditätsverbesserung kann bei einer Gesellschaft auch dadurch eintreten, dass ein Dritter der Gesellschaft geldwerte Mittel zur Verfügung stellt, weil im Gegenzug der Gesellschafter oder die Gesellschaft selbst Sicherheiten dafür anbietet.

Wie bereits im vorherigen Kapitel dargestellt, wird die Stellung von Sicherheiten durch Gesellschafter für an die Gesellschaft darleihende Dritte als gesell-

---

[482] Vgl. *Gandenberger*, in: Beck-Hdb. der GmbH, § 8 Rn. 324.

schafterbesichertes Drittdarlehen von § 32a Abs. 2 GmbHG erfasst. Wird hingegen die Sicherheit direkt der Gesellschaft zur Verfügung gestellt, die diese dann im Gegenzug für die Darlehensgewährung von Dritten als Sicherheit anbietet, so greift § 32a Abs. 2 GmbHG nicht direkt ein – man könnte jedoch aus Gründen der Vergleichbarkeit und des Sinn und Zwecks des Kapitalersatzrechts an eine analoge Anwendung denken. Hierfür fehlt es jedoch an einer Regelungslücke. Mit der Generalklausel des § 32a Abs. 3 Satz 1 GmbHG wurde ein Auffangtatbestand in das Kapitalersatzrecht eingeführt. Das Zurverfügungstellen von Sicherheiten vom Gesellschafter an die Gesellschaft für deren Darlehensaufnahme entspricht wirtschaftlich einer Darlehensgewährung. Somit wird dieser Fall von § 32a Abs. 3 Satz 1 GmbHG erfasst.

9. Nutzungs- bzw. Gebrauchsüberlassung von Sachwerten

Die Nutzungs- bzw. Gebrauchsüberlassung von Sachwerten durch einen Gesellschafter an die kreditunwürdige Gesellschaft bzw. das Stehenlassen der Sachwerte in der Krise der Gesellschaft kann dazu führen, dass das Nutzungsrecht in Eigenkapital umzuqualifizieren ist.

Eine allgemeine Anerkennung der Fallgruppe einer eigenkapitalersetzenden Nutzungsüberlassung ist nach wie vor umstritten. Die Rechtsprechung[483] und herrschende Meinung in der Literatur[484] befürworten jedoch trotz einiger Kritiker[485] die Vergleichbarkeit der Gebrauchsüberlassung mit der Darlehensgewährung im Sinne des § 32a Abs. 3 Satz 1 GmbHG.

Probleme und Diskussionsbedarf gibt es darüber hinaus auch hinsichtlich der einzelnen Rechtsfolgen. Dabei ist zwischen dem Nutzungsrecht, dem Nutzungsgegenstand und dem Miet- bzw. Pachtzins zu unterscheiden. Schwierigkeiten ergeben sich auch noch hinsichtlich der Dauer der Umqualifizierung und der Konkurrenzsituation bei Anordnung der Zwangsverwaltung durch den Grundpfandrechtsgläubiger und im Verhältnis zu anderen Drittrechten.

---

[483] Seit BGH, Urt. v. 16.10.1989 – II ZR 307/88, BGHZ 109, 55, NJW 1990, 516, ZIP 1989, 1542 ständige Rechtsprechung; anstatt vieler: BGH, Urt. v. 15.6.1998, NJW 1998, 3200, ZIP 1998, 1352.

[484] *Hachenburg/Ulmer*, §§ 32a, b GmbHG, Rn. 106; *Lutter/Hommelhoff*, §§ 32a/b GmbHG, Rn. 139f. mwN.

[485] Vgl. *Karsten Schmidt*, in: Karsten Schmidt/Uhlenbruck, Rn. 88; *Roth/Altmeppen*, § 32a GmbHG, Rn. 193.

Da das Thema der eigenkapitalersetzenden Nutzungs- bzw. Gebrauchsüberlassung als moderne Fallgruppe des Eigenkapitalersatzrechtes in der Literatur Gegenstand zahlreicher Aufsätze und Auseinandersetzungen ist, bleibt eine ausführliche Darstellung und die Diskussion der unterschiedlichen Meinungen einem gesonderten Kapital vorbehalten. Hier soll lediglich die Einordnung unter § 32a Abs. 3 Satz 1 GmbHG vorgenommen werden.

10. Erbringung von Dienstleistungen

Eine weitere moderne Fallgruppe des Kapitalersatzrechts könnte die Anerkennung von eigenkapitalersetzenden Gesellschafterdienstleistungen sein.

Im Anschluss an die Diskussion zur Anerkennung der eigenkapitalersetzenden Nutzungs- bzw. Gebrauchsüberlassung stellt sich auch die Frage nach der Anwendung der Kapitalersatzregeln auf die Erbringung von Gesellschafterdienstleistungen. Zwischen einer Nutzungsüberlassung von Vermögensgegenständen und der Erbringung von Dienstleistungen durch einen Gesellschafter für die Gesellschaft bestehen auf den ersten Blick im Rahmen der eigenkapitalersetzenden Wertungen keine großen Unterschiede.

Da die Diskussion zur eigenkapitalersetzenden Nutzungsüberlassung in einem gesonderten Kapital an späterer Stelle dargestellt wird, empfiehlt es sich, über die Anwendung der Kapitalersatzregeln auf Gesellschafterdienstleistungen ebenfalls in einem eigenen Kapital nachzudenken. Erst dort ist Raum für die notwendigen Differenzierungen. Eine an die Nutzungsüberlassung anschließende Darstellung ermöglicht Verweise auf die vergleichbare Fallgruppe.

Im Zusammenhang mit der Diskussion um die Anwendung der Kapitalersatzregeln auf Gesellschafterdienstleistungen soll auch auf die bisher noch nicht diskutierte Problematik der Anwendung der Kapitalersatzregeln auf Pensionsrückstellungen eingegangen werden.

11. Stehenlassen von Gesellschafterleistungen allgemeiner Art

a) Vorbemerkungen

Das Stehenlassen von Darlehen durch die Gesellschafter ist nur eine Möglichkeit, der Gesellschaft weiterhin Zahlungsmittel zur Verfügung zu stellen. Ganz allgemein werden stehengelassene Gesellschafterleistungen den Eigenkapitalersatzregeln unterworfen. Dadurch wird der Gesellschaft Liquidität verschafft, die sie sich ansonsten am Kapitalmarkt beschaffen müsste. In der Krise der Gesellschaft wird durch das Stehenlassen von Gesellschafterleistungen mit wirtschaftlichem Wert eine Fortführung des Unternehmens zumindest mit unterstützt.

Ob § 32a Abs. 1 GmbHG oder § 32a Abs. 3 Satz 1 GmbHG einschlägig ist, ist von der Art der stehen gelassenen Kapitalhilfe abhängig. Bei stehen gelassenen Kreditrückzahlungsansprüchen ist § 32a Abs. 1 GmbHG unmittelbar anwendbar. Dies gilt für alle Forderungen, die im weiteren Sinne als Darlehensforderungen einzustufen sind. Alle übrigen Gesellschafterleistungen, die einer Darlehensgewährung wirtschaftlich entsprechen, werden über § 32a Abs. 3 Satz 1 GmbHG erfasst.

b) Voraussetzungen für ein Umqualifizierung

Im Folgenden wird nochmals zusammenfassend[486] erörtert, welche Voraussetzungen für ein Stehenlassen mit Anwendung der Kapitalersatzregeln vorliegen müssen.

aa) Finanzierungsentscheidung

Unproblematisch führt ein vereinbartes Stehenlassen von Gesellschafterleistungen in der Krise der Gesellschaft zur Anwendung der Kapitalersatzregeln. Hierzu gehören u. a. die Prolongation, die ausdrückliche Stundung, die Änderung von Darlehensbedingungen, die vereinbarte Nichtausübung eines Kündigungsrechts oder die einverständliche Rücknahme einer bereits ausgesprochenen Kündigung.[487]

Problematisch ist hingegen, wenn es an einem einvernehmlichen Stehenlassen fehlt. Das führt zur der Frage, ob es für die Anwendung der Kapitalersatzregeln einer ausdrücklichen Finanzierungsabrede bedarf. Hier gibt es einige Unterschiede zwischen der herrschenden Meinung in der Literatur und der Rechtsprechung des BGH. Die Literaturvertreter verlangen schon wegen der weit reichenden Umqualifizierungsfolgen für die Anwendung der Grundsätze über das Stehenlassen eine Finanzierungsabrede. Diese kann rechtsgeschäftlich, kon-

---

[486] Vergleiche hierzu bereits ausführlich unter § 9, II.
[487] Vgl. *v. Gerkan/Hommelhoff/Johlke/Schröder*, Rn. 5.81.

kludent oder auch nur indiziert sein.[488] Der Bundesgerichtshof hat jedoch – soweit ersichtlich – eine Finanzierungsabrede rechtsgeschäftlicher Art bisher nicht zur Voraussetzung der Anwendung der Eigenkapitalersatzregeln gemacht. Abgestellt hat die Rechtsprechung dabei vor allem auf den Zweck der Kapitalersatzregeln, nämlich die Gläubiger vor einer nachteiligen Fortführung des Unternehmens zu schützen.[489]

Letztlich spielt dieser dogmatische Streit in der Praxis kaum eine Rolle. Auszugehen ist vom Begriff der „Rechtshandlung" in § 32a Abs. 3 Satz 1 GmbHG. Eine Rechtshandlung liegt jedoch auch bei einer stillschweigenden Entscheidung vor, die beim Stehenlassen keine Veränderungen des status quo verlangt.

bb) Finanzierungsfolgenverantwortung

Fraglich ist darüber hinaus, ob für die Anwendung der Kapitalersatzregeln auch subjektive Voraussetzungen vorliegen müssen. Zu fragen ist hier, wann die sog. Finanzierungsfolgenverantwortung bejaht werden kann. Während nur einige Vertreter in der Literatur[490] das Erfordernis eines subjektiven Elements für die Anwendung der Kapitalersatzregeln gänzlich verneinen, gehen die herrschende Meinung und der BGH einen gemeinsamen Weg. Das Stehenlassen von Gesellschafterleistungen in der Krise der Gesellschaft führe nur dann zur Anwendung der Kapitalersatzregeln, wenn der Gesellschafter die Krise der Gesellschaft zu diesem Zeitpunkt erkennen und seiner Verantwortung gemäß handeln konnte.[491] Positive Kenntnis vom Eintritt der Krise muss der Gesellschafter hingegen nicht haben. Er kann deshalb auch nicht mit einer Anfechtung nach § 119 BGB wegen Irrtums über den Eintritt der Krise durchdringen.

Verantwortung für sein Handeln kann nur übernehmen, wer die für seine Entscheidung relevanten Umstände erkennen kann. Wer relevante Umstände – aus objektiver Sicht – jedoch nicht erkennen kann, der trifft eine Entscheidung ins Blaue hinein. Ihn wird man deshalb keinen Vorwurf machen können und ent-

---

[488] Vgl. *Hachenburg/Ulmer*, § 32a, b GmbHG, Rn. 30ff.; *Scholz/K. Schmidt*, §§ 32a, 32b GmbHG, Rn. 49ff.

[489] Vgl. BGH, Urt. v. 6.5.1985 – II ZR 132/84, ZIP 1985, 1075, 1076; BGH, Urt. v. 19.9.1988- II ZR 255/87, GmbHR 1989, 19, 24, ZIP 1988, 1248, 1253.

[490] Vgl. *Wiedemann*, ZIP 1986, 1293, 1297; *Altmeppen*, ZIP 1994, 1939ff.; v. Gerkan, GmbHR 1996, 400, 401f.

[491] *Lutter/Hommelhoff*, §§ 32a/b GmbHG, Rn. 47 mwN; *Westermann*, EWiR 1995, 157, 158; BGH, Urt. v. 7.11.1994 – II ZR 270/93, BGHZ 127, 336, 344, ZIP 1994, 1934, 1938f., NJW 1995, 326, 329.

lässt ihn regelmäßig auch aus der Verantwortung. Allerdings kommt es lediglich auf die Erkennbarkeit der Umstände an. Wer sich Informationen in zumutbarer Weise nicht beschafft und dennoch Entscheidungen trifft, hat auch die Verantwortung zu tragen. Der BGH geht vom Grundsatz aus, dass ein Gesellschafter über die finanziellen Verhältnisse seiner Gesellschaft stets informiert sein muss, das sei Ausfluss seiner Verantwortung als Gesellschafter. Einen Einwand kann der Gesellschafter gegen diese Vermutungsregel nur erheben, wenn er besondere Umstände für die Nichterkennbarkeit der Krise der Gesellschaft darlegen und beweisen kann.[492] Der Gesellschafter muss sich also an der Beachtung der Sorgfalt eines ordentlichen Kaufmanns messen lassen - das gebieten bereits die Vorschriften der §§ 276 BGB, 347 HGB, 43 GmbHG. Aber auch die eigenkapitalersatzrechtliche Sondervorschrift des § 32a Abs. 1 GmbHG stellt auf die Maßstäbe eines ordentlichen Kaufmanns ab.

cc) Freie Verfügbarkeit

Dem Gesellschafter kann aus dem Stehenlassen seiner an die Gesellschaft gewährten Kapitalhilfe kein Rechtsnachteil erwachsen, wenn er über den weiteren Verbleib in der Gesellschaft nicht frei verfügen kann. Es muss für ihn also eine Entscheidungsmöglichkeit zwischen dem Stehenlassen und einem Abzug der Gesellschaftermittel geben.

Grundsätzlich kann jeder Gesellschafter aufgrund seiner Finanzierungsfreiheit entscheiden, ob er der Gesellschaft Eigenkapital oder Fremdkapital zur Verfügung stellen will. Der Fremdkapitalgeber legt dabei fest, zu welchen Konditionen und wie lange er bereit ist, der darlehensnehmenden Gesellschaft Kapital zu gewähren. Das muss auch für einen Gesellschafter-Kreditgeber gelten.

Es gibt mehrere Möglichkeiten des Fremdkapitalgebers seine gewährten Kapitalhilfen aus dem Unternehmen wieder abzuziehen:

Ein Abzug ist möglich, sobald die Kreditlaufzeit abgelaufen und die Darlehensmittel fällig sind.

Eine andere Möglichkeit die Kreditmittel abzuziehen besteht nach einer wirksamen Kündigung. Ein Kündigungsrecht kann sich beispielsweise aus dem Kreditverhältnis ergeben. Dort kann sowohl ein ordentliches Kündigungsrecht als auch das Recht zur außerordentlichen Kündigung vereinbart sein. Darüber hinaus regelt auch der Gesetzgeber bei Darlehensverhältnissen das ordentliche und

---

[492] BGH, Urt. v. 7.11.1994 – II ZR 270/93, aaO.

außerordentliche Kündigungsrecht in den §§ 489, 490 BGB. Dabei steht gemäß § 489 BGB ein ordentliches Kündigungsrecht nur dem Darlehensnehmer zu. Für den Darlehensgeber wird in § 490 Abs. 1 BGB nur ein außerordentliches Kündigungsrecht eingeräumt. Danach kann der Darlehensgeber den Darlehensvertrag vor Auszahlung des Darlehens im Zweifel stets, nach Auszahlung nur in der Regel fristlos kündigen, wenn in den Vermögensverhältnissen des Darlehensnehmers oder in der Werthaltigkeit einer für das Darlehen gestellten Sicherheit eine wesentliche Verschlechterung eintritt oder einzutreten droht, durch die die Rückerstattung des Darlehens, auch unter Verwertung der Sicherheit, gefährdet wird. Dieses Recht zur außerordentlichen Kündigung bei einer wesentlichen Verschlechterung der Vermögenslage wird auch dem Gesellschafter eingeräumt, der der wirtschaftlich noch gesunden Gesellschaft Kapitalhilfen zur Verfügung gestellt hat. Zu beachten ist jedoch, dass bei einer Nutzungsüberlassung die Spezialvorschrift des § 543 BGB das Recht zur außerordentlichen fristlosen Kündigung aus wichtigem Grund regelt. Hier spielt die wirtschaftliche Verschlechterung der Vermögensverhältnisse des Mieters oder Pächters nur eine Rolle, wenn er für zwei aufeinander folgende Termine mit der Entrichtung der Miete oder eines nicht unerheblichen Teils der Miete in Verzug ist oder in einem Zeitraum, der sich über mehr als zwei Termine erstreckt, mit der Entrichtung der Miete in Höhe eines Betrages in Verzug ist, der die Miete für zwei Monate erreicht (§ 543 Abs. 2 Nr. 3 BGB).

Der Gesellschafter muss zur Vermeidung der Umqualifizierung nicht nur die Kündigungsmöglichkeiten beachten, sondern muss notfalls sogar die Liquidation des Unternehmens herbeiführen. Diese Möglichkeit wird er ergreifen müssen, wenn eine Kündigungsmöglichkeit nicht gegeben ist, beispielsweise bei der Nutzungsüberlassung, oder wenn die Gesellschaft trotz wirksamer Kündigung die Darlehensmittel bei Fälligkeit nicht zurückzahlt. Die Liquidation kann auch durch die Stellung eines Insolvenzantrages eingeleitet werden. Zur Einleitung einer Liquidation kann der Gesellschafter als Gläubiger gemäß § 14 InsO Insolvenzantrag stellen, in der Gesellschafterversammlung den Auflösungsbeschluss gemäß § 60 Abs. 1 Nr. 2 GmbHG stellen oder eine Auflösungsklage gemäß § 61 Abs. 1 GmbHG erheben. Der Gesellschafter muss mit allen Mitteln versuchen, die Fortführung des Unternehmens zu vermeiden. Er darf keine Möglichkeit ungenutzt lassen, sonst begibt er sich der Gefahr der Umqualifizierung seiner Fremdmittel in Eigenkapital.

dd) Überlegungsfrist

Der Gesellschafter muss seine Finanzierungsentscheidung, also die Entscheidung über Stehenlassen oder Abzug seiner gewährten Finanzierungs-mittel nicht unmittelbar mit Erkennbarkeit der Kreditunwürdigkeit der Gesellschaft treffen. Ihm ist eine Überlegungsfrist hierfür einzuräumen. Die Dauer dieser Überlegungsfrist ist gesetzlich nicht geregelt. Die Rechtsprechung orientiert sich dabei an der Dreiwochenfrist des § 64 Abs. 1 GmbHG.[493] Im Einzelfall kann auch eine kürzere Frist maßgeblich sein, etwa dann, wenn die Krise für den Gesellschafter offensichtlich ist, kein Sanierungskonzept vorliegt und die weitere Fortführung des Unternehmens zu einer nicht unwesentlichen Gläubigerbenachteiligung führt.

c) Fallgruppen

Zu den stehen gelassenen Forderungen gehören mehrere Fallgruppen:

aa) Nichtgeltendmachung fälliger Forderungen

Die einfachste Form, der Gesellschaft Liquidität zu erhalten, ist, dass die Gesellschafter fällige Forderungen gegenüber der Gesellschaft nicht geltend machen. Den Regeln des Kapitalersatzes unterliegen diese Forderungen dann, wenn der Gesellschafter im Zeitpunkt des Stehenlassens erkennen konnte, dass für die Gesellschaft die Belassung dieser Mittel erforderlich ist, um weiter wirtschaften zu können.[494]

bb) Nachträgliche Stundung

Durch die nachträgliche Stundung einer Forderung des Gesellschafters gegen die Gesellschaft wird der Gesellschaft vorübergehend indirekt Liquidität verschafft. Die Stundungsdauer kann von Bedeutung sein für die Beurteilung der Kreditwürdigkeit. Dabei ist die Frage zu stellen, ob sich ein Drittgläubiger auch auf die Stundungsdauer eingelassen hätte.[495] Allerdings könnte man diese Art der Unternehmensfinanzierung auch noch direkt unter die Darlehensgewährung fassen.[496]

---

493 BGH, Urt. v. 11.12.1995 – II ZR 128/94, ZIP 1996, 273, 275.

494 *MüKo-Stodolkowitz*, § 135 InsO, Rn. 65.

495 BGH, Urt. v. 28.11.1994 – II ZR 77/93, ZIP 1995, 23, 25, NJW 1995, 457, 458; *Roth/Altmeppen*, § 32a GmbHG, Rn. 192.

496 Vgl. OLG Hamm, Urt. v. 25.6.1992 – 27 U 257/91, GmbHR 1992, 753f.

cc) Zahlungszielvereinbarung

Gesellschaft und Gesellschafter können ein Zahlungsziel für die Begleichung einer Forderung der Gesellschafter vereinbaren. Eine solche Fälligkeitsvereinbarung muss sich mit den im Geschäftsverkehr üblichen Zahlungszielvereinbarungen messen lassen.[497] Ein vergleichsweise langes Hinausschieben der Zahlungsverpflichtung der Gesellschaft gegenüber einem Gesellschafter führt zum Eigenkapitalersatz, wenn sich Dritte auf eine vergleichbar lange Zielvereinbarung nicht einlassen würden.

dd) Duldung verspäteter Zahlung

Wenn der Gesellschafter duldet, dass die Gesellschaft ihre Verbindlichkeiten gegenüber ihm verspätet zahlt, dann liegt in Höhe des durchschnittlichen Saldos der offenen Forderungen eine Zuführung von Finanzierungsmitteln vor. Damit gelten auch insofern die Regeln des Kapitalersatzes.[498]

ee) Erwerb gestundeter Forderungen

Eine weitere Variante der stehen gelassenen Forderungen bildet der Fall, dass ein Gesellschafter eine gegen die Gesellschaft gerichtete gestundete Forderung eines Drittgläubigers erwirbt.[499] War zum Erwerbszeitpunkt der Forderung die Krise der Gesellschaft bereits eingetreten, greifen die Kapitalersatzregeln mit dem Erwerb der gestundeten Forderungen durch den Gesellschafter sofort ein. Kann zum Erwerbszeitpunkt eine Krise der Gesellschaft noch nicht angenommen werden, ist eine Umqualifizierung in Eigenkapital erst möglich, wenn die Krise später eintritt und der Gesellschafter seine früher erworbene Forderung stehen lässt.

Mit dem Forderungserwerb des Gesellschafters wird die Finanzierungsverantwortung auf ihn übertragen. Dadurch ist es gerechtfertigt, hier die Regeln über den Kapitalersatz anzuwenden.

---

[497] Vgl. *Hachenburg/Ulmer*, §§ 32a, b GmbHG, Rn. 94; *Scholz/K. Schmidt*, §§ 32a, 32b GmbHG, Rn. 116.

[498] BGH, Urt. v. 28.11.1994 – II ZR 77/93, NJW 1995, 457, 459.

[499] *Hachenburg/Ulmer*, §§ 32a, b GmbHG, Rn. 95; *Scholz/K. Schmidt*, §§ 32a, 32b GmbHG, Rn. 118 mwN.

ff) Forderungsgläubiger erwirbt Geschäftsanteile

Ein Stehenlassen von Forderungen in der Krise der Gesellschaft führt nur dann zur Umqualifizierung in Eigenkapital, wenn der Forderungsgläubiger auch Gesellschafter der schuldnerischen Gesellschaft ist. Erwirbt deshalb ein Forderungsgläubiger erst nach Eintritt der Krise der Gesellschaft Geschäftsanteile, so treten mit dem Eintritt als Gesellschafter die eigenkapital-ersatzrechtlichen Wirkungen des Stehenlassens von Forderungen – mit Erwerb der Geschäftsanteile also Gesellschafterforderungen – ein.

Zu beachten ist in diesem Zusammenhang jedoch das Sanierungsprivileg des § 32a Abs. 3 Satz 3 GmbHG. Erwirbt ein Darlehensgeber in der Krise der Gesellschaft die Geschäftsanteile zum Zweck der Überwindung der Krise, so sind für seine bestehenden oder neu gewährten Kredite bzw. Forderungen die Kapitalersatzregeln nicht anzuwenden.

d) Nachträglicher Rücktritt vom Vertrag

Eine einmal eingetretene eigenkapitalersatzrechtliche Wirkung von stehen gelassenen Forderungen kann nicht nachträglich durch mögliche Rechtshandlungen wieder beseitigt werden.

Der BGH hat entschieden, dass sich ein Gesellschafter von der eigenkapitalersatzrechtlichen Wirkung einer gestundeten Kaufpreisforderung nicht durch die Aufrechnung mit dem durch einen Rücktritt vom Vertrag entstandenen Nutzungsentschädigungsanspruch befreien kann. Der durch den Rücktritt vom Vertrag entstehende Nutzungsentschädigungsanspruch nach § 347 BGB ist dann ebenfalls als eigenkapitalersetzende Gesellschafterleistung anzusehen.[500]

e) Insolvenzanfechtung in Konzernverhältnissen

Das Stehenlassen von Gesellschafterforderungen in der Krise der Gesellschaft führt zur Umqualifizierung in Eigenkapital und in der Insolvenz der empfangenden Gesellschaft gemäß § 39 Abs. 1 Nr. 5 InsO zur Einordnung der Rückzahlungsforderung als nachrangige Insolvenzforderung. Diese Nachrangigkeit führt regelmäßig dazu, dass der Rückzahlungsgläubiger nur einen wertlosen Anspruch hat. Nachrangige Insolvenzgläubiger gehen in einem Insolvenzverfahren erfahrungsgemäß leer aus. Einfache Insolvenzgläubiger gemäß § 38 InsO erhalten

---

[500] BGH, Urt. v. 2.7.2001 – II ZR 264/99, ZIP 2001, 1366, 1367, GmbHR 2001, 725, 726.

demgegenüber bei einem nicht-masseunzulänglichen Verfahren zumindest eine – wenn auch oftmals nur geringe – Insolvenzquote.

Ist der darlehensgebende Gesellschafter selbst eine Gesellschaft, beispielsweise die Muttergesellschaft in einem Konzernverbund, so kann das Stehenlassen mit der Folge der Umqualifizierung in Eigenkapital und der Nachrangigkeit des Rückforderungsanspruches im Insolvenzverfahren der darlehensgebenden Muttergesellschaft eine Gläubigerbenachteiligung darstellen. Im Insolvenzverfahren der Leistungen erbringenden bzw. stehen lassenden Muttergesellschaft ist zu prüfen, ob der Insolvenzverwalter das Instrumentarium der Insolvenzanfechtung nutzen kann. Für die Anfechtung des Stehenlassens von Gesellschafterleistungen kämen für den Insolvenzverwalter vor allem die §§ 132, 133, 134 InsO, und außerhalb des Insolvenzverfahrens die §§ 3, 4 AnfG in Betracht. Die Tatbestandsvoraussetzungen sind im konkreten Einzelfall zu prüfen.

Bork[501] befürwortet die Möglichkeit einer Insolvenzanfechtung des „Stehenlassens" in der Insolvenz des Gesellschafters. Zur Begründung führt er aus, dass die Anfechtung einer Rechtshandlung, die zum Eigenkapitalersatz führt, ebenso möglich sein muss, wie die nach der Rechtsprechung[502] mögliche Anfechtung einer Einlageleistung. Für eine eigenkapitalersetzende Leistung könne nichts anderes gelten als für die Einlageleistung selbst. Eine andere Ansicht weist bei einer Anfechtung des Stehenlassens auf gewisse Systemwidersprüche im Zusammenspiel zwischen Eigenkapitalersatzrecht und Insolvenzrecht hin.[503]

Durch die Möglichkeit einer Insolvenzanfechtung wird dem Gesellschafter bzw. dem Insolvenzverwalter über das Vermögen des Gesellschafters ein Schlupfloch gewährt. Es widerspricht der Wertung des Gesetzes, wenn der Gesellschafter die ihm in Form der Durchsetzungssperre auferlegte Verantwortung für die von seiner Maßnahme ausgelösten negativen Finanzierungsfolgen für die Gläubigergesamtheit im Wege einer Insolvenzanfechtung abschütteln könnte.[504] Aufgrund des von den Kapitalersatzregeln bezweckten Gläubigerschutzes kann eine stehen gelassene Gesellschafterleistung nicht durch eine Insolvenzanfechtung des Stehenlassens zur Insolvenzmasse des Gesellschafters gezogen werden. Eine Insolvenzanfechtung ist nur dann zu befürworten, wenn die Gesellschafterleistung mit dem Zweck stehen gelassen wurde, durch die eigenkapitalersatzrechtliche

---

501 *Bork*, in: FS Uhlenbruck, 279ff.

502 BGH, Urt. v. 15.12.1994 – IX ZR 153/93, ZIP 1995, 134ff. zum Anspruch auf Rückgewähr einer GmbH-Einlage nach Gläubigeranfechtung trotz negativen Stammkapitals.

503 Ausführlich *Böcker*, ZInsO 2005, 347, 348ff.

504 *v. Gerkan/Hommelhoff/Haas/Dittrich*, Rn. 8.126.

Verstrickung der Gesellschafterleistung die Gläubiger des leistenden Gesellschafters zu schädigen. Dafür hätte der anfechtende Insolvenzverwalter aber die Beweislast.

§ 12 Eigenkapitalersetzende Nutzungsüberlassungen

I. Problemdarstellung

Die Kapitalersatzregeln wurden entwickelt für den Grundfall der Gewährung von Gesellschafterdarlehen in der Krise der Gesellschaft, also der Verschaffung von Finanzierungsmitteln für die Gesellschaft durch den Gesellschafter. In Anbetracht der eigenkapitalersetzenden Umqualifizierung der Gesellschafterhilfen in der Krise der Gesellschaft könnte sich ein Gesellschafter überlegen, der Gesellschaft keine Geldmittel zur Verfügung zu stellen, sondern direkt das für den Geschäftsbetrieb notwendige Anlagevermögen einzubringen. Durch die Nutzungsüberlassung von für den Geschäftsbetrieb erforderlichen Gegenständen des Anlagevermögens kann die Gesellschaft mittelbar finanziell gestützt werden.

Eine Verlagerung des Betriebsrisikos auf Drittgläubiger steht zu befürchten, wenn die Gesellschaft die zur Nutzung überlassenen Gegenstände für den Geschäftsbetrieb benötigt, aber nicht über die für die Anschaffung notwendigen Mittel verfügt und sich die Gegenstände auch nicht von Dritten mieten oder pachten kann. Dies soll durch die Anwendung der Kapitalersatzregeln auf die Nutzungsüberlassung verhindert werden.

Die eigenkapitalersetzende Nutzungs- bzw. Gebrauchsüberlassung ist eine der Darlehensgewährung wirtschaftlich entsprechende Rechtshandlung und damit ein Anwendungsfall des § 32a Abs. 3 Satz 1 GmbHG. Deshalb gelten auch für diese Fallgruppe grundsätzlich dieselben Tatbestandsvoraussetzungen und Rechtsfolgen. Für die Beurteilung dieser Fallgruppe sind somit auch die Schlüsselbegriffe „Gesellschafterstellung“, „Gesellschafterhilfe“, „Krise der Gesellschaft“, „Gläubigerschutz“ und „Finanzierungs(folgen)verantwortung“ maßgeblich.

II. Abgrenzung zum Sachdarlehen

Das eigenkapitalersetzende Darlehen ist vom Grundtatbestand des § 32a Abs. 1 GmbHG erfasst. Zu den Darlehen in diesem Sinne gehören sowohl das Gelddarlehen nach den §§ 488ff. BGB als auch das Sachdarlehen nach §§ 607ff. BGB. Wird ein Gegenstand des Anlagevermögens vom Gesellschafter in die Gesellschaft eingebracht, kann es sich auch um ein Sachdarlehen handeln.

Ob ein Sachdarlehen oder lediglich eine Nutzungsüberlassung vorliegt, bestimmt sich nach den jeweils angestrebten rechtlichen Folgen. Bei einem Sachdarlehen hat der Darlehensnehmer bei Fälligkeit nur eine Sache von gleicher Art, Güte und Menge zurückzuerstatten, d. h. dass die eingebrachten Sachen mit dinglicher Wirkung zum Gesellschaftsvermögen gehören. Bei der Nutzungsüberlassung hingegen muss die gleiche Sache bei Fälligkeit zurückgewährt werden.

Für die praktische Anwendung der Eigenkapitalersatzregeln ist diese Unterscheidung nur von geringer Bedeutung. Beim Sachdarlehen kommt es unmittelbar zu Anwendung der § 32a Abs. 1 GmbHG. Bei der Nutzungsüberlassung hingegen gilt § 32a Abs. 1 GmbHG sinngemäß über die Anwendung des § 32a Abs. 3 S. 1 GmbHG.

III. Anwendungsvoraussetzungen des Kapitalersatzrechts

1. Arten der Nutzungsüberlassungen

Der Gesellschaft kann bewegliches und unbewegliches Vermögen zur Nutzung überlassen werden. Auch Rechte (z. B. Patente oder Lizenzen) können Gegenstand einer Nutzungsüberlassung sein. Es ist gleichgültig, ob der Überlassung ein Leih-, Miet- oder Pachtverhältnis zugrunde liegt, ein dingliches Nutzungsrecht (z. B. ein Nießbrauch an einem Grundstück) oder Vermögensgegenstände aus anderen Gründen rein tatsächlich an die Gesellschaft überlassen worden sind.

Die Nutzungsüberlassung kann aufgrund einer schuldrechtlichen Verpflichtung erfolgen, beispielsweise durch Vereinbarung von Miete, Pacht oder Leihe. Daneben sind hier auch dingliche Nutzungsrechte und rein tatsächliche Gebrauchsüberlassungen von Interesse.

Zur Nutzung können bewegliche und unbewegliche Gegenstände überlassen werden. Auch Rechte können Gegenstand einer Nutzungsüberlassung sein, beispielsweise die Überlassung von Lizenzverträgen. Ob für die Überlassung zur Nutzung ein Entgelt verlangt wird oder nicht, ist irrelevant.[505]

2. Allgemeine Tatbestandsvoraussetzungen

Grundsätzlich gelten für die Annahme einer eigenkapitalersetzenden Nutzungsüberlassung dieselben Tatbestandsvoraussetzungen wie bei der Annahme eines

---

[505] Vgl. *Haas*, NZI 2002, 457, 460.

eigenkapitalersetzenden Darlehens. Im Folgenden wird auf die Besonderheiten bei der Nutzungsüberlassung eingegangen.

a) Wirtschaftliche Vergleichbarkeit der Gesellschafterhilfe mit einem Darlehen

Für die Anwendung der Novellenregelungen ist gemäß § 32a Abs. 3 Satz 1 GmbHG erforderlich, dass die Rechtshandlung des Gesellschafters oder eines gleichgestellten Dritten der Darlehensgewährung wirtschaftlich entspricht. Ist bei einer Gesellschafterhilfe diese Voraussetzung erfüllt, dann sind die Kapitalersatzregeln anzuwenden.

Ob eine Gebrauchsüberlassung die Hürde des § 32a Abs. 3 Satz 1 GmbHG nimmt, war in der Rechtsprechung und ist in der Literatur umstritten:

aa) Entwicklung und Meinungsstand der Rechtsprechung

Die Rechtsprechung verfolgt seit dem BGH Urteil vom 16.10.1989[506] (Lagergrundstück I) eine einheitliche Linie.

Während im bezeichneten Lagergrundstück-Urteil I die Rechtsprechung zu dem Ergebnis kam, dass bei einer Nutzungsüberlassung die Vergleichbarkeit zur Gewährung eines Darlehens gegeben ist und die Nutzungsüberlassung eines Gesellschafters vom Anwendungsbereich des § 32a Abs. 3 Satz 1 GmbHG somit erfasst wird, blieb hinsichtlich der Rechtsfolgen der eigenkapitalersatzrechtlichen Verstrickung noch einiges offen. So wurde nicht konkretisiert, ob der überlassene Gegenstand selbst ins Gesellschaftsvermögen gelangt und in der Gesellschaft verwertet werden kann, ob der Gesellschafter den Substanzwert oder den Restnutzungswert zur Ablösung bezahlen muss oder ob er nur die Weiternutzung zu dulden hat.

Im Urteil des BGH vom 14.12.1992[507] (Lagergrundstück II) wurde die eigenkapitalersetzenden Nutzungsüberlassung im Fall der Betriebsaufspaltung bestätigt. Die Unterschiede bei der Bestimmung der speziellen Kreditunwürdigkeit bzw. der Überlassungsunwürdigkeit bei der Überlassung von Standardwirtschaftsgü-

---

[506] BGH, Urt. v. 16.10.1989 – II ZR 307/88, BGHZ 109, 55ff., ZIP 1989, 1542ff., NJW 1990, 516ff.

[507] BGH, Urt. v. 14.12.1992 – II ZR 298/91, BGHZ 121, 31ff., ZIP 1993, 189f., NJW 1993, 392f.

tern oder von speziellen Wirtschaftsgütern wurden erörtert. Ausgeführt wurde hier außerdem, dass das Eigentum an den zur Nutzung überlassenen Wirtschaftsgütern im Zeitpunkt der Umqualifizierung nicht ohne weiteres auf die Gesellschaft übergeht und auf die Miet- bzw. Pachtzinsforderungen die §§ 30, 31, 32a, 32b GmbHG entsprechend anzuwenden sind. Nach wie vor offen blieb, ob der Gesellschaft ein Verwertungsrecht zu steht.

In den nachfolgenden Entscheidungen vom 11.7.1994 (Lagergrundstück III) und vom 11.7.1994 (Lagergrundstück IV) hat der BGH Forderungen des Konkursverwalters der nutzungsberechtigten Gesellschaft auf Eigentumsübertragung des überlassenen Grundstücks oder der Zahlung des Verkehrswertes oder der kapitalisierten Grundstücksnutzung zur Masse abgelehnt, die Weiternutzung zugunsten der Masse jedoch bejaht. Im Lagergrundstücks-Urteil III wurde außerdem eine Wertersatzpflicht des Gesellschafters statuiert, wenn er die Nutzungsrechte der Masse vereitelt. Außerdem wurde die vertragliche Überlassungszeit mit Hilfe eines Drittvergleichs angepasst und so die kapitalersatzrechtlich relevante Nutzungsdauer bestimmt.

Es folgten weitere sog. Lagergrundstücks-Entscheidungen“[508] nach, welche die vorstehende Rechtsprechungslinie des BGH bestätigten und weiter konkretisierten.

Zur Vergleichbarkeit einer Nutzungsüberlassung mit einer Darlehensgewährung i. S. d. § 32a Abs. 3 Satz 1 GmbHG hat die Rechtsprechung immer darauf abgestellt, ob eine ungerechtfertigte Verlagerung des Unternehmensrisikos auf die Drittgläubiger eintritt. Entscheidend sei, dass eine Nutzungsüberlassung dieselben Wirkungen haben kann wie die Zuführung von Finanzierungsmitteln. Eine Gebrauchsüberlassung von Gegenständen des Anlagevermögens kann bewirken, dass eine bereits insolvenzreife Gesellschaft durch diese Unterstützung ihre Geschäftstätigkeit dennoch fortsetzen kann. Die Gesellschaftskrise wird dadurch verschleppt und der Anschein erzeugt, dass die Gesellschaft noch lebensfähig ist. Dadurch werden die Befriedigungschancen der übrigen Gläubiger weiter verkürzt. Die Rechtsprechung begründet die wirtschaftliche Vergleichbarkeit somit ausschließlich mit dem Gläubigerschutzinteresse.

---

[508] BGH, Urt. v. 16.6.1997 – II ZR 154/96, ZIP 1997, 1375; BGH, Urt. v. 15.6.1998 – II ZR 17/97, ZIP 1998, 1352; BGH, Urt. v. 7.12.1998 – II ZR 382/96, BGHZ 140, 147, ZIP 1999, 65; BGH, Urt. v. 31.1.2000 – II ZR 309/98, ZIP 2000, 455; BGH, Urt. v. 26.6.2000 – II ZR 370/98, ZIP 2000, 1491; BGH, Urt. v. 18.12.2000 – II ZR 191/99, ZIP 2001, 242.

bb) Entwicklung und Meinungsstand der Literatur

Die dargestellte Entwicklung der Rechtsprechung wurde in der Literatur mit einer ausführlichen Diskussion begleitet. Als Hauptargument der Literatur gegen die Anerkennung einer eigenkapitalersetzenden Nutzungsüberlassung wird ausgeführt, dass die Anwendung des Kapitalersatzrechts auf die Nutzungsüberlassung durch einen Gesellschafter keine Änderung der dinglichen Zuordnung bewirken könne und der Gesellschaft bzw. dessen Insolvenzverwalter kein Anspruch auf Übertragung des Eigentums zustehe. Darüber hinaus sei das Nutzungsrecht der Gesellschaft auch bei einer eigenkapitalersatzrechtlichen Verstrickung nur zeitlich begrenzt zu gewähren. Ein Nutzungsrecht bis zur Befriedigung aller Gläubiger sei abzulehnen, da dies im wirtschaftlichen Ergebnis einen Verbrauch der Sachsubstanz darstelle.[509]

Aufgrund der inzwischen richterrechtlich anerkannten Anwendung der Kapitalersatzregeln auf die Gebrauchs- bzw. Nutzungsüberlassung des Gesellschafters an die Gesellschaft hat sich die Kritik der Literatur zwischen-zeitlich vor allem auf die mangelnde Vergleichbarkeit der Nutzungsüberlassung mit der Darlehensgewährung konzentriert. Nachfolgend sollen diesbezüglich verschiedene Argumente dargestellt und diskutiert werden.

aaa) Passivierung in der Bilanz

Ein Teil der Literatur will im Falle der Nutzungsüberlassung von Gegenständen durch einen Gesellschafter nicht von Finanzierungsmitteln sprechen, da in diesem Fall keine Passivierung in der Bilanz vorzunehmen ist. Mit einer Nutzungsüberlassung von betriebsnotwendigen Anlagevermögen kann eine materielle Unterkapitalisierung nicht beseitigt werden.[510] Ein bereits entstandener dringender Kapitalbedarf der Gesellschaft wird durch eine Nutzungsüberlassung nicht reduziert. Eine unentgeltliche Überlassung führt lediglich dazu, dass der Kapitalbedarf nicht noch weiter steigt – eine entgeltliche Überlassung erhöht sogar den bestehenden Kapitalbedarf.

---

[509] Beispielsweise: *Goette*, DStR 1997, 2027, 2034.

[510] Vgl. *Scholz/K. Schmidt*, §§ 32a, 32b GmbHG, Rn. 127; *Karsten Schmidt*, ZIP 1990, 69, 73ff.

bbb) Einlagefähigkeit

Eine andere Ansicht stellt auf die Einlagefähigkeit der Finanzierungshilfe ab. Bei einer Nutzungs- bzw. Gebrauchsüberlassung stellt sich die Frage, ob eine lediglich schuldrechtlich bestehende Verpflichtung bei der empfangenden Gesellschaft einlagefähig ist. Will der Gesellschafter einen Geldbetrag in seine Gesellschaft einbringen, kann er dies aufgrund der grundsätzlich bestehenden Finanzierungsfreiheit in Form einer Eigenkapitaleinlage einstellen oder der Gesellschaft ein Darlehen gewähren und damit Fremdkapital zur Verfügung stellen. Soll ein Sachgegenstand in die Gesellschaft eingebracht werden, kommt es darauf an, ob die Gesellschaft daran Eigentum begründet oder nicht. Nur wenn die Gesellschaft den Vermögensgegenstand aktivieren und die Eigentümerbefugnisse ausüben kann, ist der Vermögensgegenstand als Sacheinlage geeignet. Eine nur schuldrechtliche Verpflichtung ist hingegen nicht einlagefähig.

Stellt man für die Anwendbarkeit der Kapitalersatzregeln bei der Nutzungsüberlassung ausschließlich auf die mangelnde Einlagefähigkeit ab, dann wäre nach Ansicht eines Kritikers des Arguments der „Einlagenfähigkeit" auch das Stehenlassen eines Darlehensrückzahlungsanspruchs, beispielsweise im Rahmen einer Stundung, nicht der Umqualifizierung in Eigenkapital unterworfen, denn auch hier wird lediglich eine schuldrechtliche Verpflichtung eingegangen, die die dingliche Vermögenslage der Gesellschaft nicht verändere und nicht einlagefähig sei.[511] Wenn aber beim Stehenlassen von Darlehensrückzahlungsansprüchen für die Anwendung der Kapitalersatzregeln nicht auf die Einlagefähigkeit abgestellt wird, dann dürfe man dies auch bei einer Nutzungsüberlassung nicht verlangen. Diese Argumentationslinie überzeugt, sofern man im Rahmen des Vergleichs mit dem Stehenlassen eines Gesellschafterdarlehens ausschließlich auf die Stundungsabrede abstellt. Sieht man hingegen in der Stundungsvereinbarung im Ergebnis nur eine Verkürzung einer Darlehensrückzahlung mit einer sofortigen Darlehensausreichung zu vorherigen Konditionen, dann kann im Hinblick auf das Fehlen der Einlagefähigkeit einer überlassenen Nutzung nicht zum Vergleich auf das eigenkapitalersatzrechtlich relevante Stehenlassen einer Forderung abgestellt werden. Festzustellen ist an dieser Stelle im Ergebnis, dass die Überlassung eines Nutzungsrechts nicht einlagefähig ist. Ob diese Feststellung als Argument gegen die Vergleichbarkeit mit einer Darlehensgewährung herangezogen werden kann, mag dahinstehen, sofern es wegen weiterer Argumente für eine Vergleichbarkeit der genannten Rechtsinstitute unberücksichtigt bleiben kann.

---

[511] Vgl. *v. Gerkan/Hommelhoff/Haas/Dittrich*, Rn. 8.10a.

ccc) Freies Verfügungsrecht

Ein weiterer Prüfungspunkt hinsichtlich der Vergleichbarkeit zwischen einem Darlehen und einer Nutzungsüberlassung ist die Frage, ob die Gesellschafterleistung zur freien Verfügung in das Gesellschaftsvermögen gelangt. Bei einer Nutzungsüberlassung verfügt der Gesellschafter nur über das vorübergehende Recht zur Nutzung. Die empfangende Gesellschaft kann nicht frei über den überlassenen Gegenstand oder das überlassene Recht verfügen. Die Eigentümerbefugnisse des Gesellschafters sind nur durch das Recht zum Besitz gemäß § 986 BGB vorübergehend eingeschränkt. Aus diesem Blickwinkel besteht keine Vergleichbarkeit von Eigenkapital und überlassenem Nutzungsrecht, da der Gesellschafter nicht die Möglichkeit hat, lediglich das Nutzungsrecht als Eigenkapital zu überlassen.

ddd) Aktivierung in der Bilanz

Aber auch auf der Aktivseite der Bilanz besteht bei der empfangenden Gesellschaft zwischen der Annahme eines Darlehens und der Annahme eines Nutzungsrechtes ein Unterschied. Bei einem Geld- oder Sachdarlehen wird das volle Eigentum am Darlehensgegenstand übertragen und ist somit als Aktivposten in der Bilanz der darlehensnehmenden Gesellschaft zu bilanzieren. Das bloße Nutzungsrecht ist kein zu bilanzierender Aktivposten in der Bilanz.

Erfolgt die Darlehensgewährung zudem unentgeltlich und ist folglich zusätzlich zur bloßen Rückgewähr- bzw. Rückzahlungsverpflichtung keine entsprechende Verbindlichkeit für das Nutzungsrecht auf der Passivseite der Bilanz zu verbuchen, so führt die Aktivierung des Darlehensgegenstandes zur Verbesserung der Kaufkraft des Unternehmens und somit der wirtschaftlichen Gesamtsituation. Vertreter der Literatur sehen in der Gewährung eines Darlehens an eine Gesellschaft eine wirtschaftliche Vorfinanzierungsfunktion gegeben[512], die bei einer entgeltlichen Gebrauchsüberlassung so nicht besteht. Dieser wirtschaftliche Unterschied besteht jedoch nur beim Vergleich zwischen einer unentgeltlichen Darlehensgewährung und einer entgeltlichen Gebrauchsüberlassung. Hier sind die Vergleichsparameter jedoch verschieden. Sind beide Varianten entgeltlich, d. h. besteht über die bloße Rückzahlungs- bzw. Rückgabeverpflichtung hinaus eine Entgeltlichkeit für die Nutzung, dann fehlt es auch bei der Darlehensgewährung an einer wirtschaftlichen Vorfinanzierungsfunktion.

---

[512] Vgl. *Hueck*, ZGR 1989, 216, 225.

eee) Wirtschaftliche Vergleichbarkeit mit der Darlehensgewährung entscheidend

Einige der eben dargestellten Argumente sprechen gegen die Vergleichbarkeit einer Nutzungs- bzw. Gebrauchsüberlassung mit einer Darlehensgewährung. Entsprechend dem Gesetzeswortlaut des § 32a Abs. 3 Satz 1 GmbHG kommt es jedoch darauf an, dass die anderen Rechtshandlungen des Gesellschafters oder Dritten, der Darlehensgewährung „wirtschaftlich entsprechen“. Es ist für die Frage der Vergleichbarkeit letztlich auf den Schutzzweck der Regelung abzustellen.

Haas/Dittrich[513] prüfen die risikospezifische Vergleichbarkeit zwischen der Darlehensgewährung und einer Nutzungsüberlassung anhand vermeintlicher Schutzaspekte. Ungeeignet ist das Argument der Vermeidung einer Gläubigertäuschung, da die Rechtsfolgen des Kapitalersatzrechts kraft Gesetzes eintreten und es kein schutzwürdiges Vertrauen der Gesellschafter gibt, dass sämtliche Gesellschafterleistungen eine Fallgruppe des Eigenkapitalersatzrechts bilden. Ebenso ungeeignet ist die Behauptung, dass eine Nutzungsüberlassung in der Krise der Gesellschaft zur Insolvenzverschleppung führt. Die allgemeinen Folgen einer verspäteten Insolvenzantragstellung wären jedoch auch bei einer Eigenkapitalzuführung durch die Gesellschafter entstanden. Es kann somit nur auf die Begründung einer konkurrierenden Gläubigerstellung ankommen.

Bei einer entgeltlichen Nutzungsüberlassung tritt grundsätzlich keine Verbesserung der Liquidität der Gesellschaft ein, da die Verpflichtung zur Zahlung eines Nutzungsentgelts gleichzeitig die Liquidität der Gesellschaft beschneidet. Eine entgeltliche Nutzungsüberlassung ist somit nicht grundsätzlich kausal für die Fortführung des Unternehmens. Es kommt auf die Angemessenheit bzw. die Marktgerechtheit der Nutzungsentschädigung an. Wird ein Nutzungsentgelt bezahlt, das über dem Marktwert des Nutzungsrechts liegt, so wird die Gläubigergesamtheit benachteiligt. Diese Fallgruppe unterliegt jedenfalls der Insolvenzanfechtung, so dass ein zusätzlicher Gläubigerschutz durch das Kapitalersatzrecht nicht notwendig ist. Letztlich kommt es jedoch darauf an, dass sich das Nutzungsrecht zeitlich abschwächt und durch die Zahlungen einer Nutzungsentschädigung das Gesellschaftsvermögen reduziert wird. Die Nutzungsüberlassung ist selbstverzehrend.[514] Darin liegt die eigentliche risikospezifische Vergleichbarkeit zwischen einer Darlehensgewährung und einer Nutzungsüberlassung.

---

[513] *v. Gerkan/Hommelhoff/Haas/Dittrich*, Rn. 8.11ff.

[514] Vgl. *Karsten Schmidt*, ZIP 1993, 161, 165.

Bei einer unentgeltlichen Nutzungsüberlassung wird zwar die Liquidität verbessert und unter Umständen dadurch die Fortführung des Unternehmens ermöglicht, es kommt jedoch aufgrund der Unentgeltlichkeit der Leistung nicht zu einer Konkurrenz mit den übrigen Gesellschaftsgläubigern.

Zusammenfassend ist festzuhalten, dass das Kapitalersatzrecht verhindern soll, dass die Gesellschafter mit ihren Fremdmitteln eine weitere Firmenfortführung ermöglichen und durch ihre Gläubigereigenschaft die Befriedigungschancen der übrigen Gläubiger weiter einschränken. Dieses Risiko der Gläubigergefährdung besteht auch bei einer Nutzungs- bzw. Gebrauchsüberlassung durch einen Gesellschafter, wenn die Gesellschaft sich dieses Nutzungsrecht selbst nicht mehr beschaffen könnte, auf die Nutzungsmöglichkeit zur Fortführung der Geschäfte jedoch angewiesen ist. Der Gesellschafter hat auch bei einer Nutzungsüberlassung die Finanzierungsfolgenverantwortung zu tragen. Der inzwischen herrschende Literaturmeinung[515] ist deshalb zuzustimmen und festzustellen, dass in Bezug auf den Normzweck des Kapitalersatzrechts eine wirtschaftliche Vergleichbarkeit zwischen der Darlehensgewährung und der Nutzungsüberlassung besteht – es besteht eine risikospezifische Vergleichbarkeit. Die oben dargestellten Differenzierungen sind nach den Umständen des Einzelfalles zu berücksichtigen.

b) Gesellschafter oder gleichgestellter Dritter

Adressat der Kapitalersatzregeln ist der Gesellschafter, der mit mehr als 10% an einer Gesellschaft beteiligt oder zugleich Geschäftsführer der Gesellschaft ist (§ 32a Abs. 3 Satz 2 GmbHG), bzw. ein einem solchen Gesellschafter gleichgestellter Dritter (§ 32a Abs. 3 Satz 1 GmbHG).

Diskussionsbedarf könnte es bei der Anwendbarkeit des Sanierungsprivilegs gemäß § 32a Abs. 3 Satz 3 GmbHG auf die Nutzungsüberlassung geben. Wie bereits oben angedeutet wurde und später noch ausführlich diskutiert wird, ist die Nutzungsüberlassung eine der Darlehensgewährung wirtschaftlich entsprechende Rechtshandlung. Es gelten somit über § 32a Abs. 3 Satz 1 GmbHG die Absätze 1 und 2 des § 32a GmbHG entsprechend. Das Sanierungsprivileg ist jedoch erst nachfolgend im § 32a Abs. 3 Satz 3 GmbHG geregelt. Aus rechtsdogmatischen Gründen könnte man deshalb argumentieren, dass das Sanierungsprivileg für Nutzungsüberlassungen nicht in Betracht komme.[516] Dennoch ist das Sanierungsprivileg auch auf die Fallgruppe einer eigenkapitalersetzenden Nut-

---

[515] *Lutter/Hommelhoff*, §§ 32a/b GmbHG, Rn. 139; *Haas/Dittrich*, DStR 2001, 623, 625f.

[516] Vgl. *Pentz*, GmbHR 1999, 437, 448.

zungsüberlassung anzuwenden. Finanzierungsleistungen, die einem Kredit nach § 32a Abs. 3 Satz 1 GmbHG gleichstehen, sind ebenfalls privilegiert.[517] Die Kapitalersatzregeln werden bei der Nutzungsüberlassung daher nicht angewandt, wenn der überlassende Gesellschafter oder ein gleichgestellter Dritter Geschäftsanteile zum Zwecke der Überwindung der Krise der Gesellschaft in der Krise erworben haben (§ 32a Abs. 3 Satz 3 GmbHG).

c) Krise der Gesellschaft

Die Krise der Gesellschaft wird in § 32a Abs. 1 GmbHG legaldefiniert. Nach dieser Definition kommt es letztlich auf die Feststellung der Kreditunwürdigkeit der Gesellschaft an. Die Kreditunwürdigkeit und damit die Krise der Gesellschaft wird – wie oben ausführlich dargestellt – nur bei Zahlungs-unfähigkeit bzw. Überschuldung der Gesellschaft ohne Einschränkungen angenommen und darüber hinaus nur anhand von Indizien bestimmt.

Nach allgemeiner Definition liegt Kreditunwürdigkeit immer dann vor, wenn die Gesellschaft von dritter Seite keinen Kredit mehr zu marktüblichen Bedingungen erhält. Zur konkreten Bestimmung kommt es dabei entweder auf eine bestimmte Kreditentscheidung eines Dritten oder auf eine hypothetische Entscheidung eine wirtschaftlich und vernünftig denkenden Dritten an.

Bei einer Nutzungs- bzw. Gebrauchsüberlassung kommt es für die Anwendung der Kapitalersatzregeln ebenso auf die Feststellung der Krise der Gesellschaft an. Bei dieser Fallgruppe kann jedoch nicht darauf abgestellt werden, ob zum Zeitpunkt der Nutzungsüberlassung die Gesellschaft kreditunwürdig war. Entgegen der sonst für die Anwendung des Kapitalersatzrechts geforderten Kreditunwürdigkeit der Gesellschaft, ist für die Anwendung der Kapitalersatzregeln bei der Nutzungsüberlassung eine Überlassungs-unwürdigkeit notwendig.

Bei der Nutzungsüberlassung ist letztlich eine differenziertere Betrachtung erforderlich. Hier sind die Begriffe „spezielle Kreditunwürdigkeit" und „Überlassungsunwürdigkeit" und ihr Verhältnis zueinander zu erörtern. Die Kreditunwürdigkeit liegt vor, wenn die Gesellschaft nicht imstande ist, sich die Kreditmittel für den Kauf des Nutzungsgegenstandes auf dem Kapitalmarkt zu besorgen. Die sog. Überlassungsunwürdigkeit ist gegeben, wenn ein wirtschaftlich vernünftig handelnder Dritter zur Nutzungs- bzw. Gebrauchsüberlassung nicht bereit wäre. Die Überlassungsunwürdigkeit ist davon abhängig, ob ein vernünftig handelnder Vermieter oder Verpächter, der an der Gesellschaft nicht beteiligt

---

[517] *Scholz/K. Schmidt*, §§ 32al, 32b GmbHG, Rn. 196.

ist und sich auch nicht an ihr beteiligen will, der Gesellschaft die Gegenstände unter denselben Verhältnissen und zu denselben Bedingungen überlassen hätte.[518]

Uneinigkeit besteht, ob beide Merkmale für die Annahme der Krise der Gesellschaft kumulativ vorliegen müssen oder ob bereits das Vorliegen eines Merkmals für die Anwendung der Kapitalersatzregeln genügt. Um hierzu eine Stellungnahme abgeben zu können, bedarf es zunächst einer genaueren Analyse der beiden genannten Merkmale:

Bei der Definition der Überlassungsunwürdigkeit differenziert die Rechtsprechung danach, ob es um die Überlassung von Standardwirtschaftsgütern oder von speziellen Betriebsanlagen geht. Bei der Nutzungsüberlassung von speziell angefertigten Anlagen wird der Überlasser genau prüfen, ob sich die Kosten für die Herstellung und Vermietung durch die Überlassung an die Gesellschaft amortisieren lassen. Entscheidend ist also, ob die Gesellschaft in der Lage sein wird, über eine längere Mietzeit den Mietzins zu bezahlen.[519] Bei den Standardwirtschaftsgütern besteht eine Überlassungsunwürdigkeit nur dann, wenn die Gesellschaft voraussichtlich nicht in der Lage ist, das laufende Nutzungsentgelt zu bezahlen oder eventuelle Schäden an der überlassenen Sache auszugleichen.[520]

Das bedeutet, dass für die Annahme der Überlassungswürdigkeit bei speziellen Wirtschaftsgütern die Bezahlung des Nutzungsentgelts auf lange Sicht sichergestellt sein muss, hingegen bei Standardwirtschaftsgütern nur die Bezahlung des laufenden Nutzungsentgelts sowie die Bezahlung erforderlicher Reparaturaufwendungen. In zeitlicher Hinsicht bedeutet dies im Hinblick auf das Verhältnis zur Kreditunwürdigkeit, dass die Überlassungsunwürdigkeit bei Standardwirtschaftsgütern regelmäßig erst nach Eintritt der allgemeinen Kreditunwürdigkeit festgestellt werden kann, während die Überlassungs-unwürdigkeit bei den speziellen Wirtschaftsgütern regelmäßig mit dem Eintritt der allgemeinen Kreditunwürdigkeit zusammenfallen wird.[521]

[518] Vgl. insgesamt: BGH, Urt. v. 14.12.1992 – II ZR 298/91, ZIP 1993, 189, 191f., NJW 1993, 392, 394 mwN.

[519] Vgl. BGH, Urt. v. 16.10.1989 – II ZR 307/88, NJW 1990, 516, 518.

[520] *Lutter/Hommelhoff*, §§ 32a/b GmbHG, Rn. 142.

[521] Vgl. *v. Gerkan/Hommelhoff/Haas/Dittrich*, Rn. 8.25f.

Die nachfolgende Skizze stellt diese Feststellungen schematisch dar:

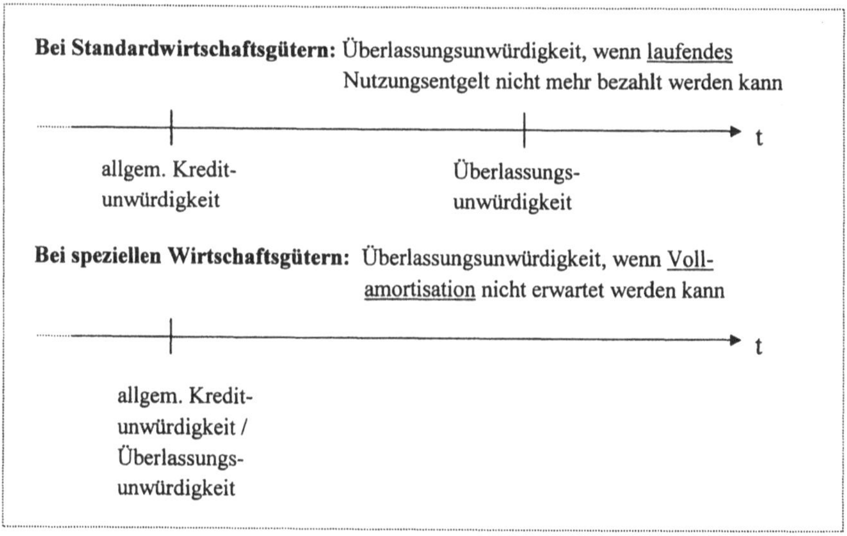

Die spezielle Kreditunwürdigkeit liegt vor, wenn die Gesellschaft nicht imstande ist, sich die Kreditmittel für den Kauf des Nutzungsgegenstandes auf dem Kapitalmarkt zu besorgen.

Die überwiegende Rechtsprechung[522] verlangt für die Anwendung des Kapitalersatzrechts, dass die Gesellschaft sich die Mittel zur Beschaffung der überlassenen Vermögensgegenstände nicht beschaffen kann **und** auch nicht in der Lage ist, sich die Gegenstände anderweitig zu mieten oder zu pachten. Nach der Rechtsprechung müssen beide Merkmale erfüllt sein, damit eine Krise der Gesellschaft im Sinne des Kapitalersatzrechts angenommen werden kann.

Zur Beurteilung dieser Ansicht der Rechtsprechung ist das dargestellte zeitliche Verhältnis zwischen Kreditunwürdigkeit und Überlassungsunwürdigkeit nochmals zu betrachten. Bei Standardwirtschaftsgütern liegt die spezielle Kreditunwürdigkeit in der wirtschaftlichen Abwärtsbewegung noch vor der Überlassungsunwürdigkeit; bei speziellen Wirtschaftsgütern fallen spezielle und allgemeine Kreditunwürdigkeit sogar mit der Überlassungsunwürdigkeit zusammen. Somit schließt die Überlassungsunwürdigkeit die spezielle Kredit-

---

[522] Vgl. BGH, Urt. v. 31.1.2000 – II ZR 309/98, ZIP 2000, 455, 456 mwN.

unwürdigkeit jedenfalls mit ein. Das Feststellen der Überlassungsunwürdigkeit genügt deshalb für die Anwendung der Kapitalersatzregeln. Im Ergebnis wird damit auch die Ansicht der Rechtsprechung bestätigt, die ein kumulatives Vorliegen von spezieller Kreditunwürdigkeit und Überlassungsunwürdigkeit fordert. Der Unterschied besteht alleine darin, dass dem Kriterium der speziellen Kreditunwürdigkeit keine eigenständige Bedeutung zukommt, da es bei der Nutzungs- bzw. Gebrauchsüberlassung gerade nicht um Beschaffung eines Investitionskredites geht, sondern um die Überlassung eines Nutzungsrechts.

d) Finanzierungsentscheidung

aa) Allgemeine Ausführungen

Die Umqualifizierung von Gesellschafterhilfen in Eigenkapital wird aus Gründen des Gläubigerschutzes vorgenommen und durch die sog. Finanzierungsfolgenverantwortung des Gesellschafters gerechtfertigt. Der Gesellschafter muss also eine Finanzierungsentscheidung treffen können, d. h. für ihn muss die Wahlmöglichkeit bestehen, durch die Gewährung der Gesellschafterhilfe eine Sanierung und Fortführung des Unternehmens zu ermöglichen oder durch die Nichtgewährung der Gesellschafterhilfe die Notwendigkeit der Liquidation einzuleiten.

Durch die Einräumung eines Nutzungsrechtes in der Krise der Gesellschaft trifft der Gesellschafter die geforderte Finanzierungsentscheidung.

Schwieriger ist die Beurteilung hingegen beim Stehenlassen von Gesellschafterleistungen. Die Rechtfertigung für eine Umqualifizierung der Gesellschafterhilfe in Eigenkapital liegt hier im Belassen der Gesellschafterleistung. Im Umkehrschluss muss der Gesellschafter aber auch die Möglichkeit haben, mit Eintritt der Krise die Gesellschafterhilfe abzuziehen. Eine Finanzierungsfolgenverantwortung kommt deshalb nur in Betracht, wenn der Gesellschafter von einer Kündigungsmöglichkeit oder der Möglichkeit einer Liquidation der Gesellschaft keinen Gebrauch macht.

Bei der Nutzungs- bzw. Gebrauchsüberlassung sind die verschiedenen Abzugsmöglichkeiten bei Eintritt der Krise der Gesellschaft genauer zu überprüfen:

bb) Kündigung

Bei der Nutzungs- bzw. Gebrauchsüberlassung sieht das Gesetz in § 543 BGB wichtige Gründe für eine außerordentliche fristlose Kündigung vor. Diese Aufzählung der Kündigungsgründe ist abschließend; eine fristlose Kündigung wegen Eintrittes der wirtschaftlichen Krise der nutzenden Gesellschaft ist nicht vorgesehen. In vielen Fällen wird mit Eintritt der Kreditunwürdigkeit regelmäßig auch einer der Tatbestände des § 543 Abs. 2 Nr. 3 BGB vorliegen – ein zwingender Zusammenhang besteht jedoch nicht. So kann es sein, dass das Nutzungsentgelt trotz des Eintrittes der wirtschaftlichen Krise der Gesellschaft weiterhin an den überlassenden Gesellschafter bezahlt wird. Der Gesellschafter hat dann keinen gesetzlichen außerordentlichen Kündigungsgrund.

Das rechtsgeschäftliche Überlassungsverhältnis kann jedoch besondere Regelungen enthalten. Das Recht zur privatautonomen Gestaltung des Vertragsverhältnisses umfasst grundsätzlich auch die Möglichkeit, ein Kündigungsrecht für den Eintritt der wirtschaftlichen Krise der nutzenden Gesellschaft zu vereinbaren und somit ein außerordentliches Kündigungsrecht zu statuieren. Einschränkungen macht das Gesetz nur bei der Vermietung von Wohnraum in den §§ 549, 563 Abs. 5 BGB, die bei Nutzungsüberlassungen an eine Gesellschaft regelmäßig nicht in Betracht kommen werden. Darüber hinaus ist es selbstverständlich, dass für den Fall einer Umqualifizierung kein bedingtes Kündigungsrecht vereinbart werden kann. Der durch das Kapitalersatzrecht vermittelte Gläubigerschutz steht nicht zur Disposition der Parteien.[523]

Ein ordentliches Kündigungsrecht ist bei einem Mietverhältnis in § 580a BGB geregelt. Der Ablauf eines Nutzungsverhältnisses kann auch rechtsgeschäftlich vereinbart sein. Der Gesellschafter kann jedenfalls nach Ablauf der Kündigungsfrist eine Finanzierungsentscheidung zwischen Belassen und Abziehen der Gesellschafterhilfe treffen. Bereits die Ausübung des Rechts zur ordentlichen Kündigung muss als Finanzierungsentscheidung angesehen werden. Der Gesellschafter kann bereits bei Abgabe seiner Kündigungserklärung den sofortigen Abzug der Gesellschafterhilfe nach Ablauf der Kündigungsfrist ankündigen und somit bereits zum Kündigungszeitpunkt nach außen hin die Kreditunwürdigkeit der Gesellschaft suggerieren. Dem Gesellschafter ist es unmittelbar nach Eintritt der Kreditunwürdigkeit der Gesellschaft zumutbar, seine Kündigungsmöglichkeiten auszuschöpfen. Tut er dies nicht, so liegt darin bereits die Finanzierungsentscheidung zum Stehenlassen in der Krise. Der rechtsgeschäftliche oder auch

---

[523] Vgl. *Ulmer*, *in*: FS Kellermann, 485, 501; BGH, Urt. v. 11.7.1994 – II ZR 146/92, BGHZ 127, 1, ZIP 1994, 1261.

nur tatsächliche Verzicht auf eine Kündigungsmöglichkeit ist selbst bei einer nur bevorstehenden Krise bereits eine antizipierte Finanzierungsentscheidung[524] mit Finanzierungsfolgenverantwortung. Keine eigenkapitalersatzrechtlich relevante Finanzierungsentscheidung liegt hingegen vor, wenn der Gesellschafter ohne Hinweise auf eine bevorstehende Krise seine Kündigungsmöglichkeiten nicht nutzt oder sie rechtsgeschäftlich ausschließt. Der Gesellschafter kann sich im zuletzt genannten Fall auf die Unmöglichkeit des Abzugs der Gesellschafterhilfe durch Kündigung berufen; er ist jedoch unter Umständen auf die Möglichkeit der Liquidation zu verweisen.

cc) Liquidation

Ein zweiter Weg zum Abzug von Nutzungsrechten ist die Liquidation der Gesellschaft. Dabei ist zu beachten, dass die Liquidation vor der Umqualifizierung der Gesellschafterleistung erfolgen muss. Bereits kapitalersetzende Leistungen werden durch eine Liquidation nicht wieder frei.

Eine Liquidation kann aufgrund des Insolvenzrechtes oder aufgrund des Gesellschaftsrechtes vorgenommen werden.

Die insolvenzrechtliche Liquidation setzt die Erfüllung der Antragsvoraussetzungen der §§ 13 und 14 InsO voraus. Neben anderen Voraussetzungen muss der das Nutzungsrecht überlassende Gesellschafter eine Forderungen gegen die Gesellschaft glaubhaft machen. Wurde jedoch das Nutzungsentgelt regelmäßig bezahlt, dann hat der Gesellschafter mangels Forderung kein Insolvenzantragsrecht. Bestehen bereits rückständige Forderungen aus der Nutzungsüberlassung, dann wird regelmäßig eine Umqualifizierung seiner Nutzungsüberlassung bereits eingetreten sein. Eine insolvenzrechtliche Liquidation wird nur in wenigen Fällen für den Gesellschafter ein Ausweg aus der Anwendung der Kapitalersatzregeln für die an die Gesellschaft überlassenen Nutzungen sein.

Daneben hat der Gesellschafter auch die Möglichkeit einer gesellschaftsrechtlichen Liquidation zu prüfen. In Frage kommt die Herbeiführung eines Auflösungsbeschlusses gemäß § 60 Abs. 1 Nr. 2 GmbHG oder auch die Erhebung einer Auflösungsklage gemäß § 61 GmbHG. Für einen wirksamen Auflösungsbeschluss bedarf es einer Mehrheit von Dreiviertel der abgegebenen Stimmen. Hat der überlassende Gesellschafter allein eine Dreiviertel-Mehrheit, so muss er mit Eintritt der Krise der Gesellschaft einen solchen Auflösungsbe-

---

[524] Vgl. BGH, Urt. v. 9.3.1992 – II ZR 168/91, GmbHR 1992, 367, 368, ZIP 1992, 616, 617f.

schluss fassen, um eine Umqualifizierung seiner Leistung zu vermeiden. Fehlt ihm eine eigene Dreiviertel-Mehrheit, so ist er nach herrschender Meinung[525] nicht verpflichtet, auf die übrigen Gesellschafter einzuwirken, damit diese einer Liquidation durch Auflösungsbeschluss zustimmen. Anders ist es jedoch, wenn die Gesellschafterhilfe an die Gesellschaft von einer Gesellschaftergemeinschaft erbracht wird, die insgesamt eine Dreiviertel-Mehrheit hält. In diesem Fall begibt sich der einzelne Gesellschafter in die kollektive Entscheidungsgewalt und muss die Umqualifizierung der Gesellschafterhilfe in Eigenkapital gegen sich gelten lassen, wenn die Gesellschaftergesamtheit die Gesellschaft gemäß § 60 Abs. 1 Nr. 2 GmbHG nicht liquidieren will.[526] In Bezug auf die Finanzierungsverantwortung ist deshalb festzuhalten: Die Finanzierungsverantwortung ist grundsätzlich anhand der individuellen Höhe der Beteiligung zu bestimmen. Eine kollektive Finanzierungsverantwortung besteht nur, soweit mehrere Gesellschafter eine gemeinsame Gesellschafterhilfe an die Gesellschaft leisten.[527]

e) Erkennbarkeit der Krise

Streitig ist auch hier, ob für die Anwendung der Kapitalersatzregeln Voraussetzung ist, dass der Gesellschafter den Eintritt der Krise der Gesellschaft hat erkennen können.

Bei der Nutzungsüberlassung sind die subjektiven Anforderungen ebenso wie bei einer Darlehensgewährung zu beurteilen.[528] Der Gesellschafter muss zumindest die Möglichkeit haben, die Krise der Gesellschaft zu erkennen. Diese Möglichkeit wird regelmäßig bestehen. Ihr Nichtbestehen hat der Gesellschafter aufgrund einer Beweislastumkehr mit entsprechenden Nachweisen zu beweisen.

3. Stehenlassen

Ebenso wie beim Stehenlassen von Finanzierungsmitteln in der Krise der Gesellschaft führt auch das Stehenlassen von Nutzungsmöglichkeiten ab dem Zeitpunkt der Überlassungsunwürdigkeit zum Eigenkapitalersatz. Voraussetzung für eine Umqualifizierung in Eigenkapital ist jedoch auch hier, dass der Gesell-

---

525 Vgl. BGH, Urt. v. 16.6.1997 – II ZR 154/96, NJW 1997, 3026, 3027, ZIP 1997, 1375, 1378.

526 Vgl. BGH, Urt. v. 11.7.1994 – II ZR 146/92, BGHZ 127, 1, NJW 1994, 2349, ZIP 1994, 1261.

527 Vgl. *v. Gerkan/Hommelhoff/Haas/Dittrich*, Rn. 8.45ff.

528 Vergleiche die Ausführungen zur Erkennbarkeit der Kreditunwürdigkeit unter § 9, III.

schafter den Kriseneintritt erkennt oder erkennen konnte und das Nutzungsverhältnis nicht beendet, obwohl er zur Beendigung rechtlich in der Lage wäre.[529] Besteht kein Recht zu einer Kündigung, dann muss der Gesellschafter versuchen die Liquidierung der Gesellschaft einzuleiten.[530]

Darüber hinaus können auch stehen gelassene sonstige Ansprüche des Gesellschafters gegenüber der Gesellschaft die Nutzungsüberlassung betreffend als eigenkapitalersatzrechtliche Leistungen angesehen werden.

4. Eigentumsverhältnisse irrelevant

Für die Anwendbarkeit des Kapitalersatzrechts bei Nutzungsüberlassungen stellt sich die Frage, ob der zur Nutzung überlassene Vermögensgegenstand im Eigentum des überlassenden Gesellschafters stehen muss.

Um den Schutz der Kapitalersatzregeln zu gewährleisten, ist es ohne Bedeutung, wer Eigentümer der der Gesellschaft in kapitalersetzender Weise überlassenen Gegenständen ist.[531] Damit drängt sich ein Problem auf, wenn Gegenstände von einem Gesellschafter an die Gesellschaft zur Nutzung überlassen werden, die einem Dritten gehören und von diesem zum Beispiel nur gemietet worden sind. Der Eigentümer einer Sache kann nach § 903 BGB, soweit nicht das Gesetz oder Rechte Dritter entgegenstehen, mit der Sache nach Belieben verfahren und andere von jeder Einwirkung ausschließen. Soweit der überlassende Gesellschafter kein Besitzrecht an der Sache hat, kann der Eigentümer von der Gesellschaft, an die überlassen worden ist, die Herausgabe der Sache verlangen.

Hat der überlassende Gesellschafter kein Besitzrecht an der Sache, so stellt sich das Problem, ob damit auch die kapitalersetzende Wirkung der Nutzungsüberlassung beseitigt wird. Nach dem Sinn und Zweck der Anwendung der Kapitalersatzregeln bei Nutzungsüberlassungen von Gesellschaftern an die Gesellschaft muss die kapitalersatzrechtliche Verpflichtung des Gesellschafters, trotz Herausgabepflicht des Vermögensgegenstandes an den Eigentümer, bestehen bleiben. Der Gesellschafter hat deshalb entsprechend § 32b GmbHG der Gesellschaft den Wert der ihr entgehenden Nutzung zu ersetzen.[532]

---

[529] Vgl. BGH, Urt. v. 16.10.1989 – II ZR 307/88, BGHZ 109, 55, 60f., ZIP 1989, 1542, 1543f.

[530] OLG Hamm, Urt. v. 25.10.1996 – 30 U 50/96, GmbHR 1997, 357, 358 mwN zur BGH-Rechtsprechung.

[531] *MüKo-Stodolkowitz*, § 135 InsO, Rn. 95.

[532] *MüKo-Stodolkowitz*, § 135 InsO, Rn. 95f.

IV. Rechtsfolgen des Kapitalersatzrechts bei Nutzungsüberlassungen

1. Allgemeine Wirkungen

Grundsätzlich wird dasjenige eigenkapitalersatzrechtlich umqualifiziert, was der Gesellschafter der Gesellschaft in der Krise der Gesellschaft zur Verfügung gestellt bzw. stehen gelassen hat.

Welcher Gegenstand bei einer eigenkapitalersetzenden Gebrauchs- bzw. Nutzungsüberlassung umqualifiziert wird, ist nach wie vor umstritten:

Ursprünglich waren Vertreter der Literatur[533] der Ansicht, dass die zum Gebrauch oder zur Nutzung überlassene Sache selbst Gegenstand der Umqualifizierung sei. Andere[534] meinten, dass der Substanzwert der Sache nach der Umqualifizierung eigenkapitalersetzend gebunden sei. Der Gesellschafter müsste dementsprechend entweder den Substanzwert an die nutzende Gesellschaft zahlen oder die Sache an die Gesellschaft zu Eigentum überlassen.

Die herrschende Meinung[535] hingegen unterwirft nur das abstrakte Nutzungsrecht der eigenkapitalersatzrechtlichen Umqualifizierung. Der Vermögensbindung soll nur dasjenige unterliegen, was rechtsgeschäftlich versprochen oder tatsächlich vom Gesellschafter an die Gesellschaft geleistet wurde. Die Kapitalersatzregeln führen nur zu einem Abzugsverbot, nicht aber zu einem Zuführungsgebot.

a) Eigentumsrechte bleiben unberührt

Bei der Überlassung eines Gegenstandes des Anlagevermögens durch den Gesellschafter an die Gesellschaft wird nur die Nutzungsmöglichkeit an die Gesellschaft übertragen. Die dingliche Zuordnung des Rechts bleibt unberührt. Eigentümer bleibt der Gesellschafter. Er hat im Insolvenzverfahren ein Ausson-

---

[533] *Lutter/Hommelhoff*, ZGR 1979, 31, 51f.; *Braun*, ZIP 1983, 1175, 1179ff.; *Junge*, in: FS Merz, 241, 245.

[534] v. *Gerkan*, GmbHR 1986, 218, 223; *Fabritius*, S. 151ff.; *Ebenroth/Wilken*, BB 1993, 305, 309.

[535] BGH, Urt. v. 11.7.1994 – II ZR 162/92, BGHZ 127, 17, NJW 1994, 2760, GmbHR 1994, 691, ZIP 1994, 1441; *Hachenburg/Ulmer*, § 32a GmbHG, Rn. 113; *Lutter/Hommelhoff*, §§ 32a/b GmbHG, Rn. 147 mwN.

derungsrecht.[536] Auch im Falle der Umqualifizierung in Eigenkapital aufgrund der eintretenden Überlassungsunwürdigkeit wird an den dinglichen Rechtsverhältnissen nichts geändert. Umqualifiziert wird nur, was der Gesellschafter seiner Gesellschaft überlassen hat, nämlich das übertragenen Nutzungsrecht.

Die von den Kapitalerhaltungsregeln abgeleiteten Kapitalersatzregeln statuieren lediglich ein Abzugsverbot, nicht jedoch ein Zuführungsgebot.[537] Bei der Nutzungsüberlassung wurde nur das Nutzungsrecht der Gesellschaft für einen bestimmten Zeitraum überlassen. Die Eigentumsbefugnisse wurden nicht übertragen.

Die eigenkapitalersatzrechtliche Umqualifizierung der Nutzungsüberlassung kann jedoch zu einem wirtschaftlichen Eigentumsverlust führen, wenn Gegenstand der Nutzungsüberlassung Vermögensgegenstände sind, die dem Verschleiß unterliegen.[538]

b) Umqualifizierung des Nutzungsrechtes

Bei einer Gebrauchsüberlassung wird nur das Nutzungsrecht aus dem Vermögen des Überlassenden vorübergehend an die Gesellschaft übertragen. Nur dieses Recht kann nach der Umqualifizierung nicht abgezogen werden. Die Eigenkapitalersatzregeln verlangen jedoch nicht eine Zuführung weiterer Rechte.

Dem Argument, dass die §§ 30f. GmbHG lediglich ein Abzugsverbot vorsehen und es deshalb im Kapitalersatzrecht ebenso sein muss, wird in der Literatur zum Teil entgegengetreten. *Haas/Dittrich*[539] kritisieren, dass die Rechtsfolgen des Kapitalersatzrechts sich nicht an den Rechtsfolgen des Kapitalerhaltungsrecht in den §§ 30, 31 GmbHG orientieren dürfen, da das Kapitalersatzrecht eher den insolvenzrechtlichen Anfechtungsvorschriften und dem § 64 GmbHG ähneln als den §§ 30f. GmbHG. Die Kapitalersatzregeln knüpfen an die Krise der Gesellschaft und nicht an die formelle Unterbilanz an. Darüber hinaus bedürfe es zur Anwendung der Kapitalersatzregeln einer Finanzierungsentscheidung und damit eines subjektiven Tatbestandsmerkmals. Deshalb dürfe vom Auszahlungsverbot des § 30 Abs. 1 GmbHG kein alleiniges Abzugsverbot bei Anwen-

---

536 BGH, Urt. v. 14.12.1992 – II ZR 298/91, NJW 1993, 392, 395; BGH, Urt. v. 11.7.1994 – II ZR 146/92, NJW 1994, 2349, 2351; BGH, Urt. v. 11.7.1994 – II ZR 162/92, NJW 1994, 2760, 2761f.

537 Vgl. BGH, Urt. v. 11.7.1994 – II ZR 162/92, aaO.

538 Vgl. BGH, Urt. v. 11.7.1994 – II ZR 146/92, aaO.

539 *v. Gerkan/Hommelhoff/Haas/Dittrich*, Rn. 8.61.

dung der Kapitalersatzregeln abgeleitet werden. Dieser Ansicht ist jedoch entgegen zu halten, dass die gesetzlichen Kapitalersatzregeln von den Grundsätzen des §§ 30f. GmbHG bestimmt werden und die daran anknüpfenden Rechtsprechungsregeln nach wie vor Anwendung finden. Die §§ 30, 31 GmbHG sind somit die Leitvorschriften für die Anwendung der Kapitalersatzregeln.

Dem Zuführungsverbot im Kapitalersatzrecht wird darüber hinaus entgegen gehalten, dass sich der Eigentümer einer Sache bei der Gebrauchsüberlassung an einen Dritten regelmäßig die künftige Verfügungsbefugnis vorbehalten hat. Gerade die Möglichkeit zum Abzug der Gebrauchsüberlassung ist auch Tatbestandsvoraussetzung für die Umqualifizierung von Nutzungsüberlassungen. Folglich wäre weder der Anspruch auf Gewährung der Nutzung noch der eigentliche in der Nutzung liegende Vermögenswert jemals in das Gesellschaftsvermögen geleistet worden.[540] Es wird jedoch im Rahmen der Anwendung der Kapitalersatzgrundsätze auf Gebrauchs- bzw. Nutzungsüberlassungen lediglich das Nutzungsrecht kapitalersatzrechtlich gebunden. Dieses Nutzungsrecht wird bei Einhaltung des zugrunde liegenden Überlassungsvertrages regelmäßig bis zum Ende der vereinbarten Nutzungsdauer in die Gesellschaft eingebracht. Dieses Nutzungsrecht gewährt gemäß § 986 Abs. 1 Satz 1 BGB auch ein Recht zum Besitz, welches als Einwendung gegen ein Herausgabeverlangen des Eigentümers vorgebracht werden kann. Die kapitalersatzrechtliche Bindung des Nutzungsrechtes ist somit mit dem von der herrschenden Meinung in diesem Zusammenanhang gebrachten Zuführungsverbot vereinbar.

Problematisiert wird außerdem, worin der Wert des Nutzungsrechtes besteht, wenn dafür an den Überlassenden ein angemessenes Nutzungsentgelt bezahlt wird, die Gewährung einer Nutzungsüberlassung gegen Zahlung eines angemessenen Entgelts somit neutral ist und von der Umqualifizierung nur eine Mehrleistung ins Gesellschaftsvermögen erfasst würde.[541] Dem ist entgegenzuhalten, dass die Gesellschaft aus wirtschaftlichen Erwägungen ein Nutzungsverhältnis regelmäßig nur dann eingeht, wenn das Nutzungsrecht mehr Nutzen bringt als die dafür aufzuwendenden Kosten. Es bleibt grundsätzlich ein wirtschaftlicher Mehrwert. Darüber hinaus wird in der Krise der Gesellschaft oftmals das Nutzungsentgelt nicht mehr bezahlt, die auflaufende Forderung ist regelmäßig nicht mehr werthaltig, so dass das Nutzungsrecht für die Gesellschaft in voller Höhe als „Mehrwert" angesehen werden muss. Es ist allgemein anerkannt, dass das Stehenlassen einer Forderung in der Krise der Gesellschaft zur vollen Umqualifizierung der rückständigen Forderungen führt. In das Vermögen der Gesell-

---

[540] *v. Gerkan/Hommelhoff/Haas/Dittrich*, Rn. 8.62.

[541] *v. Gerkan/Hommelhoff/Haas/Dittrich*, Rn. 8.63.

schaft sind jedenfalls die Vorteile einer Stundung geflossen. Somit ist auch bei Umqualifizierung des Nutzungsrechts in Eigenkapital das Zuführungsverbot nicht verletzt.

Schließlich werden an der Umqualifizierung des Nutzungsrechtes in der Literatur[542] auch dessen eigenkapitalersatzrechtliche Rechtsfolgen kritisiert, insbesondere die Verpflichtung zur unentgeltlichen Nutzungsüberlassung bis zum Ende der Nutzungsdauer. Durch diese Folge würden die Gläubiger – um deren Schutz es bei den Eigenkapitalersatzregeln in erster Linie geht – im Falle einer Gebrauchsüberlassung weit besser gestellt als im Grundfall der Darlehensgewährung. Diese Literaturansicht führt weiter aus, dass die unentgeltliche Nutzungsüberlassung die schützenswerten Interessen der Gläubigergesamtheit überhaupt nicht tangiere und es damit auch keine Finanzierungsfolgenverantwortung der Gesellschafter gebe. Bei einer entgeltlichen Nutzungsüberlassung könne das Nutzungsrecht nur seit der Krise der Gesellschaft bis zur Gegenwart der Kapitalersatzbindung unterliegen, nicht jedoch das künftige unentgeltliche Nutzungsrecht, da eine Schädigung der Gläubiger für künftige Zeitabschnitte noch nicht eingetreten sei. Dem ist entgegenzuhalten, dass eine unentgeltliche Nutzungsüberlassung durch den Gesellschafter das Gesellschaftsvermögen schont und gleichzeitig nach außen hin das Vertrauen der Fremdgläubiger in die Zahlungsfähigkeit stärkt. Auch dieses Vertrauen wird durch die Anwendung der Kapitalersatzregeln für diesen Fall geschützt. Bei einer entgeltlichen Nutzungsüberlassung wird ein Vermögensgegenstand bis zum Ende der Nutzungsdauer der Gesellschaft zur Nutzung überlassen. Ein ordentlicher Kaufmann würde der Gesellschaft in der Krise Eigenkapital zuführen. Im Fall der zeitlich begrenzten Nutzungsüberlassung müsste soviel Eigenkapital zur Verfügung gestellt werden, wie für die Beschaffung des Nutzungsrechtes für die vorgesehene Nutzungsdauer erforderlich ist. Die möglicherweise bestehenden betriebswirtschaftlichen Probleme bei der Bestimmung des risikoangemessenen Kapitalbedarfs der Gesellschaft[543] treten nicht auf, da der Eigenkapitalbedarf hier konkret berechnet werden kann. Auch das künftige Nutzungsrecht wurde der Gesellschaft zugeführt. Die Entgeltlichkeit fällt jedoch weg, da eine Zuführung von Eigenkapital ebenfalls unentgeltlich wäre. Deshalb muss auch das künftige unentgeltliche Nutzungsrecht der Umqualifizierung unterliegen.

---

542 Vgl. *v. Gerkan/Hommelhoff/Haas/Dittrich*, Rn. 8.65f.

543 Vergleiche zum allgemeine Problem der Bestimmung der Unterkapitalisierung und der maßgeblichen Kriterien: *Drukarczyk*, WM 1994, 1737, 1739ff.; *Karsten Schmidt*, GesR, S. 240ff.

c) Verwertungsrechte bleiben unberührt

Nachdem die Eigentumsverhältnisse an den zur Nutzung an die Gesellschaft überlassenen Gegenständen auch nach der Anwendung der Eigenkapitalersatzregeln nicht verändert werden, müssen auch die Verwertungsrechte unberührt bleiben. Zu den Rechten des Eigentümers gehört auch die Verwertung der Substanz.

Auch hier gilt wieder der Grundsatz, dass nur dasjenige der eigenkapitalersatzrechtlichen Umqualifizierung unterliegt, was der Gesellschafter der Gesellschaft überlassen hat. Schon der Begriff „Nutzungsüberlassung“ gibt eine klare Antwort. Überlassen wurden lediglich die „Nutzungen“, darüber hinaus jedoch keine weiteren Rechte. Die dingliche Zuordnung und der dahingehende Wille der Parteien darf durch die Eigenkapitalersatzregeln nicht ignoriert werden.[544]

Deshalb gehört auch der Substanzwert nicht zur Insolvenzmasse und kann damit vom Gesellschafter nicht verlangt werden.

Das von den Befürwortern der Ersatzverpflichtung des Substanzwertes angeführt Argument, dass die §§ 32a Abs. 2, 32b GmbHG bei Anwendung letztlich auch ein zusätzliche Leistungsverpflichtung ins Gesellschaftsvermögen begründen, kann nicht überzeugen. Nach diesen Vorschriften wird eine Zuführungsverpflichtung gegen den Gesellschafter in den Fällen einer mittelbaren Finanzierung begründet. Die genannten Vorschriften normieren einen Ausnahmefall und sind speziell für diesen Fall eingefügt worden. Aufgrund des Ausnahmecharakters verbietet sich somit eine Analogie oder entsprechende Anwendung. Darüber hinaus ist zu beachten, dass bei einer Nutzungsüberlassung die Gesellschaft bereits unmittelbaren Besitz hält, während es sich bei den §§ 32a Abs. 2, 32b GmbHG nur um eine mittelbare Gesellschafterbeteiligung handelt. Schließlich wurden im Fall des §§ 32a Abs. 2, 32b GmbHG der Gesellschaft von dritter Seite bereits Geldmittel zur Verfügung gestellt. Die Gesellschaft hatte also bereits Verfügungsmacht über die eingebrachten Mittel.[545] Bei §§ 32a Abs. 2, 32b GmbHG wird also nicht ein „Mehr“ umqualifiziert. Der Gesellschafter hat sich in diesen Fällen bereits zu einer „Mehrleistung“ verpflichtet.

---

[544] Vgl. BGH, Urt. v. 11.7.1994 – II ZR 162/92, aaO.

[545] Vgl. BGH, Urt. v. 11.7.1994 – II ZR 162/92, aaO.

Bei Zuwiderhandlungen bzw. sonstigen schuldhaften Eigentumsverletzungen hat der Gesellschafter als Eigentümer der Sache einen Schadensersatzanspruch nach § 823 Abs. 1 BGB. Darüber hinaus hat der Gesellschafter auch einen Anspruch darauf, dass die Gesellschaft die vereinbarten bzw. gesetzlich vorgeschriebenen Erhaltungsaufwendungen für die Sache tätigt.

Den Argumenten der herrschenden Meinung ist zuzustimmen. Eigenkapitalersatzrechtlich verstrickt wird nur das der Gesellschaft zur Verfügung gestellte Nutzungsrecht. Eigentums- und Verwertungsbefugnisse des Eigentümers bleiben unberührt. Die Folge der herrschenden Meinung ist, dass bei Eröffnung des Insolvenzverfahrens der zur Nutzung überlassene Gegenstand nicht in die Insolvenzmasse fällt und der Gesellschafter auch nicht zu einer Übereignung an die Insolvenzmasse verpflichtet ist.[546]

2. Nutzungsentgelt

Grundsätzlich hat ein vermietender bzw. verpachtender Gesellschafter gegen die mietende bzw. pachtende Gesellschaft einen Anspruch auf Bezahlung der vereinbarten Miete bzw. Pacht. Wird die Nutzungsüberlassung entsprechend den oben genannten Voraussetzungen als eigenkapitalersetzend angesehen, dann stellt sich die Frage nach dem Anspruch des Gesellschafters auf Bezahlung eventueller Rückstände und der Nutzungsentschädigung bei einer Weiternutzung.

a) Rückständige Entgeltansprüche

Für rückständige Entgeltansprüche gelten die gleichen Regelungen wie für stehen gelassene Forderungen. Eine Umqualifizierung in Eigenkapital kommt unter den Voraussetzungen des § 32a Abs. 1 GmbHG in Betracht.

Der Vermieter oder Verpächter kann für die seit der Krise der Gesellschaft rückständigen Miet- oder Pachtansprüche auch kein Vermieter- oder Verpächterpfandrecht geltend machen. Für eigenkapitalgleiche Leistungen kann es keine Sicherungen geben.

---

[546] *Lutter/Hommelhoff*, §§ 32a/b GmbHG, Rn. 146.

b) Künftige Entgeltansprüche

Die Nutzungsentschädigung bei einer Weiternutzung richtet sich danach, ob die Überlassung oder Belassung der Sache zum Gebrauch bzw. zur Nutzung selbst eigenkapitalersetzend ist. Wird das Nutzungsrecht eigenkapitalersatzrechtlich verstrickt, dann sind bis zum Ablauf der eigenkapitalersatzrechtlich relevanten Nutzungsdauer auch zukünftig keine Entgeltansprüche mehr von Seiten der Gesellschaft an den Gesellschafter zu erbringen.

c) Nebenkosten

Im Falle einer Nutzungsüberlassung kann der Gesellschafter gegenüber der Gesellschaft auch verpflichtet sein, neben der Überlassung des Vermögensgegenstandes selbst, auch für deren Betrieb und Unterhalt zu sorgen. Für diese Nebenkosten erhält der Überlassende regelmäßig ein Entgelt. Auch hier muss geklärt werden, ob der Anspruch auf Bezahlung der Nebenkostenaufwendungen im Falle des Eigenkapitalersatzes noch fortbesteht.

Waren die Nebenkosten (z. B. Strom, Wasser, Abwasser, Heizungskosten) bereits im Mietzins einkalkuliert und wurden sie deshalb vom Vermieter bzw. Verpächter und damit vom Gesellschafter getragen, dann erstreckt sich die Umqualifizierung auch auf diese Kosten. Der Gesellschafter ist in diesem Fall verpflichtet im Rahmen der unentgeltlichen Überlassung auch die Mietnebenkosten zu tragen. Entscheidend ist die vertragliche Regelung zwischen Gesellschafter und Gesellschaft oder die tatsächlich geübte Praxis.[547]

d) Entgeltansprüche außerhalb einer Umqualifizierung

Unabhängig von der kapitalersatzrechtlichen Verstrickung der Nutzungsüberlassung dürfen Nutzungsentgelte niemals aus dem zur Deckung des Stammkapitals erforderlichen Vermögen gezahlt werden. Trotzdem gezahlte Entgelte sind der Gesellschaft zurückzuerstatten. Dies ergibt sich aus den Regelungen der §§ 30, 31 GmbHG.[548]

Bei Zahlungen, die aus dem Gesellschaftsvermögen oberhalb der Stammkapitalziffer stammen, kommt es darauf an, ob das Insolvenzverfahren über das Ver-

---

[547] BGH, Urt. 26.6.2000 – II ZR 370/98, ZIP 2000, 1491, 1492.

[548] Vgl. *MüKo-Stodolkowitz*, § 135 InsO, Rn. 98; *Lutter/Hommelhoff*, §§ 32a/b GmbHG, Rn. 145.

mögen der Gesellschaft eröffnet worden ist. Bis zur Insolvenzeröffnung besteht ein Entgeltanspruch. Nach der Eröffnung des Insolvenzverfahrens entfällt dieser Entgeltanspruch analog § 32a Abs. 1 GmbHG und Zahlungen innerhalb des letzten Jahres vor Eröffnung des Insolvenzverfahrens sind nach § 135 InsO vom Insolvenzverwalter anfechtbar.[549]

e) Befriedigung und Rang der Ansprüche

Außerhalb eines Insolvenzverfahrens kommt die Anfechtbarkeit einer Befriedigung von Ansprüchen aus einer kapitalersatzrechtlichen Nutzungsüberlassung gemäß § 6 AnfG in Betracht. Die Anfechtbarkeit im Insolvenzverfahren regelt § 135 InsO.

Trotz vorheriger Umqualifizierung an den Gesellschafter ausbezahlte Miet- bzw. Pachtzinsen sind nach den Rechtsprechungsregeln entsprechend §§ 30, 31 Abs. 1 GmbHG bzw. aufgrund einer Insolvenzanfechtung gemäß §§ 135, 143 InsO an die Gesellschaft zurückzugewähren.

Bei eigenkapitalersetzenden Nutzungsüberlassungen werden im Insolvenzfall die Ansprüche des Gesellschafters auf Bezahlung von Miete bzw. Pacht sowie auf Bezahlung der Mietnebenkosten nur nachrangig erfüllt. Gemäß § 32a Abs. 1 GmbHG und § 39 Abs. 1 Nr. 5 InsO entsprechend ist der Gesellschafter mit seiner Forderung nur als nachrangiger Insolvenzgläubiger zu behandeln.

3. Nutzungsrecht

Bei kapitalersetzenden Nutzungsüberlassungen von Gesellschaftern ist neben der nachrangigen Befriedigung des Nutzungsentgelts vor allem die uneingeschränkte Nutzungsmöglichkeit in der Gesellschaft wesentlich. Die Gesellschaft bzw. der Insolvenzverwalter haben das Recht, den überlassenen Vermögensgegenstand selbst zu nutzen oder aber die Sachwerte anderen gegen Entgelt zu überlassen.[550] Ob eine generelle Weiterübertragung möglich ist, ist strittig.[551]

Der Gesellschafter kann bei einer eigenkapitalersatzrechtlichen Verstrickung keinen Herausgabeanspruch geltend machen.

---

549 Vgl. *Lutter/Hommelhoff*, §§ 32a/b GmbHG, Rn. 145.

550 BGH, Urt. v. 11.7.1994, NJW 1994, 2349, 2352; BGH, Urt. v. 11.7.1994 – II ZR 162//92, BGHZ 127, 17, 26, ZIP 1994, 1441, 1444, NJW 1994, 2760, 2762 mwN.

551 Ablehnend *Rowedder/Schmidt-Leithoff/Pentz*, § 32a GmbHG, Rn. 166.

Ein Nutzungsentgelt steht dem Gesellschafter nicht zu.

Über eine entsprechende Anwendung des § 31 Abs. 1 GmbHG kann der Insolvenzverwalter einen herausgegebenen Gegenstand innerhalb der Verjährungsfrist aus § 32 Abs. 5 GmbHG zur Insolvenzmasse zurückverlangen bzw. bei einer vom Gesellschafter zu vertretenden Unmöglichkeit der Rückgabe, den objektiven Restgebrauchswert für die relevante Nutzungsdauer verlangen.[552]

4. Nutzungsdauer

a) Allgemeines

Im Anschluss daran stellt sich das Problem der Dauer der Nutzungsmöglichkeit.

Hier vertritt eine Ansicht in der Literatur die Meinung, dass das Nutzungsrecht bis zur Behebung der Krise und im Insolvenzfall bis zur Befriedigung aller Gläubiger bestehen bleibt.[553]

Die Rechtsprechung geht hier jedoch einen anderen Weg. Sie stellt auf die vertraglich vereinbarte oder gesetzlich vorgesehene Dauer der Nutzungsüberlassung ab.[554] Vertragliche Vereinbarungen sind auch im Kapitalaufbringungs- und Kapitalerhaltungsrecht maßgeblich – für die Kapitalersatzregeln haben damit vertragliche Vereinbarungen erst recht zu gelten.[555] Die Finanzierungsfolgenverantwortung knüpft an die Verpflichtungen des Gesellschafters an, die er vertraglich übernommen oder die er gesetzlich zu tragen hat. Eine weitergehende Verantwortung ist nicht gerechtfertigt.

Jedoch gilt dies nicht uneingeschränkt. Eine vertragliche Regelung, die nicht ernst gemeint ist oder mit den Kapitalersatzgrundsätzen nicht vereinbar ist, hat keine Geltung zu beanspruchen.[556]

---

[552] Vgl. *Lutter/Hommelhoff*, §§ 32a/b GmbHG, Rn. 147.

[553] Vgl. *Brandes*, ZGR 1989, 244, 248f.

[554] Vgl. BGH, Urt. v. 11.7.1994 – II ZR 146/92, aaO; OLG München, Urt. v. 25.1.1999 – 25.1.1999 – 31 U 2826/98, NZG 1999, 777, 778.

[555] Vgl. *Baumbach/Hueck/Fastrich*, § 32a GmbHG, Rn. 59d.

[556] BGH, Urt. v. 11.7.1994 – II ZR 146/92, NJW 1994, 2349, 2351.

b) Beispiele für unwirksame vertragliche Vereinbarungen über die Nutzungsdauer

Eine unwirksame vertragliche Regelung ist beispielsweise die Vereinbarung eines Kündigungsrechts für den Fall der Insolvenz.[557]

Eine unwirksame Regelung ist auch die Vereinbarung einer sachunangemessen kurzen Nutzungsdauer oder Kündigungsfrist. Die von den Parteien vereinbarte Nutzungsdauer muss angemessen sein und einem Drittvergleich standhalten. Die Angemessenheit beurteilt sich danach, ob ein außenstehender Dritter zu einer solchen Vereinbarung bereit gewesen wäre.[558] Im Ergebnis muss deshalb jede Befristung sachlich gerechtfertigt sein, wofür der Gesellschafter die Darlegungs- und Beweislast hat.[559] Die Unwirksamkeit einer tatsächlich nicht ernstlich gewollten kurzen Nutzungsdauer oder kurzen Kündigungsfrist ist auch wegen des Mangels an Ernstlichkeit gemäß § 118 BGB nichtig.

Verdeutlicht werden die vorstehend dargestellten Probleme am Beispiel der Betriebsaufspaltung in Besitz- und Betriebsgesellschaft. Ist die Betriebsgesellschaft auf die Überlassung des betriebsnotwendigen Anlagevermögens durch die Besitzgesellschaft angewiesen und ist im Überlassungsvertrag nur eine kurze Überlassungsdauer, eine kurze Kündigungsfrist oder ein Kündigungsrecht bzw. die Auflösung des Vertragsverhältnisses für den Fall der Insolvenz vereinbart, so wird diese vertragliche Nutzungsdauer regelmäßig einem Drittvergleich und damit einer Angemessenheitsprüfung nicht standhalten.[560]

c) Bestimmung der Nutzungsdauer bei unwirksamer oder fehlender Vereinbarung

Bei einer unwirksamen Vereinbarung über die Dauer der Nutzung müssen andere Maßstäbe für die Festsetzung des Zeitraums der Nutzungsmöglichkeit des Insolvenzverwalters herangezogen werden. In einem solchen Fall ist darauf abzustellen, wie lange es dauern wird, bis sich die Gesellschaft nach objektiver

---

557 *MüKo-Stodolkowitz*, § 135 InsO, Rn. 101.

558 *Lutter/Hommelhoff*, §§ 32a/b GmbHG, Rn. 150 mwN.

559 *Hachenburg/Ulmer*, § 32a GmbHG, Rn. 115; *Lutter/Hommelhoff*, §§ 32a/b GmbHG, Rn. 150.

560 Vgl. BGH, Urt. v. 14.12.1992 – II ZR 298/91, BGHZ 121, 31, NJW 1993, 392, EWiR 1993, 155, GmbHR 1993, 87, ZIP 1993, 189; *Steinbeck*, ZGR 1996, 116, 139.

Einschätzung die überlassenen Nutzungsgegenstände von einem Dritten zu marktüblichen Bedingungen wird beschaffen können.[561]

Wird überhaupt keine Vereinbarung über die Dauer der Nutzung vereinbart, dann muss in konsequenter Fortführung der Ansicht der Rechtsprechung der Gesellschafter die Gegenstände bis zum Ende der Krise oder bis zur Befriedigung aller Gläubiger der Gesellschaft zur Nutzung zur Verfügung stellen.[562]

Bei unangemessener oder fehlender Vereinbarung wird die Nutzungsdauer nach Angemessenheitskriterien bestimmt.[563] Für die Bestimmung der angemessenen Nutzungsdauer ist maßgeblich, für welchen Zeitraum ein inhaltlich gleicher Vertrag mit einem außenstehenden Dritten geschlossen worden wäre.[564] Bei der Ermittlung des hypothetischen Willens eines Dritten in Bezug auf die angemessene Nutzungsdauer sind die Umstände des Einzelfalles zu berücksichtigen, insbesondere die Amortisationszeit und das Streben eines überlassenden Dritten nach Gewinn müssen eingerechnet werden.

d) Probleme bei der Angemessenheitsprüfung

Die Bestimmung des hypothetischen Parteiwillens wird jedoch häufig daran scheitern, dass objektive Parameter fehlen. In einem solchen Fall wird deshalb vorgeschlagen, bei abnutzbaren Wirtschaftsgütern die betriebsgewöhnliche Nutzungsdauer und bei nicht abnutzbaren Wirtschaftsgütern die marktübliche Überlassungsdauer anzusetzen.[565] Gegen die Anlehnung an die betriebs-gewöhnliche Nutzungsdauer spricht, dass die Überlassung von Gegenständen des Anlagevermögens auch nach der Abschreibung auf den Erinnerungswert für die Gesellschaft noch nutzbar und damit das Nutzungsrecht werthaltig ist. Ein vernünftig denkender überlassender Dritter würde solange als möglich versuchen, ein Nutzungsentgelt zu erzielen. Die betriebsgewöhnliche Nutzungsdauer kann somit nur für die Berechnung der Mindestnutzungsdauer maßgeblich sein, sie gibt jedoch keine zuverlässige Auskunft über den angemessenen Endtermin. Bei den nicht abnutzbaren Wirtschaftsgütern auf die Marktüblichkeit abzustellen, ist mit einem erheblichen Auslegungsaufwand verbunden und führt daher zu großen Unsicherheiten. Die Bestimmung des angemessenen Nutzungsendtermins muss jedoch möglichst objektiv bestimmt werden.

---

561 *Lutter/Hommelhoff*, §§ 32a/b GmbHG, Rn. 152 mwN.
562 *Lutter/Hommelhoff*, §§ 32a/b GmbHG, Rn. 152 mwN.
563 *Baumbach/Hueck/Fastrich*, § 32a GmbHG, Rn. 59d; *Steinbeck*, ZGR 1996, 116, 140.
564 *MüKo-Stodolkowitz*, § 135 InsO, Rn. 101.
565 Vgl. *Hachenburg/Ulmer*, § 32a, b GmbHG, Rn. 116.

Nach der herrschenden Meinung in der Literatur und Rechtsprechung muss jede vertragliche Vereinbarung über die Nutzungsdauer einer Angemessenheitsprüfung unterzogen werden. Dieser Eingriff in die Privatautonomie durchbricht jedoch auf den ersten Blick den Grundsatz des Kapitalersatzrechts, wonach durch die Eigenkapitalersatzregeln zwar ein Abzugsverbot, jedoch nicht ein Zuführungsgebot statuiert wird.[566] Dem ist jedoch entgegenzuhalten, dass die Parteien regelmäßig eine angemessene Nutzungsdauer vereinbaren möchten und im Überlassungsverhältnis eine nicht angemessene Nutzungsdauer nur zum Schein regeln oder tatsächlich nicht ernstlich wollen. Ein Scheingeschäft ist aber gemäß § 117 BGB oder eine nicht ernstlich gemeinte Willenserklärung ist gemäß § 118 BGB nichtig. Nach dem Grundsatz „falsa demonstratio non nocet" wird dasjenige zum Vertragsgegenstand, was die Parteien einvernehmlich tatsächlich vereinbaren wollten. Vernünftige Parteien wollen eine angemessene und wirtschaftlich sinnvolle Regelung der Nutzungsdauer. Die Bestimmung der Nutzungsdauer anhand einer Angemessenheitsprüfung ist somit kein Eingriff in die Privatautonomie und widerspricht auch nicht dem Zuführungsverbot im Kapitalersatzrecht. Auch wenn die Bestimmung einer angemessenen Nutzungsdauer mit Schwierigkeiten und gewissen Unsicherheiten behaftet sein wird, so wird diese Methode dem Gläubigerschutzgedanken im Kapitalersatzrecht am besten gerecht.

Letztlich ist deshalb darauf abzustellen, für welchen Zeitraum die Gesellschaft die überlassenen Gegenstände benötigt und wie lange es dauert, bis der Gesellschafter durch die Miet- bzw. Pachtzinszahlungen seine Investitionskosten zuzüglich eines angemessenen Gewinns erwirtschaften konnte. Es kommt für die Berechnung der Mindestnutzungsdauer somit darauf an, dass der überlassende Gesellschafter über die Miete bzw. Pacht seine Investitionskosten zuzüglich eines angemessenen Gewinns während der Nutzungsdauer erwirtschaften kann. Die vereinbarte Miete bzw. Pacht und die Investitionskosten einschließlich einer Gewinnmarge von 15% sind feste Parameter. Damit kann die Mindestnutzungsdauer zuverlässig und nachvollziehbar berechnet werden.

Nicht nur die Unsicherheiten in Bezug auf die Dauer der zwangsweisen Überlassung der Nutzungsmöglichkeit an den Insolvenzverwalter stellen für die Praxis ein Verwertungsrisiko dar. Oftmals führen tatsächliche oder rechtliche Gründe zu einem derart großen Verwertungsrisiko, dass der Insolvenzverwalter durch die Freigabe diese Risiken umgehen will. Die Zwangsüberlassung der Nutzung an den Insolvenzverwalter ist damit häufig für die Insolvenzmasse oh-

---

[566] So aber *v. Gerkan/Hommelhoff/Haas/Dittrich*, Rn. 8.78ff.

ne Wert und die eigenkapitalersatzrechtliche Verstrickung führt zu keinem konkreten Vorteil.[567]

5. Wertersatz

Wie bereits oben dargestellt, führt die Anwendung der Kapitalersatzregeln bei der Nutzungs- bzw. Gebrauchsüberlassung bis zum Ende der Nutzungsdauer zu einem unentgeltlichen Nutzungsrecht. Der Insolvenzverwalter kann die Sache selbst für die Insolvenzmasse nutzen oder das Nutzungsrecht einem Dritten zur Verfügung stellen und das in dem Verhältnis zum Dritten vereinbarte Nutzungsentgelt zur Insolvenzmasse ziehen.

Der Nachteil dieser Rechte besteht darin, dass ein Insolvenzverfahren bis zum Ende der Nutzungsdauer nicht abgeschlossen werden kann. Eine dadurch verursachte Verlängerung des Insolvenzverfahrens liegt nicht im Gläubigerinteresse.[568] Aufgrund tatsächlicher Schwierigkeiten mit der Verwertung des Nutzungsrechts vor allem in der Insolvenz wird diskutiert, ob bei kapitalersetzenden Nutzungsüberlassungen auch ein Wertersatzanspruch in Betracht kommt.

Teile der Literatur[569] gestehen dem Insolvenzverwalter aufgrund der dargestellten Schwierigkeiten die Wahlmöglichkeit zu, im Fall der Anwendung der Kapitalersatzregeln auf Gebrauchsüberlassungen statt der Verwertung der Nutzungsmöglichkeit einen Wertersatzanspruch gegen den Gesellschafter in Höhe des Restnutzungswertes gegen Herausgabe der überlassenen Vermögensgegenstände geltend zu machen.

Der BGH[570] hingegen ist der Ansicht, dass die Kapitalersatzregeln den Gesellschafter nur dazu verpflichten, der Gesellschaft das zu belassen, was er ihr zur Verfügung gestellt hat. Aufgrund des oben dargestellten Zuführungsverbotes im Kapitalersatzrecht dürfen die Eigenkapitalersatzregeln nicht dazu führen, dass der Gesellschafter der Gesellschaft ein „Mehr“ oder etwas „Anderes“ zu belassen hat. Der Gesellschafter hat der Gesellschaft nur ein Nutzungsrecht, nicht jedoch eine Geldeinlage überlassen. Das Risiko einer schlechten Verwertungsmöglichkeit im Insolvenzfall müssen die Gesellschaftsgläubiger tragen. Die

---

567 Vgl. *von Gerkan*, ZGR 1997, 173ff.

568 Vgl. *Bäcker*, GmbHR 1994, 766, 776.

569 *Fabritius*, S. 161ff.; *Wilken*, S. 83ff.; *Bäcker*, S. 209ff.

570 BGH, Urt. v. 11.7.1994 – II ZR 146/92, NJW 1994, 2349, 2352; BGH, Urt. v. 11.7.1994 – II ZR 162/92, NJW 1994, 2760, 2762f.

Gläubigergesamtheit profitiert jedoch beispielsweise auch von einer Vermietung oder Verpachtung an Dritte zu guten Konditionen.

Es kann jedoch auch im Interesse des Gesellschafters liegen, den Nutzungsgegenstand durch die Zahlung des Restnutzungswertes aus der Insolvenzmasse auszulösen. Ein solcher Fall kann beispielsweise vorliegen, wenn der Nutzungsgegenstand ein besonderes Erbstück ist, das nicht in dritte Hände gelangen soll oder wenn der Gesellschafter den Nutzungsgegenstand selbst dringend wieder benötigt. Umstritten ist in diesem Zusammenhang, ob der Gesellschafter allein durch die Ablösung des Restnutzungswertes den Gegenstand aus der Insolvenzmasse herausverlangen kann oder ob für diese Art der Verwertung die Zustimmung des Insolvenzverwalters erforderlich ist. Nach einer Ansicht kann der Gesellschafter entsprechend seinem eigenen Willen mit einer Ablösezahlung für den Nutzungswert den Gegenstand herausverlangen.[571] Eine andere Ansicht lässt diese Möglichkeit nur zu, wenn die Ablösung des Restnutzungswertes in Geld im Einvernehmen mit dem Insolvenzverwalter geschieht.[572] Für die letztere Ansicht spricht, dass die Disposition über das Nutzungsrecht dem Insolvenzverwalter zusteht. Er soll es in der Hand haben, was mit diesem Recht weiter geschehen soll. Unter Umständen benötigt er das Nutzungsrecht für die weitere Produktion oder er kann durch die Überlassung an Dritte besondere Vorteile ziehen. Der Gesellschafter darf diese Rechte nicht umgehen. Allerdings ist in der Praxis aufgrund der oben dargestellten Verwertungsrisiken der Insolvenzverwalter regelmäßig mit der Zahlung des Restnutzungswertes einverstanden, so dass es auf den Streit in der Regel nicht ankommen wird.

Ein Wertersatzanspruch des Insolvenzverwalters kommt jedoch in besonderen Fällen in Betracht. Zum einen ist ein Wertersatzanspruch gegeben, wenn der Gesellschafter die überlassenen Vermögensgegenstände gegen den Wille der Gesellschaft bzw. des Insolvenzverwalters abgezogen hat und eine erneute Zurverfügungstellung unmöglich ist. Die Rechtsprechung[573] wendet hier die Regeln über die Leistungsstörung bei Sacheinlagen entsprechend an und kommt damit zu einem Ausgleichsanspruch in Höhe des Restnutzungswertes. Der Restnutzungswert wird anhand der vereinbarten Miete bzw. Pacht und der Restnutzungsdauer berechnet. Zum anderen ergibt sich ein Wertersatzanspruch, wenn der Gesellschafter sich mit dem Insolvenzverwalter geeinigt hat, dass die überlassenen Vermögensgegenstände verkauft werden und die Auslegung der Ver-

---

571 Vgl. *Lutter/Hommelhoff*, §§ 32a/b GmbHG, Rn. 148; *Ehricke*, WiB 1995, 889, 894.

572 Vgl. *Altmeppen*, NJW 1994, 2353, 2354; *Rowedder/Schmidt-Leithoff/Pentz*, § 32a GmbHG, Rn. 165 mwN.

573 BGH, Urt. v. 11.7.1994 – II ZR 146/92, BGHZ 127, 1, NJW 1994, 2349, ZIP 1994, 1261.

einbarung ergibt, dass für den verbleibenden Nutzungszeitraum der Verwertungserlös in die Masse gezahlt wird.[574]

6. Rechte Dritter

Problematisch wird die Bestimmung der Rechtsfolgen bei eigenkapitalersetzenden Nutzungsüberlassungen, wenn Rechte Dritter an den überlassenden Gegenständen bestehen. Liegen die oben genannten Voraussetzungen für eine Anwendung der Eigenkapitalersatzregeln vor, dann treten die Umqualifizierung und die eigenkapitalersatzrechtlichen Folgen automatisch ein. Zu beachten ist, dass ein Dritter grundsätzlich nicht Adressat der Kapitalersatzregeln ist. Eine Ausnahme besteht nur im Fall des § 32a Abs. 3 Satz 1 GmbHG, wonach Dritte dem Kapitalersatzrecht unterworfen werden, wenn sie aufgrund ihrer wirtschaftlichen Stellung einem Gesellschafter gleichgestellt sind.

Einer Ansicht in Literatur und Rechtsprechung zufolge wird auch der Dritte den Rechtsfolgen der Umqualifizierung unterworfen.[575]

Die herrschende Meinung[576] stellt jedoch auf das Wirkungsverhältnis der Kapitalersatzregeln und auf den Vergleich zu den Kapitalaufbringung- und Kapitalerhaltungsregeln ab. Grundsätzlich wirken die Eigenkapitalersatzregeln nur im Verhältnis zwischen der Gesellschaft und dem Gesellschafter. Die Vorschriften des §§ 32a, b GmbHG sind im Zweiten Abschnitt des GmbH-Gesetzes unter der Überschrift „Rechtsverhältnisse der Gesellschaft und der Gesellschafter" geregelt. Auch die Regeln des GmbH-Gesetzes zur Kapitalaufbringung und Kapitalerhaltung, worauf sich die Rechtsprechungsregeln zum Kapitalersatzrecht stützen, lassen die bestehenden Rechte Dritter unberührt. Berechtigte Dritte können ihre Rechte auch an erbrachten Einlagen des Gesellschafters geltend machen. Selbst das Rückzahlungsverbot des § 30 GmbHG muss den Rechten Dritter den Vorrang einräumen. Was aber für das originär als Eigenkapital eingelegte Kapital gilt, muss auch für das nachträglich als Eigenkapital umqualifizierte Kapital gelten, da es funktional das Eigen-kapital ersetzt.

---

574 BGH, Urt. v. 11.7.1994 – II ZR 146/92, NJW 1994, 2349, 2352f.

575 Vgl. OLG Karlsruhe, Urt. v. 3.9.1997 – 1 U 126/97, ZIP 1997, 1758, 1759f.; *Paulus*, EWiR 1996, 405, 406; *Baur/Stürner*, § 39 V 5, Rn. 59; *Heublein*, ZIP 1998, 1899, 1902f.

576 *Eckardt*, NZG 1998, 830, 831; *Uhlenbruck*, in: FS Heinsius, 841, 848f.; *Wahlers*, GmbHR 1999, 157, 161ff.

An dieser Stelle ist deshalb festzuhalten, dass die Rechte Dritte durch die Anwendung der Kapitalersatzregeln und letztlich durch die Rechtsfolgen der Umqualifizierung nicht beeinträchtigt werden dürfen.

a) Allgemeine Drittrechte

Die Drittrechte an den überlassenen Gegenständen können unterschiedlicher Natur sein. Zu unterscheiden sind u. a. die verschiedenen Eigentums- und Besitzverhältnisse: Alleineigentum, Miteigentum, Gesamthandseigentum, Eigenbesitzer, Fremdbesitzer, unmittelbarer, mittelbarer Besitzer in verschiedenen Ordnungen etc. Daneben sind auch Sicherungsrechte an beweglichen und unbeweglichen Vermögensgegenständen zu beachten.

Die Drittrechte können auch Ausdruck finden in den verschiedenen Sicherungsmöglichkeiten: Sicherungsübereignung, Pfandrecht, Eigentumsvorbehalt, Grundpfandrechte etc. In der rechtsgeschäftlichen Bestellung der Sicherungsrechte wird regelmäßig vereinbart, welche Rechte dem Sicherungsgeber trotz der Sicherungsabrede zustehen. Entscheidend für das Nutzungsrecht des Gesellschafters ist somit die rechtsgeschäftliche Vereinbarung. Durch diese wird das Recht der Gesellschaft begrenzt.

Nachfolgend werden einige dieser Drittrechte näher dargestellt.

b) Eigentumsrechte

Zunächst sollen anhand des nachfolgenden Falles die Rechte Dritter bei verschiedenen Eigentumsvarianten diskutiert werden.

aa) Ausgangssituation:

Fall: *Ein Dritter ist Eigentümer eines Vermögensgegenstandes. Er vermietet oder verpachtet diesen Gegenstand dem Gesellschafter. Der Gesellschaf ter vermietet oder verpachtet den Gegenstand an seine Gesellschaft wei ter. Der Gesellschafter wird dadurch mittelbarer Besitzer und die Gesell schaft unmittelbarer Besitzer.*

Die Rechte des Dritten sind abhängig von seiner jeweiligen Eigentümerposition.

bb) Variante 1: Der Dritte ist Alleineigentümer

In dieser Fallkonstellation hat der Dritte als Alleineigentümer dem Gesellschafter zunächst den unmittelbaren Besitz und das Nutzungsrecht überlassen. Der Gesellschafter hat als Nutzungsberechtigter die Ausübung der wirtschaftlichen Nutzung der Gesellschaft durch die Übertragung des unmittelbaren Besitzes übertragen.

Kommt es hinsichtlich der Nutzungsüberlassung zwischen dem Gesellschafter und der Gesellschaft zur Anwendung der Eigenkapitalersatzregeln führt dies grundsätzlich zu den oben ausführlich dargestellten Rechtsfolgen. Die Miet- und Pachtansprüche sind ab dem Stehenlassen nach Eintritt der Krise der Gesellschaft eigenkapitalersetzend. Gezahlte Leistungen sind seit diesem Zeitpunkt an die Gesellschaft zurückzuerstatten und bis zum Ende der Nutzungsdauer bzw. bis zur Überwindung der Krise sind Miete bzw. Pachtzahlungen der Gesellschaft nicht mehr zu erbringen. Das Nutzungsrecht der Gesellschaft aufgrund der rechtsgeschäftlichen Vereinbarung zwischen dem Gesellschafter und der Gesellschaft bleibt jedoch grundsätzlich bestehen.

Zu beachten sind jedoch die Rechte des Dritten. Das Besitzverhältnis zwischen Gesellschafter und Gesellschaft kann nur im Rahmen des Besitzrechtes des Gesellschafters geführt werden. Der Gesellschafter kann nur die Rechte an der Sache an die Gesellschaft weitergeben, die er selbst hat. Gemäß § 546 Abs. 2 BGB kann der Vermieter im Fall der Untervermietung die Sache nach Beendigung des Mietverhältnisses auch von dem Dritten zurückfordern. Dies gilt für das Pachtverhältnis gemäß § 581 Abs. 2 BGB entsprechend. Die Gesellschaft hat dementsprechend die zur Nutzung überlassenen Gegenstände an den Dritten herauszugeben.

Fraglich ist jedoch, ob der Gesellschaft in einem solchen Fall ein Regressanspruch gegen den Gesellschafter zusteht. Hergeleitet werden kann ein Wertersatzanspruch aus der entsprechenden Anwendung der §§ 30, 31, 32b GmbHG oder aus dem allgemeinen Leistungsstörungsrecht.[577] Eine solche Nachhaftung des Gesellschafters kommt jedoch nur in Betracht, wenn das Nutzungsverhältnis zwischen Gesellschaft und Gesellschafter Regelungen enthält, die über das Hauptnutzungsrecht des Gesellschafters hinausgehen. Wurde von vornherein klargestellt, dass nur die Vermögensposition an die Gesellschaft zur Nutzung überlassen wird, die der Gesellschafter aufgrund der Vereinbarung mit dem Dritten selbst innehat, dann kann ein Wertersatzanspruch nicht geltend gemacht

---

[577] Zur Herleitung und Berechnung des Wertersatzanspruches siehe oben unter § 12, IV, 5.

werden. Die Gesellschaft und deren Gläubiger können einen darüber hinausgehenden Schutz nicht beanspruchen. Ihr Vertrauensschutz ist durch die Offenlegung der Ausgestaltung des Besitzrechtes des Gesellschafters begrenzt.

cc) Variante 2: Ein Dritter und ein Gesellschafter sind Miteigentümer

Die Lösung des obigen Falles wird problematischer, wenn der überlassende Gesellschafter auch Miteigentümer des überlassenen Gegenstandes ist. Das Miteigentum nach Bruchteilen ist in § 1008 BGB geregelt. Die Miteigentümer sind Gläubiger einer unteilbaren Leistung. Das Wesen einer solchen Bruchteilsgemeinschaft besteht darin, dass der Schuldner nur an alle gemeinschaftlich leisten kann und jeder Gläubiger nur die Leistung an alle fordern (§ 432 Abs. 1 Satz 1 BGB). Auch die aus der gemeinschaftlichen Sache gezogenen Nutzungen stehen der Bruchteilsgemeinschaft zu.[578] Damit steht auch die Miete oder Pacht der Miteigentümergemeinschaft als solcher zu.

Gemäß § 432 Abs. 2 BGB wirkt eine Tatsache, die nur in der Person eines Gläubiger eintritt, nicht für und gegen die übrigen Gläubiger. Danach kann die Gesellschaft die eigenkapitalersatzrechtlichen Wirkungen nicht den übrigen Dritten und damit auch nicht der Bruchteilsgemeinschaft entgegensetzen.

Allerdings hat die Rechtsprechung[579] gegen die Umwandlung einer Forderung der Bruchteilsgemeinschaft in eine teilbare Leistung im Sinne des § 420 BGB grundsätzlich keine Einwände. Im Hinblick auf diese Rechtsprechung und die Anerkennung von Ausnahmen zu § 432 Abs. 2 BGB muss es aufgrund des Sinns und Zwecks des Kapitalersatzrechtes, nämlich des Gläubigerschutzes, auch bei der eigenkapitalersetzenden Nutzungsüberlassung entsprechende Abweichungen von der gesetzlichen Regelung geben. Dies setzt jedoch die Teilbarkeit der Leistung voraus. Die Miete oder Pacht kann anteilig berechnet werden, der Nutzungsgegenstand ist jedoch in der Regel unteilbar. Das Miteigentumsverhältnis des Gesellschafters kann somit nur bei der Berechnung der Miete bzw. Pacht eine Rolle spielen, hinsichtlich des Nutzungsobjekts selbst muss es bei dem Grundsatz des § 432 Abs. 2 BGB bleiben, so dass dem Eigentumsrecht der Bruchteilsgemeinschaft das Eigenkapitalersatzrecht nicht entgegengehalten werden kann; die Gesellschaft kann jedoch bei Entziehung des Nutzungsrechtes gegenüber dem Gesellschafter einen anteiligen Wertersatzanspruch entspre-

---

[578] Vgl. *Medicus*, Rn. 789.

[579] Nachweise bei *MüKo-Selb*, § 432 BGB, Rn. 6.

chend den oben dargestellten Anspruchsgrundlagen und Berechnungen geltend machen.[580]

Die Reichweite der Umqualifizierung der Miete bzw. Pacht richtet sich nach dem Miteigentumsanteil des Gesellschafters. Für die Zahlung der Miete bzw. Pacht bedeutet dies, dass die Gesellschaft bei Anwendung der Eigenkapitalersatzregeln in anteiliger Höhe, bemessen am Miteigentumsverhältnis des Gesellschafters, die Verpflichtung zur unentgeltlichen Überlassung einwenden kann und die stehen gelassenen Forderungen in anteiliger Höhe gemäß § 39 Abs. 1 Nr. 5 InsO als nachrangige Insolvenzforderungen qualifiziert werden. Die Miteigentümer müssen sich mit Rücksicht auf das Eingreifen der Eigenkapitalersatzregeln die fehlende Durchsetzbarkeit der Mietzinsforderung in der Höhe entgegenhalten lassen, die der internen Berechtigung des Gesellschafters an dem Mietzinsanspruch entspricht. Bei einer Mehrheit von Vermietern wird also der Mietzinsanspruch der Vermietergemeinschaft in der Höhe des Anteils des Gesellschafters, bei dem es sich um eine eigenkapitalersetzende Nutzungsüberlassung handelt, gekürzt.[581] Wurden trotz der Krise Zahlungen in voller Höhe geleistet, so kann die Gesellschaft gegen den Gesellschafter in anteiliger Höhe die Rückzahlung verlangen.

dd) Variante 3: Dritter und Gesellschafter sind Gesamthandseigentümer

Sehr problematisch ist die Fallvariante, bei der ein Dritter und ein Gesellschafter Gesamthandseigentümer einer Sache sind, beispielsweise in einer Erbengemeinschaft stehen, und sie der Gesellschaft überlassen.

Jedem Gesamthänder steht ein Anteil am gesamthänderisch gebundenen Vermögen zu. Einem Gesamthänder gehört das Gesamtgut ganz, jedoch beschränkt durch die Rechte der anderen Gesamthänder.[582] Gemäß § 719 Abs. 1 BGB kann ein Gesellschafter nicht über seinen Anteil an dem Gesellschaftsvermögen und an den einzelnen dazu gehörenden Gegenständen verfügen; er ist nicht berechtigt, Teilung zu verlangen. Die Gesamthand ist Trägerin des Gesellschaftsvermögens und Inhaberin der daraus resultierenden Forderungen und sonstigen Rechte.[583]

---

[580] Zum Ganzen: Vgl. *v. Gerkan/Hommelhoff/Haas/Dittrich*, Rn. 8.93f. mwN.
[581] BGH, Urt. v. 16.6.1997 – II ZR 154/96, ZIP 1997, 1375, 1376, NJW 1997, 3026, 3027.
[582] *Palandt/Bassenge*, § 903 BGB, Rn. 3.
[583] *Palandt/Sprau*, § 719 BGB, Rn. 1.

Für die Frage nach der Anwendung der Kapitalersatzregeln auf die Nutzungsüberlassung durch eine Gesamthandsgemeinschaft kommt es darauf an, welchen Einfluss der Gesellschafter auf die Gesamthand ausüben kann. Nur wenn der Gesellschafter in der Gesamthandsgemeinschaft eine Stellung einnimmt, die es ihm ermöglicht die Nutzungsüberlassung an die Gesellschaft zu steuern, kann er eine Finanzierungsentscheidung treffen, die Grund-voraussetzung für eine Umqualifizierung wäre.

Wenn man entsprechend den vorstehenden Ausführungen zu einer Anwendung der Kapitalersatzregeln auf die Nutzungsüberlassung durch Gesamthandseigentümer gelangt, dann ist wiederum die Reichweite der Umqualifizierung zu bestimmen. Nachdem die Forderungen aus der Nutzung eines Gegenstandes der Gesamthand als solcher zustehen und aufgrund der Steuerungsmacht des Gesellschafters über die Gesamthandsgemeinschaft die Kapitalersatzregeln anzuwenden sind, ist es gerechtfertigt, den gesamten Anspruch auf Miet- bzw. Pachtzahlungen umzuqualifizieren. Vergleichbar ist die Nutzungsüberlassung durch ein verbundenes Unternehmen. Im letzen Fall kommt es nach der Bejahung der Anwendung der Rechtsprechungsregeln nicht mehr auf die Gesellschafterstruktur an – die gesamte Leistung des verbundenen Unternehmens wird umqualifiziert.[584]

c) Sicherungsrechte an beweglichen Gegenständen

Nachfolgend werden einige wichtige Sicherungsrechte Dritter an beweglichen Gegenständen und ihre Wirkungen bei der Anwendung der Eigenkapitalersatzregeln dargestellt.

aa) Pfändung eines Gläubigers

Fall: *Ein Kraftfahrzeug, welches im Eigentum des Gesellschafters steht, wird der Gesellschaft vom Gesellschafter in der Krise zur Nutzung überlassen. Ein Gläubiger des Gesellschafters betreibt die Zwangsvollstreckung in das Vermögen des Gesellschafters und möchte Zugriff nehmen auf das der Gesellschaft zur Nutzung überlassene Kraftfahrzeug.*

Die Pfändung einer Sache, die sich im Besitz eines Dritten, hier im Besitz der Gesellschaft, befindet, erfolgt nach § 809 ZPO. Ohne die Zustimmung der Ge-

---

[584] Siehe ausführlich zu den Voraussetzungen und Rechtsfolgen im Zusammenhang mit der Anwendung der Kapitalersatzregeln bei verbundenen Unternehmen unter § 14.

sellschaft darf nicht gepfändet werden. Stimmt sie der Pfändung und Verwertung zu, kann der Gerichtsvollzieher die Herausgabe auch zwangsweise durchsetzen. Einen Verwertungserfolg kann es also nur geben, wenn die Gesellschaft zur Herausgabe des verstrickten Gegenstandes bereit ist. Die Gesellschaft wird jedoch aufgrund der eigenkapitalersetzenden Wirkungen den Gegenstand erst am Ende der Nutzungsdauer herausgeben. Bis zur Herausgabe kann der Gläubiger nur den Herausgabeanspruch pfänden, hat aber keine unmittelbaren Rechte an der Sache selbst.

bb) Werkunternehmerpfandrecht

Fall: *Ein Kraftfahrzeug, welches im Eigentum des Gesellschafters steht, wird der Gesellschaft vom Gesellschafter in der Krise zur Nutzung überlassen. Die Gesellschaft lässt dieses Fahrzeug in einer Werkstatt reparieren, bezahlt aber die Werklohnansprüche nicht. Der Werkstattunternehmer macht deshalb sein Werkunternehmerpfandrecht am Kfz geltend.*

Das Werkunternehmerpfandrecht gemäß § 647 BGB ist ein Besitzpfandrecht. Es entsteht für alle vertraglichen Forderungen aus dem konkreten Werkvertrag nur an beweglichen Sachen des Bestellers, an denen der Werkunternehmer zum Zwecke der Herstellung oder Bearbeitung mindestens mittelbaren Besitz erlangt hat. Ein gutgläubiger Erwerb des Pfandrechts an Sachen, die Dritten gehören und die der Besteller dem Unternehmer übergeben hat, ist nach herrschender Meinung nicht möglich.[585] § 1257 BGB findet nur auf kraft Gesetzes bereits entstandene Pfandrechte Anwendung.

Im vorliegenden – eigenkapitalersatzrechtlich relevanten Fall – gehört das Kfz nicht dem bestellenden Unternehmen, sondern dem Gesellschafter. Nur das Nutzungsrecht wird eigenkapitalersatzrechtlich umqualifiziert, das Eigentumsrecht des Gesellschafters bleibt unberührt. Ein Unternehmerpfandrecht i. S. d. § 647 BGB ist somit nicht entstanden, ein gutgläubiger Erwerb scheidet ebenfalls aus.

Der Werkunternehmer hat jedoch gegenüber dem bestellenden Unternehmen bis zur Bezahlung der Werklohnansprüche ein Zurückbehaltungsrecht gemäß § 273 BGB. Endet das Besitzrecht des Bestellers gegenüber dem Eigentümer, beispielsweise durch Ablauf der eigenkapitalersatzrechtlich relevanten Nutzungsdauer, dann hat der Unternehmer einen Verwendungsersatzanspruch gegen den Eigentümer aus § 994 BGB und damit ein Zurückbehaltungsrecht aus § 1000

---

[585] *Palandt/Sprau*, § 647 BGB, Rn. 3 mwN.

BGB.[586] Die Nutzungsmöglichkeit des Kfz für die Gesellschaft fällt aus, solange der Werkunternehmer das Zurückbehaltungsrecht gemäß § 273 BGB geltend macht. Der aufgrund der Anerkennung der eigenkapitalersetzenden Nutzungsüberlassung angestrebte Gläubigerschutz wird dadurch nicht beeinträchtigt oder ausgehöhlt.

cc) Vermieterpfandrecht

Fall: *Eine Maschine, welche im Eigentum des Gesellschafters steht, wird der Gesellschaft vom Gesellschafter in der Krise zur Nutzung überlassen. Diese Maschine wird in den Produktionsbetrieb der Gesellschaft eingebracht. Die Betriebsimmobilie ist gemietet und der Vermieter macht wegen rückständiger Mieten bereits das Vermieterpfandrecht geltend.*

Das Vermieterpfandrecht gemäß § 562 BGB ist ein besitzloses gesetzliches Pfandrecht. Es gelten jedoch die allgemeinen Bestimmungen über rechtsgeschäftliche Pfandrechte (§ 1257) mit Ausnahme der Bestimmungen, die einen unmittelbaren Besitz des Pfandgläubigers voraussetzen. Es ist deshalb ein gutgläubiger Erwerb des Vermieterpfandrechts an Sachen, die nicht dem Mieter gehören, ausgeschlossen (§§ 1257, 1207).[587]

Das Vermieterpfandrecht entsteht also nur an Sachen des Mieters. Die mietende Gesellschaft ist jedoch nicht Eigentümerin der Maschine, sondern hat nur ein Nutzungsrecht daran, das eigenkapitalersatzrechtlich umqualifiziert ist. Ein Vermieterpfandrecht ist an der im Eigentum des Gesellschafters befindlichen Maschine somit nicht entstanden.

Ein Anwartschaftsrecht kann bei der eigenkapitalersetzenden Nutzungsüberlassung zugunsten der Gesellschaft ebenfalls nicht entstehen. Darüber hinaus scheitert die Geltendmachung von Zurückbehaltungsrechten am mangelnden Besitz des Vermieters.

Festzuhalten ist, dass ein Vermieterpfandrecht an der vom Gesellschafter an die Gesellschaft zur Nutzung überlassenen Maschine nicht geltend gemacht werden kann. Insgesamt können die eigenkapitalersatzrechtlichen Wirkungen der Umqualifizierung des Nutzungsrechts durch den Vermieter nicht gestört werden.

---

586 Vgl. grundlegend BGHZ 34, 122, 127ff.; BGHZ 131, 220, 222; BGHZ 148, 322; BGH, Urt. v. 24.6.2002 – II ZR 266/01, DB 2003, 93; *Palandt/Sprau*, § 647 BGB, Rn. 6f.

587 Zum Ganzen: *Palandt/Weidenkaff*, § 562 BGB, Rn. 2.

d) Grundpfandrechtliche Sicherungen

Ein Sonderproblem besteht in der Überlassung von Grundstücken, die mit Grundpfandrechten zugunsten Dritter belastet sind. Grundpfandrechtliche Sicherungen kollidieren im Fall der Nutzungs- bzw. Gebrauchsüberlassung eines Grundstücks mit den eigenkapitalersatz-rechtlichen Wirkungen. Ein Grundpfandrecht gibt dem begünstigten Dritten das Recht, eine bestimmte Geldsumme aus dem belasteten Grundstück zu verlangen. Diese Forderung wird im Wege der Zwangsvollstreckung in das belastete Grundstück durchgesetzt. Die Zwangsvollstreckung erfolgt nach dem ZVG im Wege der Zwangsversteigerung oder der Zwangsverwaltung. Bei der Zwangsversteigerung wird das belastete Grundstück verwertet, bei der Zwangsverwaltung wird das belastete Grundstück zugunsten des Sicherungsgläubigers genutzt.

Die kapitalersatzrechtliche Verstrickung muss mit der Anordnung der Zwangsverwaltung bzw. Zwangsversteigerung, d. h. mit der Beschlagnahme, enden. Der Grundpfandgläubiger braucht nur das gegen sich gelten lassen, was aus dem Grundbuch ersichtlich ist und was sich aus den sonstigen sachenrechtlichen Vorschriften ergibt. Eine kapitalersatzrechtliche Verstrickung ist für den Grundpfandgläubiger aus dem Grundbuch nicht ersichtlich.[588]

Im Anschluss daran stellt sich auch hier die Frage nach einer Ersatzpflicht des Gesellschafters. Über eine entsprechende Anwendung des § 32b GmbHG gelangt man auch hier zu einer Verpflichtung des Gesellschafters zum Wertersatz. Durch die Anordnung der Zwangsverwaltung eines Grundstücks hat der Grundpfandgläubiger das Recht gemäß § 1123 Abs. 1 BGB, § 148 Abs. 1 S. 1 ZVG für die Nutzung des Grundstücks einen Mietzins vom Nutzer zu verlangen. In der Insolvenz der besitzenden Gesellschaft muss folglich der Insolvenzverwalter dem Zwangsverwalter ein Nutzungsentgelt bezahlen. Dieses Nutzungsentgelt ist im Falle einer eigenkapitalersetzenden Wirkung der Nutzungsüberlassung vom Gesellschafter zu erstatten.[589]

Für eine detaillierte Darstellung der Kollisionsprobleme sind die einzelnen Fallvarianten der grundpfandrechtlichen Sicherung zu unterscheiden.

---

588 *MüKo-Stodolkowitz*, § 135 InsO, Rn. 96.

589 Vgl. *Goette*, DStR 1999, 37, 38; *Jungmann*, ZIP 1999, 601, 606f. mwN.

aa) Grundpfandrechtliche Sicherung ohne Beschlagnahme

Zunächst ist die Situation zu beurteilen, in der der Drittgläubiger lediglich eine grundpfandrechtliche Sicherung an dem zur Nutzung überlassenen Grundstück hat, ohne bereits die Beschlagnahme zu betreiben.

Dem Drittgläubiger steht auch bei Eintritt der Insolvenz der nutzenden Gesellschaft kein außerordentliches Kündigungsrecht zu. Er muss die weitere Nutzung durch den Insolvenzverwalter hinnehmen und kann ihm nicht die Nutzung entziehen.

Dem Insolvenzverwalter ist es außerdem möglich, die weitere Nutzung an Dritte entgeltlich zu überlassen. Zwar ist eine Gebrauchsüberlassung an Dritte gemäß § 540 BGB nur mit Erlaubnis des Vermieters möglich. Diese einschränkende Vorschrift ist jedoch im Falle einer eigenkapitalersetzenden Umqualifizierung des Nutzungsrechts teleologisch zu reduzieren. Nur durch eine uneingeschränkte Ausnutzung des eigenkapitalersetzenden Nutzungsrechts und damit auch dem Recht einer vorbehaltslosen Weitervermietung ist es möglich, das Nutzungsrecht wie ein Eigentümer auszuüben. Dies entspricht dem Zweck der Umqualifizierung von Gesellschafterleistungen. Das Entgelt aus der Weitervermietung kann der Insolvenzverwalter zur Masse ziehen und zur Tilgung der Gesellschaftsschulden verwenden.[590] Eine Auskehrung an den Grundpfand-rechtsgläubiger erfolgt nicht.

bb) Grundpfandrechtliche Sicherung mit Beschlagnahme

Das ZVG enthält in den §§ 15ff. ZVG Regelungen zur Zwangsversteigerung und in den §§ 146ff. ZVG ergänzende Regelungen zur Zwangsverwaltung. Gemäß § 146 Abs. 1 ZVG finden auf die Anordnung der Zwangsverwaltung die Vorschriften über die Anordnung der Zwangsversteigerung entsprechende Anwendung, soweit sich nicht aus den §§ 147 bis 151 etwas anderes ergibt. Die Beschlagnahmewirkungen sind bei der Zwangsverwaltung und der Zwangsversteigerung teilweise unterschiedlich, wie § 148 ZVG zeigt.

aaa) Zwangsverwaltung

Durch die Beschlagnahme des Grundstücks ändern sich gemäß § 148 ZVG die Zugriffsrechte auf das Grundstück. Nach § 148 Abs. 2 ZVG wird durch die Be-

---

[590] *Lutter/Hommelhoff*, §§ 32a/b GmbHG, Rn. 155.

schlagnahme dem Schuldner die Verwaltung und Benutzung des Grundstücks entzogen. Nach § 148 Abs. 1 Satz 1 ZVG umfasst die Beschlagnahme des Grundstücks auch die im § 21 Abs. 1, 2 bezeichneten Gegenstände und damit auch die Miet- und Pachtforderungen.

Die Miet- und Pachtzinsansprüche fallen jedenfalls gemäß §§ 1123, 1191 Abs. 1 BGB in den Haftungsverband der Hypothek bzw. der Grundschuld. Hinsichtlich der Berechtigung über den Miet- und Pachtzins regelt § 1124 Abs. 2 BGB, dass eine Verfügung, die sich auf die Miete oder Pacht für eine spätere Zeit als den zur Zeit der Beschlagnahme laufenden Kalendermonat bezieht, dem Hypothekengläubiger gegenüber unwirksam ist. Ist die Beschlagnahme nach dem fünfzehnten Tage des Monats erfolgt, dann ist eine Verfügung noch über die Miete oder Pacht für den folgenden Kalendermonat wirksam. Wichtig ist in diesem Zusammenhang auch noch die Vorschrift des § 152 Abs. 2 ZVG. Ist ein Grundstück vor der Beschlagnahme einem Mieter oder Pächter überlassen worden, so ist der Miet- oder Pachtvertrag auch dem Verwalter gegenüber wirksam.

Die Lösung der Kollision zwischen eigenkapitalersatzrechtlicher Umqualifizierung und den Rechten der Grundpfandrechtsgläubiger nach der Beschlagnahme war umstritten:

Bis zu einer Grundsatzentscheidung des BGH im Jahre 1998[591] wurde teilweise die Ansicht vertreten, dass die kraft Gesetzes eintretende Umqualifizierung den Vorrang gegenüber den Rechten der Grundpfandgläubiger genießt.[592] Danach stünde dem Insolvenzverwalter über das Vermögen der nutzenden Gesellschaft auch nach einer Beschlagnahme des Grundstücks bis zum Ende der Nutzungsdauer das unentgeltliche Nutzungsrecht zu. Die vorgetragenen Argumente sind nach wie vor überzeugend. So wurde darauf abgestellt, dass der Vollstreckungsgläubiger nicht mehr Rechte haben kann als der Vollstreckungsschuldner tatsächlich hat.[593] Der Einwand des § 404 BGB müsse in entsprechender Anwendung auch nach Anwendung der Kapitalersatzregeln möglich sein.[594] Sind die Rechte des Vollstreckungsschuldners durch die eigenkapitalersatzrecht-

---

[591] BGH, Urt. v. 7.12.1998 – II ZR 382/96, BGHZ 140, 147ff., NJW 1999, 577ff., ZIP 1999, 65ff.

[592] Vgl. OLG Düsseldorf, Urt. 29.9.1998 – 24 U 250/97, ZIP 1998, 1910, 1911ff.; *Obermüller*, Rn. 5.373 ff; *Paulus*, EWiR 1996, 405, 406; *Heublein*, ZIP 1998, 1899, 1902f; *Gehrlein*, NZG 1998, 845, 847ff.

[593] Vgl. LG München, Urt. v. 13.2.1996 – 3 O 6799/95, ZIP 1996, 762f.; ausdrücklich und umfassend zustimmend *Paulus*, EWiR 1996, 405, 406; *Gehrlein*, NZG 1998, 845, 848f.

[594] Vgl. *Heublein*, ZIP 1998, 1899, 1901f.

liche Umqualifizierung bereits vor der Beschlagnahme beschränkt, so unterliegt nur noch das der Beschlagnahme, was an Rechten noch vorhanden ist. Der Schutz des Haftungsverbandes wird über die Vorschriften der §§ 1120ff. BGB, insbesondere hinsichtlich der Miet- und Pachtzinsforderungen über §§ 1123 bis 1125 BGB, gewährleistet. Die Anwendung der Kapitalersatzregeln, die zu den Umqualifizierungsfolgen führen, ist dort nicht ausgeschlossen.[595] Die Eigenkapitalersatzregeln müssten deshalb uneingeschränkt weiter gelten.

Anderer Ansicht zufolge müssen die Rechte der Grundpfandrechtsgläubiger vorrangig beachtet werden.[596] Man stützt sich u. a. auf das Argument, dass Adressat des Eigenkapitalersatzrechts grundsätzlich[597] nur der Gesellschafter ist und die Rechte Dritter unberührt bleiben müssen. Darüber hinaus sei der Zwangsverwalter gemäß § 152 Abs. 2 ZVG zwar an einen Miet- oder Pachtvertrag gebunden, nicht jedoch an die Folge der Umqualifizierung, nämlich die unentgeltliche Überlassung.[598]

Der Bundesgerichtshof hat in seiner Grundsatzentscheidung vom 7.12.1998[599] festgestellt, dass das Kapitalersatzrecht den Rechtscharakter des der Gebrauchsüberlassung zugrunde liegenden Miet- und Pachtvertrages nicht verändert. Diese These wird in der Literatur jedoch heftig kritisiert, da die Umqualifizierung zu einer umfassenden Umgestaltung des ursprünglich vereinbarten Nutzungsverhältnisses führe. Das Kapitalersatzrecht verändere die Zahlungsmodalitäten für die Miete oder Pacht, das Nutzungsrecht als solches und unter Angemessenheitsgesichtspunkten auch die vereinbarte Nutzungsdauer.[600] Dem ist zu entgegnen, dass die vertraglichen Vereinbarungen grundsätzlich nur für die Dauer der Anwendung der Kapitalersatzregeln modifiziert werden. Wird die Krise überwunden, so greifen die vertraglichen Regelungen unverändert ein. Der Rechtscharakter des Miet- oder Pachtvertrages bleibt also bestehen.

Für die Lösung der Kollision ist die Reichweite der Beschlagnahmewirkung zu bestimmen. Der Bundesgerichtshof bringt hier die Zäsurvorschrift des § 1124 Abs. 2 BGB zur Anwendung.

---

595 Vgl. OLG Düsseldorf, Urt. v. 29.9.1998 . 24 U 250/97, aaO.

596 Vgl. *Uhlenbruck*, in: FS Heinsius, 841, 846ff.; *Michalski*, NZG 1998, 41, 42.

597 Als Ausnahmeregelung wird § 32a Abs. 2 GmbHG angesehen, der die Regel bestätigt.

598 Vgl. *v. Gerkan/Hommelhoff/Haas/Dittrich*, Rn. 8.98.

599 BGH, Urt. v. 7.12.1998 – II ZR 382/96, aaO.

600 Vgl. *v. Gerkan/Hommelhoff/Haas/Dittrich*, Rn. 8.102f.

Nach § 1124 Abs. 2 BGB sind Verfügungen zu Lasten der Grundpfandrechtsgläubiger außerhalb bestimmter zeitlicher Grenzen unwirksam, um die Grundpfandrechtsgläubiger vor einer Aushöhlung ihrer Rechte zu schützen. Dieser Rechtsgedanke wird bei der Anwendung der Kapitalersatzregelungen entsprechend berücksichtigt, mit der Folge, dass die Verstrickung der Miet- und Pachtforderungen aufgrund der Kapitalersatzregeln durch die Beschlagnahmewirkung endet. Die nachfolgende Skizze zeigt die Auswirkung des Beschlagnahmezeitpunkts auf das Ende der kapitalersatzrechtlichen Unentgeltlichkeit:

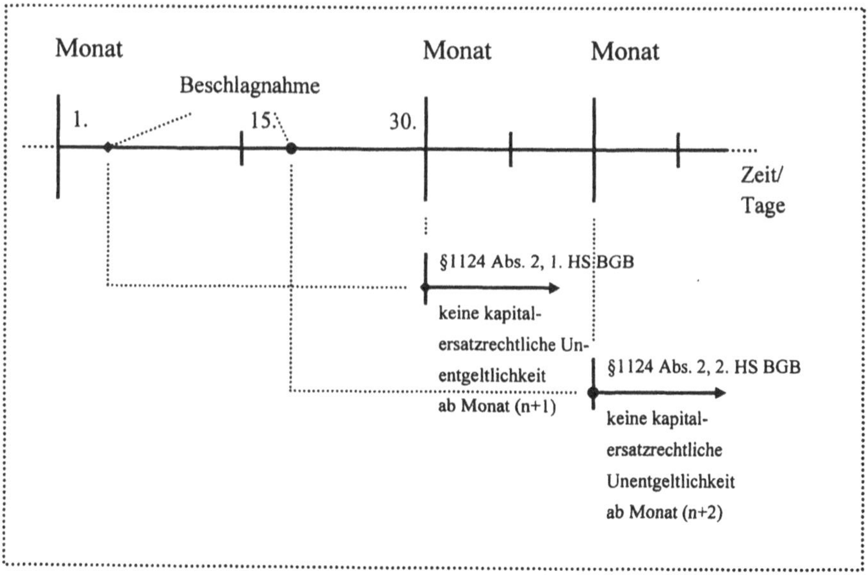

Aus der Zusammenschau der oben dargestellten Vorschriften ergibt sich, dass vom Zeitpunkt der ordnungsgemäßen Beschlagnahme an der Insolvenzverwalter dem Grundpfandgläubiger das Nutzungsentgelt bezahlen muss, das die Gesellschaft an den überlassenden Gesellschafter gezahlt hätte, aber wegen der eigenkapitalersetzenden Verstrickung nicht durchsetzbar ist.[601] Die Rechtsprechung hat inzwischen mehrfach bestätigt, dass sich das dingliche Recht im Konfliktfall durchsetzt, der Insolvenzverwalter also weichen muss.[602]

---

601 Vgl. *Lutter/Hommelhoff*, §§ 32a/b GmbHG, Rn. 156.
602 *Goette*, ZIP 2005, 1481, 1486 mwN.

Der Grundpfandrechtsgläubiger muss im Gegenzug die Nutzung durch die Gesellschaft dulden und hat kein außerordentliches Kündigungsrecht, solange der Insolvenzverwalter das Nutzungsentgelt ordnungsgemäß an ihn bezahlt.[603] Durch die Verpflichtung zur Zahlung des Nutzungsentgelts wird das Nutzungsrecht des Insolenzverwalters mit eigenkapitalersetzendem Charakter ausgehöhlt. Er kann zwar das Grundstück weiter nutzen, muss aber für die Nutzung bezahlen.

Für die gegenseitigen Verpflichtungen sind die rechtsgeschäftlichen Vereinbarungen zwischen Gesellschafter und Gesellschafter im Wege der Begründung des Nutzungsverhältnisses maßgeblich. Zu zahlen ist die vereinbarte Miete oder Pacht für die vereinbarte Nutzungsdauer. Die kapitalersatzrechtlichen Besonderheiten wirken nur im Verhältnis zwischen dem Gesellschafter und der Gesellschaft. Ein Grundpfandrechtsgläubiger muss sich ab Anordnung der Zwangsverwaltung die kapitalersatzrechtliche Verstrickung nicht entgegenhalten lassen. Der Zwangsverwalter hat entsprechend § 1124 Abs. 2 BGB einen Anspruch auf Bezahlung eines Nutzungsentgelts gegen die nutzende Gesellschaft.[604]

Auch bei einer unentgeltlich zur Verfügung gestellten kapitalersetzenden Nutzungsüberlassung hat der Zwangsverwalter ebenfalls entsprechend § 1124 Abs. 2 BGB einen Anspruch auf Bezahlung eines angemessenen Nutzungsentgelts. Um dennoch den Schutz der Kapitalersatzregeln zu gewährleisten, ist es konsequent, dass die Gesellschaft deshalb einen Anspruch gegen den Gesellschafter auf Ersatz des bezahlten Nutzungsentgelts hat.

Erfährt der Insolvenzverwalter durch die Beschlagnahmewirkung wirtschaftliche Einschränkungen für die Insolvenzmasse, so haftet ihm hierfür der Gesellschafter auf Schadenersatz. Ein Ausgleichsanspruch gegen den Gesellschafter kann sich aufgrund einer analogen Anwendung der §§ 30, 31 GmbHG, einer analogen Anwendung der § 32b GmbHG bzw. aus einer entsprechenden Anwendung des Leistungsstörungsrechts ergeben.[605] Dem Gesellschafter sind durch die Einschränkungen aufgrund der Beschlagnahme mittelbar Leistungen zugeflossen, obwohl das Stammkapital in der Gesellschaft nicht verfügbar war.[606] Deshalb muss ihm der Gesellschafter in entsprechender Anwendung des § 31 Abs. 1 GmbHG Ersatz leisten, soweit der Gesellschafter gegenüber dem Grundpfandgläubiger durch die Zahlung des Nutzungsentgelts von seinen Verbindlichkeiten

---

603 Vgl. *Goette*, DStR 1999, 37, 38.
604 BGH, Urt. v. 7.12.1998 – II ZR 382/96, NJW 1999, 577, 578f.
605 *v. Gerkan/Hommelhoff/Haas/Dittrich*, Rn. 8.101.
606 Vgl. *Uhlenbruck*, in: FS Heinsius, 841, 853; *Smid/Depré*, § 49 InsO, Rn. 118.

befreit wird.[607] Der Bundesgerichtshof hat inzwischen in seinem Urteil vom 31.1.2005[608] eine Ausgleichspflicht des Gesellschafters wegen eigenkapitalersetzender Überlassung eines Grundstücks bei Nutzungsentziehung durch den Zwangsverwalter nach den Regeln über Leistungsstörungen bei Sacheinlagen bestätigt. Er hat ausgeführt, dass der Gesellschafter den Wert des Nutzungsrechts zu ersetzen hat, wenn dem Insolvenzverwalter dieses Recht durch eine Beschlagnahme des Grundstücks im Rahmen einer Zwangsverwaltung entzogen wird. Der Ersatzanspruch setze jedoch voraus, dass der Insolvenzverwalter das Grundstück hätte tatsächlich nutzen können. Die Zwangsverwaltung des Grundstücks wird also wie eine verbotene Ausschüttung des Nutzungswerts an den Gesellschafter persönlich behandelt.[609] Der Ersatzanspruch der Gesellschaft bzw. des Insolvenzverwalters gegen den Gesellschafter bei Anordnung der Zwangsverwaltung wird vom BGH in einer weiteren Entscheidung vom 28.2.2005[610] in der Höhe des Wertes des verlorenen Nutzungsrechts bestätigt.

Der Schadenersatzanspruch gegen den Gesellschafter wird jedoch aufgrund der ebenfalls mangelnden Solvenz des Gesellschafters häufig nicht zu einem Massezufluss führen.[611] Um auch hier keine Liquiditätseinbußen bei der Gesellschaft entstehen zu lassen, wäre es am besten, wenn aufgrund der kapitalersatzrechtlichen Verstrickung der Nutzungsüberlassung die Gesellschaft gegenüber dem Gesellschafter einen Freistellungsanspruch auf Bezahlung des Nutzungsentgelts an den Zwangsverwalter hätte. Das Nutzungsentgelt müsste dann der Gesellschafter direkt an den Zwangsverwalter bezahlen.

In Anbetracht dieser Problematik stellt sich die Frage, ob und wie sich der Insolvenzverwalter vor der Aushöhlung des eigenkapitalersetzenden Nutzungsrechts durch den Grundpfandrechtsgläubiger schützen kann. Nach der Rechtsprechung des BGH[612] sind die Rechte des Grundpfandrechtsgläubigers durch die Beschlagnahme jedenfalls gegeben, wenn die Bestellung des Grundpfandrechts vor der eigenkapitalersetzenden Verstrickung des Grundstücks erfolgt. Die Literatur lässt die Rechte des Grundpfandrechtsgläubigers durch die Beschlagnahme auch entstehen, wenn die Bestellung des Grundpfandrechts der eigenkapitalersetzenden Verstrickung des Grundstücks nachfolgt. Denn ent-

---

607 *Lutter/Hommelhoff*, §§ 32a/b GmbHG, Rn. 158 mwN.

608 BGH, Urt. v. 31.1.2005 – II ZR 240/02, ZIP 2005, 484ff.

609 *Karsten Schmidt*, GmbHR 2005, S. 797, 804.

610 BGH, Urt. v. 28.2.2005 – II ZR 103/02, ZIP 2005, 660ff.

611 Vgl. *v. Gerkan*, EWiR 2000, 31, 32; *Habersack*, ZGR 1999, 427, 437.

612 BGH, Urt. v. 7.12.1998 – II ZR 382/96, BGHZ 140, 147, ZIP 1999, 65, NJW 1999, 577, GmbHR 1999, 175.

scheidend für die Entstehung der Rechte des Grundpfandrechtsgläubigers, also vor allem der Nutzungsvorrang, ist allein die Beschlagnahme.[613] Dies hat der Bundesgerichtshof jüngst mittelbar bestätigt. In seinem Urteil vom 9.6.2005[614] führte er aus, dass sich eine Beschlagnahme auch auf die vor Begründung eines Grundpfandrechts abgetretenen Mietzinsanspruch erstreckt.

Kann ein Insolvenzverwalter die Beschlagnahme eines Grundstücks durch einen Grundpfandrechtsgläubiger in der Insolvenz verhindern? Nach § 20 ZVG gilt der Beschluss, durch welchen die Zwangsversteigerung angeordnet wird, zugunsten des Gläubigers als Beschlagnahme des Grundstücks. Über § 30d ZVG gibt es im Falle der Eröffnung des Insolvenzverfahrens über das Vermögen des Schuldners die Möglichkeit, in bestimmten Fällen auf Antrag des Insolvenzverwalters die Zwangsversteigerung einstweilen einzustellen. Dadurch wird aber die Beschlagnahmewirkung nicht beseitigt. Dafür muss die Beschlagnahme als solche verhindert oder nachträglich beseitigt werden. Zum Teil wird in der Literatur die Anfechtbarkeit nach den §§ 129 ff. InsO befürwortet.[615] Im Hinblick auf die von der Rechtsprechung verfolgte Vermeidung einer Aushöhlung der Gläubigerrechte und der Abgrenzung der Rechte anhand der Beschlagnahme ist zu erwarten, dass eine Insolvenzanfechtung der Beschlagnahme nach den §§ 129ff. InsO von der Rechtsprechung nicht anerkannt wird. Dies wäre nur konsequent.

bbb) Zwangsversteigerung

Die Zwangsversteigerung gemäß den §§ 15ff. ZVG wird durch eine eigenkapitalersatzrechtliche Verstrickung des Zwangsversteigerungsobjektes grundsätzlich nicht gehindert. Wie bereits oben dargestellt, werden die dinglichen Berechtigungen am Nutzungsobjekt durch das Kapitalersatzrecht nicht verändert. Durch die Zwangsversteigerung entsteht jedoch ein Kollisionsfall. Die Umqualifizierung der Nutzungsüberlassung eines Objektes von einem Gesellschafter an die Gesellschaft führt zu einem unentgeltlichen Nutzungsrecht ab Eintritt der Krise bis zum Ende der Nutzungsdauer. Gilt diese Unentgeltlichkeit auch gegenüber dem Erwerber aus der Zwangsversteigerung, dann führt dieser Umstand zunächst zu der Schwierigkeit, überhaupt einen Erwerber zu finden und letztlich zu einer erheblichen Erlöseinbuße. Die Rechte des Grundpfandrechtsgläubigers würden durch die uneingeschränkte Geltung der Kapitalersatzregeln ausgehöhlt.

---

613 Vgl. *Depré*, DZWIR 1999, 249, 251; *Habersack*, ZGR 1999, 427, 438.
614 BGH, Urt. v. 9.6.2005 – IX ZR 160/04, ZIP 2005, 1452ff.
615 Vgl. *Depré*, DZWIR 1999, 249, 251.

Die §§ 57ff. ZVG treffen grundsätzliche Regelungen zu den Rechten und Pflichten des Erwerbers bei Grundstücken, die vor der Zwangsversteigerung an einen Dritten vermietet oder verpachtet wurden. Gemäß § 57 ZVG finden die Vorschriften der §§ 566, 566a, 566b Abs. 1, §§ 566c und 566d des Bürgerlichen Gesetzbuches nach Maßgabe der §§ 57a und 57b entsprechende Anwendung, wenn das Grundstück einem Mieter oder Pächter überlassen ist. Der Erwerber tritt danach zunächst in die Rechte- und Pflichtenstellung seines Vorgängers ein. Er hat aber gemäß § 57a ZVG ein Sonderkündigungsrecht mit gesetzlicher Frist. § 57b ZVG lässt i. V. m. den §§ 566b Abs. 1, 566c, 566d BGB Vorausverfügungen mit Wirksamwerden des Beschlagnahmebeschlusse in bestimmten zeitlichen Grenzen (vgl. §§ 1123f.) unwirksam werden. Die Umqualifizierung der Nutzungsüberlassung, die zur unentgeltlichen Überlassungsverpflichtung von der Krise der Gesellschaft bis zum Ende der Nutzungsdauer führt, wäre eine solche Vorausverfügung.

Streitig ist jedoch, ob die §§ 57 ZVG auch bei Anwendung des Kapitalersatzrechtes gelten. Ohne auf die einzelnen hierzu vertretenen Ansichten näher einzugehen[616], sind die Wertungen bei Lösung des Konfliktes zwischen Zwangsverwaltung und Eigenkapitalersatzrecht entsprechend zu berücksichtigen. Das Kapitalersatzrecht wirkt nur im Innenverhältnis zwischen Gesellschaft und Gesellschafter und lässt die Rechte der Dritten grundsätzlich unberührt. Damit sind dem Erwerber aus der Zwangsversteigerung auch die Rechte der §§ 57ff. ZVG zuzugestehen. Der Grundstückserwerber muss gemäß § 57 ZVG den Miet- oder Pachtvertrag mit der Gesellschaft über die Nutzung des Grundstücks grundsätzlich gegen sich gelten lassen. Er hat jedoch einen Anspruch gegen den Insolvenzverwalter auf Zahlung der vereinbarten Miete oder Pacht, nachdem der entgeltliche Rechtscharakter des Miet- oder Pachtvertrages durch die Umqualifizierung nicht berührt wird.[617] Allerdings kann er nach § 57a ZVG das Miet- oder Pachtverhältnis unter Einhaltung der gesetzlichen Frist kündigen.

Nachdem durch den Vorrang der Rechte des Erwerbers gemäß §§ 57ff. ZVG die Rechte der Gläubiger aus der eigenkapitalersetzenden Nutzungsüberlassung vereitelt werden, entsteht grundsätzlich ein Anspruch der Gesellschaft gegen den Gesellschafter auf Wertersatz.[618] Der Anspruch könnte auch hier auf die entsprechende Anwendung der §§ 30, 31 GmbHG, des § 32b GmbHG bzw. des allgemeinen Leistungsstörungsrechts gestützt werden. Im Ergebnis sind hier die

---

[616] Vgl. hierzu *v. Gerkan/Hommelhoff/Haas/Dittrich*, Rn. 8.105.
[617] Vgl. *Habersack*, ZGR 1999, 427, 441.
[618] Vgl. *v. Gerkan/Hommelhoff/Haas/Dittrich*, Rn. 8.106.

letzten Entscheidungen des BGH zum Wertersatz nach Anordnung der Zwangsverwaltung[619] entsprechend heranzuziehen.

e) Beschlagnahme eines Grundstücks durch persönlichen Gläubiger

Ein persönlicher Gläubiger kann auch ohne grundpfandrechtliche Sicherung im Wege der Pfändung in das Privatvermögen seines Schuldners Rechte an einem Grundstück erlangen. Nach dem ZVG werden die Rechte auf Befriedigung aus einem Grundstück gemäß § 10 ZVG nach einem bestimmten Rangverhältnis befriedigt. Die persönlichen Gläubiger werden gemäß § 10 Abs. 1 Nr. 5 ZVG befriedigt. Für die Abgrenzung zu anderen Rechten kommt es wiederum auf die Beschlagnahme des Grundstücks an.

Für den Kollisionsfall zwischen den Rechten aus der eigenkapitalersetzenden Nutzungsüberlassung und den Wirkungen einer Beschlagnahme eines Grundstücks durch einen persönlichen Gläubiger gelten die obigen Ausführungen bei der Zwangsvollstreckung eines Grundpfandrechtsgläubigers entsprechend. Der Haftungsumfang bestimmt sich ab der Beschlagnahme für den persönlichen Gläubiger ebenso wie beim Grundpfandrechtsgläubiger.[620]

f) Nachträgliche Rechtsänderungen am Nutzungsobjekt

Rechte Dritter können auch durch nachträgliche Rechtsänderungen am Nutzungsobjekt entstehen. Die Nachträglichkeit bezieht sich hier auf den Zeitpunkt der Umqualifizierung der Nutzungsüberlassung.

Auszugehen ist wieder vom oben bereits ausführlich erörterten Grundsatz, dass die dinglichen Berechtigungen am Nutzungsobjekt durch die eigenkapitalersatzrechtliche Umqualifizierung nicht beeinträchtigt werden. Die Eigentümerbefugnisse sind nur im Hinblick auf die Forderung bzw. Rückforderung des Nutzungsentgelts und u. U. im Hinblick auf die Nutzungsdauer durch die Anwendung der Kapitalersatzregeln eingeschränkt. Die übrigen Eigentumsrechte können trotz der Umqualifizierung weiter übertragen werden.

Erfolgt die Übertragung des Eigentums im Rahmen eines Verkaufs gegen Zahlung eines Kaufpreises könnte die Zahlung an den Gesellschafter als verbotene

---

619 BGH, Urt. v. 31.1.2005 – II ZR 240/02, ZIP 2005, 484ff.; BGH, Urt. v. 28.2.2005 – II ZR 103/02, ZIP 2005, 660ff.

620 Vgl. *Habersack*, ZGR 1999, 427, 437f.

Rückzahlung des Eigenkapitals gemäß § 30 Abs.1 GmbHG angesehen werden. Da die Kapitalerhaltungsregeln jedoch nur relativ wirken und nur das Rechtsverhältnis zwischen Gesellschafter und Gesellschaft gestalten, kann ein Dritter ohne Beeinträchtigung durch das Kapitalersatzrecht die Eigentümerbefugnisse übernehmen. § 30 Abs. 1 GmbHG enthält kein gesetzliches Verbot im Sinne des § 134 BGB.[621] Es besteht nach ständiger Rechtsprechung keine generelle Nichtigkeit der jeweiligen Verfügungsgeschäfte nach § 134 BGB.[622]

Ob die Eigentümerbefugnisse jedoch durch die Wirkungen der Umqualifizierung beeinträchtigt sind, ist fraglich. Herrschender Meinung zufolge werden die Rechte des Erwerbers durch die Kapitalerhaltungsregeln und damit auch durch die davon abgeleiteten Kapitalersatzregeln nicht eingeschränkt.[623] Zur Beurteilung ist abzustellen auf die Anfechtungsregeln gegenüber einem Rechtsnachfolger im Insolvenzverfahren gemäß § 145 Abs. 2 InsO und außerhalb des Insolvenzverfahrens gemäß § 15 Abs. 2 AnfG. Der Erwerber des Eigentums kann grundsätzlich nur die Position seines Vorgängers einnehmen, diese ist jedoch durch die Kapitalerhaltungs- und Kapitalersatzgrundsätze eingeschränkt.

Im Falle der eigenkapitalersetzenden Nutzungsüberlassung erfolgt die Übereignung einer beweglichen Sache regelmäßig nach §§ 929, 931 BGB, da die nutzende Gesellschaft als Dritte im Besitz der Sache ist. Die Übergabe wird dann dadurch ersetzt, dass der Eigentümer dem Erwerber den Anspruch auf Herausgabe der Sache abtritt. Gemäß § 986 Abs. 2 BGB kann der Besitzer einer Sache, die nach § 931 durch Abtretung des Anspruchs auf Herausgabe veräußert worden ist, dem neuen Eigentümer die Einwendungen entgegensetzen, welche ihm gegen den abgetretenen Anspruch zustehen. Die Rechte Dritter erlöschen, wenn die Voraussetzungen des § 936 BGB erfüllt sind. Die Gesellschaft macht aufgrund der eigenkapitalersetzenden Nutzungsüberlassung Rechte an dem Nutzungsobjekt geltend. Steht im Falle des § 931 das Recht dem dritten Besitzer zu, so erlischt es gemäß § 936 Abs. 3 BGB auch dem gutgläubigen Erwerber gegenüber nicht.

Problematischer ist die Begründung der Berechtigung zur Einwendung der eigenkapitalersetzenden Wirkungen von Seiten der Gesellschaft, wenn ein Grundstück auf einen Erwerber übereignet wird. Die Übereignung erfolgt gemäß §§ 873, 925 BGB durch Auflassung und Eintragung der Rechtsänderung ins Grundbuch. Grundsätzlich sind die Wirkungen der §§ 566 ff. BGB, insbesonde-

---

621 *Hachenburg/Goerdeler/Müller*, § 30 GmbHG, Rn. 77 mwN.

622 *Baumbach/Hueck/Fastrich*, § 30 GmbHG, Rn. 21.

623 Vgl. *v. Gerkan/Hommelhoff/Haas/Dittrich*, Rn. 8.109.

re § 566b BGB wonach eine Vorausverfügung über die Miete innerhalb gewisser zeitlicher Grenzen unwirksam ist, zu berücksichtigen. Eine eigenkapitalersatzrechtlich begründete Unwirksamkeit besteht auch bei der nachträglichen Bestellung eines Grundpfandrechtes zugunsten eines Dritten, der dann die Zwangsvollstreckung betreibt und die Beschlagnahme des Grundstücks erreicht.

Im Vergleich zu den Rechtspositionen bei der Übertragung von beweglichen Gegenständen besteht auf den ersten Blick ein Wertungswiderspruch. Der Unterschied wird durch das besondere Schutzbedürfnis im Immobilienrecht gerechtfertigt. Maßgeblich sind die Rechte und Pflichten, die im Grundbuch eingetragen sind. Die eigenkapitalersetzende Umqualifizierung tritt jedoch kraft Gesetzes oder aufgrund der Rechtsprechungsregeln automatisch ein und wird nicht im Grundbuch vermerkt. Der Erwerber der Eigentümerbefugnis oder des Grundpfandrechtes wird durch den öffentlichen Glauben des Grundbuchs geschützt. Auf der anderen Seite müssen jedoch auch die Gläubiger der nutzenden Gesellschaft, die Ansprüche aus der Umqualifizierung der Nutzungsüberlassung geltend machen wollen, geschützt werden. Hier hilft nur einen Anfechtung des Rechtserwerbs gegenüber dem Rechtsnachfolger gemäß § 145 Abs. 2 InsO. Aus dogmatischen Gründen wird dieser Anfechtungstatbestand im nachträglich entstandenen Kollisionsfall mit dinglichen Rechten nur entsprechend angewandt, da eine Anfechtung gegen den Gesellschafter gemäß § 135 InsO eine Rechtshandlung verlangt, die ihm für eine eigenkapitalersetzende Leistung eine Sicherung oder Befriedigung gewährt hat, und das Nutzungsobjekt zunächst trotz der Verfügung weiterhin bei der nutzenden Gesellschaft verbleibt.[624] Meines Erachtens kann jedoch bereits in den durch die Verfügung des Gesellschafters erworbenen Rechten, beispielsweise auf Kaufpreiszahlung, eine mittelbare Befriedigung im Sinne des § 135 InsO gesehen werden. Eine Anfechtbarkeit gemäß § 145 Abs. 2 InsO kann in diesem problematischen Fall jedoch bejaht werden. Vom Insolvenzverwalter der nutzenden Gesellschaft ist dann noch zu prüfen, ob dem Rechtsnachfolger zur Zeit seines Erwerbs die Umstände, welche die Anfechtbarkeit des Erwerbs seines Rechtsvorgängers begründen, bekannt waren (§ 145 Abs. 2 Nr. 1 InsO), ob der Rechtsnachfolger zur Zeit seines Erwerbs zu den Personen gehörte, die dem Schuldner im Sinne des § 138 InsO nahe stehen (§ 145 Abs. 2 Nr. 2 InsO) oder ob dem Rechtsnachfolger das Erlangte unentgeltlich zugewendet worden ist (§ 145 Abs. 2 Nr. 3 InsO).

Daneben bestehen auch noch die oben dargestellten Schadenersatzansprüche gegen den Gesellschafter entsprechend §§ 30, 31 GmbHG, § 32b GmbHG bzw. entsprechend den Grundsätzen der Leistungsstörung. Nach einer Ansicht in der

---

624 Vgl. *v. Gerkan/Hommelhoff/Haas/Dittrich*, Rn. 8.114f.

Literatur[625] bestehen der Anfechtungsanspruch gegen den Rechtsnachfolger und der Schadenersatzanspruch gegen den Gesellschafter selbstständig und unabhängig nebeneinander; geht der Insolvenzverwalter der Gesellschaft gegen den Gesellschafter vor, so soll § 255 BGB entsprechend zur Anwendung kommen. Man sollte sich jedoch vergegenwärtigen, dass der Gesellschafter trotz der eigenkapitalersetzenden Umqualifizierung der Nutzungsüberlassung dinglich weiterhin berechtigt ist, er jedoch treuwidrig handelt, wenn er in Kenntnis der Anwendung der Kapitalersatzregeln dingliche Dispositionen zugunsten eines Dritten trifft, dem dann die Anfechtung gemäß § 145 Abs. 2 InsO droht. Könnte der Gesellschafter über die Abtretung der Ansprüche der Ersatzansprüche gemäß § 255 BGB im Anschluss an seine Inanspruchnahme gegen den Erwerber vorgehen, würde dies zu einer Verlagerung der eigenkapitalersatzrechtlichen Verantwortlichkeit führen. § 255 BGB darf deshalb nur herangezogen werden, wenn zunächst der Rechtsnachfolger über die Anfechtung gemäß § 145 Abs. 2 InsO in Anspruch genommen worden ist. Ihm soll dann ein Anspruch gegen den Gesellschafter zustehen.

g) Gesellschafterinsolvenz

In der Gesellschafterinsolvenz sind die Rechte der Gläubiger des Gesellschafters zu beachten. Die Ansprüche auf Miet- oder Pachtzahlungen fallen mit Eröffnung des Insolvenzverfahrens über das Vermögen des Gesellschafters gemäß § 80 Abs. 1 InsO dem Insolvenzbeschlag. Die Gläubigerrechte am Vermögen des Gesellschafters konkurrieren mit den Rechten der Gläubiger der insolventen Gesellschaft.

aa) Unterscheidung nach dem Überlassungsobjekt

aaa) Unbewegliche Gegenstände oder Räume

Bei unbeweglichen Gegenständen oder Räumen sind die gegenseitig kollidierenden Ansprüche der Gesellschaftergläubiger und Gesellschafts-gläubiger hinsichtlich des Nutzungsentgeltes grundsätzlich anhand des § 110 InsO abzugrenzen. § 110 InsO verhindert Vorausverfügungen über die Miete bzw. Pacht ebenso wie die §§ 1124 Abs. 2 BGB, 566b BGB. Die Vorschriften verfolgen den gleichen Zweck[626], nämlich die sachgerechte Lösung eines Interessenkon-

---

[625] *v. Gerkan/Hommelhoff/Haas/Dittrich*, Rn. 8.116.
[626] Vgl. *Förster*, ZInsO 2002, 366.

fliktes. Die Gläubiger des insolventen Gesellschafters sind in gleicher Weise schützenswert wie solche Gläubiger, die einem Vermieter ein Darlehen zur Finanzierung der Immobilie gewährt haben und sich dieses durch ein Grundpfandrecht haben sichern lassen. Aus dem Normzweck des § 110 InsO, der in Anlehnung an den Schutz, den die §§ 1124f. BGB Hypotheken-gläubigern bei der Beschlagnahme eines Grundstücks gewähren, normiert wurde, und diesen Regelungen im Wesentlichen entspricht, lässt sich ableiten, dass die Rechtsprechung des BGH zur Abgrenzung der Gläubiger-rechte bei der Zwangsvollstreckung auch auf das Insolvenzverfahren über das Vermögen eines Gesellschafters, der gleichzeitig Vermieter ist, Anwendung zu finden hat.[627]

Abzustellen ist bei § 110 Abs. 1 InsO auf den Insolvenzeröffnungsbeschluss. Ergeht dieser Beschluss bis zum 15. eines Monats, so können die Gesellschaftsgläubiger die Unentgeltlichkeit der Nutzungsüberlassung nur noch für diesen Monat beanspruchen; ergeht der Eröffnungsbeschluss jedoch erst nach dem 15. eines Monats, dann bleibt die eigenkapitalersatzrechtliche Unentgeltlichkeit auch noch im folgenden Monat bestehen. Wird das Nutzungsobjekt über diese Zeiträume hinaus von der Gesellschaft benutzt, hat sie an die Insolvenzmasse des Gesellschafters die vereinbarte bzw. übliche Nutzungsentschädigung zu bezahlen.

Mit Eröffnung des Insolvenzverfahrens über das Vermögen eines Gesellschafters, der gleichzeitig Vermieter ist, ist die Gesellschaft bzw. – im Falle ihrer Insolvenz – der Insolvenzverwalter nicht mehr zur Nutzung des Mietgegenstands berechtigt.[628]

§ 110 InsO gilt jedoch nur bei unbeweglichen Gegenständen und Räumen.

bbb) Bewegliche Gegenstände

Bei der Nutzungsüberlassung von beweglichen Gegenständen verbietet sich eine Anwendung der Ausnahmevorschrift des § 110 InsO. Es gelten die grundsätzlichen Regelungen des § 103 InsO. Dem Insolvenzverwalter über das Vermögen des Gesellschafters steht das Erfüllungswahlrecht zu.

---

627 LG Erfurt, Urt. v. 2.6.2004 – 3 O 595/03, NZI 2004, 599, 600.

628 LG Erfurt, Urt. v. 2.6.2004 – 3 O 595/03, NZI 2004, 599, 599.

Die sog. Erlöschenstheorie des BGH[629] sah die Eröffnung des Insolvenzverfahrens als gestaltenden Akt für das Erlöschen der beiderseitigen Erfüllungsansprüche an.[630] Lehnt der Insolvenzverwalter die weitere Erfüllung des Vertrages ab oder schweigt er auf eine Aufforderung des Vertragspartners, bleibt es beim bereits eingetretenen Erlöschen. Eine gestaltende Wirkung hat nur das Erfüllungsverlangen, mit der Folge dass der ursprüngliche Anspruch aus dem Schuldverhältnis mit dem bisherigen Inhalt neu begründet wird und als Masseschuld entsteht. Weil der ursprüngliche Anspruch mit Verfahrenseröffnung erlischt und der neu begründete Anspruch in die Masse fällt, konnten Rechte Dritter daran nicht mehr entstehen (vgl. § 91 Abs. 1 InsO).[631]

Der BGH hat inzwischen die Erlöschenstheorie aufgegeben und vertritt nun die sog. Suspensivtheorie.[632] Danach führt die Insolvenzeröffnung nicht zum Erlöschen der Ansprüche, die gegenseitigen Erfüllungsansprüche werden lediglich suspendiert. Lehnt der Insolvenzverwalter die Erfüllung ab, dann bleibt es bei dieser Undurchsetzbarkeit. Eine Umgestaltung tritt erst ein, wenn der andere Teil seine Schadenersatzforderung wegen Nichterfüllung gemäß § 103 Abs. 2 InsO zur Insolvenztabelle anmeldet. Wählt der Verwalter die Erfüllung so werden die zunächst nicht durchsetzbaren Ansprüche zu Masseansprüchen.[633]

Nach der neueren Rechtsprechung zu § 103 InsO, führt die Entscheidung des Insolvenzverwalters über das Vermögen des Gesellschafters zu Folgendem:

Lehnt er die Erfüllung ab, dann kann er das Nutzungsobjekt zur Insolvenzmasse herausverlangen – die eigenkapitalersatzrechtlichen Wirkungen erlöschen. Die Ansprüche des Insolvenzverwalters über das Vermögen der Gesellschaft wegen Nichterfüllung des Mietverhältnisses und dem Schaden wegen der entgangenen weiteren unentgeltlichen Nutzung können gemäß § 103 Abs. 2 InsO als Insolvenzforderungen zur Insolvenztabelle im Gesellschafterinsolvenzverfahren angemeldet werden.

629 BGH, Urt. v. 11.2.1988, NJW 1988, 1790, BGHZ 103, 250; BGH, Urt. v. 20.12.1988, NJW 1989, 1282, BGHZ 106, 236, 241.

630 *Nerlich/Römermann-Balthasar*, § 103 InsO, Rn. 5.

631 Vgl. *Gottwald/Huber*, Insolvenzrechts-Hdb., § 34 Rn. 35ff.

632 BGH, Urt. v. 25.4.2002, NJW 2002, 2783, BGHZ 150, 353; BGH, Urt. v. 27.5.2003, NJW 2003, 2744, BGHZ 155, 87, 90.

633 Vgl. *BK-Goetsch*, § 103 InsO, Rn. 66; *MüKo-Kreft*, § 103 InsO, Rn. 14ff.

Wählt der Insolvenzverwalter die Erfüllung, dann entsteht der Vertrag mit dem ursprünglichen Vertragsinhalt neu.[634] Es wird also ein neues Nutzungsüberlassungsverhältnis begründet. Der Anspruch auf Bezahlung von Miete oder Pacht für die Nutzungsüberlassung an die Gesellschaft wird durch die Erfüllungswahl des Insolvenzverwalters zu einer originären Masseforderung. Die Unentgeltlichkeit der Nutzungsüberlassung aufgrund der eigenkapital-ersatzrechtlichen Umqualifizierung ist im Vertragsverhältnis nicht festgelegt; durch die Erfüllungswahl lebt diese nicht geregelte Unentgeltlichkeit auch nicht automatisch wieder auf. Verfügungen des Schuldners über gesetzlich begründete Masseansprüche und Aufrechnungen gegen sie mit Insolvenzforderung sind grundsätzlich unzulässig.[635] In entsprechender Anwendung dieses Grundsatzes besteht die eigenkapitalersatzrechtliche Unentgeltlichkeit im neu begründeten Vertragsverhältnis zwischen der Gesellschaft und dem Insolvenzverwalter über das Vermögen des Gesellschafters nicht mehr.

Äußert sich der Insolvenzverwalter nicht, dann kann in der weiteren Nutzungsüberlassung ein konkludentes Erfüllungsverlangen liegen.[636] Es wird jedoch auch die Meinung vertreten, dass durch das Belassen des Nutzungsobjekts bei der Gesellschaft der Insolvenzverwalter des Gesellschafters in den Anwendungsbereich des Kapitalersatzrechts einbezogen ist[637] und damit dessen Rechtsfolgen auch ihn treffen.

bb) Abgrenzungszeitpunkt

Für die Abgrenzung der Rechte der Gesellschaftergläubiger hinsichtlich der Miet- bzw. Pachtansprüche ist bei unbeweglichen Gegenständen und Räumen die Vorschrift des § 110 InsO anzuwenden. Zur Bestimmung des Abgrenzungszeitpunktes ist auf die Eröffnung des Insolvenzverfahrens abzustellen.[638]

§ 103 InsO, der bei der Überlassung von beweglichen Gegenständen heranzuziehen ist, stellt ebenfalls auf den Zeitpunkt der Eröffnung des Insolvenzverfahrens ab. Die Erfüllungswahl oder Erfüllungsablehnung wirkt grundsätzlich auf diesen Zeitpunkt zurück.

---

[634] Vgl. *BK-Goetsch*, § 103 InsO, Rn. 95f.; *Uhlenbruck*, § 103 InsO, Rn. 71.

[635] *MüKo-Kreft*, § 103 InsO, Rn. 42.

[636] Vgl. *MüKo-Huber*, § 103 InsO, Rn. 156.

[637] *v. Gerkan/Hommelhoff/Haas/Dittrich*, Rn. 8.121.

[638] Darstellung der zeitlichen Abgrenzung über § 110 InsO siehe unter § 12, IV, 6, g, bb.

Der Abgrenzungszeitpunkt liegt jedoch entsprechend einer Entscheidung des *LG Erfurt*[639] auch schon im Insolvenzeröffnungszeitraum, soweit ein starker vorläufiger Insolvenzverwalter bestellt worden ist. Weil der vorläufige Insolvenzverwalter eine Stellung innehat, die de facto derjenigen des Insolvenzverwalters gleichsteht, unterfällt das schuldnerische Vermögen bereits mit Anordnung des vorläufigen Insolvenzverfahrens dem Insolvenzbeschlag.

In entsprechender Anwendung des § 110 InsO wären danach Vorausverfügungen seit der Anordnung der vorläufigen Insolvenzverwaltung gemäß §§ 21 Abs. 2 Nr. 2, 1. Alt., 22 Abs. 1 InsO nur für den laufenden Kalendermonat wirksam, bzw. wenn die Anordnung der starken vorläufigen Insolvenzverwaltung nach dem 15. eines Monats erfolgt, auch noch für den folgenden Kalendermonat. In konsequenter Anwendung müssten diese Grundsätze auch für die Abgrenzung nach § 103 InsO gelten. Mit dem Blick auf § 103 InsO zeigt sich das eigentliche Problem bei der Vorverlagerung des Abgrenzungszeitpunktes in die Insolvenzeröffnungsphase. Die Erfüllungswahl bzw. der Nichteintritt gemäß § 103 InsO ist keine Aufgabe der vorläufigen Insolvenzverwalters, sondern erst des Insolvenzverwalters im eröffneten Insolvenzverfahren. Die Vorschriften des §§ 103ff. InsO stehen unter dem Gliederungspunkt „Wirkungen der Eröffnung des Insolvenzverfahrens", eine entsprechende Anwendung vor der Eröffnung des Insolvenzverfahrens ist nicht vorgesehen. Außerdem wird gemäß § 35 InsO bestimmt, was dem Insolvenzbeschlag unterliegt. Auch diese Vorschrift stellt auf der Eröffnung des Insolvenzverfahrens ab.

Eine Vorverlagerung der Abgrenzung der Gläubigerrechte an den Miet- und Pachtzinsansprüchen ist somit auch im Falle der Anordnung einer starken vorläufigen Insolvenzverwaltung nicht gerechtfertigt. Durch eine Abgrenzung anhand der Eröffnung des Insolvenzverfahrens über das Vermögen des Gesellschafters werden die Gläubiger des Gesellschafters hinreichend geschützt.

cc) Regressansprüche gegen den Gesellschafter

In den bisherigen Kollisionsfällen hatten die Gesellschaftsgläubiger im Falle der Einschränkung ihrer Rechte aus dem Eigenkapitalersatzrecht Regressansprüche gegen den Gesellschafter. Können im Fall der Gesellschafterinsolvenz diese Ansprüche ebenfalls geltend gemacht werden?

Die Anspruchsvoraussetzungen sind auch in diesem Fall erfüllt. Der Anspruch bezieht sich auf eine Geldleistung. Dieser Anspruch kann im Insolvenzverfahren

---

[639] LG Erfurt, Urt. v. 2.6.2004 – 3 O 595/03, NZI 2004, 599, 599f.

über das Vermögen des Gesellschafters als Insolvenzforderung zur Insolvenztabelle angemeldet werden.

dd) Insolvenzanfechtung als Alternative?

Im Kollisionsfall zwischen Gesellschafterinsolvenz und Gesellschaftskrise wird auch die Möglichkeit einer Insolvenzanfechtung der zum Eigenkapitalersatz führenden Rechtshandlung des Gesellschafters, beispielsweise des Stehenlassens der Nutzung nach Eintritt der wirtschaftlichen Krise der Gesellschaft, gemäß den §§ 129ff. InsO durch den Insolvenzverwalter über das Vermögen des Gesellschafters diskutiert.

Die Möglichkeit einer Insolvenzanfechtung des „Stehenlassens" in Konzernverhältnissen wurde bereits bei den allgemeinen Ausführungen dargestellt.[640] Entsprechend den dortigen Ausführungen kann stehen gelassene Miete oder Pacht nicht durch eine Insolvenzanfechtung des Stehenlassens zur Insolvenzmasse des Gesellschafters gezogen werden, es sei denn der Gesellschafter lässt die Miete oder Pacht in der Krise der Gesellschaft mit dem Vorsatz stehen, seine Gläubiger durch die eigenkapitalersatzrechtliche Verstrickung zu schädigen und der anfechtende Insolvenzverwalter kann dies beweisen.

V. Sonderfall: Nutzungsüberlassung durch Nießbrauchsberechtigten

Die Nutzungsüberlassung durch einen Nießbrauchsberechtigten ist als Sonderfall in die Diskussion über die Anwendung der Kapitalersatzregeln auf Nutzungsüberlassungen von Gesellschaftern einzubeziehen. Der nachfolgende Fall wurde im Rahmen der Darstellung von eigenkapitalersatzrechtlich relevanten Nießbrauchsvarianten bereits geschildert[641] und soll hier näher betrachtet werden.

Fall: *Der Gesellschafter ist Eigentümer eines Lagergrundstücks. Er überträgt den Nießbrauch an diesem Grundstück an seinen Vater. Damit ist der Vater berechtigt, die Nutzungen aus dem Grundstück zu ziehen. Der Vater vermietet dieses Lagergrundstück in Ausübung seines Nießbrauchsrechts an die Gesellschaft, an der der Sohn mit einem Geschäftsanteil von mehr als 10% beteiligt ist.*

---

[640] Vergleiche hierzu ausführlich unter § 11, III, 11, e.

[641] Siehe hierzu die Ausführungen unter § 11, II, 9, b.

Ist der Nießbraucher an der überlassenen Sache einem Gesellschafter gleichgestellt und gelten für ihn damit über § 32a Abs. 3 Satz 1 GmbHG die Eigenkapitalersatzregeln?

Gemäß § 1030 Abs. 1 GmbHG kann eine Sache in der Weise belastet werden, dass derjenige, zu dessen Gunsten die Belastung erfolgt, berechtigt ist, die Nutzungen der Sache zu ziehen. Durch die Nießbrauchsbestellung entstehen zwischen dem Eigentümer und dem Nießbraucher ein dingliches Rechtsverhältnis und ein gesetzliches Schuldverhältnis. Das gesetzliche Schuldverhältnis gestaltet den Inhalt des dinglichen Rechts und regelt die Rechtsbeziehungen zwischen dem Nießbraucher und dem jeweiligen Eigentümer.[642] Der Nießbraucher erhält u. a. das Nutzungsziehungsrecht und ein Besitzrecht gemäß § 1036 Abs. 1 BGB. Er kann somit die Sache vermieten oder verpachten und erhält die Miet- bzw. Pachtzahlungen aus eigenem Recht; der Eigentümer muss dies dulden.[643]

Nachdem im Rahmen der Anerkennung der eigenkapitalersetzenden Nutzungsüberlassung nur das Nutzungsrecht umqualifiziert wird, ist auch im Rahmen der Beurteilung von Nießbrauchsverhältnissen darauf abzustellen, wem das Nutzungsrecht zusteht und ob die übrigen Voraussetzungen der Kapitalersatzregeln vorliegen. Das durch die Nießbrauchsbestellung entstehende gesetzliche Schuldverhältnis, welches den Inhalt des dinglichen Rechtes und damit die Rechtsbeziehungen zwischen dem Eigentümer und dem Nießbrauchsberechtigten regelt, ist im Einzelfall maßgeblich.

Bei einem umfassenden Nießbrauchsrecht i. S. d. § 1030 Abs. 1 BGB hält das Nutzungsrecht ausschließlich der Nießbrauchsberechtigte – im obigen Fall also der Vater des Gesellschafters. Da der Vater jedoch nicht Gesellschafter ist und Leistungen von nahen Angehörigen grundsätzlich nicht dem Kapitalersatzregeln unterliegen[644], ist die Nutzungsüberlassung durch einen Nießbrauchsberechtigten der Anwendung der Kapitalersatzregeln entzogen. Hinzuweisen ist an dieser Stelle noch auf eine Ansicht in der Literatur, die einen Nießbraucher des gesamten Ertrages über § 32a Abs. 3 GmbHG unter bestimmten Voraussetzungen wie einen Eigenkapitalgeber behandelt.[645] Die hier maßgeblichen besonderen Voraussetzungen sind auf die gesellschaftergleiche Stellung zu beziehen, die durch die Einräumung eines alleinigen Nießbrauchsrechts nicht begründet werden kann.

---

642 *Palandt/Bassenge*, Einf v § 1030 BGB, Rn. 1.
643 Vgl. *Palandt/Bassenge*, § 1030 BGB, Rn. 5.
644 Siehe hierzu die Ausführungen unter § 11, II, 1.
645 *Kübler/Prütting-Paulus*, § 135 InsO, Rn. 23.

Vereinbart werden kann auch ein sog. Quotennießbrauch, der Nießbrauchsberechtigte erhält in diesem Fall eine Quotenberechtigung an den gesamten Nutzungen, oder ein sog. Bruchteilsnießbrauch, der Nießbrauchs-berechtigte erhält hier ein Nutzungsrecht an einem ideellen Bruchteil an einer Sache. Zwischen dem Eigentümer und dem Nießbrauchsberechtigten entsteht in beiden Fällen eine Nutzungs- und Verwaltungsgemeinschaft, für die die §§ 741ff. BGB entsprechend gelten.[646] Da die Verwaltung eines gemäß den §§ 741ff. BGB in Gemeinschaft nutzbaren Vermögensgegenstandes nur gemeinschaftlich erfolgen kann (vgl. § 744 BGB) und die Benutzung durch Mehrheitsbeschluss berechnet nach der Größe der Anteile geregelt wird (vgl. § 745 BGB), kommt es für die Diskussion zur Anwendung der Kapitalersatzregeln darauf an, ob der Gesellschafter als Eigentümer der Sache aufgrund seiner Anteilsverhältnissen hinsichtlich des Nießbrauchsrechts die Verwendung der Sache zur Nutzungsüberlassung bestimmen kann. Nur dann kann er eine eigenkapitalersatzrechtlich relevante Finanzierungsentscheidung durch die Nutzungsüberlassung an die Gesellschaft treffen. Die Regelungen der Nießbrauchsbestellung sind in dieser Hinsicht auszulegen.

Darüber hinaus gibt es auch noch die Möglichkeit eines Nießbrauchsrechts am Anteil eines Miteigentümers einer Sache. Hierzu enthält § 1066 BGB Sonderbestimmungen. Im Übrigen wird der Nießbrauch am Miteigentumsanteil wie ein Nießbrauch an einer Sache behandelt.[647] Es gelten somit die vorstehenden Ausführungen entsprechend.

VI. Sonderfall: Betriebsaufspaltung

Nach einer Betriebsaufspaltung stellt sich die Unternehmensstruktur wie folgt dar:

Fall: *Eine Betriebsgesellschaft wird als GmbH & Co. KG geführt. Daneben besteht eine Besitzgesellschaft in der Rechtsform einer GmbH, die gleichzeitig die Komplementärin der KG ist. Ein oder mehrere Gesellschafter der Besitz-GmbH sind gleichzeitig die Kommanditisten der Betriebs-GmbH & Co. KG.*

---

[646] *Palandt/Bassenge*, § 1030 BGB, Rn. 9, § 1066 BGB, Rn. 2.

[647] Vgl. *Palandt/Bassenge*, § 1066 BGB, Rn. 1f.

Die Besitz-GmbH stellt der Betriebs-GmbH & Co. KG nunmehr die für den Geschäftsbetrieb der KG notwendigen Gegenstände des Anlagevermögens zur Nutzung zur Verfügung. Die Kommanditgesellschaft fällt schließlich in die Krise.

Kann nach Eintritt der Krise eine eigenkapitalersetzende Nutzungsüberlassung angenommen werden?

Im Fall der Betriebsaufspaltungen sind zunächst die gesellschaftsrechtlichen Strukturen genau zu untersuchen. Häufig wird eine von der Betriebsgesellschaft getrennte Verwaltungs- bzw. Besitzgesellschaft gegründet. Das Betriebsvermögen gehört der Besitzgesellschaft und diese stellt die Gegenstände des Anlagevermögens der Betriebsgesellschaft miet- oder pachtweise zur Verfügung. Das Kapitalersatzrecht wird dann relevant, wenn die Besitzgesellschaft mit der Betriebsgesellschaft gesellschaftsrechtlich verbunden ist.

Sodann ist zu prüfen, ob ordentliche Kaufleute statt der Nutzungsüberlassung der Betriebsgesellschaft Eigenkapital zugeführt hätten. Dabei ist zu analysieren, ob die Gesellschaft selbst über die Mittel zur Anschaffung der Investitionskosten verfügt oder diese Mittel auf dem Kapitalmarkt zu marktüblichen Bedingungen beschaffen kann oder die von der Besitzgesellschaft überlassenen Vermögensgegenstände von gesellschaftsfremden Dritten zu gleichen Kondition überlassen werden. Die Betriebsgesellschaft hat nur dann hinreichend eigenes Kapital, wenn sie über genügend finanzielle Reserven verfügt, um kurz- oder mittelfristige Umsatzeinbußen auffangen zu können.[648]

Bei der Nutzungsüberlassung von wesentlichen Teilen der Betriebsausstattung muss bei der Frage der anderweitigen Beschaffbarkeit besonders die Langfristigkeit der Überlassung eine entscheidende Rolle spielen. Meist wird diese Überlassung von Vermögensgegenständen in einem eigenen Finanzplan vorgesehen sein. Die Rechtsprechung stellt jedoch für die Prüfung der Anwendung der Kapitalersatzregeln nicht darauf ab, ob die Nutzungsüberlassung entsprechend einem Finanzplan der Gesellschafter erfolgt ist, sondern allein darauf, ob die Gesellschafter als ordentliche Kaufleute statt der Nutzungsüberlassung der Gesellschaft Eigenkapital zugeführt hätten.[649] Anders sieht es hingegen eine Ansicht in der Literatur. Wie bereits oben dargestellt, vertritt diese Meinung, dass Finanzplankredite eine eigenständige Kategorie des Eigenkapitalersatzrechts darstellen. Besonders bei Betriebsaufspaltungen findet die Finanzplantheorie

648 *Meyke*, S. 64.

649 BGH, Urt. v. 28.6.1999 – II ZR 272/98, NJW 1999, 2809, 2811.

Anwendung. Damit sind aber auch Nutzungsüberlassungen im Rahmen eines Finanzplanes als Finanzplannutzungen dieser Fallgruppe zuzuordnen.[650] Die Beurteilung der Finanzplannutzungen erfolgt entsprechend der Behandlung von Finanzplankrediten. Die Finanzplangrundsätze und die Kapitalersatzregeln sind zur Vermeidung von Schutzlücken nebeneinander anzuwenden.[651]

---

[650] *von Gerkan*, ZGR 1997, 173, 196f.; vgl. *Habersack*, ZHR 161 (1997), 457, 489.

[651] Siehe hierzu die näheren Ausführungen unter § 9, VI, 3.

§ 13 Eigenkapitalersetzende Dienstleistungen

I. Bedeutung

Die Erbringung von Dienstleistungen eines Gesellschafters für die Gesellschaft kann diese in finanzieller Hinsicht wesentlich unterstützen, sofern die Gesellschaft keine oder nur eine geringfügige, nicht an den Marktverhältnissen orientierte Vergütung zu bezahlen hat. Diese Art der Unternehmensförderung hat in der Praxis erhebliche Bedeutung. Häufig werden Gesellschafter als Geschäftsführer im Unternehmen tätig oder ein verbundenes Unternehmen, insbesondere eine Muttergesellschaft, erbringt bestimmte Dienstleistungen zentral für ihre Tochtergesellschaften, beispielsweise die Finanzbuchhaltung etc. im Rahmen eines schuldrechtlichen Geschäftsbesorgungsvertrages. Häufige Dienstleistungen der Gesellschafter sind also beispielsweise die Geschäftsführung oder die Übernahme der Buchhaltung.

Fraglich ist jedoch, ob auch diese Dienstleistungen eines Gesellschafters den Regeln des Eigenkapitalersatzrechts unterworfen werden können. Zwar kann die Verpflichtung zur weiteren Erbringung der Dienstleistung des Gesellschafters gemäß § 3 Abs. 2 GmbHG im Gesellschaftsvertrag verbindlich festgelegt werden, dennoch mangelt es an der Einlagefähigkeit einer Dienstleistung.

II. Abgrenzung zwischen Dienstleistungsverpflichtung und -entgelt

Zunächst ist zwischen der Dienstleistungsverpflichtung und dem Dienstleistungsentgelt zu unterscheiden.

Nach der Rechtsprechung des BGH[652] kann die Gehaltsforderung eines Gesellschafter-Geschäftsführers erfüllt werden, auch wenn hierzu das Stammkapital angegriffen werden muss, wenn der Vergütungsanspruch angemessen ist und einem Drittvergleich standhält. Es liegt dann darin kein Verstoß gegen § 30 GmbHG. Wird diese Gehaltsforderung jedoch in der Krise der Gesellschaft stehen gelassen, dann sind die Eigenkapitalersatzregeln entsprechend den üblichen Regeln heranzuziehen. Eine in die Krise der Gesellschaft hinein stehen gelassene Gehaltsforderung unterscheidet sich nicht von einem in die Krise der Gesellschaft hinein stehen gelassenen Darlehensrückzahlungsanspruch. Der stehen gelassene Vergütungsanspruch wird über § 32a Abs. 1 GmbHG unstreitig den Kapitalersatzregeln unterworfen.

---

652 BGH, Urt. v. 15.6.1992 – II ZR 88/91, ZIP 1992, 1152, GmbHR 1992, 605f.

Umstritten ist jedoch, ob die Dienstleistungsverpflichtung als solche eigenkapitalersetzend sein kann und demzufolge der Gesellschafter seine versprochenen Dienste zukünftig unentgeltlich zu erbringen hat bzw. auch die bereits gezahlte Vergütung für geleistete Dienste an die Gesellschaft zurückzahlen muss.

III. Diskussion in Rechtsprechung und Literatur

Die Rechtsprechung hat zur Anwendung der Kapitalersatzregeln auf Gesellschafterdienstleistungen noch nicht eindeutig Stellung bezogen. Das liegt daran, dass diese Detailfrage noch nicht Gegenstand einer zwingenden Entscheidung der Gerichte war. Im Jahre 1991 hielt das OLG Hamm[653] die Eigenkapitalersatzfunktion von Dienstleistungen zumindest für möglich. Eine Entscheidung darüber war im streitgegenständlichen Verfahren jedoch nicht veranlasst, so dass kein rechtskräftiger Urteilsspruch dazu erging. Der BGH hatte selbst noch keine Gelegenheit, eine Entscheidung darüber zu treffen.

Auch die Literatur hat in der Diskussion zur Unterwerfung der Gesellschafterdienstleistungen unter das Kapitalersatzrecht noch keinen gemeinsamen Nenner gefunden. Vielfach wird die Anwendbarkeit des § 32a Abs. 3 Satz 1 GmbHG auf Gesellschafterdienstleistungen mit der Begründung abgelehnt, dass Dienstleistungen nicht Gegenstand einer Stammkapitaleinlage sein können und damit auch nicht kapitalersatzfähig sind.[654] Es werden jedoch auch andere Begründungen zur Unanwendbarkeit der Kapitalersatzregeln auf Gesellschafterdienstleistungen vorgetragen. *Treffer*[655] stellt fest, dass Dienstleistungen, welche die Voraussetzungen des § 142 InsO erfüllen, als Bargeschäft nicht anfechtbar und damit nicht eigenkapitalersetzend sein können, die Wertung des § 142 InsO somit § 32a Abs. 1, Abs. 3 Satz 1 GmbHG überlagert bzw. konkretisiert. *Altmeppen*[656] führt aus, dass eine Dienstleistungspflicht von vornherein kein Eigenkapital ersetzen kann, weil sie nicht auf einem Kreditgeschäft beruhe. Andere Literaturvertreter halten hingegen eine grundsätzliche Gleichstellung zwischen der Einbringung von Dienstleistungen und der Einbringung von Gegenständen des Anlagevermögens für gerechtfertigt.[657] Die Begründung der

---

653 OLG Hamm, Urt. v. 19.11.1991 – 27 U 145/91, DStR 1992, 591, GmbHR 1992, 607f.

654 Vgl. *Karsten Schmidt*, ZIP 1990, 69, 72f.; *Priester*, DB 1993, 1173, 1174; *Baumbach/Hueck/Fastrich*, § 32a GmbHG, Rn. 33c; Lutter/*Hommelhoff*, §§ 32a/b GmbHG, Rn. 154.

655 *Treffer*, GmbHR 2002, 22, 24.

656 *Roth*/Altmeppen, § 32a GmbHG, Rn. 218.

657 Vgl. *Weisang*, WM 1997, 197, 203f.; *Haas/Dittrich*, DStR 2001, 623, 629; *Rowedder/Schmidt-Leithoff/Pentz*, § 32a GmbHG, Rn. 169.

Rechtsprechung zur kapitalersatz-rechtlichen Gleichstellung der Nutzungsüberlassung mit der Darlehensgewährung streitet für die Unterwerfung auch von Gesellschafterdienstleistungen unter das Kapitalersatzrecht.[658] Die wirtschaftliche und risikospezifische Vergleichbarkeit zwischen einer Nutzungsüberlassung und der Dienstleistungserbringung besteht, so dass die Erbringung einer Dienstleistung mit der Darlehensgewährung i. S. d. § 32a Abs. 3 Satz 1 GmbH wirtschaftlich vergleichbar ist.[659] Maßgeblich kann nur sein, ob der Gesellschafter in der Krise vermögenswerte eigene Leistungen an die Gesellschaft gewährt.[660] Gesellschafterdienstleistungen haben einen solchen Vermögenswert für die empfangende Gesellschaft.

Im Nachbarland Österreich hat sich der öOGH ausdrücklich für die Anwendbarkeit des Kapitalersatzrechts auf die Gesellschafterdienstleistungen ausgesprochen.[661] Die deutsche Literatur denkt seither über einen „Rechtsprechungsimport" nach.[662] Seit 01.01.2004 gibt es in Österreich ein eigenes Gesetz zur Regelung des Eigenkapitalersatzrechts (Eigenkapitalersatz-Gesetz: EKEG). Dort wird in § 3 EKEG der Begriff des Kredits definiert und u. a. klargestellt, dass auch Rechtshandlungen im Zusammenhang mit Gebrauchsüberlassungen sowie Dienstleistungen als Kreditüberlassung zu betrachten sind.[663] Diese allgemeine Aussage verleitet zu der Annahme, dass schon die Dienstleistungsverpflichtung eigenkapitalersetzend sein kann. Bei genauerer Betrachtung der Regelung des § 3 EKEG zeigt sich jedoch, dass die Anwendung der Kapitalersatzregeln beschränkt ist auf das Entgelt im Rahmen einer Nutzungsüberlassung oder einer Dienstleistungserbringung.[664]

IV. Abwägung der einzelnen Argumente

Richtig ist, dass eine Dienstleistung eines Gesellschafters nicht einlagefähig ist. Andererseits kann der Gesellschafterdienstleistung regelmäßig nicht abgesprochen werden, dass sich ihr wirtschaftlicher Wert zur finanziellen Unterstützung der Gesellschaft eignet. Der Gesellschafter kann durch die Erbringung einer Dienstleistung für die Gesellschaft erreichen, dass die Liquidität nicht durch Zahlung an einen Fremddienstleister belastet wird. Somit liegt bei einem Liqui-

---

658 *v. Gerkan/Hommelhoff/Johlke/Schröder*, Rn. 5.75d.

659 Vgl. *Haas*, NZI 2002, 457, 461f.

660 *Molitor*, ZInsO 2005, 856.

661 öOGH, Urt. v. 24.2.2000 – 8 Ob 136/99d., NZG 2000, 1126f.

662 *Haas/Dittrich*, DStR 2001, 623, 623ff.; *Haas*, NZI 2002, 457, 461.

663 *Blöse*, GmbHR 2002, 412, 412.

664 Vgl. *Althuber/Brandstätter/Haberer*, NZI 2004, 610, 615.

ditätsengpass die Fortführungsfähigkeit der Gesellschaft in der Steuerungsmacht des dienstleistenden Gesellschafters. Gerade dies soll entsprechend dem Sinn und Zweck der Kapitalersatzregeln durch die Umqualifizierung der Gesellschafterleistungen in Eigenkapital verhindert werden. Darüber hinaus hat auch der BGH mehrfach klargestellt, dass es für die Anwendung der Eigenkapitalersatzregeln nicht auf Einlagefähigkeit und die bilanziellen Auswirkungen der Gesellschafterhilfen ankommt.[665]

Das Argument der mangelnden Einlagefähigkeit der Gesellschafterdienstleistung kann letztlich – gerade auch im Hinblick auf die Anwendbarkeit der Kapitalersatzregeln auf die Nutzungsüberlassung – nicht überzeugen. Die Generalklausel des § 32a Abs. 3 Satz 1 GmbHG soll jeden denkbaren Umgehungsversuch der Kapitalersatzregeln verhindern. Die Einlagefähigkeit der Gesellschafterleistung ist keine Tatbestandsvoraussetzung dieser Regelung. Abzustellen ist ausschließlich auf die wirtschaftliche Auswirkung der Gesellschafterleistung und die Vergleichbarkeit mit einer Darlehensgewährung. Schließlich ist darauf hinzuweisen, dass auch das vorübergehende Nutzungsrecht aufgrund eines Miet- oder Pachtvertrages nicht einlagefähig ist. Eine Sacheinlage erfordert den Eigentumsübergang der Sache auf die Gesellschaft – bei einer Nutzungsüberlassung kommt es hingegen nicht zu einem Eigentumsübergang.

Wie bei der Nutzungsüberlassung von Sachwerten werden bei der Erbringung der Dienstleistung der empfangenden Gesellschaft Vermögenswerte zur Verfügung gestellt. Bei der Nutzungsüberlassung von Gegenständen geht es um materielle Werte, bei der Erbringung von Dienstleistungen geht es um immaterielle Werte – im Übrigen bestehen keine wesentlichen Unterschiede zwischen beiden Fallgruppen, so dass die Nähe zur eigenkapitalersetzenden Nutzungsüberlassung gegeben ist. Da die eigenkapitalersetzende Nutzungsüberlassung inzwischen überwiegend anerkannt wird[666], wäre es nur konsequent, auch auf die Erbringung von Gesellschafterdienstleistungen die Kapitalersatzregeln anzuwenden.

Der vielfach gezogene Vergleich zwischen der Nutzungsüberlassung und der Erbringung von Gesellschafterdienstleistungen und die Rechtfertigung der Unterwerfung der Dienstleistungen unter die Eigenkapitalersatzregeln aufgrund der höchstrichterlichen Anerkennung der eigenkapitalersetzenden Nutzungsüberlassung ist näher zu untersuchen. Bei der Nutzungsüberlassung eines Gegenstandes

---

[665] Vgl. BGH, Urt. v. 11.7.1994 – II ZR 162/92, ZIP 1994, 1441, 1443, NJW 1994, 2760, 2762.

[666] Siehe die Darstellung des Meinungsstandes in der Literatur und Rechtsprechung unter § 12, III, 2.

des Anlagevermögens gelangt das Besitz- und Nutzungsrecht aufgrund eines Miet- oder Pachtvertrages in das Vermögen der Gesellschaft. Bei der Erbringung von Dienstleistungen wird hingegen nicht auf das Vermögen der Gesellschaft eingewirkt.[667] Kommt es jedoch für die Anwendung der Kapitalersatzregeln auf die Vermögensbetroffenheit der Gesellschafterleistung an? Entscheidend ist doch, dass die Fortführungsfähigkeit eines Unternehmens durch Gesellschafterhilfen nicht vorgetäuscht wird und damit die übrigen Gläubiger nicht geschädigt werden. Es kommt auf die risikospezifische Vergleichbarkeit an. Aus diesem Gesichtspunkt besteht kein Unterschied zwischen einer Nutzungsüberlassung und der Erbringung einer Dienstleistung durch einen Gesellschafter.

In der Literatur wird gegen die Eigenkapitalersatzfähigkeit der Gesellschafterdienstleistung eingewandt, dass durch die Erbringung einer Gesellschafterdienstleistung die Fortführung der Gesellschaft nicht gläubigerschädigend verlängert werde, da sich die Zahlung eines Dienstleistungsentgeltes gleichzeitig „lebenverkürzend" auswirke.[668] Die gläubigerschädigende Fortführung des Unternehmens ist nicht das einzige Argument für die Anwendung der Kapitalersatzregeln und setzt im Übrigen voraus, dass eine Gläubigerschädigung eintritt. Dieser Nachteil entsteht jedoch erst dann, wenn der Vermögenswert der erbrachten Dienstleistung tatsächlich geringer war, als das dafür bezahlte Entgelt (1. Variante) oder die Erbringung der Dienstleistung für die Fortführung des Unternehmens nicht zwingend erforderlich war (2. Variante). Ob die letzte Variante vorliegt, kann in der Praxis nur sehr schwer nachgewiesen werden. Bei der ersten Variante bietet sich zur Beurteilung der Drittvergleich als Maßstab an. Abzustellen ist auf die marktübliche Vergütung eines Fremdgeschäftsführers.[669] Eine Gläubigerbenachteiligung liegt deshalb nur vor, wenn die erbrachte Dienstleistung am Markt hätte billiger eingekauft werden können. In der Praxis wird es regelmäßig an direkten Vergleichsmöglichkeiten fehlen. Im Übrigen ist eine weitere – später noch darzustellende – Voraussetzung der Anwendung der Kapitalersatzregeln, dass ein gesellschaftsfremder Dritter die Dienstleistung zu den gegebenen Bedingungen weder selbst erbracht noch die Mittel für einen Fremdbezug der Leistung gewährt hätte (Dienstunwürdigkeit). Das Argument einer gleichzeitigen Fortführungsbremse durch Erbringung von Gegenleistungen der Gesellschaft hat zwar eine gewisse Berechtigung, kann aber bei entsprechenden Anhaltspunkten für eine gläubigerschädigende Fortführung allenfalls als Einwand gegen die Anwendung der Kapitalersatzregeln im konkreten Fall vorge-

---

[667] *Haas/Dittrich*, DStR 2001, 623, 628.
[668] *Haas/Dittrich*, DStR 2001, 623, 627f.
[669] *Molitor*, ZInsO 2005, 856.

bracht werden. Ein Nachweis des Werteverzehrs bei der Gesellschaft dürfte jedoch grundsätzlich sehr schwierig sein.

Insgesamt ist die Rechtsprechungslinie zur Anwendung der Kapitalersatzregeln auf Nutzungsüberlassungen von einem Gesellschafter auch auf die Erbringung von Gesellschafterdienstleistungen zu erstrecken. Die risikospezifische Vergleichbarkeit besteht. Ein sachlicher Grund für eine abweichende Beurteilung liegt nicht vor. Allein das Bestreben, die unkontrollierte Ausweitung des Anwendungsbereichs der Kapitalersatzregeln wieder zu begrenzen, rechtfertigt eine Differenzierung zwischen der Erbringung von Gesellschafterdienstleistungen und Vermögensgegenständen der Gesellschafter nicht. Will man den sachlichen Anwendungsbereich der Kapitalersatzregeln begrenzen, so ist die grundsätzliche Anerkennung von eigenkapitalersetzenden Nutzungsüberlassungen und deren Rechtsfolgen zu überdenken.

V. Besondere Voraussetzungen

Die Unterwerfung der Gesellschafterdienstleistungen unter das Kapitalersatzrecht erfordert darüber hinaus auch noch das Vorliegen weiterer besonderer Voraussetzungen. Während es beim eigenkapitalersetzenden Darlehen auf die Kreditunwürdigkeit der Gesellschaft zum Zeitpunkt der Darlehensgewährung ankommt, ist bei der eigenkapitalersetzenden Dienstleistung auf das noch zu konkretisierende Merkmal der Dienstunwürdigkeit abzustellen.

Dienstunwürdigkeit liegt vor, wenn die Gesellschaft einem außen stehenden Dritten nicht mehr liquide genug erscheint, die für die erbrachten Dienstleistungen geschuldeten Entgelte für eine bestimmte Periode zu erbringen bzw. der Gesellschaft einen Kredit zum Erwerb der Dienstleistungen zu gewähren.[670] Abhängig ist diese Beurteilung von verschiedenen Kriterien. Eine Rolle spielt zum einen die Art der zu erbringenden Leistung. Eine Spezialleistung wird nur auf einem begrenzten Arbeitsmarkt nachgefragt. Das führt dazu, dass ein Drittvergleich schwer möglich ist. Darüber hinaus ist die Bindung des Dienstverpflichteten an die Gesellschaft von Interesse. Eine langfristige beidseitige Bindung schränkt ebenso die Möglichkeit eines Drittvergleiches ein. Schließlich kommt es auch darauf an, ob der dienstleistende Gesellschafter bereits vertraglich gebunden ist oder die Gesellschaft seine Dienste erst in der Krise der Gesellschaft annimmt. Beim Stehenlassen von Gesellschafterdienstleistungen wird die Schwelle zur eigenkapitalersatzrechtlichen Umqualifizierung jedenfalls höher anzusetzen sein, da die Entscheidung für den Abbruch von Vertragsbezie-

---

[670] *v. Gerkan/Hommelhoff-Johlke/Schröder*, Rn. 5.75f.

hungen schwieriger ist und an gewichtigere Argumente gebunden wird, als die Entscheidung für die Eingehung einer neuen Vertragsbeziehung. Es kommt hierfür jedoch auf die Umstände des jeweiligen Einzelfalles an.

Eine vorsichtige Beurteilung ist beim Gesellschafter-Geschäftsführer geboten. Ein Drittvergleich ist hier schwierig. So ist zu unterstellen, dass ein Gesellschafter-Geschäftsführer die Unternehmensverhältnisse und den Gesellschaftszweck genauestens kennt und darüber hinaus durch ein nicht zu unterschätzendes Eigeninteresse motiviert wird. Ein gesellschaftsfremder Dritter wird deshalb mit dem Gesellschafter-Geschäftsführer regelmäßig nicht vergleichbar sein. Außerdem wird ein Gesellschafter-Geschäftsführer seine Leistungen nicht unter dem Vorbehalt des Nichteintritts einer wirtschaftlichen Krise des Unternehmens erbringen – im Gegenteil! Bei Eintritt einer Krise wird er schon aus persönlichem Interesse alles daran setzen, das Unternehmen wieder aus der Krise zu führen und sich nicht wie ein gesellschaftsfremder Dritter verhalten, der über eine Kündigung seines Vertragsverhältnisses nachdenkt. Ein Gesellschafter-Geschäftsführer wird seinen Anstellungsvertrag nur aus Gründen der eingetretenen Krise regelmäßig nicht kündigen, auch wenn ein solches Recht vertraglich vereinbart ist. Hat sich die Krise des Unternehmens zu einer Zahlungsunfähigkeit oder Überschuldung der Gesellschaft ausgeweitet, so besteht ohnehin die Verpflichtung des Geschäftsführers ohne schuldhaftes Zögern, spätestens aber drei Wochen nach Eintritt der Zahlungsunfähigkeit oder der Überschuldung die Eröffnung des Insolvenzverfahrens zu beantragen. Bei einem bevorstehenden Eintritt der genannten Insolvenzgründe wird ein Gesellschafter-Geschäftsführer regelmäßig für den Fortbestand seines Unternehmens kämpfen und sich keine Gedanken zum Stehenlassen seiner Leistungen in der Krise der Gesellschaft machen. Beim Stehenlassen von Gesellschafterdienstleistungen eines Gesellschafter-Geschäftsführers sollte das Kapitalersatzrecht deshalb nur sehr restriktiv angewandt werden.[671]

VI. Rechtsfolgen bei eigenkapitalersetzenden Dienstleistungen

Sofern man mit der im Vordringen befindlichen Meinung zur Anwendung der Kapitalersatzregeln auf Gesellschafterdienstleistungen übereinstimmt, stellt sich sogleich das Problem, welche Rechtsfolgen bei eigenkapitalersetzenden Dienstleistungen bestehen.

Einig sind sich die Befürworter von eigenkapitalersetzenden Gesellschafterdienstleistungen, dass – wie bei der Rückzahlung von eigenkapitalersetzenden

---

[671] Zum Ganzen: *v. Gerkan/Hommelhoff/Johlke/Schröder*, Rn. 5.75h.

Gesellschafterdarlehen – das Stammkapital der Gesellschaft nicht angegriffen werden darf. Wurden dennoch Zahlungen vorgenommen, so sind der Erstattungsanspruch gemäß § 31 GmbHG und die Anfechtungstatbestände zu prüfen. Gestritten wird hingegen über die Dauer der eigenkapitalersatz-rechtlichen Wirkungen, insbesondere ob sich daraus auch Ansprüche der Gesellschaft gegen den Gesellschafter für die Zukunft ergeben, d. h. ob der Gesellschafter seine Dienstleistungen für die Gesellschaft auch weiterhin erbringen muss? Auch hier ist die Parallele zu den Rechtsfolgen bei eigenkapitalersetzenden Nutzungsüberlassungen zu ziehen. Entscheidend ist, wie lange der Gesellschafter vertraglich zur Erbringung der Dienstleistung an die Gesellschaft verpflichtet ist. Die noch zu erbringende Dienstleistung hat einen bestimmten Vermögenswert für die Gesellschaft, der ihr vertraglich in Aussicht gestellt wurde. In der Krise der Gesellschaft sind somit auch die zukünftig zu erbringenden Dienstleistungen eigenkapitalersetzend und müssen bis zum Ende der Vertragslaufzeit unentgeltlich erbracht werden.

In der Insolvenz der Gesellschaft gehört der Anspruch auf zukünftige Leistungen gemäß § 35 InsO zur Insolvenzmasse. Der Insolvenzverwalter kann somit den Anspruch gegen den Gesellschafter erheben, seine vertraglich zugesagten Dienstleistungen für die Gesellschaft weiterhin zu erbringen, und zwar unentgeltlich. Dem steht auch § 148 InsO nicht entgegen. Gemäß § 148 InsO hat der Insolvenzverwalter nach der Eröffnung des Insolvenzverfahrens das gesamte zur Insolvenzmasse gehörende Vermögen sofort in Besitz und Verwaltung zu nehmen. Das bedeutet jedoch nicht, dass der Insolvenzverwalter ab Eröffnung des Insolvenzverfahrens keine Dienstleistungen für die Gesellschaft mehr annehmen darf. Im Gegenteil! Der Insolvenzverwalter ist regelmäßig auf die Erfahrungen der Gesellschafter-Dienstleister angewiesen. Selbst ein Geschäftsführer könnte weisungsgebunden durch den Insolvenzverwalter für die Fortführung oder Liquidation des Unternehmens nützlich sein. Letzteres steht jedoch unter der Einschränkung einer restriktiven Anwendung des Eigenkapitalersatzrechts auf den Gesellschafter-Geschäftsführer.

VII. Sonderfall: Pensionsrückstellungen

Wie bereits mehrfach dargestellt, kann eine Gesellschafterleistung, die die Fortführung eines ansonsten nicht mehr lebensfähigen Unternehmens ermöglicht, ganz unterschiedlicher Natur sein. Ob der sachliche Anwendungsbereich des § 32a Abs. 3 Satz 1 GmbHG eröffnet ist, bestimmt sich danach, ob eine mit einer Darlehensgewährung wirtschaftlich vergleichbare Gesellschafterleistung vorliegt. Darüber hinaus ist der Normzweck der Kapitalersatzregeln maßgeblich, wonach außen stehende Gläubiger in ihrem Vertrauen auf volle Befriedigung ihrer Ansprüche durch die Kapitalersatzregeln geschützt werden sollen. Folglich stellt sich das Probleme der Anwendung der Kapitalersatzregeln bei allen Fremdkapitalpositionen, deren Gewährung bzw. dessen Abzug in der Steuerungsgewalt der Gesellschafter liegt.

Im Rahmen der Diskussion zur Anwendung der Kapitalersatzregeln auf Gesellschafterdienstleistungen ist auch der Sonderfall der Anerkennung von eigenkapitalersetzenden Pensionsrückstellungen zu diskutieren. In der Literatur ist dieser Sonderfall bisher – soweit ersichtlich – noch nicht erörtert worden. Die nachfolgenden Ausführungen sind von den allgemeinen Grundsätzen des Kapitalersatzrechts abgeleitet. Das Sonderproblem der Behandlung von Pensionsrückstellungen kann jedoch an dieser Stelle nicht umfassend und abschließend diskutiert werden. Es soll hier lediglich auf bestimmte Problempunkte hingewiesen und eine Lösungsmöglichkeit vorgeschlagen werden.

Pensionsrückstellungen werden für zukünftige Rentenzahlungen gebildet, die aufgrund von Pensionszusagen an Mitarbeiter bei Fälligkeit in einer bestimmten Höhe ausbezahlt werden. Wenn die Forderung fällig wird, wird die Rückstellung aufgelöst und die Forderung aufgrund der Rentenzusage erfüllt. Pensionsrückstellungenen sind zu 100% als Fremdkapitalleistungen in der Handelsbilanz anzusetzen. Wird durch Pensionszusagen ein Gesellschafter begünstigt und kann dieser eine Finanzierungsentscheidung hinsichtlich der gebildeten Pensionsrückstellungen treffen, dann stellt sich die Frage nach der Anwendung der Eigenkapitalersatzregeln.

Folgender Fall soll das Problem verdeutlichen:

Fall: *Ein Mehrheitsgesellschafter erhält in Ergänzung zu seinem Anstellungsvertrag als Geschäftsführer der Gesellschaft eine Pensionszusage über die Auszahlung eines jährlichen Ruhegehalts in Höhe von 100.000,00 €, erstmalig fällig mit Vollendung des 65. Lebensjahres. Gleichzeitig wurde vereinbart, dass die Anwartschaft auf Auszahlung der Altersversorgung bestehen bleibt, auch wenn das Dienstverhältnis vor Eintritt des Versorgungsfalles endet. Die Rentenzahlungen sollen jedoch erst vom Eintritt des Versorgungsfalles an geleistet werden. Ein Kapitalabfindungsrecht wurde nicht vereinbart. Diese Pensionszusage wurde durch Beschluss der Gesellschafterversammlung genehmigt.*

Die Gesellschaft kam kurz nach Abgabe der Pensionszusage und vor Vollendung des 65. Lebensjahres durch den Gesellschafter nachweislich in eine wirtschaftliche Krise und war somit kreditunwürdig. Im nachfolgenden Insolvenzverfahren meldete der geschäftsführende Gesellschafter seine Ansprüche aus der Pensionszusage zur Insolvenztabelle an.

Ist dieser Anspruch des Gesellschafters nachrangig gemäß § 39 Abs. 1 Nr. 5 InsO?

Die Pensionszusage wurde hier in Ergänzung des Anstellungsvertrages als Geschäftsführer der Gesellschaft abgegeben. Die zu erwartenden Pensionsleistungen bzw. Pensionsanwartschaften haben damit Entgeltcharakter im Rahmen des Arbeitsverhältnisses. Wie bereits dargestellt wurde, werden stehen gelassene Geschäftsführervergütungen und sonstige Dienstleistungsentgelte nach den Regeln über das Stehenlassen von Gesellschafterdarlehen den Kapitalersatzregeln unterworfen.[672] Die Pensionsanwartschaft müsste in der Krise der Gesellschaft stehen gelassen worden sein, obwohl der begünstigte Gesellschafter den Eintritt der Krise erkannt hat oder zumindest hätte erkennen können. Das Stehenlassen einer Finanzierungshilfe erfordert konkludent die Möglichkeit einer Finanzierungsentscheidung des begünstigten Gesellschafters. Eine eigenkapitalersetzende Umqualifizierung der Kapitalposition – hier der Pensionsanwartschaft – ist nur dann zu rechtfertigen, wenn der Gesellschafter über die Kapitalhilfe wirklich frei verfügen kann.[673]

Im vorliegenden Fall besteht deshalb das Problem, dass der Gesellschafter erst mit Vollendung des 65. Lebensjahres einen Anspruch auf eine jährliche Pensionszahlung hat. Erst ab diesen Zeitpunkt kann er Forderungen positiv stehen lassen. Hinsichtlich der bis zur Vollendung des 65. Lebensjahres entstehenden Anwartschaft hat der Gesellschafter auf den ersten Blick keine Möglichkeit eine Finanzierungsentscheidung zu treffen; ihm steht kein Kapitalabfindungsrecht zu. Jedoch hat ein Gesellschafter grundsätzlich auch die Möglichkeit, eine Liquidation der Gesellschaft als Finanzierungsentscheidung in Erwägung zu ziehen.[674] Will also ein Gesellschafter vermeiden, dass die zu seinen Gunsten gebildete Pensionsrückstellung nach Eintritt der Krise umqualifiziert wird, dann müsste er die Auflösung der Gesellschaft durch Auflösungsbeschluss nach § 60 Abs. 1

---

672 Siehe hierzu die Ausführungen unter § 13, II.

673 Vgl. *v. Gerkan/Hommelhoff/Johlke/Schröder*, Rn. 5.95.

674 Siehe hierzu die Ausführungen zur Finanzierungsentscheidung beim Stehenlassen unter § 9, II, 1.

Nr. 2 GmbHG und notfalls durch Auflösungsklage nach § 61 Abs. 1 GmbHG betreiben oder den Insolvenzantrag stellen.

Weiter ist dann allerdings noch problematisch, dass der Gesellschafter als Gläubiger der Versorgungsanwartschaft eine Pensionsleistung erst mit Eintritt des Versorgungsfalles erhalten soll. Der Gesellschafter kann deshalb vorliegend bis zum Eintritt des Versorgungsfalles mit Vollendung des 65. Lebensjahres über den Wert der Anwartschaft nicht frei verfügen. Durch die Anwendung der Kapitalersatzvorschriften soll jedoch dem Gläubigerschutz Rechnung getragen werden. Im Fall von Versorgungsanwartschaften wäre ein Abzug dieses Fremdkapitals nur durch ein Insolvenzverfahren mit der Folge der Hinterlegung bis zum Eintritt des Versorgungsfalles möglich. Im Insolvenzverfahren werden die §§ 45 und 191 InsO grundsätzlich nebeneinander angewandt. Das bedeutet, dass § 45 InsO die Umwandlung unbestimmter Forderungen in einen bestimmten Geldbetrag regelt, § 191 InsO dagegen bestimmt, dass der so geschätzte Betrag nicht ausbezahlt werden darf, sondern zu hinterlegen ist. Auf diesem Weg könnte eine mögliche eigenkapitalersatzrechtliche Behandlung der Versorgungsanwartschaften vermieden werden.

Mit Eintritt der Krise der Gesellschaft bereits auszahlungsfähige Pensionsansprüche werden ohne näheren Begründungsaufwand als eigenkapitalersetzende Gesellschafterdarlehen behandelt.

VIII. Sonderfall: Direktlebensversicherung

Diskussionswürdig ist auch die Frage, ob eine Gehaltsumwandlung zu Gunsten einer Direktlebensversicherung des Gesellschafters den Kapitalersatzregeln unterliegt.

Es wird aus Gläubiger- und Umgehungsschutzgründen argumentiert, dass jedenfalls bei einem unwiderruflichen Bezugsrecht des Gesellschafter-Arbeitnehmers die im Rahmen der Gehaltsumwandlung gezahlten Versicherungsbeiträge an die Direktversicherung als kapitalersetzende Dienstleistungen anzusehen sind. Die Folge ist, dass vom begünstigten Gesellschafter der gesamte Rückkaufswert zurück gefordert werden kann, der Gesellschafter auf sein Aus- bzw. Absonderungsrecht an der Versicherung verzichten muss bzw. der Insolvenzverwalter die Anerkennung des Absonderungsrechts mit der Einrede „dolo agit, qui petit, quod statim redditurus est“ verweigern kann.[675]

---

[675] Zum Ganzen: *Molitor*, ZInsO 2005, 856ff.

Diese neueren Ausführungen zur Direktlebensversicherung bestätigen im Wesentlichen die vorstehenden Aussagen zum Sonderfall der Pensionsrückstellungen.

§ 14 Eigenkapitalersatz bei verbundenen Unternehmen

I. Darstellung der Problematik

Die Kapitalersatzvorschriften könnten leicht umgangen werden, wenn die Kapitalersatzregeln nur anwendbar wären, wenn der unmittelbare Gesellschafter seiner Gesellschaft auf direktem Wege Finanzierungsmittel zur Verfügung stellt. Zur Vermeidung der eigenkapitalersatzrechtlichen Umqualifizierung könnte der unmittelbare Gesellschafter versuchen, die Gesellschafterfinanzierung über Umwegen an seine Gesellschaft auszureichen, insbesondere ein verbundenes Unternehmen zu veranlassen Finanzierungsmittel an seine Gesellschaft zu gewähren oder auf anderem Wege die gesellschafterlichen Verbundwirkungen zu finanziellen Unterstützung der Gesellschaft auszunutzen. Es geht also um die Frage der Anwendung der Kapitalersatzregeln bei verbundenen Unternehmen, insbesondere um die Reichweite der Schutzwirkungen im Konzernverbund.

Zur Gewährleistung eines umfassenden und effektiven Gläubigerschutzes im Rahmen des Kapitalersatzrechtes müssen grundsätzlich auch solche Fallgruppen der Anwendung des Kapitalersatzrechtes unterliegen, die eine offensichtliche Umgehung des Schutzmechanismus darstellen. Im Unternehmensverbund gibt es jedoch unzählig viele Fallgestaltungen, die exponentiell mit der Anzahl der verbundenen Unternehmen und der Einfügung einer weiteren Gesellschaftsstufe ansteigen.

Konzernrechtlich sind die vertikalen Beziehungen zwischen der Muttergesellschaft (beispielsweise einer Holding) und den gesellschaftsrechtlichen Töchtern, Enkeln und Urenkeln usw. zu unterscheiden. Die Finanzierungsmittel können dabei von unten nach oben oder von oben nach unten an die jeweils nächste Gesellschaftsebene oder an weiter entfernte Gesellschaftsebenen oder nur auf Veranlassung einer bestimmten Gesellschaft von einer Ober- oder Untergesellschaft gewährt werden.

Darüber hinaus gibt es auch horizontale Verbindungen. Von einem Schwesternverhältnis kann jedoch nur auf der gleichen Gesellschaftsebene gesprochen werden. Eine Schwester kann die Finanzierungsmittel an ihre gesellschaftsrechtliche Schwester direkt zur Verfügung stellen, über die Mutter oder über Untergesellschaften leiten oder die Gewährung von Finanzierungs-mittel nur gesellschaftsrechtlich veranlassen. Auch hier gibt es unzählig viele Varianten zu unterscheiden.

Schließlich sind die unterschiedlichsten Kombinationen zwischen vertikalen und horizontalen Verknüpfungen zu beachten. Hier gibt es nahezu unbegrenzt viele Möglichkeiten. Jede Person steht mit einer anderen Person des Familienverbundes in einem bestimmten Verhältnis. Scheidet man die nur vertikalen und nur horizontalen Verknüpfungen aus, dann verbleiben die Kombinationsformen. Die einfachsten Kombinationen sind dabei beispielsweise noch die Verbindungen zwischen einer Gesellschaft und ihren Tanten, das sind die Schwestern der Mutter, oder ihren Nichten, das sind die Töchter der Schwestern, oder ihren Cousinen, das sind die Töchter der Tanten. Der Vergleich mit den Verknüpfungen in einer Großfamilie erleichtert die Vorstellung. Die nachfolgende Skizze gibt einen Überblick über einige Beziehungen in einem Unternehmensverbund:

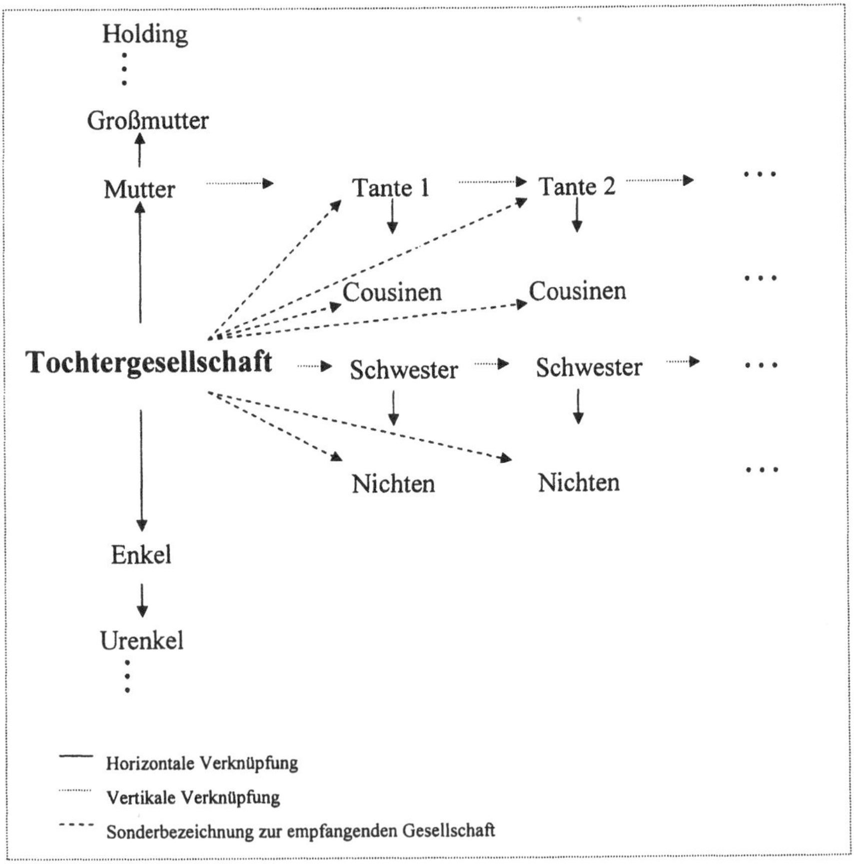

Darüber hinaus sind die unterschiedlichsten Beteiligungsquoten unter- bzw. aneinander zu beachten. Jede Gesellschaft kann grundsätzlich an einer oder an mehreren anderen Gesellschaften beteiligt sein. Es stellt sich dann die Frage, ob und inwieweit die bei der GmbH bereits dargestellten und bei der Aktiengesellschaft noch darzustellenden Mindestbeteiligungsquoten für die Anwendung der Kapitalersatzregeln auch hier relevant sind und wie die Beteiligungsquote bei mehreren horizontalen und/oder vertikalen Verknüpfungen zu berechnen ist. Den Fallvariationen sind hier keine Grenzen gesetzt.

Grundsätzlich muss die Anwendbarkeit der Kapitalersatzregeln für jede einzelne Fallvariante neu bestimmt werden. Vorliegend soll versucht werden, anhand bestimmter Fallgruppen die Anwendungsvoraussetzungen für miteinander vergleichbare Fälle zu konkretisieren und hierfür allgemeingültige Kriterien aufzustellen. Zur Kategorisierung sind deshalb die vertikalen von den horizontalen Finanzierungsleistungen und die Leistungen im faktischen Unternehmensverbund und im Vertragskonzern zu unterscheiden.

Darüber hinaus gibt es im Konzernrecht die unterschiedlichsten Finanzierungsarten. Untersucht werden soll, ob beispielsweise die Liquiditätsausstattung im Rahmen eines Cash-Poolings dem Eigenkapitalersatzrecht unterliegt.

Welche gesetzlichen Regelungen für die Diskussion über die Anwendbarkeit der Kapitalersatzregeln bei der Unternehmensfinanzierung über verbundene Unternehmen überhaupt in Betracht kommen, ist umstritten.

II. Diskussionsstand

1. Anwendung des § 32a Abs. 3 Satz 1 GmbHG

Im Regierungsentwurf zur GmbH-Novelle von 1977 war in § 32a Abs. 5 RegE eine Regelung vorgesehen, wonach eine Forderung eines verbundenen Unternehmens i. S. d. §§ 15 bis 19 AktG gegen die Gesellschaft der Forderung eines Gesellschafters gegen die Gesellschaft gleichsteht.[676] Diese Regelung wurde jedoch letztlich nicht umgesetzt. Der Grund für die Streichung war das Bestreben

[676] § 32a Abs. 5 RegE 1977, BT-Drucks. 8/1347, S. 10.

nach einer kasuistischen Vereinfachung, der Sache nach war eine Änderung zum Vorschlag des Regierungsentwurfs nicht gewollt.[677]

Im geltenden Recht gibt es lediglich die Generalklausel des § 32a Abs. 3 Satz 1 GmbHG, wonach die Kapitalersatzvorschriften sinngemäß für andere Rechtshandlungen eines Gesellschafters oder eines Dritten gelten, die der Darlehensgewährung nach § 32a Abs. 1 und 2 GmbHG wirtschaftlich entsprechen. Danach werden auch Finanzierungsleistungen von Nichtgesellschaftern dem Kapitalersatzrecht unterworfen, wenn die Gewährung wirtschaftlich der Leistung eines Gesellschafters entspricht. Nach herrschender Meinung werden über § 32a Abs. 3 Satz 1 GmbHG auch verbundene Unternehmen erfasst.[678] Auch die Rechtsprechung hat die Darlehensgewährung eines verbundenen Unternehmens an die verbundene Gesellschaft ohne weiteres mit der Darlehensgewährung eines Gesellschafters an die Gesellschaft gleichgestellt.[679] Auch der Erstattungsanspruch gemäß § 31 GmbHG kann sich gegen ein verbundenes Unternehmen richten.[680]

2. Diskussion zur wirtschaftlich vergleichbaren Gesellschafterstellung

Streitig ist jedoch, wann ein verbundenes Unternehmen besteht, welches die wirtschaftliche Vergleichbarkeit im Sinne des § 32a Abs. 3 Satz 1 GmbHG gewährleistet bzw. ob zwingend und ausschließlich die Regelungen der §§ 15 bis 19 AktG zur Bestimmung maßgeblich sind.

Nach zunächst herrschender Meinung in der Rechtsprechung wurde die Darlehensgewährung eines Dritten dem Gesellschafter zugerechnet, wenn zwischen beiden Personen eine Unternehmensverbindung nach den §§ 15ff. AktG bestand. Danach genügten für die Zurechnung bereits bestimmte Mehrheits- oder

---

677 Vgl. Begr. RegE 1977, BT-Drucks. 8/3908, S. 74, wonach über die Generalklausel des § 32a Abs. 3 GmbHG die im Regierungsentwurf geregelten – nunmehr wegfallenden – Sachverhalte erfaßt werden sollen.

678 Vgl. *Hachenburg/Ulmer*, § 32a, b GmbHG, Rn. 121; *Scholz/K. Schmidt*, §§ 32a, 32b GmbHG, Rn. 135; *Lutter/Hommelhoff*, §§ 32a/b GmbHG, Rn. 63; *Baumbach/Hueck/Fastrich*, § 32a GmbHG, Rn. 24.

679 BGH, Urt. v. 21.9.1981 – II ZR 104/80, BGHZ 81, 311, 315f.; BGH, Urt. v. 10.10.1983 – II ZR 233/82, ZIP 1983, 1448, 1449.

680 Vgl. BGH, Urt. v. 28.9.1981 – II ZR 223/80, BGHZ 81, 365, 368; BGH, Urt. v. 24.9.1990 – II ZR 174/89, NJW 1991, 357, 358; BGH, Urt. v. 22.10.1990 – II ZR 238/89, NJW 1991, 1057, 1058.

Abhängigkeitsverhältnisse.[681] Ausgangspunkt für diese streng formalistische Betrachtung war die sog. Sonnenring-Entscheidung des BGH[682], die zwar auch auf den Sinn und Zweck der Kapitalersatzregeln und den Umgehungsschutz abgestellt hat, aber letztlich die herrschende Stellung der leistenden Bank gemäß § 17 AktG für die Anwendung der Kapitalersatzregeln für maßgeblich hielt.

Es gab jedoch hierzu einige Stimmen in der Literatur, die eine vollständige Gleichstellung für alle Formen eines verbundenen Unternehmens für nicht gerechtfertigt hielten. Man dürfe mehrere rechtlich selbständige Unternehmen, die in gesellschaftsrechtlicher Weise miteinander verbunden sind, nicht undifferenziert als Einheitsunternehmen behandeln und nicht nur auf Mehrheits- oder Abhängigkeitsverhältnisse abstellen. Entscheidend sei die „wirtschaftliche Einheit“ zwischen Gesellschafter und dritter Gesellschaft.[683] Eine wirtschaftliche Einheit wird in der Literatur bei Vorliegen eines Vertragskonzerns und im qualifizierten faktischen Konzern zum Teil unwiderleglich vermutet.[684]

Im Hinblick auf diese Kritik verwendete die Rechtsprechung für die Definition eines verbundenen Unternehmens, bei dem die Kapitalersatzvorschriften gemäß § 32a Abs. 3 Satz 1 GmbHG zur Anwendung kommen, nunmehr explizit den Begriff der „wirtschaftlichen Einheit“.[685] Die Rechtsprechung stellte jedoch weiterhin auf die Unternehmensverbindungen nach den §§ 15ff. AktG ab und wendete bei verbundenen Unternehmen jedenfalls die Kapitalersatzregeln an.[686] Nur in einer einzigen Entscheidung des BGH wurde die Bejahung dieses Zurechnungszusammenhangs eingeschränkt[687] und ausgeführt, dass eine wirtschaftliche Einheit lediglich gegeben sein kann, wenn empfangende und gewährende Gesellschaft im Sinne der §§ 15ff. AktG miteinander verbunden sind.[688] Entsprechend den nachfolgenden Entscheidungen des BGH[689] kann jedoch folgende

---

681 BGH, Urt. v. 21.6.1999 – II ZR 70/98, ZIP 1999, 1314, NJW 1999, 2822, GmbHR 1999, 916.

682 BGH, Urt. v. 21.9.1981 – II ZR 104/80, BGHZ 81, 311ff., ZIP 1981, 1200ff., NJW 1982, 383ff.

683 Vgl. *Scholz/K. Schmidt*, §§ 32a, 32b GmbHG, Rn. 135f. mwN.

684 *Lutter/Hommelhoff*, §§ 32a/b GmbHG, Rn. 64 mwN.

685 Der BGH hatte die Bezeichnung „wirtschaftliche Einheit“ schon vorher verwandt, beispielsweise im Urt. v. 28.9.1981 – II ZR 223/80, BGHZ 81, 365, 368, ZIP 1981, 1332, stellte aber nunmehr aufgrund der dargestellten Kritik ausdrücklich darauf ab.

686 Vgl. BGH, Urt. v. 20.3.1986 – II ZR 114/85, ZIP 1987, 1050, 1051 mwN.

687 Ausführlich zum einschränkenden Charakter *Karsten Schmidt*, NJW 1988, 3148ff.

688 Vgl. BGH, Urt. v. 19.9.1988 – II ZR 255/87, BGHZ 105, 168, 176, ZIP 1988, 1248, 1250.

689 Vgl. BGH, Urt. v. 21.6.1999 – II ZR 70/98, aaO.

Rechtsprechungslinie festgestellt werden: Eine wirtschaftliche Vergleichbarkeit im Sinne des § 32a Abs. 3 Satz 1 GmbHG ist bei Rechtshandlungen Dritter gegeben, wenn diese mit dem Gesellschafter eine wirtschaftliche Einheit bilden, wie es bei Unternehmen regelmäßig der Fall sein wird, die im Sinne des §§ 15ff. AktG mit einem Gesellschafter verbunden sind. Bei verbundenen Unternehmen im Sinne der §§ 15ff. AktG ist die wirtschaftliche Einheit und damit der eigenkapitalersatzrechtlich relevante Zurechnungszusammenhang regelmäßig gegeben. Ausnahmen können danach im Einzelfall möglich sei; zur Begründung einer Ausnahme sind jedoch umfassende Darstellungen erforderlich.

In der Literatur wird teilweise der Rechtsprechungslinie des BGH gefolgt und die wirtschaftliche Einheit bei verbundenen Unternehmen regelmäßig bejaht.[690] Das bedeutet, dass bei den Fallgruppen der §§ 15 bis 19 AktG die Kapitalersatzregeln über § 32a Abs. 3 Satz 1 GmbHG unterschiedslos angewandt werden.

Es gibt jedoch auch kritische Stimmen in der Literatur. Kritisiert wird nicht nur der Begriff der „wirtschaftlichen Einheit“[691], sondern vor allem die Regeldefinition der Rechtsprechung, wonach bei einem verbundenen Unternehmen im Sinne der §§ 15 bis 19 AktG grundsätzlich eine wirtschaftliche Einheit gegeben sei, die eine gesellschaftergleiche Stellung im Sinne des § 32a Abs. 3 Satz 1 GmbHG begründet.[692] Entscheidend für die Anwendung der Eigenkapitalersatzregeln könne nur sein, ob dem in der Krise helfenden, mit einem Gesellschafter verbundenen Unternehmen wirtschaftlich gesehen die Stellung eines Gesellschafters zukommt.[693] Es kommt darauf an, ob die Rechtsstellung des verbundenen Unternehmens so viele Elemente partieller Gleichheit mit derjenigen eines Gesellschafters aufweist, dass es bei wertender Betrachtung gerechtfertigt erscheint, dieses Unternehmen einem kreditgewährenden Gesellschafter gleichzustellen.[694] Diese wirtschaftlich vergleichbare Stellung kann bei einer Mehrheitsbeteiligung an der kreditnehmenden Gesellschaft oder einer anderweitigen Abhängigkeit gegeben sein, muss es aber nicht. Während einige Autoren in der Li-

---

690 Vgl. *Hachenburg/Ulmer*, § 32a, b GmbHG, Rn. 121; *Baumbach/Hueck/Fastrich*, § 32a GmbHG, Rn. 24.

691 *v. Gerkan/Hommelhoff/Fleischer*, Rn. 12.7 mit dem Hinweis auf betriebswirtschaftlichen Unschärfen dieses Begriffes und die abweichende Bedeutung im amerikanischen Recht; vgl. auch *Schmidsberger*, S. 67f.

692 Vgl. *Noack*, GmbHR 1996, 153, 155; *von Gerkan*, ZGR 1997, 173, 182f.; *Früh*, GmbHR 1999, 842, 843; *Lutter/Hommelhoff*, §§ 32a/b GmbHG, Rn. 63; *Roth/Altmeppen*, § 32a GmbHG, Rn. 147ff.

693 Vgl. *von Gerkan*, ZGR 1997, 173, 189; *Bäcker*, S. 179ff.; *Schmidsberger*, S. 64ff.

694 *v. Gerkan/Hommelhoff/Fleischer*, Rn. 12.8.

teratur diese Vergleichbarkeit im qualifiziert faktischen Konzern und im Vertragskonzern unwiderleglich vermuten, im Übrigen aber die Übernahme eine zusätzliche Finanzierungsverantwortung fordern,[695] lassen andere Literaturvertreter in jedem Fall die Widerlegung des Zurechnungszusammenhangs zwischen der Darlehensgewährung und der Gesellschafterbeziehung zu.[696] Eine wirtschaftlich vergleichbare Gesellschafterstellung verlangt jedoch auch funktionelle Vergleichbarkeit. Das wiederum setzt nach einer strengeren Literaturansicht voraus, dass die kreditgebende Gesellschaft zumindest mittelbar am Vermögen und der Steuerung der Gesellschaft teilhat.[697] Bei einer Darlehensgewährung von der Tochtergesellschaft an die Muttergesellschaft oder an die gesellschaftsrechtliche Schwester[698] und dem gesellschaftlichen Regelfall, dass nur die Muttergesellschaft an den Töchter beteiligt ist und keine umgekehrte oder gegenseitige Beteiligung besteht, ist die darlehensgebende Tochtergesellschaft nicht am Vermögen der darlehensnehmenden Gesellschaft beteiligt. Eine funktional vergleichbare Gesellschafterstellung wäre dann nach der zuletzt dargestellten Ansicht zu verneinen.

In diesem Zusammenhang ist noch vieles ungeklärt und im Fluss. Vor dem Versuch einer eigenen rechtlichen Einordnung der Finanzierungsleistungen im Unternehmensverbund und der Bildung von Fallgruppen, auf die die Kapitalersatzregeln anzuwenden sind, sind zunächst die Begrifflichkeiten der Rechtsprechung und Literatur zu klären.

III. Begriffsdefinitionen

1. Begriff: „verbundene Unternehmen“

a) Fallgruppen des §§ 16 bis 19 AktG und §§ 291, 292 AktG

Vorab ist darauf hinzuweisen, dass die Fallgruppen des §§ 16 bis 19 AktG und §§ 291, 292 AktG auf die Aktiengesellschaft und die Kommanditgesellschaft auf Aktien bezogen sind. Es ist jedoch allgemein anerkannt, dass die §§ 15 bis

---

695 Vgl. *Noack*, GmbHR 1996, 153, 155f.; *Lutter/Hommelhoff*, §§ 32a/b GmbHG, Rn. 64.

696 Vgl. *Rowedder/Schmidt-Leithoff/Pentz*, § 32a GmbHG, Rn. 82.

697 Vergleiche hierzu die Ausführungen zu den atypisch stillen Gesellschaftern unter § 11, II, 7 und zur zumindest mittelbaren Beteiligung bei den verbundenen Unternehmen unter § 14, IV.

698 Zu den Bezeichnungen vergleiche die oben eingefügte Skizze.

19 AktG, und damit auch die dort benannten Fallgruppen, auch auf andere Kapitalgesellschaften und Personengesellschaften entsprechend angewandt werden können, die Anwendung der §§ 291ff. AktG auf die GmbH oder eine Personengesellschaft bedarf jedoch einer verallgemeinerungsfähigen Analyse.[699]

aa) In Mehrheitsbesitz stehende Unternehmen und mit Mehrheit beteiligte Unternehmen (§ 16 AktG)

§ 16 AktG verlangt für das Vorliegen eines Unternehmensverbundes im Sinne des § 15 AktG eine Mehrheitsbeteiligung. Diese liegt gemäß § 15 Abs. 1 AktG vor, wenn die Mehrheit der Anteile eines rechtlich selbständigen Unternehmens einem anderen Unternehmen gehört oder die Mehrheit der Stimmrechte einem anderen Unternehmen zusteht. Hinsichtlich der Feststellung und Berechnung der Anteils- oder Stimmrechtsmehrheit regeln die Absätze 2 und 3 die genauen Modalitäten. Besonders zu beachten ist die Zurechnungsvorschrift des § 16 Abs. 4 AktG, wonach bei der Berechnung der eigenen Anteile bestimmte Anteile hinzugerechnet werden, nämlich die Anteile, die ein von ihm abhängiges Unternehmen hält, die einem anderen für Rechnung des Unternehmens oder eines von diesem abhängigen Unternehmens gehören und beim Einzelkaufmann die Anteile, die er in seinem Privatvermögen hält.[700] Diese Vorschrift könnte aufgrund der Bestimmung der Reichweite einer Zurechnung von unternehmerischem Einfluss ein gesetzlicher Anhaltspunkt für die Bestimmung der Reichweite des Gläubigerschutzes bei Finanzierungen im Konzernverbund sein.

Von einem in Mehrheitsbesitz stehenden Unternehmen wird nach § 17 Abs. 2 AktG vermutet, dass es von dem an ihm mit Mehrheit beteiligten Unternehmen abhängig ist. Diese Vermutung kann jedoch widerlegt werden. Allein der Mehrheitsbesitz begründet noch keine wirtschaftliche Einheit mit dem mehrheitlich beteiligten Unternehmen – hinzukommen muss die Übernahme der Finanzierungsfolgenverantwortung, etwa durch intensive Informations- und Einflussrechte des Mehrheitsgesellschafters.[701]

bb) Abhängige und herrschende Unternehmen (§ 17 AktG)

Entsprechend § 17 Abs. 1 AktG besteht ein eigenkapitalersatzrechtlich relevantes Abhängigkeitsverhältnis im Unternehmensverbund, wenn ein Unternehmen

---

[699] *Hüffer*, § 15 AktG, Rn. 4 mwN.

[700] *Hüffer*, § 16 AktG, Rn. 12.

[701] Vgl. *Lutter/Hommelhoff*, §§ 32a/b GmbHG, Rn. 64.

auf ein rechtlich selbständiges Unternehmen unmittelbar oder mittelbar einen beherrschenden Einfluss ausüben kann. Es wird dadurch ein Abhängigkeitsverhältnis begründet. Dieser beherrschende Einfluss wird regelmäßig bei einer Mehrheitsbeteiligung bestehen. Deshalb stellt § 17 Abs. 2 AktG die gesetzliche Vermutung auf, dass ein in Mehrheitsbesitz stehendes Unternehmen von dem an ihm mit Mehrheit beteiligten Unternehmen abhängig ist.

Von einem abhängigen Unternehmen wird nach § 18 Abs. 1 Satz 3 AktG vermutet, dass es mit dem herrschenden Unternehmen einen Konzern bildet.

Die Abhängigkeitsvermutung des § 17 Abs. 2 AktG kann jedoch widerlegt werden. Ausgeschlossen ist die Widerlegung jedoch im Falle der wechselseitigen Mehrheitsbeteiligung.[702]

cc) Konzern und Konzernunternehmen (§ 18 AktG)

Ein Konzern liegt nach § 18 Abs. 1 Satz 1 AktG vor, wenn ein herrschendes und ein oder mehrere abhängige Unternehmen unter der einheitlichen Leitung des herrschenden Unternehmens zusammengefasst sind. Ein Konzern liegt jedoch nach § 18 Abs.2 AktG auch vor, wenn rechtlich selbständige Unternehmen, ohne dass das eine Unternehmen von dem anderen abhängig ist, unter einheitlicher Leitung zusammengefasst sind.

Die einzelnen Unternehmen werden jeweils Konzernunternehmen genannt.

Konzernunternehmen bilden nach einer Ansicht der Rechtsprechung und der herrschenden Meinung in der Literatur eine wirtschaftliche Einheit,[703] so dass hier die Regeln des Kapitalersatzrechts angewendet werden. Es ist davon auszugehen, dass bei einer Konzernstruktur die Finanzierungsverantwortung bei den einzelnen finanzierenden Konzernunternehmen liegt.[704]

dd) Wechselseitig beteiligte Unternehmen (§ 19 AktG)

Kapitalgesellschaften können wechselseitig miteinander verbunden sein, indem die eine Gesellschaft an der anderen eine Beteiligung hält. Gehören einem Unternehmen mehr als 25% der Anteile des anderen Unternehmens und umgekehrt,

---

702 *MüKo-Bayer*, § 17 AktG, Rn. 85 mit weiteren detaillierten Ausführungen hierzu.

703 *MüKo-Stodolkowitz*, § 135 InsO, Rn. 71.

704 Vgl. *Scholz/K. Schmidt*, §§ 32a, 32b GmbHG, Rn. 135.

dann handelt es sich bei diesen Unternehmen um wechselseitig beteiligte Unternehmen im Sinne des § 19 Abs. 1 AktG. Liegen gleichzeitig die Voraussetzungen einer Mehrheitsbeteiligung im Sinne des § 16 AktG oder eines Abhängigkeitsverhältnisses im Sinne des § 17 AktG vor, so sind die Unternehmen, welche die jeweiligen Voraussetzungen erfüllen, als herrschendes oder abhängiges Unternehmen anzusehen.

Bei wechselseitig beteiligten Unternehmen stellt sich insbesondere bezüglich der kombinierten vertikalen und horizontalen Verknüpfung die Frage, ob die Anwendung der Kapitalersatzregeln aus Gläubigerschutzerwägungen in jedem Fall gerechtfertigt ist.

ee) Vertragsteile eines Unternehmensvertrags (§§ 291, 292 AktG)

Schließlich gehören zu den verbundenen Unternehmen gemäß § 15 AktG a. E. auch Vertragsteile eines Unternehmensvertrags gemäß §§ 291, 292 AktG. Die einzelnen hier maßgeblichen Verträge sind in den §§ 291, 292 AktG legaldefiniert.

Ein Beherrschungsvertrag ist ein Vertrag, in dem eine Gesellschaft die Leitung dieser Gesellschaft vertraglich einem anderen Unternehmen unterstellt. Verpflichtet sich ein Unternehmen vertraglich, an ein anderes Unternehmen den ganzen Gewinn abzuführen, dann liegt ein Gewinnabführungsvertrag vor. Häufig werden in der Praxis kombinierte Verträge, sog. Beherrschungs- und Gewinnabführungsvertrage geschlossen.

Andere Unternehmensverträge liegen vor bei Verpflichtungen zur Gewinngemeinschaft, zur Teilgewinnabführung oder bei Betriebspachtverträgen bzw. Betriebsüberlassungsverträgen.

2. Begriff: „wirtschaftliche Einheit“

Eine „wirtschaftliche Einheit“ wird zwar regelmäßig bei einem verbundenen Unternehmen im Sinne des § 15 AktG vorliegen, zwingende Folge ist dies jedoch nicht. Maßgeblich ist allein der unternehmerische Einfluss des Gesellschafters auf den Kreditgeber. Entscheidend ist letztlich die Möglichkeit, dass der Gesellschafter des empfangenden Unternehmens unternehmerischen Einfluss auf das gebende Unternehmen ausüben kann.

Auch der Bundesgerichtshof stellt für die Feststellung einer vergleichbaren Gesellschafterstellung im Sinne des § 32a Abs. 3 Satz 1 GmbHG darauf ab, dass der Gesellschafter der empfangenden Gesellschaft an der gewährenden Gesellschaft maßgeblich beteiligt ist. Ein solcher beherrschender Einfluss auf die Unternehmensführung sei jedenfalls bei einer Beteiligung des Gesellschafters am Stammkapital der Kreditgeberin in Höhe von mehr als 50% gegeben.[705] Nach §§ 46 Nr. 6, 47 Abs. 1 GmbHG kann ein Gesellschafterbeschluss mit der einfachen Mehrheit der abgegebenen Stimmen die Maßregeln zur Prüfung und Überwachung der Geschäftsführung und damit die Vergabe von Krediten bestimmen. Zu beachten sind darüber hinaus die Regelungen des Gesellschaftsvertrages hinsichtlich der Weisungsrechte der einzelnen Gesellschafter an die Geschäftsführung. Im konkreten Einzelfall ist zu überprüfen, ob der Gesellschafter der darlehensnehmenden Gesellschaft die Kreditvergabe der gewährenden Gesellschaft steuern kann.

Allerdings wird nicht starr auf eine Kapitalbeteiligung von mehr als 50% abgestellt. Entscheidend ist allein, ob maßgeblicher unternehmerischer Einfluss möglich ist. Ein solcher kann auch bei einer Beteiligung am Stammkapital von weniger als 50% gegeben sein, wenn dem Gesellschafter entsprechende Sonderrechte eingeräumt wurden.[706]

Nach neuerer Rechtsprechung sind die Kapitalersatzregeln auch bei der Einschaltung einer sog. Zwischenholding anzuwenden.[707] Im dem vor dem LG Hamburg zu entscheidenden Fall, war der Finanzierungsmittelgeber mit 34,5% an der Zwischenholding beteiligt, die selbst alleinige Kommanditistin der Insolvenzschuldnerin war. Zur Vermeidung einer Umgehung der Bindungen des Kapitalersatzrechts wurde für die Begründung der Anwendung der Kapitalersatzregeln darauf abgestellt, dass bei einer direkten Beteiligung des finanzierenden Gesellschafters an der Insolvenzschuldnerin zweifelsohne die Vorschriften des Eigenkapitalersatzrechts anzuwenden wären, weil diese Beteiligung über dem Schwellenwert des § 32a Abs. 3 GmbHG gelegen habe. Bei Einschaltung einer Zwischenholding sind Kredite des mittelbaren Gesellschafters nach allgemeinen Regeln bereits kapitalersatzrechtlich verstrickt, wenn er mit mehr als 10% an der Kreditnehmerin mittelbar beteiligt bzw. dort geschäftsführend tätig ist.[708]

---

705 Vgl. BGH, Urt. v. 21.6.1999 – II ZR 70/98, aaO; BGH, Urt. v. 27.11.2000 – II ZR 179/99, ZIP 2001, 115, NJW 2001, 1490, BB 2001, 166, WM 2001, 202; BGH, Urt. v. 28.2.2005 – II ZR 103/02, ZIP 2005, 660.

706 *v. Gerkan/Hommelhoff/Johlke/Schröder*, Rn. 5.41a.

707 LG Hamburg, Urt. v. 1.4.2205 – 318 O 283/03, GmbHR 2005, 880ff.

708 *Schröder*, GmbHR 2005, 883f.

IV. Fallgruppen

Im Folgenden werden Kategorien gebildet und für die einzelnen Fallgruppen Kriterien zur Anwendung der Kapitalersatzregeln erarbeitet. Den Fallgruppen können dann Fälle zugeordnet werden, die vom Grundsystem vergleichbar sind.

1. Vertikale Verbindungen

Die oben dargestellte Skizze eines Unternehmensverbundes zeigt die vertikalen Verbindungen an. Zu den vertikalen Verbindungen gehören alle gesellschaftsrechtlichen Beziehungen von oben nach unten oder von unten nach oben; dabei können auch mehrere Gesellschaftsebenen übersprungen werden.

Vorliegend wird zwischen den Finanzierungsleistungen von oben nach unten und von unten nach oben unterschieden.

a) Finanzierungsleistungen von oben nach unten

Hierzu gehören alle Fälle, bei denen Finanzierungsmittel von einer übergeordneten Gesellschaft an eine untergeordnete Gesellschaft erbracht werden.

aa) Finanzierungsleistungen der Muttergesellschaft an die Tochtergesellschaft

Die Muttergesellschaft ist unmittelbare Unternehmensgesellschafterin der Tochtergesellschaft und kann dieser im Rahmen der grundsätzlich bestehenden Finanzierungsfreiheit Darlehensmittel gewähren. Die Leistungen eines unmittelbaren Unternehmensgesellschafters an seine Gesellschaft gehören zu den vertikalen Finanzierungsleistungen. Für Leistungen des unmittelbaren Gesellschafters sind die Kapitalersatzregeln entsprechend den oben dargestellten Regeln anzuwenden. Für diesen Fall ergeben sich keine Sonderproblemen aufgrund des Unternehmensverbundes.

bb) Finanzierungsleistungen der Muttergesellschaft an die Enkelgesellschaft

Werden Leistungen der Muttergesellschaft direkt an die Enkelgesellschaft erbracht oder über die Tochtergesellschaft durchgeleitet, dann stellt sich die Frage, welche Voraussetzungen an die Beteiligungsstrukturen zu stellen sind, damit eine wirtschaftlich vergleichbare Gesellschafterstellung der Muttergesellschaft gegeben ist.

Es sind in diesem Fall jedoch zwei Beteiligungsstufen gegeben, die einzeln und in einer Zusammenschau zu analysieren sind. Erst aus der Zusammenschau beider Beteiligungsstufen ergibt sich, ob eine gesellschaftergleiche Behandlung der kreditgewährenden Muttergesellschaft gerechtfertigt ist.[709]

aaa) Erste Beteiligungsstufe

Die Analyse der ersten Beteiligungsstufe soll klären, ob die an der Enkelgesellschaft unbeteiligte Muttergesellschaft eine wirtschaftlich vergleichbare Gesellschafterstellung einnimmt.

Zunächst ist nach der Regelentscheidung der Rechtsprechung zu überprüfen, ob ein verbundenes Unternehmen im Sinne der §§ 15ff. AktG vorliegt und demzufolge typischerweise eine wirtschaftliche Einheit gegeben ist, die eine Anwendung der Kapitalersatzregeln rechtfertigt.[710] Hält die Muttergesellschaft eine Mehrheitsbeteiligung an der Enkelgesellschaft oder steht ihr in der Gesellschafterversammlung der Enkelgesellschaft die Stimmrechtsmehrheit zu, dann handelt es sich um eine Mehrheitsbeteiligung im Sinne des § 16 Abs. 1 AktG. Bei der Bestimmung der Beteiligungsmehrheit kommt es auf den tatsächlichen Anteilsbesitz der Muttergesellschaft an der Enkelgesellschaft an. Eine Zurechnung weiterer Anteile erfolgt nur über § 16 Abs. 4 Satz 1 AktG. Hält die Mutter keine eigene Mehrheitsbeteiligung an der Enkelin und ist die Tochter auch kein von der Muttergesellschaft abhängiges Unternehmen oder wird sie auch nicht für Rechnung der Mutter tätig, so liegt eine Mehrheitsbeteiligung im Sinne des § 16 AktG nicht vor. Geprüft werden muss dann, ob ein Abhängigkeitsverhältnis im Sinne des § 17 Abs. 1 AktG vorliegt. Hier kommt es dann auf die Umstände des Einzelfalles an.

Unabhängig von den Grundsätzen der Rechtsprechung soll nunmehr geprüft werden, ob die Muttergesellschaft eine wirtschaftlich mit einer unmittelbaren Gesellschafterstellung vergleichbare Position im Sinne des § 32a Abs. 3 Satz 1 GmbHG einnimmt.

---

[709] *v. Gerkan/Hommelhoff/Fleischer*, Rn. 12.10 mwN.

[710] Zur Vereinfachung soll hier und auch in den nachfolgenden Fällen davon ausgegangen werden, dass kein Vertragskonzern (§§ 291, 292 AktG), keine wechselseitige Beteiligung (§ 19 AktG) und kein Konzern (§ 18 AktG) vorliegen. Untersucht werden soll lediglich, ob ein Mehrheits- oder Abhängigkeitsverhältnis im Sinne der §§ 16, 17 AktG vorliegt.

Auch hier kommt es zunächst auf die Einflussnahmemöglichkeit der Muttergesellschaft auf die Enkelgesellschaft und damit auf die jeweiligen Beteiligungsquoten an. In Übereinstimmung mit der Rechtsprechung ist die gesellschaftergleiche Stellung der Mutter im Vergleich zur Tochter bei einer 100%-igen Beteiligung[711], bei einer 75%-igen Beteiligung[712] und jedenfalls auch noch bei einer Beteiligung von mehr als 50%[713] gegeben. Bei einer Beteiligung der Mutter an der Tochter von mehr als 50% ist der unternehmerische Einfluss auf die Tochtergesellschaft und damit auch auf die Enkelgesellschaft ohne zusätzliche Erfordernisse festzustellen. Problematischer ist dagegen die Feststellung des unternehmerischen Einflusses bei einer Beteiligung der Muttergesellschaft an der Tochtergesellschaft von unter 50%. Eine Minderheitsbeteiligung reicht im Verhältnis der gewährenden Gesellschaft zum unmittelbaren Gesellschafter der empfangenden Gesellschaft grundsätzlich nicht aus, es sei denn es treten weitere Umstände hinzu, die einen besonderen unternehmerischen Einfluss begründen.[714] Nach *Schmidsberger*[715] ist jedoch eine Mindestbeteiligungsquote von 25% zu fordern. Durch eine solche sog. Sperrminorität können Gesellschafterentscheidungen, für die eine ¾-Mehrheit notwendig ist, zumindest vom Minderheitsgesellschafter blockiert werden. Aufgrund einer Minderheitsbeteiligung kann ein Gesellschafter jedoch grundsätzlich die Geschicke der Gesellschaft nicht maßgeblich beeinflussen. Ihm fehlen die Weisungsbefugnis und das Durchsetzungsvermögen in der Gesellschafterversammlung. Ausnahmsweise kann allerdings durch satzungsmäßig festgelegte oder rechtsgeschäftlich vermittelte Zusatzbefugnis ein besonderer unternehmerischer Einfluss der Mutter auch bei einer Beteiligung von unter 50% die vergleichbare Gesellschafterstellung begründen. Zu beachten ist jedenfalls das Erfordernis einer Beteiligung von mehr als 10% (§ 32a Abs. 3 Satz 2 GmbHG). Für das Erfordernis einer Sperrminorität besteht dagegen keine gesetzliche Grundlage. Die von *Schmidsberger* geforderte Mindestbeteiligungsquote von 25% dürfte seit Einführung des § 32a Abs. 3 Satz 2 GmbHG damit nicht mehr zur Diskussion stehen.

Darüber hinaus ist auch die mittelbare Teilhabe der gewährenden Muttergesellschaft am Vermögen der empfangenden Enkelgesellschaft zu verlangen. Eine Gesellschafterstellung zeichnet sich durch eine Vermögensbeteiligung aus. Eine wirtschaftliche Vergleichbarkeit setzt somit ebenfalls – wenn auch nur eine mit-

---

711 Vgl. *Schmidsberger*, S. 72; BGH, Urt. v. 21.9.1981 – II ZR 104/80, BGHZ 81, 311, ZIP 1981, 1200.

712 Vgl. BGH, Urt. v. 24.9.1990 – II ZR 174/89, ZIP 1990, 1467.

713 Vgl. BGH, Urt. v. 27.11.2000 – II ZR 179/99, aaO.

714 *Bäcker*, S. 188f.; *Vervessos*, S. 259.

715 *Schmidsberger*, S. 77ff.

telbare – Vermögensbeteiligung voraus. Diese mittelbare Teilhabe wird durch die Kombination der Beteiligungen vermittelt.

Hinsichtlich der notwendigen Beteiligungsverhältnisse auf der ersten Gesellschafterstufe können somit die Kriterien der §§ 16 und 17 AktG aufgegriffen werden. § 16 AktG verlangt eine Anteils- oder Stimmenmehrheit und stellt deshalb ebenfalls auf eine Mindestbeteiligung von 50% ab. Wie ein Umkehrschluss aus der Vermutungsregel des § 17 Abs. 2 AktG und der Wortlaut des § 17 Abs. 1 AktG zeigt, kann ein Abhängigkeitsverhältnis auch unabhängig von einer Beteiligungsquote gegeben sein. Das Abhängigkeitsverhältnis muss dann allerdings durch konkrete Umstände nachgewiesen werden. Eine Mindestbeteiligung von 10% ist jedoch seit der Einführung des § 32a Abs. 3 Satz 2 GmbHG jedenfalls zu fordern.

Als Zwischenergebnis kann festgehalten werden, dass grundsätzlich der Regelvermutung der Rechtsprechung zu folgen ist. Ein verbundenes Unternehmen im Sinne der §§ 15ff. AktG begründet typischerweise mit dem unmittelbaren Gesellschafter der empfangenden Gesellschaft eine wirtschaftliche Einheit und wird diesem damit gemäß § 32a Abs. 3 Satz 1 GmbHG gleichgestellt.

bbb) Zweite Beteiligungsstufe

Die Besonderheit der Analyse der zweiten Beteiligungsstufe liegt darin, dass hier ein unmittelbares Gesellschafterverhältnis gegeben ist. Eine gesellschaftergleiche Stellung muss nicht konstruiert und dargestellt werden. Die Generalklausel des § 32a Abs. 3 Satz 1 GmbHG, die den Umgehungsschutz gewährleisten soll, muss nicht bemüht werden; die Kapitalersatzregeln sind unmittelbar anwendbar.

Dementsprechend sind hier die allgemeinen Anforderungen an die Höhe der Beteiligungsquoten für die Anwendung der Kapitalersatzregeln maßgeblich.[716] Bei der GmbH ist deshalb gemäß § 32a Abs. 3 Satz 2 GmbHG eine Beteiligung von mehr als 10% erforderlich. Bei der Aktiengesellschaft wird eine Beteiligung von mehr als 25% verlangt.[717]

---

[716] Vgl. *v. Gerkan/Hommelhoff/Fleischer*, Rn. 12.16 mwN.

[717] Siehe hierzu die Ausführungen unter § 17, II, 3.

ccc) Wert der mittelbaren Beteiligung

Vorstehend wurden die einzelnen Beteiligungsstufen jeweils für sich analysiert und die Anforderungen für die Anwendung der Kapitalersatzregeln für jede Stufe festgelegt. Die jeweils erarbeiteten Anwendungsvoraussetzungen müssen kumulativ vorliegen.

Bei der Analyse der Gesamtbetrachtung könnte problematisch sein, dass der Wert der mittelbaren Beteiligung der Muttergesellschaft an der Tochtergesellschaft nicht den Anforderungen der Rechtsprechung und Literatur gerecht wird. Darüber hinaus besteht die Gefahr, das die mittelbare Beteiligung die Mindestgrenze des § 32a Abs. 3 Satz 2 GmbHG unterschreitet.

Zur Bestimmung der mittelbaren Beteiligung werden verschiedene Meinungen vertreten:

Eine Ansicht in der Literatur multipliziert hierzu die Beteiligungsquoten der jeweiligen Beteiligungsstufen.[718] Dadurch kann auf den ersten Blick der Umfang des unternehmerischen Einflusses bestimmt werden.

Hält beispielsweise die Muttergesellschaft eine 10%-Beteiligung an der Tochter und die Tochter 100% an der Enkelin, dann hätte die Mutter ein Einflusspotential in Höhe von 10%. Hält die Muttergesellschaft dagegen eine 50%-Beteiligung an der Tochter und die Tochter nur 20% an der Enkelin, dann hätte die Mutter ebenfalls ein Einflusspotential in Höhe von 10%. Ist hingegen die Muttergesellschaft nur mit 20% an der Tochter beteiligt und die Tochter ebenfalls mit 20%, dann errechnet sich nur noch ein unternehmerischer Einfluss in Höhe von 4%. Im letzten Fall könnte die Mindestbeteiligung gemäß § 32a Abs. 3 Satz 2 GmbHG von mehr als 10% nicht erfüllt sein.

Auf den zweiten Blick wird jedoch deutlich, dass eine anhand dieser Methode errechnete mittelbare Beteiligung den unternehmerischen Einfluss nicht abbilden kann, da sie nicht berücksichtigt, dass ein Stufenverhältnis vorliegt. Kann die Muttergesellschaft aufgrund ihrer Minderheitsbeteiligung an der Tochtergesellschaft die Geschicke nicht bestimmen oder aufgrund einer Beteiligung unterhalb der Sperrminorität auch nicht verhindern, dann ist damit ebenso ihr Einfluss auf die Enkelgesellschaft abgeschnitten. Es gibt in diesem Fall im Endeffekt überhaupt keine Einflussnahmemöglichkeit der Mutter auf die Enkelin. Besteht umgekehrt eine Mehrheitsbeteiligung der Muttergesellschaft an der

---

[718] Vgl. *Altmeppen*, ZIP 1996, 1455; *v. Gerkan*, GmbHR 1997, 677, 680.

Tochtergesellschaft, dann ist zwar eine unternehmerische Einflussnahmemöglichkeit der Mutter auf die Tochter gegeben, ein unternehmerischer Einfluss der Tochter auf die Enkelin wird jedoch nur bejaht, wenn die Voraussetzungen des § 32a Abs. 3 Satz 2 GmbHG erfüllt sind.

Anderer Ansicht zufolge ist das Beteiligungsverhältnis der Tochter an der Enkelin der Mutter zuzurechnen. Als Zurechnungsvorschriften werden hierzu § 16 Abs. 4 AktG[719] oder § 20 AktG, §§ 21ff WpHG, § 134 Abs. 1 Satz 2 AktG[720] herangezogen.

Die zuletzt genannten Vorschriften sind nicht als Zurechnungsvorschriften ausgestaltet und können daher auch nicht für eine Zurechnung von Beteiligungsquoten herangezogen werden. Die Anwendung des § 16 Abs. 4 AktG hat den Nachteil, dass hierfür zunächst auch eine Abhängigkeit im Sinne des § 17 AktG geklärt werden müsste.[721] Diese Abhängigkeit wird jedoch insbesondere gemäß § 17 Abs. 2 AktG bei einer Mehrheitsbeteiligung vermutet. Trotzdem kann aus § 16 Abs. 4 AktG hergeleitet werden, dass die Anteile eines abhängigen Unternehmens dem herrschenden Unternehmen eins zu eins zugerechnet werden. Eine anteilige Zurechnung entsprechend der Beteiligungsquote des herrschenden Unternehmens am abhängigen Unternehmen erfolgt nach dieser Vorschrift nicht.

Eine mittelbare Beteiligung der gewährenden Gesellschaft am Vermögen der empfangenden Gesellschaft ist zwar grundsätzlich erforderlich[722], besondere Beteiligungsquoten sind jedoch für die Anwendung der Kapitalersatzregeln bei vertikalen Finanzierungsleistungen nicht notwendig. Maßgeblich ist, ob die gewährende Gesellschaft wirtschaftlich einem Gesellschafter der empfangenden Gesellschaft gleichgestellt werden kann. Ist das der Fall, so tritt die gewährende Gesellschaft faktisch an die Stelle des unmittelbaren Gesellschafters. Dessen Beteiligung an der empfangenden Gesellschaft wird dann dem verbundenen Unternehmen zugerechnet.

---

[719] Vgl. *Riegger*, in: FS Sigle, 229, 241f.; *Pentz*, GmbHR 1999, 437, 445.

[720] *Hirte*, ZInsO 1998, 147, 153.

[721] Nur die Anteile, die einem anderen Unternehmen gehören, das für Rechnung des Unternehmens tätig ist und die Anteile, die zum Vermögen eines Einzelkaufmannes gehören, können unproblematisch zugerechnet werden.

[722] Nur bei einer zumindest mittelbaren Vermögensbeteiligung kann die gesellschaftergleiche Stellung bejaht werden.

ddd) Zusammenfassung der Ergebnisse

Für die Bestimmung der Anwendung der Kapitalersatzregeln auf vertikale Finanzierungshilfen im zweistufigen Gesellschaftsverbund ist ein differenziertes System anzuwenden.

Die vorstehenden Erörterungen führen zu folgenden Ergebnissen:

(1) Da die Muttergesellschaft bei einer Beteiligung von mehr als 50% die Tochtergesellschaft grundsätzlich steuern kann, kommt ihr somit eine gesellschaftergleiche Stellung im Bezug auf die Enkelgesellschaft zu. Für die Feststellung des Einflusses auf die Enkelgesellschaft sind die Beteiligungsquoten der Tochter unmittelbar maßgeblich. Eine Zurechnung der Anteile der Tochter an der Enkelin auf die gesellschaftergleiche Mutter erfolgt gemäß § 16 Abs. 4 AktG. Wegen § 32a Abs. 3 Satz 2 GmbHG muss die Tochtergesellschaft aber an der Enkelgesellschaft mit mehr als 10% beteiligt sein.

(2) Kann hingegen die Muttergesellschaft aufgrund ihrer Beteiligung von unter 50% und fehlender weiterer Steuerungs- und Einflussmöglichkeiten die Geschicke der Tochtergesellschaft nicht bestimmen, dann kann sie im Verhältnis zur Enkelgesellschaft auch nicht eine wirtschaftlich vergleichbare Gesellschafterstellung einnehmen. Die Muttergesellschaft hat keine Einflussmöglichkeit auf die Enkelin. Die Beteiligungsquoten der Tochter an der Enkelin sind dann unerheblich.

eee) Verbleibende Schutzlücken

Es muss jedoch auch zugegeben werden, dass bei einer rechtlichen Beurteilung anhand des vorstehend dargestellten Ergebnisses noch Schutzlücken verbleiben. Dem Umgehungsschutz kann nach dieser Lösung nicht in allen Einzelfällen hinreichend Rechnung getragen werden.

Problematisch ist beispielsweise folgender Sachverhalt:

Fall: *Eine Muttergesellschaft hält eine Beteiligung von 40% an der Tochtergesellschaft und hat keinen weiteren unternehmerischen Einfluss. Bei Finanzierungsleistungen der Mutter an die Tochter kämen die Kapitalersatzregeln uneingeschränkt zur Anwendung.*

Gliedert die Tochtergesellschaft nun einen Teilbetrieb aus, verleiht der neuen Gesellschaft dabei rechtlich selbständige Unternehmereigenschaft und behält 100%, dann wären – entsprechend den oben dargestellten Ergebnissen – die Kapitalersatzregeln nicht anwendbar, da die Mutter keine gesellschaftergleiche Stellung in Bezug auf die neue ausgegliederte Gesellschaft einnimmt.

Zwar kann zur Rechtfertigung dieses Ergebnisses eingewandt werden, die Muttergesellschaft leiste ihren Finanzierungsbeitrag an die Enkelgesellschaft mit dem Wissen, dass ihr der unternehmerische Einfluss auf die Tochtergesellschaft und damit auch auf die Enkelgesellschaft fehlt. Sie hat damit keine bessere Stellung wie jeder andere Fremdkapitalgeber.

Trotzdem bleibt ein bitterer Beigeschmack. Macht beispielsweise die Muttergesellschaft die Leistung ihrer Finanzierungshilfe von der Ausgliederung abhängig und würde es ohne die Ausgliederung zur Anwendung der Kapitalersatzregeln kommen, dann müssen die Gläubiger der ausgegliederten Enkelgesellschaft geschützt werden. Hierfür können verschiedene Schutzvorschriften des Umwandlungsgesetzes in Betracht kommen.[723] Die Kapitalersatzregeln sind jedoch aus Umgehungsschutzgesichtspunkten jedenfalls dann anzuwenden, wenn die Tochtergesellschaft 100% der Anteile an der Enkelgesellschaft hält. Zwar ist die Enkelin rechtlich selbständig, sie gehört aber vollständig zum Vermögen der Tochter. Die Muttergesellschaft ist wirtschaftlich betrachtet somit auch Gesellschafterin der Enkelgesellschaft. Bestätigt wird dieses Ergebnis mittelbar auch durch die aktuelle Rechtsprechung zur Anwendung der Kapitalersatzregeln bei Einschaltung einer sog. Zwischenholding.[724]

cc) Finanzierungsleistungen der Muttergesellschaft an die Urenkelgesellschaft

Je mehr Gesellschaften zwischen der gewährenden und der empfangenden Gesellschaft stehen, desto genauer muss überprüft werden, ob der unternehmerische Einfluss und damit die gesellschaftergleiche Stellung noch gegeben sind.

---

[723] Der Gläubigerschutz durch die Vorschriften des UmwG ist nicht Gegenstand dieser Dissertation; zur Spaltung siehe §§ 123ff. UmwG; zur Vermögensübertragung siehe §§ 174ff. UmwG; auf die entsprechende Kommentarliteratur wird verwiesen.

[724] Siehe hierzu unter § 14, III, 2 mit dem Verweis auf LG Hamburg, Urt. v. 1.4.2205 – 318 O 283/03, GmbHR 2005, 880ff.

Erbringt beispielsweise die Muttergesellschaft Leistungen an die Urenkelgesellschaft, dann sind drei Beteiligungsstufen vorhanden. Entsprechend den obigen Ausführungen sind auf Stufen Mutter - Tochter und Tochter - Enkelin jeweils Beteiligungen von mehr als 50% erforderlich. Nur dann kann die Mutter die Tochter steuern, die dann ihrerseits die Enkelin steuert. Aber auch hier können geringere Beteiligungsquoten durch das Hinzutreten zusätzlicher Einflussnahmemöglichkeiten eine gesellschaftergleiche Stellung begründen.[725]

b) Finanzierungsleistungen von unten nach oben

Zu den vertikalen Finanzierungsleistungen gehören aber auch solche, die im Unternehmensverbund von unten nach oben erbracht werden. Auch hier kann es verschiedene Beteiligungsstufen zwischen der gewährenden Gesellschaft und der empfangenden Gesellschaft geben. Ob hier entsprechend den oben dargestellten Finanzierungsleistungen unterschiedliche Fallgruppen gebildet werden müssen, soll nach allgemeinen Überlegungen zur Finanzierung im einstufigen Verhältnis beantwortet werden.

aa) Finanzierungsleistungen der Tochtergesellschaft an die Muttergesellschaft

Gewährt die Tochtergesellschaft an ihre Muttergesellschaft Finanzierungsmittel und ist die Tochter an der Mutter nicht beteiligt, liegen aber die übrigen Voraussetzungen für die Anwendung der Kapitalersatzregeln vor, so konzentriert sich das Problem auf die fehlende Gesellschafterstellung der Tochter an der empfangenden Gesellschaft.

Die unmittelbare Anwendung der Kapitalersatzregeln verlangt eine unmittelbare Gesellschafterstellung von mehr als 10% an der empfangenden Gesellschaft. Eine über § 32a Abs. 3 Satz 1 GmbHG entsprechende Anwendung der Kapitalersatzregeln stellt auf eine wirtschaftlich vergleichbare Gesellschafterstellung ab.

Die Regelvermutung der Rechtsprechung[726] prüft lediglich, ob ein verbundenes Unternehmen gemäß § 15 AktG vorliegt. Je nach den Umständen des jeweiligen Einzelfalles können im Mutter-Tochter-Verhältnis einzelne Arten eines Unternehmensverbundes im Sinne der §§ 16 bis 19 AktG, §§ 291, 292 AktG vorliegen. Die Rechtsprechung des BGH kommt im Ergebnis somit zu der

---

[725] Ausführlich hierzu *Schmidsberger*, S. 90ff.

[726] Siehe ausführlich hierzu unter § 14, II, 2.

Feststellung, dass typischerweise ein unternehmerischer Einfluss besteht und die gesellschaftergleiche Stellung bejaht werden kann.

Eine wirtschaftlich vergleichbare Gesellschafterstellung kann jedoch – wie oben bereits dargestellt – nicht ohne eine wenigstens mittelbare Beteiligung am Vermögen der Gesellschaft auskommen. Eine Tochtergesellschaft, die nicht wechselseitig auch Anteile der Muttergesellschaft hält, hat keinen Anteil am Vermögen. Die im Kapitalersatzrecht relevante Finanzierungsfolgenverantwortung kann es jedoch nur bei einer zumindest mittelbaren Beteiligung am Vermögen geben. Nur dann kann die gewährende Gesellschaft in die Sorgfaltspflicht eines ordentlichen Kaufmanns genommen werden und obliegt ihr deshalb die Verpflichtung zur Leistung von Eigenkapital statt der Zuführung von Fremdkapital. Ist keine wenigstens mittelbare Beteiligung gegeben, unterscheidet sich die finanzierende Gesellschaft nicht von jedem anderen Fremdkapitalgeber.

Darüber hinaus sind auch die teleologischen Ansätze des Kapitalerhaltungs- und Kapitalersatzrechtes zu berücksichtigen.[727] Die an der Muttergesellschaft nicht beteiligte Tochtergesellschaft hat grundsätzlich keinen Anspruch auf Auskehrung eines Gewinns, es wäre deshalb ungerechtfertigt, ihr das Ausfallrisiko hinsichtlich ihrer Rückleistungsforderung[728] nach einer Umqualifizierung in der Insolvenz aufzuerlegen. Nur wer aufgrund einer Unternehmensbeteiligung die Chance hat, Gewinne zu erzielen, soll auch die mit der haftungsrechtlichen Gleichstellung seiner Finanzierungsmittel mit Eigenkapital bestehenden Risiken tragen müssen.[729]

Die Tochter hat aufgrund ihrer fehlenden Gesellschafterstellung auf die Mutter auch keinen durchsetzbaren unternehmerischen Einfluss. In der Praxis kann es zwar vorkommen, dass die Tochter auf die Muttergesellschaft tatsächlich Einfluss nimmt und auch über deren Belange informiert ist bzw. vielleicht sogar Insiderwissen besitzt - ein gesetzlicher Anspruch, wie beispielsweise gemäß § 51a GmbHG[730], besteht jedoch insoweit nicht.

---

[727] Vgl. ausführlich zu den nachfolgenden Argumenten *v. Gerkan/Hommelhoff/Fleischer*, Rn. 12.19 mwN.

[728] Zwar wäre die Rückleistungsforderung eine nachrangige Insolvenzforderung gemäß § 39 Abs. 1 Nr. 5 InsO, jedoch wird eine Befriedigung dieser Forderungen in der Praxis kaum vorkommen.

[729] Vgl. *Fleischer*, S. 86ff.

[730] Vgl. BGH, Urt. v. 26.3.1984 – II ZR 171, 83, BGHZ 90, 381, 389, ZIP 1984, 572, 574.

Schließlich kann es auch zu einer Interessenkollision zwischen den Regeln der Kapitalerhaltung und den Kapitalersatzregeln kommen. Wäre die Finanzierungsleistung der Tochtergesellschaft an die Muttergesellschaft ein Verstoß gegen die Kapitalerhaltungsvorschriften zugunsten den Gläubigern der Tochtergesellschaft, insbesondere ein Verstoß gegen § 30 Abs. 1 GmbHG, dann hat man die Frage zu klären, welche Interessen schützwürdiger sind, die Gläubigerinteressen der Tochtergesellschaft oder die Gläubigerinteressen der Muttergesellschaft. Die Tendenz der Rechtsprechung zeigt eine Vorrangigkeit der Kapitalerhaltungsregeln an. Nach neuester Rechtsprechung[731] stellt jeder Liquiditätsabfluss von der Gesellschaft an die Gesellschafter eine verbotene Auszahlung im Sinne des § 30 Abs.1 GmbHG dar, wenn bei der gewährenden Gesellschaft dadurch eine Unterbilanz entsteht oder vertieft wird. Diese Qualifizierung der Gewährung von Finanzierungsmittel als von vornherein verbotene Rückzahlung gemäß § 30 Abs. 1 GmbHG bildet den Vorrang der Kapitalerhaltungsregeln ab. Wird etwas entgegen einem gesetzlichen Verbot gewährt, dann müssen zunächst die durch das Verbot zu schützenden Gläubiger vorrangigen Schutz erhalten.

Als Zwischenergebnis ist somit festzuhalten, dass für die Anwendung der Kapitalersatzregeln zumindest eine mittelbare Beteiligung der gewährenden Gesellschaft an der empfangenden Gesellschaft gegeben sein muss. Die Regelvermutung der Rechtsprechung bei Vorliegen eines Tatbestandes der §§ 15ff. AktG führt hier zu ungerechtfertigten Ergebnissen.

bb) Übrige Finanzierungsvarianten von unten nach oben

Aufgrund des vorstehend dargestellten Zwischenergebnisses muss für die Anwendung der Kapitalersatzregeln bei Finanzierungen von unten nach oben jedenfalls eine mittelbare Beteiligung der finanzierenden Gesellschaft nachgewiesen werden. Abgesehen vom Fall einer wechselseitigen Beteiligung, ist diese Voraussetzung bei allen Finanzierungen von einer unteren Gesellschafterebene an eine höhere Gesellschafterebene nicht gegeben. Eine weitergehende Falldifferenzierung bei mehrstufigen Verbindungen ist somit vorliegend nicht geboten.

Die untergerichtliche Rechtsprechung hat inzwischen bestätigt, dass das Eigenkapitalersatzrecht auf aufsteigende Finanzierungshilfen keine Anwendung findet.[732]

---

[731] BGH, Urt. v. 24.11.2003 – II ZR 171/01, DZWIR 2004, 513ff., ZIP 2004, 263ff., DB 2004, 371ff.

[732] LG Bonn, Urt. v. 31.5.2005 – 2 O 393/03, ZIP 2005, 1324.

cc) Sonderfall: Wechselseitige Beteiligung

Nachdem in den obigen Gliederungspunkten die wechselseitige Beteiligung zur Vereinfachung ausgeschlossen wurde, ist nunmehr der Sonderfall einer wechselseitigen Beteiligung bei Unternehmensfinanzierungen zu betrachten.

Gewährt die Tochtergesellschaft an die Muttergesellschaft eine Finanzierungshilfe und hält die Tochter auch eine Beteiligung an der Mutter, dann ist die Tochter unmittelbare Gesellschafterin. Für sie gelten die Kapitalersatzregeln unmittelbar.

Gewährt die Tochtergesellschaft an die der Muttergesellschaft übergeordnete Gesellschaft (beispielsweise an die gesellschaftsrechtliche Großmutter) eine Finanzierungshilfe, dann muss entsprechend dem oben dargestellten Zwischenergebnis bei Finanzierungen von unten nach oben jeweils eine Beteiligung der Untergesellschaft an der Obergesellschaft gegeben sein oder die Tochtergesellschaft ist direkt an der Großmuttergesellschaft beteiligt. Bei der direkten Beteiligung gelten die Kapitalersatzregeln wieder unmittelbar. Bei der abgestuften Beteiligung hat man wieder das Stufenverhältnis zu analysieren. Dabei sind für das Verhältnis zwischen der Tochtergesellschaft und der Muttergesellschaft die obigen Ausführungen zur ersten Beteiligungsstufe bei den Finanzierungsleistungen von oben nach unten heranzuziehen und für das Verhältnis zwischen der Muttergesellschaft und der Großmuttergesellschaft die entsprechenden Ausführungen zur zweiten Beteiligungsstufe. Das Stufenverhältnis ist hier in umgekehrter Reihenfolge, also von unten nach oben, zu betrachten.

Entsprechend der oben dargestellten Rechtsprechung des BGH[733] würde auch diesen Fällen, je nach den Umständen des Einzelfalles, ein Unternehmensverbund im Sinne des § 15 AktG angenommen werden können[734] und dann als undifferenzierte Folge davon die Kapitalersatzregeln zur Anwendung kommen. Aber auch in diesem Sonderfall muss die gesellschaftergleiche Stellung der finanzierenden Gesellschaft konkret festgestellt werden.

---

733 Siehe ausführlich hierzu unter § 14, II, 2.

734 Ein wechselseitig beteiligtes Unternehmen im Sinne des § 19 AktG liegt erst ab einer gegenseitigen Beteiligung von mehr als 25% vor; bei einer Beteiligung von 25% oder weniger kann jedoch der Tatbestand eines anderen verbunden Unternehmens erfüllt sein.

2. Horizontale Verbindungen

Im Anschluss an die Analyse der vertikalen Verbindungen sind die horizontalen Verbindungen im Bezug auf die Anwendung der Kapitalersatzregeln für gegenseitige Finanzierungsleistungen zu betrachten.

a) Schwesternverhältnis

Im gesellschaftsrechtlichen Schwesternverhältnis gibt es verschiedene Ausgestaltungsmöglichkeiten für die Ausstattung einer Gesellschaft mit Finanzierungsmitteln.

Leistet eine Schwester an eine andere Schwester, ohne dass die leistende Gesellschaft an der empfangenden Gesellschaft beteiligt ist, so stellt sich erneut das Problem einer fehlenden mittelbaren Vermögensbeteiligung.

Die überwiegende Literatur hat in dem Fall, in dem eine Tochtergesellschaft an eine weitere Tochtergesellschaft der gemeinsamen Mutter eine Kapitalhilfe gewährt, die darlehensgebende Tochtergesellschaft aber nicht am Vermögen der darlehensnehmenden Schwester und auch nicht am Vermögen der gemeinsamen Mutter teilnimmt, die Anwendung der Kapitalersatzregeln abgelehnt.[735] Anderer Meinung zufolge komme es auf darauf an, ob beide Schwestergesellschaften unter dem beherrschenden Einfluss der Muttergesellschaft stehen. In diesem Fall liege eine mittelbare Stellvertretung vor, die eine Anwendung der Kapitalersatzregeln über § 32a Abs. 3 Satz 1 GmbHG zulasse.[736]

Auch hier sind die Argumente für das Erfordernis einer wenigsten mittelbaren Beteiligung der gewährenden Gesellschaft an der empfangenden Gesellschaft maßgeblich.[737] Allerdings darf eine beherrschende Stellung der Muttergesellschaft auch bei Finanzierungsleistungen zwischen Schwestergesellschaften, die aneinander nicht beteiligt sind, bei der Frage der Anwendbarkeit der Kapitalersatzregeln aus Umgehungsschutzgründen nicht unberücksichtigt bleiben. Eine beherrschende Stellung vermittelt unternehmerischen Einfluss. Kann nachgewiesen werden, dass die Muttergesellschaft eine abhängige Tochter veranlasst hat, an eine andere Tochter Finanzierungsleistungen zu erbringen, dann wird die

---

[735] Vergleiche die unterschiedlichen Fallvarianten in *Roth/Altmeppen*, § 32a GmbHG, Rn. 154ff.

[736] Vgl. *Hachenburg/Ulmer*, § 32a, b GmbHG, Rn. 121.

[737] Siehe zur zumindest mittelbaren Beteiligung bei den verbundenen Unternehmen unter § 14, IV.

gesellschaftergleiche Stellung der einen Schwestergesellschaft im Verhältnis zur anderen Schwestergesellschaft gleichsam über die beherrschende Muttergesellschaft vermittelt. Bestehen für eine Einflussnahme der Muttergesellschaft keine Anhaltspunkte, sind bestimmte Vermutungswirkungen im faktischen Konzernverhältnis heranzuziehen.[738]

Darüber hinaus werden in der Literatur weitere Ausnahmefälle vom Erfordernis einer mittelbaren Beteiligung diskutiert. Ein solcher Ausnahmefall sei beispielsweise gegeben, wenn die Muttergesellschaft eine Verlustausgleichspflicht nach § 302 AktG gegenüber der leistenden Gesellschaft trifft, eine horizontale Verlustausgleichspflicht in Analogie zu den §§ 730ff. BGB zwischen den Schwestergesellschaften wird jedoch abgelehnt und damit auch eine Finanzierungsverantwortung der leistenden Schwester.[739]

Abzustellen ist also zunächst auf das Erfordernis einer mittelbaren Beteiligung. Es sind jedoch auch hier die Umstände des Einzelfalles zu berücksichtigen, die im Ausnahmefall die Anwendung der Kapitalersatzregeln bei Finanzierungen im Schwesterverhältnis rechtfertigen können.

b) Sonderfall: Betriebsaufspaltung

Im Fall der Aufspaltung eines Betriebes in eine Betriebsgesellschaft und eine Besitzgesellschaft stellt sich die Frage, ob nach wie vor eine „wirtschaftliche Einheit“ zwischen den neuen Gesellschaften vorliegt.

Selbst wenn die aufgespalteten Gesellschaften aneinander nicht beteiligt sind, jedoch die Gesellschaften dieselben Gesellschafter haben, dann hat die Rechtsprechung eine „wirtschaftliche Einheit“ bejaht.[740] Die Literatur befürwortet bei identischer Gesellschafterstruktur in der Besitz- und der Betriebsgesellschaft ebenfalls die Anwendung des § 32a Abs. 3 Satz 1 GmbHG.[741] Besitz- und Betriebsgesellschaft betreiben faktisch nur ein einziges Unternehmen[742], weshalb auch aus Gründen des Umgehungsschutzes die Kapitalersatzregeln über § 32a

---

738 Siehe ausführlich hierzu *Hüffer*, § 311 AktG, Rn. 21; *Ehricke*, S. 162ff.

739 Vgl. *v. Gerkan/Hommelhoff/Fleischer*, Rn. 12.25 mit den hierzu vertretenen Argumenten und mwN.

740 BGH, Urt. v. 14.12.1992 – II ZR 298/91, NJW 1993, 392, 393; BGH, Urt. v. 11.7.1994 – II ZR 146/92, ZIP 1994, 1261, 1262, GmbHR 1994, 612f., NJW 1994, 2349, 2350.

741 Vgl. *Lutter/Hommelhoff*, §§ 32a,/b GmbHG, Rn. 138 mwN.

742 *v. Gerkan/Hommelhoff/Fleischer*, Rn. 12.22.

Abs. 3 Satz 1 GmbHG für die Finanzierungsleistungen der Gesellschaften untereinander anzuwenden sind.

Es kann jedoch auch Fallgruppen mit einer nur teilweisen Gesellschafteridentität geben, bei denen es ebenfalls aus Umgehungsschutzgründen gerechtfertigt ist, die Kapitalersatzregeln anzuwenden. Ein solches Beispiel ist gegeben, wenn an der Besitzgesellschaft neben den Gesellschaftern der Betriebsgesellschaft noch weitere Personen beteiligt sind, die aber keine Anteile an der Betriebsgesellschaft halten. Dies wird häufig bei der Vererbung von Betriebsvermögen der Fall sein. Hier wird es auf die Umstände des Einzelfalles ankommen. Einseitig beteiligte Personen mit einer Beteiligung von 10% oder weniger sind kapitalersatzrechtlich nicht zur Verantwortung zu ziehen (vgl. § 32a Abs. 3 Satz 2 GmbHG), folglich darf ihre Beteiligung auch nicht zu einer Entziehung der eigenkapitalersatzrechtlichen Verantwortung im Übrigen führen.

Ein Teil der Rechtsprechung und die herrschende Meinung in der Literatur haben inzwischen den Anwendungsbereich des § 32a Abs. 3 Satz 1 GmbHG im Fall der Betriebsaufspaltung stark erweitert. Die Besitzgesellschaft und deren Gesellschafter werden als Darlehensgeber von den Kapitalersatzregeln über § 32a Abs. 3 Satz 1 GmbHG selbst dann erfasst, wenn sie nicht Gesellschafter der Betriebsgesellschaft sind.[743] Fraglich ist allerdings, welche Mindestbeteiligungsquote die Gesellschafter an der Besitzgesellschaft halten müssen, damit ihre gesellschaftergleiche Stellung in Bezug auf Betriebsgesellschaft festgestellt werden kann. Hier wird man entsprechend den obigen Ausführungen eine Mindestbeteiligung von mehr als 50% verlangen müssen.

3. Kombinationen

Schließlich gibt es eine unüberschaubare Anzahl von Kombinationsfällen, d. h. die Gewährung von Finanzierungsmittel im Gesellschaftsverbund über die Vermittlung von horizontalen und vertikalen Verbindungen. Hier können die oben dargestellten Ergebnisse, vor allem aber die vorgetragenen Argumente, nützliche Anhaltspunkte für die Problemlösung im Einzelfall sein. Eine weitere Differenzierung soll hingegen nicht Gegenstand dieser Arbeit sein.

---

[743] *v. Gerkan/Hommelhoff/Johlke/Schröder*, Rn. 5.46.

4. Vertragskonzern

Zu den verbundenen Unternehmen zählen gemäß § 15 AktG auch die Vertragsteile eines Unternehmensvertrages gemäß §§ 291, 292. Die einzelnen Unternehmensverträge wurden bereits oben im Überblick dargestellt. In den §§ 300ff. AktG sind besondere Vorschriften zur Sicherung der Gesellschaft und der Gläubiger vorgesehen. Nach herrschender Meinung in der Rechtsprechung und der Literatur werden dadurch die Kapitalersatzregeln nicht ausgeschlossen. Selbst das Tatbestandsmerkmal der Kreditunwürdigkeit ist weiterhin zu prüfen.[744] Die gesetzlichen Kapitalschutzvorschriften beim Vertragskonzern geben keinen Hinweis auf den Ausschluss der Kapitalersatzregeln. Um einen umfassenden Umgehungsschutz zu gewährleisten, dürfen vertragliche Regelungen nicht dazu führen, dass die Schutzwirkung der Kapitalersatzregeln umgangen wird. Es empfiehlt sich deshalb bei Finanzierungsleistungen im Vertragskonzern, zunächst den Gläubigerschutz über die §§ 300ff. AktG abzuprüfen und im Anschluss zu überprüfen, ob die Kapitalersatzregeln zu einer Umqualifizierung der Finanzierungsleistung führen. Ein kombiniertes Gläubigerschutzsystem kann mögliche Schutzlücken der einzelnen Systeme ausgleichen.

Als problematisch wird in diesem Zusammenhang auch noch die Bestimmung der Kreditunwürdigkeit der Leistungen empfangenden Gesellschaft angesehen. Eine Verlustausgleichsverpflichtung der Muttergesellschaft gegenüber der Tochtergesellschaft hat auch Auswirkungen auf die Bestimmung der Kreditwürdigkeit der Tochtergesellschaft. Es könnte überlegt werden, ob ein gesetzlicher Verlustausgleichsanspruch die Kreditunwürdigkeit der Gesellschaft ausschließt. Dies kann jedoch nicht uneingeschränkt gelten. Zum einen besteht ein Anspruch auf Verlustausgleich regelmäßig erst am Ende eines Geschäftsjahres, so dass während eines Jahres, vor allem bei kurzfristigen Fremdfinanzierungen, trotz eines Verlustausgleichsanspruches eine Kreditunwürdigkeit bei der empfangenden Gesellschaft festgestellt werden kann. Zum anderen kann der Anspruch auf Verlustausgleich nicht werthaltig sein, da die verpflichtete Gesellschaft zu einem Verlustausgleich wirtschaftlich nicht in der Lage ist. Für die Frage der Feststellung der Kreditunwürdigkeit kommt es also wiederum auf die Umstände des Einzelfalles an. Der Anspruch auf Verlustausgleich darf nicht zur generellen Bejahung der Kreditwürdigkeit führen, er muss jedoch in die Bewertung anhand von Indizien[745] mit einbezogen werden.

---

[744] Vgl. *v. Gerkan/Hommelhoff/Fleischer*, Rn. 12.32 mit einer ausführlichen Darstellung der hiezu vertretenen Argumenten und mwN.

[745] Siehe hierzu ausführlich unter § 3, I, 3.

5. Cash-Pooling

Beim sog. Cash-Pooling wird „cash“, also Liquidität, in einen Pool eingestellt und zentral verwaltet. Bei konzernrechtlich verbundenen Unternehmen ist diese Form der gegenseitigen Finanzierung gängige Praxis. Meist steuert und koordiniert eine Gesellschaft im Unternehmensverbund den kompletten Zahlungsverkehr der verbundenen Gesellschaften. Täglich wird der Liquiditätsüberschuss bei den einen Gesellschaften abgezogen und ein Liquiditätsdefizit bei den anderen Gesellschaften ausgeglichen. Diese Art des Liquiditätsmanagements bündelt viele Vorteile, beispielsweise die dadurch gewährleistete Übersicht über die Gesamtliquidität, die meist geringeren Finanzierungskosten im Vergleich zur Finanzierung auf dem freien Kapitalmarkt bei Zuführung von Liquidität und die kurze Zugriffszeit bei Liquiditätsbedarf.[746]

Diskussionsstoff im Zusammenhang mit der Konzerninnenfinanzierung lieferte die oben schon erwähnte Entscheidung des BGH vom 24. November 2003[747], wonach Kreditgewährungen an Gesellschafter, die nicht aus Rücklagen oder Gewinnvorträgen, sondern zu Lasten des gebundenen Vermögens der GmbH erfolgen, auch dann grundsätzlich als verbotene Rückzahlungen von Gesellschaftsvermögen zu bewerten sind, wenn der Rückzahlungsanspruch gegen den Gesellschafter im Einzelfall vollwertig ist. Für eine Ausnahme von dieser Rechtsprechungslinie müssen die Kriterien der Vorteilhaftigkeit für die Konzerngesellschaft, des Drittvergleichs und der zweifelsfreien Bonität der Obergesellschaft oder der Besicherung gewährleistet werden; diese Kriterien müssen laufend überprüft und durch ein funktionierendes transparentes Informations- und Frühwarnsystem abgesichert werden.[748]

Das Cash-Pooling-Verfahren führt zu einer geordneten Unternehmensfinanzierung. Liquidität wird durch eine Management-Gesellschaft eingezogen und von dort aus zentral verteilt. Es gibt keine vertikalen und/oder horizontalen Finanzierungen mehr.

---

[746] Vgl. *v. Gerkan/Hommelhoff/Fleischer*, Rn. 12.28.

[747] BGH, Urt. v. 24.11.2003 – II ZR 171/01, DZWIR 2004, 513ff., ZIP 2004, 263ff., DB 2004, 371ff.

[748] Ausführlich hierzu *Hentzen*, ZGR 2005, S. 480ff., 524.

Die nachfolgende Skizze zeigt, wie ein solches Cash-Management funktioniert:

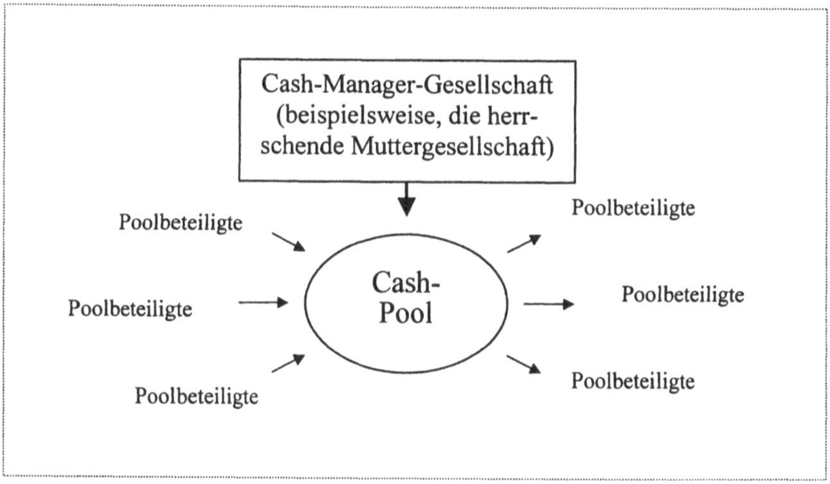

Beim Cash-Pooling in einem Unternehmensverbund wird es also direkte Finanzierungen zwischen den verschiedenen Gesellschaften nicht mehr geben. Es können daher die oben dargestellten Kriterien zur Bestimmung der Anwendung der Kapitalersatzregeln keine abschließende Problemlösung bieten. Vielmehr bedarf es einer umfassenden und strukturierten Aufarbeitung der Besonderheiten des Cash-Poolings im Konzern, bevor die Frage nach der Geltung des Kapitalersatzrechts anhand der Besonderheiten beantwortet werden kann.[749]

Gerade in den Fällen einer Finanzierung im Schwesterverhältnis oder bei einer Finanzierungsleistung von einer untergeordneten Gesellschaft an eine übergeordnete Gesellschaft ohne Beteiligung der gewährenden Gesellschaft an der empfangenden Gesellschaft gibt es Probleme bei der Bestimmung der gesellschaftergleichen Stellung der leistenden Gesellschaft. Im Cash-Pooling-System laufen die Finanzierungsströme über die Cash-Manager-Gesellschaft. Es kommt für die Frage der Anwendbarkeit der Kapitalersatzregeln somit nicht darauf an, wer welches Geld von wem bekommt – das kann in einem komplexen Konzernverhältnis auch nicht mehr festgestellt werden, sondern welche Steuerungskompetenz der Cash-Manager-Gesellschaft zukommt.

---

[749] Siehe ausführlich zum Cash-Pooling und Kapitalersatzrecht im Konzern: *Faßbender, S. 25ff.*

Die Rechtsprechung des BGH[750] bejaht aus Umgehungsschutzgründen die Anwendbarkeit der Kapitalersatzregeln bei Finanzierungsleistungen im Cash-Pool-System, da die beherrschende Stellung der Cash-Manager-Gesellschaft berücksichtigt werden muss. Sie hält die Fäden in der Hand. Es werden zwar regelmäßig statuarisch oder rechtsgeschäftlich bestimmte Richtlinien der Liquiditätssteuerung und Handhabung bestimmt sein, die gegenseitige Konzernfinanzierung erfolgt jedoch im Konzerninteresse und damit jedenfalls auch im Interesse der herrschenden Gesellschaft.

Grundsätzlich kann jede Finanzierungsleistung im Cash-Pooling-System unter die Generalklausel des § 32a Abs. 3 Satz 1 GmbHG gefasst werden. Es kann im Rahmen einer zentralen Liquiditätssteuerung nicht mehr nachvollzogen werden, woher das Geld stammt. Es ist außerdem davon auszugehen, dass jede einzelne Finanzierung im Konzerninteresse erfolgt.

Die Cash-Manager-Gesellschaft muss jedoch eine beherrschende Stellung einnehmen oder zumindest von einer beherrschenden Gesellschaft gesteuert werden. Für die Anwendung des § 32a Abs. 3 Satz 1 GmbHG muss eine wirtschaftlich vergleichbare Gesellschafterstellung bestehen. Eine solche Stellung muss für die Cash-Manager-Gesellschaft festgestellt werden können, ansonsten hätte die ausreichende Gesellschaft keine andere Stellung wie eine neutrale Bank.

Welche Beteiligungsverhältnisse für die Annahme einer beherrschenden Stellung und die Zurechnung der Finanzierungsfolgenverantwortung notwendig sind, hat *Faßbender*[751] ausführlich dargestellt.

V. Beweislastverteilung

1. Beweislast hinsichtlich möglicher Ausnahmetatbestände

Nicht bei allen verbundenen Unternehmen kann eine wirtschaftliche Vergleichbarkeit im Sinne des § 32a Abs. 3 Satz 1 GmbHG angenommen werden. Es ist jedoch aufgrund der Regelvermutung der Rechtsprechung davon auszugehen, dass die Kapitalersatzregeln grundsätzlich zur Anwendung kommen, wenn ein Tatbestand des § 15 AktG erfüllt ist. Ausnahmetatbestände sind jedoch auch

---

[750] Vgl. BGH, Urt. v. 16.12.1991 – II ZR 294/90, ZIP 1992, 242, 244, NJW 1992, 1167, 1168f.

[751] *Faßbender*, S. 164ff.

nach der Rechtsprechung nicht ausgeschlossen. Der gewährenden Gesellschaft muss es deshalb gestattet sein, den Nachweis darüber zu erbringen, dass der Zurechnungszusammenhang zwischen Gesellschafterstellung und der Gewährung der Finanzierung (sog. causa societatis) im konkreten Falle nicht bestand.[752] Ansonsten spricht die gesellschaftsrechtliche Wirklichkeit dafür, dass die Kapitalhilfe eines verbundenen Unternehmens aufgrund einer mittelbaren Beteiligung an der kreditnehmenden Gesellschaft gewährt wurde.

Der herrschenden Ansicht in der Literatur[753] folgend ist es in dem Fall, in dem der Kreditgeber zumindest mittelbar an der kreditnehmenden Gesellschaft beteiligt ist, gerechtfertigt, eine widerlegliche Vermutung für die gesellschaftergleiche Stellung für die Anwendung der Kapitalersatzregeln aufzustellen. Dem Darlehensgeber muss es jedoch möglich bleiben, diese Vermutung zu entkräften. Eine unwiderlegliche Vermutungswirkung jedenfalls im faktischen Konzern kann es unter Zugrundelegung der Rechtsprechungsgrundsätze des BGH generell nicht geben[754] und sie ist auch nicht im Sinne des Gläubigerschutzes im Kapitalersatzrecht erforderlich. Es müssen stets die Umstände des Einzelfalles berücksichtigt werden können.

2. Beweislast für unternehmerischen Einfluss bei Minderheitsbeteiligung

Für den Insolvenzverwalter in der Praxis ist die Vermutungsregel der Rechtsprechung äußerst hilfreich. Er hat dementsprechend nur darzulegen, dass ein unternehmerischer Verbund im Sinne des §§ 15ff. AktG vorliegt. Darüber hinaus kann er leicht feststellen, ob die oben dargelegte Mehrheitsbeteiligung von 50% gegeben ist. Aber auch eine Beteiligung von unter 50% kann zur Anwendung der Kapitalersatzregeln führen, wenn ein anderweitiger unternehmerischer Einfluss auf den Darlehensgeber vorliegt. Insoweit ist allerdings die Nachweismöglichkeit eines Insolvenzverwalters eingeschränkt.

Vor diesem Hintergrund ist hinsichtlich der Darlegungs- und Beweislast folgendes abgestufte System anzuerkennen:

Der Insolvenzverwalter hat darzulegen und zu beweisen, dass der Fall eines verbundenen Unternehmens vorliegt und festzustellen, ob eine Mehrheitsbeteiligung von über 50% gegeben ist. Liegt eine solche Mehrheitsbeteiligung nicht

---

[752] Vgl. *v. Gerkan/Hommelhoff/Fleischer*, Rn. 12.18.
[753] Vgl. *Roth/Altmeppen*, § 32a GmbHG, Rn. 154f.
[754] Vgl. *Lutter/Hommelhoff*, §§ 32a/b GmbHG, Rn. 64.

vor, dann hat er Indizien für die unternehmerische Einflussnahmemöglichkeit und die wirtschaftlich mit einem Gesellschafter vergleichbare Stellung vorzutragen. Dieser Vortrag führt dann zu einer widerleglichen Vermutung für eine mittelbare Beteiligung, welchen der Darlehensgeber jedoch seinerseits durch entsprechenden Vortrag und Nachweis entkräften kann.

§ 15 Eigenkapitalersatz im öffentlich-rechtlichen Bereich

Die Anwendung der Kapitalersatzregeln im öffentlich-rechtlichen Bereich ist abhängig von der Art der staatlichen Beteiligung.

I. Kapitalersatz bei juristischen Personen des öffentlichen Rechts

Juristische Personen des öffentlichen Rechts und andere staatliche Behörden haben keine konkret geregelte Finanz- und Haftungsverfassung. Darüber hinaus gibt es keine Gesellschafteranteile an der juristischen Person des öffentlichen Rechts und ein beschränkter Haftungsfonds ist ebenfalls nicht vorhanden.

Eine Gesellschafterverantwortung für die Finanzierung der Gesellschaft gibt es bei juristischen Personen des öffentlichen Rechts und anderen staatlichen Behörden deshalb nicht. Die allgemeinen Grundsätze für die Anwendung der Kapitalersatzregeln können hier folglich nicht herangezogen werden. Schon aus diesen Gründen gibt es keinen Kapitalersatz bei juristischen Personen des öffentlichen Rechts.

II. Gesellschafterstellung und Kreditvergabe der öffentlichen Hand an Privatunternehmen

1. Gesellschafterstellung

Eine andere Beurteilung erfordert die Frage nach der Anwendung der Kapitalersatzregeln bei einer Gesellschafterstellung der öffentlichen Hand an Privatunternehmen. Hierher gehören die Fälle der gesellschafterlichen Beteiligung der juristischen Personen des öffentlichen Rechts an juristischen Personen des Privatrechts oder Gesellschaften ohne Rechtspersönlichkeit oder auch die kommunalen Eigengesellschaften in einer Rechtsform des Privatrechts.

Entscheidend ist hier die Finanz- und Haftungsverfassung des privatrechtlich strukturierten Unternehmens. Haben die Gesellschafterleistungen eigenkapitalersetzenden Charakter, dann haben die Gesellschafter entsprechend den allgemeinen Regeln die Finanzierungsfolgenverantwortung zu tragen, indem die Gesellschafterleistung zu eigenkapitalähnlichen Haftkapital umqualifiziert wird. Es kann schon aus Gläubigerschutzgründen grundsätzlich keine Rolle spielen, wer in der Gesellschafterrolle steckt. Auch die Gesellschafterleistungen der öffentlichen Hand sind dann grundsätzlich eigenkapitalersetzend.

Darüber hinaus ist anerkannt, dass die öffentliche Hand – also insbesondere der Bund, die Länder, die Gemeinden, Körperschaften und Anstalten des öffentlichen Rechts – ein Unternehmen i. S. d. §§ 15ff. ist, wenn sie an einem Rechtsträger privater Rechtsform beteiligt ist. Es gibt keinen konzernrechtlichen Sonderstatus der öffentlichen Hand.[755]

Eine andere Beurteilung kann für die Gesellschaften mit unbeschränkten Haftungsfonds gelten. Diese unbeschränkte Haftung kann zum einen aufgrund der gewählten Rechtsform bestehen[756], zum anderen kann sie sich durch eine öffentlich-rechtliche Verpflichtung der öffentlich-rechtlichen Gesellschafter zum Verlustausgleich bzw. der Verpflichtung zum Ausgleich einer Unterbilanz ergeben.[757] Bei einem unbeschränkten Haftungsvermögen besteht grundsätzlich kein Bedürfnis zur Anwendung der Kapitalersatzregeln.[758]

2. Kreditvergabe der öffentlichen Hand oder eines öffentlich-rechtlichen Kreditinstituts an ein verbundenes Privatunternehmen

a) Einfache Kreditvergabe

Gewährt ein öffentlich-rechtlicher Gesellschafter an ein gesellschaftsrechtlich verbundenes Privatunternehmen ein Darlehen, dann sind für diese einfache Kreditvergabe die allgemeinen Eigenkapitalersatzregeln wie bei jedem einfachen Gesellschafterdarlehen anzuwenden.

---

755 Siehe hierzu ausführlich *MüKo-Bayer*, § 15 AktG, Rn. 38ff. mwN.

756 Zur Anwendung der Kapitalersatzregeln bei der gesetzestypischen KG und OHG unter § 18, III und IV.

757 Für öffentlich-rechtliche Kreditinstitute (Sparkassen, Landesbanken usw.) bestand bisher eine Verpflichtung der Mutter-Gebietskörperschaft (Länder, Gemeinden) zur Sicherung der Funktionsfähigkeit der Anstalt und damit eine Verpflichtung zum Ausgleich einer Unterbilanz - vergleiche hierzu *Uhlenbruck/Hirte*, § 12 InsO, Rn. 9; die Gewährträgerhaftung für öffentlich-rechtliche Kreditinstitute ist ab dem 18.07.2005 entfallen – weitere Informationen unter **www.finanztip.de/recht/bank/gewaehrtraegerhaftung.htm.**

758 Zur Begründung der Anwendung der Kapitalersatzregeln über eine analoge Anwendung der §§ 39 Abs. 1 Nr. 5 InsO, 135 InsO siehe ausführlich unter § 18, III, 2, a, bb.

b) Förderkreditvergabe

Ein Förderkredit der öffentlichen Hand oder eines öffentlich-rechtlichen Kreditinstituts, der zweckgebunden im Rahmen eines im öffentlichen Interesses stehenden Kreditprogramms gewährt wird, kann unter bestimmten, hier noch näher darzustellenden Voraussetzungen, als eigenkapitalersetzender Gesellschafterkredit behandelt werden. Solche Förderkredite werden beispielsweise ausgereicht durch die LfA-Förderbank, die Bayerische Landesbank oder die Kreditanstalt für Wiederaufbau.

Grundsätzliche Voraussetzung ist zunächst, dass das involvierte Kreditinstitut in eigenkapitalersetzender Höhe an der kreditnehmenden Gesellschaft als Gesellschafterin beteiligt ist.

Die Kreditvergabe eines Förderkredits kann auf unterschiedliche Weise erfolgen:[759]

Ein sog. Verwaltungskredit ist gegeben, wenn ein Kreditinstitut nur im Namen und für Rechnung der öffentlichen Hand auftritt und für diese die Geldmittel an die kreditnehmende Gesellschaft gewährt. Nachdem hier das Kreditinstitut ausschließlich die vergebende öffentliche Hand berechtigt und verpflichtet, handelt es sich bei einem solchen Verwaltungskredit nicht um ein Gesellschafterdarlehen.

Tritt das Kreditinstitut als Treuhänder der öffentlichen Hand auf und vergibt die Kredite an die Gesellschaft zwar im eigenen Namen, aber auf Anweisung und Risiko der öffentlichen Hand, so ist der bereitgestellte Kreditbetrag beim Kreditinstitut nur ein durchlaufender Posten und kein Bestandteil des Vermögens des Kreditinstituts. Es besteht somit kein Zurechnungszusammenhang zwischen der Gesellschafterstellung der Bank und der Kreditvergabe. Das gewährte Darlehen unterliegt deshalb nicht den Regeln des Eigenkapitalersatzrechts.

Es gibt jedoch auch Kreditvergabevarianten, bei der das Kreditinstitut zwar nicht die Mittel bereitstellt und die Bewilligung erteilt, jedoch das Risiko für den Kreditausfall trägt. Man spricht in diesem Zusammenhang von sog. durchgeleiteten Förderkrediten. In einem solchen Fall tritt das Kreditinstitut nach der Vergabe wirtschaftlich als Kreditgeberin auf. Es steht so, als hätte sie die Rückzahlungsforderung nach der Kreditausreichung von einem Dritten erworben. Ist das Kreditinstitut zugleich Gesellschafterin der kreditnehmenden Ge-

---

[759] Zum Ganzen: *v. Gerkan/Hommelhoff/von Gerkan*, Rn. 3.75ff.

sellschaft, dann sind die Regeln des Eigenkapitalersatzrechts auf das gewährte Darlehen anwendbar.[760]

[760] Vgl. *v. Gerkan/Hommelhoff/von Gerkan*, Rn. 3.78.

Kapitel 4: Kapitalersatz bei verschiedenen Gesellschaftsformen

§ 16 Anwendbarkeit der Kapitalersatzregeln im Allgemeinen

I. Grundfall GmbH

Die Regelungen der §§ 32a, 32b GmbHG betreffen unmittelbar die GmbH. Auch die Rechtsprechungsregeln, die anhand der §§ 30, 31 GmbHG entwickelt wurden, beziehen sich grundsätzlich auf die GmbH. Die Darlehensgewährung an eine Gesellschaft mit beschränkter Haftung ist der eigenkapitalersatzrechtliche Grundfall. Die oben dargestellten Fallgruppen beziehen sich ebenfalls grundsätzlich auf die GmbH.

Will man die Kapitalersatzregeln auch auf andere Gesellschaftsformen anwenden, so hat man im Hinblick auf den Sinn und Zweck des Kapitalersatzrechtes die Unterschiede zur GmbH herauszuarbeiten. Vorliegend soll geprüft werden, ob und wenn ja, welche Unterschiede bei den verschiedenen Gesellschaftsformen im Vergleich zur GmbH bestehen. Dabei soll auch erörtert werden, welchen Fallgruppen bei den verschiedenen Gesellschaftsformen besondere Bedeutung zukommt und ob unter Umständen weitere neue eigenkapitalersatzrechtliche Fallgruppen bestehen.

II. Erweiterte Anwendung der Kapitalersatzregeln

Die §§ 32a und 32b GmbHG werden bei der offenen Handelsgesellschaft gemäß § 129a HGB unter bestimmten Voraussetzungen für anwendbar erklärt. Bei der Kommanditgesellschaft regelt § 172a HGB die Anwendbarkeit der genannten Vorschriften des GmbHG. Diese Vorschriften des HGB schließen – kurz zusammengefasst – die Anwendung der Kapitalersatzregeln aus, wenn ein persönlich haftender Gesellschafter unter den Primärgesellschaftern oder den Sekundärgesellschaftern ist.[761] Die Ausnahmeregelungen der §§ 129a Satz 2, 172a Satz 2 HGB beziehen sich nur auf die zweite Gesellschafterebene. Bei persönlich haftenden Gesellschaftern auf der dritten oder noch höheren Ebene greifen die Ausnahmevorschriften nicht ein. Auch der Sinn und Zweck dieser

[761] Die unmittelbaren Gesellschafter der Ausgangsgesellschaft werden hier als „Primärgesellschafter“ und die Gesellschafter der Primärgesellschafter werden als „Sekundärgesellschafter“ bezeichnet.

Anwendungsvorschriften gebietet keine darüber hinausgehende Anwendung der §§ 32a, 32b GmbHG.[762]

Wie bereits eingangs dargestellt, basiert das Kapitalersatzrecht auf einem zweistufigen Schutzsystem. Damit sind auch die anhand der §§ 30, 31 GmbHG entwickelten Rechtsprechungsregeln nicht nur bei der GmbH anzuwenden. Die Rechtsprechungsregeln sind überall dort zu berücksichtigen, wo die Novellenregelungen zur Anwendung kommen.

Schließlich sind auch die übrigen Kapitalersatzregeln in den §§ 39 Abs. 1 Nr. 5, 135 InsO und § 6 AnfG bei den verschiedenen Gesellschaftsformen zu beachten.[763]

§ 17 Kapitalgesellschaften

I. Die GmbH in ihren Entwicklungsstufen

Das Kapitalersatzrecht wurde für die GmbH bereits ausführlich dargestellt. An dieser Stelle ist noch zu erörtern, ob und in welchem Umfang das Kapitalersatzsystem auch in den verschiedenen Entwicklungsstufen der GmbH zu Anwendung kommt.

Bei der GmbH sind gesellschaftsrechtlich verschiedene Entwicklungsstufen von der Gründung bis zur Löschung zu unterscheiden.

a) Die Vorgründungsgesellschaft

Von der Vorgründungsgesellschaft im engeren Sinn spricht man, wenn ein förmlicher beurkundungsbedürftiger Vertrag geschlossen wird, der einzig und allein die Errichtung einer GmbH zum Ziel hat.[764] Es genügt bereits ein schuldrechtlicher Gründungsvorvertrag, durch den sich die Gründer zur Gründung einer GmbH verpflichten.[765] Das Vorgründungsstadium besteht bis zum Abschluss des notariellen Gesellschaftsvertrages. Aufgrund des Rechtsformzwanges wird

---

762 Ausführlich hierzu bei den einzelnen Gesellschaftsformen.

763 Vgl. zur GmbH & Co. KG: *v. Gerkan/Hommelhoff/von Gerkan*, Rn. 10.8.

764 *Goette*, § 1 Rn. 32.

765 *Scholz/K. Schmidt*, § 11 GmbHG, Rn. 9.

die Vorgründungsgesellschaft entweder als GbR gemäß §§ 705ff. BGB oder als OHG gemäß §§ 105ff. HGB geführt.[766]

Sowohl bei der GbR als auch bei der OHG existiert aufgrund der unbeschränkten und persönlichen Haftung der Gesellschafter kein beschränkter Haftungsfonds. Deshalb ist mit der herrschenden Meinung[767] davon auszugehen, dass die Kapitalersatzregeln auf die Vorgründungsgesellschaft nicht anzuwenden sind.

Entsteht im Anschluss an die Vorgründungsgesellschaft die Vor-GmbH und später die GmbH, so gehen mangels gesellschaftsrechtlicher Kontinuität die Verbindlichkeiten der Vorgründungsgesellschaft nicht auf die Nachfolgegesellschaften über.[768] An der Unanwendbarkeit der Kapitalersatzregeln auf die Vorgründungsgesellschaft ändert sich auch durch nachfolgende gesellschaftsrechtliche Änderungen nichts.

b) Die Vor-GmbH

Mit notarieller Beurkundung des Gesellschaftsvertrages gemäß § 2 und § 3 GmbHG entsteht die sog. Vor-GmbH. Mit Eintragung der Gesellschaft in das Handelsregister entsteht gemäß § 11 Abs. 1 GmbHG die Gesellschaft mit beschränkter Haftung.

Aufgrund der Grundsatzentscheidung des BGH vom 9.3.1981[769] gilt bei der Vor-GmbH eine sog. Unterbilanz- oder Differenzhaftung. Das bedeutet, dass im Zeitpunkt der Eintragung der GmbH ins Handelsregister das Stammkapital der Gesellschaft vorhanden sein muss, das Vermögen also wieder auf die Stammkapitalziffer gebracht werden muss und die Gründungsgesellschafter für bereits erlittene Verluste unbeschränkt mit ihrem gesamten Vermögen haften.[770] Daneben besteht die unbeschränkte persönliche und solidarische Haftung des Handelnden gemäß § 11 Abs. 2 GmbHG.

Die Anwendung der Kapitalersatzregeln auf Gesellschafterleistungen an die Vor-GmbH bedarf einer genaueren Analyse. Die Novellenregeln kommen nur

[766] *Scholz/K. Schmidt*, § 11 GmbHG, Rn. 11, 14.

[767] Siehe hierzu und zur aA, deren allgemeine Argumente auch hier gelten, unter § 18, III, 2.

[768] *Scholz/K. Schmidt*, § 11 GmbHG, Rn. 20.

[769] BGH, Urt. v. 9.3.1981 – II ZR 54/80, BGHZ 80, 129, NJW 1981, 1371, GmbHR 1981, 114.

[770] *Goette*, § 1 Rn. 52.

im Insolvenzverfahren zur Anwendung. Die Vor-GmbH ist insolvenzfähig,[771] so dass einer zumindest analogen Anwendung der gesetzlichen Kapitalersatzregeln nichts im Wege steht. Die Rechtsprechungsregeln beruhen auf den Grundsätzen der Kapitalerhaltung gemäß §§ 30, 31 GmbHG. Streitig ist, ob die Vorschriften über die Aufbringung und Erhaltung des Stammkapitals auf die Vor-GmbH anzuwenden sind. Während *Karsten Schmidt* die Anwendung der §§ 30, 31 GmbHG auch in der Vor-GmbH für möglich hält[772] und er deshalb die Kapitalersatzregeln auch für die Vor-GmbH gelten lässt[773], geht die herrschende Meinung davon aus, dass die strengen Kapitalschutzvorschriften nicht unmittelbar und uneingeschränkt anwendbar sind[774]. Die Haftungsbeschränkung auf das Gesellschaftsvermögen, die in der eingetragenen Gesellschaft die Kapitalschutzvorschriften erforderlich macht, ist in der Vor-GmbH noch nicht gegeben. Da die Überwindung der Haftungsbeschränkung als selbständiger Normzweck des Rechts der eigenkapitalersetzender Gesellschafterleistungen angesehen wird,[775] besteht für die Anwendung der Kapitalersatzregeln bei der Vor-GmbH kein Bedürfnis und ist deshalb abzulehnen.

c) Die aufgelöste, aber noch nicht voll beendete GmbH

Eine aufgelöste, aber noch nicht voll beendete GmbH existiert fort. Sie bleibt juristische Person mit sämtlichen damit verbundenen Qualitäten.[776] Gemäß § 69 Abs. 1 GmbHG kommen die allgemeinen Vorschriften des zweiten und dritten Abschnitts des GmbH-Gesetzes zur Anwendung und damit auch die §§ 30, 31, 32, 32a GmbHG. Somit wird auch die aufgelöste GmbH von den Eigenkapitalersatzregeln erfasst.[777]

---

[771] Vgl. *Uhlenbruck*, § 11 InsO, Rn. 241f.

[772] *Scholz/K. Schmidt*, §§ 32a, 32b GmbHG, Rn. 53; ähnlich *Priester*, ZIP 1982, 1141ff.

[773] Scholz/K. Schmidt, §§ 32a, 32b GmbHG, Rn. 21.

[774] BGH, Urt. v. 9.3.1981 – II ZR 54/80, NJW 1981, 1373, 1374.

[775] Anders *Scholz/K. Schmidt*, §§ 32a, 32b GmbHG, Rn. 10, 23; siehe hierzu unter § 18, III, 2.

[776] *Scholz/K. Schmidt*, § 69 GmbHG, Rn. 1f.

[777] *Scholz/K. Schmidt*, §§ 32a, 32b GmbHG, Rn. 21; aA *KöKo-Lutter*, § 57 AktG, Rn. 87 mit ausführlicher Darstellung der Rechtsentwicklung und des Meinungsstandes in der Literatur.

II. Die AG

1. Kapitalersatzregeln und Regelungen des Aktienrechts

Die Regelungen der §§ 32a, 32b GmbHG gelten für die Gesellschaft mit beschränkter Haftung, die Regelung des § 129a HGB gilt für die offene Handelsgesellschaft und die Regelung des § 172a HGB gilt für die Kommanditgesellschaft. Für die Aktiengesellschaft wurde hingegen keine vergleichbare gesetzliche Regelung getroffen. Eine analoge Anwendung der genannten Regelungen für die Aktiengesellschaft wird von einigen Vertretern der Literatur abgelehnt.[778]

Jedoch enthält auch das Aktiengesetz Regelungen zum Kapitalschutz. Nach § 57 AktG dürfen Einlagen nicht zurückgewährt und verzinst werden, ansonsten kommt es zu einer Haftung der Aktionäre nach § 62 AktG.

Über die Kapitalschutzregelungen im Aktienrecht hinaus hat der BGH in seiner Grundsatzentscheidung vom 26.3.1984[779] die Rechtsprechungsregeln zum Kapitalersatz auf die Aktiengesellschaft übertragen. Im Interesse der Gesellschaft, der Aktionäre und der Gesellschaftsgläubiger ist es geboten, die Darlehen eines Aktionärs auf der Grundlage der Finanzierungsfolgenverantwortung unter bestimmten Voraussetzungen in Eigenkapital umzuqualifizieren.[780]

Daneben sind jedoch auch die §§ 32a, 32b GmbHG bei der Aktiengesellschaft analog anzuwenden. Das geltende Kapitalersatzsystem ist durch ein Nebeneinander von gesetzlichen Regelungen und Rechtsprechungsregelungen geprägt. In der seit 01.01.1999 geltenden Insolvenzordnung wurden die besonderen Regelungen für eigenkapitalersetzende Leistungen in den § 135 InsO und § 39 Abs. 1 Nr. 5 InsO für alle Gesellschaftsformen geöffnet. In der Begründung zum Regierungsentwurf wurde sogar ausdrücklich die Einbeziehung von Gesellschafterleistungen der Aktionäre angeführt.[781] Es ist somit in Übereinstimmung mit weiteren Vertretern der Literatur[782] festzuhalten, dass das für die GmbH geltende

---

[778] *Scholz/K. Schmidt*, §§ 32a, 32b GmbHG, Rn. 22.

[779] BGH, Urt. v. 26.3.1984 – II ZR 171/83, BGHZ 90, 381, 385ff., NJW 1984, 1893f.

[780] Vgl. *v. Gerkan/Hommelhoff/Hommelhoff*, Rn. 1.40.

[781] Vgl. Begr. RegE, BT-Drucks. 12/2443, S. 161, wonach vom neuen insolvenzrechtlichen Anfechtungstatbestand auch die von der Rechtsprechung anerkannten weiteren Fälle kapitalersetzender Darlehen insbesondere bei der Aktiengesellschaft erfaßt werden.

[782] Vgl. *v. Gerkan/Hommelhoff/Bayer*, Rn. 11.32; *Hommelhoff*, WM 1984, 1105, 1118.

Eigenkapitalersatzsystem aus Rechtsprechungsregeln und Novellenregelungen auch bei der Aktiengesellschaft anzuwenden ist.

Die Anwendung der Kapitalersatzregeln auf die Aktiengesellschaft verlangt jedoch rechtsformspezifische Modifikationen hinsichtlich der Anwendungsvoraussetzungen und auch hinsichtlich der Rechtsfolgen.

2. Geschütztes Vermögen

Auch bei der Aktiengesellschaft ist die Reichweite des Kapitalschutzes zu untersuchen.

Nachdem die §§ 32a, b GmbHG auch bei der Aktiengesellschaft analog anzuwenden sind und diese in ihrem Anwendungsbereich eine vollständige Umqualifizierung der Gesellschafterleistung bewirken, gilt dies auch für eigenkapitalersetzende Leistungen der Aktionäre.

Während im GmbH-Recht über die Kapitalschutzvorschriften der §§ 30, 31 GmbHG lediglich eine bilanzielle Überschuldung vermieden wird, geht der Kapitalschutz im Aktienrecht weiter. Nach § 57 AktG ist jede Rückgewähr von Einlagen verboten. Darüber hinaus darf nur der Bilanzgewinn verteilt werden. In Kenntnis dieser Tatsachen stellt sich das Problem, wie weit der Kapitalschutz der Aktiengesellschaft bei eigenkapitalersetzenden Leistungen geht. Diese Frage ist umstritten:

Die herrschende Meinung knüpft die Reichweite des Kapitalschutzes im Aktienrecht an den Sinn und Zweck der Rechtsprechungsregeln zum Kapitalersatzrecht an und bindet lediglich das Grundkapital und die gesetzlichen Rücklagen der Aktiengesellschaft.[783]

Die abweichende Meinung hingegen stellt auf den Wortlaut des § 57 Abs. 3 AktG ab, wonach vor Auflösung der Gesellschaft an die Aktionäre nur der als solcher bereits qualifizierte Bilanzgewinn ausbezahlt werden darf.[784]

Um hier eine Entscheidung zur Reichweite der Bindung treffen zu können, muss man sich vergegenwärtigen, dass das Kapitalersatzrecht vor allem den Gläubigerschutz bezweckt. Die Gläubiger können nicht verhindern, dass gewisse Ver-

---

[783] Vgl. *Jaeger/Henckel*, § 32a KO, Rn. 83; *v. Gerkan/Hommelhoff/Bayer*, Rn. 11.38; *Hüffer*, § 57 AktG, Rn. 19; *Hommelhoff*, WM 1984, 1105, 1118.

[784] Vgl. *Westermann*, ZIP 1982, 379, 387.

mögensbestandteile der Aktiengesellschaft als Bilanzgewinn ausgewiesen werden und dann zur Ausschüttung an die Aktionäre zur Verfügung stehen. Nicht umgewandelt werden können jedenfalls das Grundkapital und nach herrschender Meinung in der Literatur[785] auch nicht die gesetzlichen Rücklagen. Auf die nicht in den Bilanzgewinn umwandelbaren Eigenkapitalpositionen bezieht sich der Gläubigerschutz.[786] Vom Gläubigerschutzgedanken sind somit über §§ 57, 62 AktG analog nur Rückleistungen von eigenkapitalersetzenden Gesellschafterleistungen ausgeschlossen, wenn diese zu einer Unterdeckung beim Grundkapital oder bei den gesetzlichen Rücklagen führt.

Da jedoch über die analoge Anwendung der §§ 32a, 32b GmbHG die volle Gesellschafterleistung umqualifiziert wird, hat die dargestellte Differenzierung im Insolvenzverfahren keine praktische Bedeutung.

3. Besondere Kapitalersatzvoraussetzungen

Ein besonderes Problem bei der Aktiengesellschaft liegt in der Frage, ob jeder Aktionär, der der Gesellschaft Finanzierungsmittel zur Verfügung stellt, dem Eigenkapitalersatzrecht unterworfen sein soll. Eine vergleichbare Regelung zu Zwerganteilen entsprechend § 32a Abs. 3 Satz 2 GmbHG gibt es für die Aktiengesellschaft nicht. Fraglich ist somit, wann einen kreditgebenden Aktionär die eigenkapitalersatzrechtliche Finanzierungsfolgenverantwortung trifft.

Bei der Aktiengesellschaft hat die Rechtsprechung[787] einen unternehmerischen Einfluss auf die Gesellschaft in der Regel bei einer Beteiligung von mehr als 25% angenommen und einen solchen Aktionär den Regelungen des Kapitalersatzrechts unterworfen. Mit einer sog. Sperrminorität können alle Entscheidungen, die eine qualifizierte Mehrheit erfordern, blockiert werden. Vorrangig komme es jedoch nicht auf die Höhe der Beteiligung an, sondern darauf, ob eine unternehmerische Einflussmöglichkeit des Kapitalanlegers besteht. In einer neueren Entscheidung hat der BGH nunmehr festgestellt, dass die Grundsätze des Eigenkapitalersatzes auf Finanzierungshilfen eines Aktionärs mit einer Beteiligung von weniger als 25% nur dann anzuwenden sind, wenn die Beteiligung nicht unbeträchtlich ist und der Gesellschafter über gesellschaftsrechtlich fun-

---

785 *Hüffer*, § 150 AktG, Rn. 1; aA *Veil*, ZGR 2000, 223, 247f.

786 Vgl. *Hüffer*, § 150 AktG, Rn. 19; *MüKo-Kalss/Bayer*, § 57 AktG, Rn. 210; KöKo-*Lutter*, § 57 AktG, Rn. 94.

787 Vgl. BGH, Urt. v. 26.3.1984 – II ZR 171/83, BGHZ 90, 381, 390f., NJW 1984, 1893, 1895f.; OLG Düsseldorf, Urt. v. 26.4.1990 – 10 U 75/89, WM 1991, 1119, 1120.

dierte Einflussmöglichkeiten in der Gesellschaft verfügt, die einer Sperrminorität vergleichbar sind.[788]

In der Literatur[789] wird hingegen das Kriterium der unternehmerischen Einflussnahme kritisiert. Danach sei allein auf die Gesellschafterstellung abzustellen. Die Gesellschafter tragen die Finanzierungsverantwortung. Um jedoch gerade im Aktienrecht die Kapitalanleger, die keinen Einblick in die Gesellschaftsführung haben, zu schützen, wird nach dieser Ansicht zusätzlich das Kriterium der Kenntnismöglichkeit einer Krise der Gesellschaft verlangt.

Das Abstellen auf eine unternehmerische Einflussmöglichkeit ist mit erheblichen Abgrenzungsschwierigkeiten verbunden. Soll jede Art und jeder noch so geringe Einfluss bereits genügen, um eine Beteiligung als eigenkapitalersetzend einzustufen? Durch das Kriterium des Einflusses soll die Finanzierungsfolgenverantwortung legitimiert werden. Bei einer Beteiligung von mehr als 25% wird jedenfalls unternehmerischer Einfluss ausgeübt – zumindest wird das Vorliegen bei dieser Höhe der Beteiligung vermutet. Eine solche Einflussnahmemöglichkeit besteht auch, wenn sich mehrere Aktionäre zusammenschließen und damit die 25%-Grenze überschreiten. Wird hingegen lediglich auf eine sonstige Form der Einflussnahmemöglichkeit abgestellt, dann muss es auf den Umfang des Einflusses ankommen. Wo ist jedoch die Grenze zu ziehen? Kann auch § 32a Abs. 3 Satz 2 GmbHG im Aktienrecht herangezogen werden?

Hinsichtlich der Anknüpfung an die Höhe der Gesellschafterbeteiligung in zwingender Kombination mit der Möglichkeit der Ausübung unternehmerischen Einflusses bei Anwendung der Kapitalersatzregeln müssen verschiedene Fallgruppen unterschieden werden:

(1) Grundsätzlich wird bei einer Beteiligung eines Aktionärs in Höhe von 25% und mehr am gesamten Aktienkapital die unternehmerische Beteiligung des Aktionärs vermutet.[790]

(2) Auch eine faktische Sperrminorität in Höhe von 25% reicht für die Annahme unternehmerischen Einflusses aus.[791]

---

788 BGH, Urt. v. 9.5.2005 – II ZR 66/03, ZIP 2005, 1316ff.

789 *Habersack*, ZHR 162 (1998), 201, 216ff.

790 Vgl. BGH, Urt. v. 26.3.1984 – II ZR 171/83, BGHZ 90, 381, 389, ZIP 1984, 572, 575.

791 Vgl. *v. Gerkan/Hommelhoff/Bayer*, Rn. 11.16 mwN.

(3) In Ausnahmefällen kann ein unternehmerischer Einfluss trotz der Anteilsquote von 25% oder mehr nicht bestehen.[792] Die Gründe hierfür sind jedoch ausführlich darzulegen und ggf. nachzuweisen.

(4) Bei einem Anteilsbesitz von weniger als 25% ist der unternehmerische Einfluss anhand von bestimmten Kriterien nachzuweisen. Wer beispielsweise in die Geschäftsführung eingebunden ist, der übt unternehmerischen Einfluss aus. Der geschäftsführende Gesellschafter wird selbst bei einer GmbH nicht von der Anwendung der Kapitalersatzregeln befreit (siehe § 32a Abs. 3 Satz 2 GmbH).[793]

(5) Die Sperrminorität einer Aktionärsgemeinschaft, die sich zu einem gemeinsamen Handeln zusammengeschlossen hat, genügt.[794]

(6) In analoger Anwendung des § 32a Abs. 3 Satz 2 GmbHG ist jedenfalls eine Beteiligung in Höhe mehr als 10% erforderlich.[795] Eine Beteiligung von 10% oder weniger führt nur dann zur Anwendung der Kapitalersatzregeln, wenn der unternehmerische Einfluss sehr deutlich ausgeprägt ist.

(7) Auch das Sanierungsprivileg des § 32a Abs. 3 Satz 3 GmbHG ist hier analog anzuwenden. Auf bestehende und neugewährte Kredite sind die Regeln über den Kapitalersatz nicht anzuwenden, wenn ein Darlehensgeber in der Krise der Gesellschaft Aktien zum Zweck der Überwindung der Krise erwirbt.[796] Problematisch ist die Anwendung des § 32a Abs. 3 Satz 3 GmbHG dann, wenn grundsätzlich die Kapitalersatzregeln auf einen Aktionär angewandt worden sind und bereits zu einer Umqualifizierung geführt haben und sich dieser durch den relativ leichten Nachkauf von weiteren Aktien in der Krise von den Umqualifizierungsfolgen wieder befreien kann. Hier wird man § 32a Abs. 3 Satz 3 GmbHG für die bereits umqualifizierten Gesellschafterleistungen eines Aktionärs einzuschränken haben.

---

792 Vgl. *Scholz/K. Schmidt*, §§ 32a, 32b GmbHG, Rn. 22.
793 Vgl. *Obermüller*, ZInsO 1998, 51, 52.
794 Vgl. *Habersack*, ZHR 162 (1998), 201, 220f.
795 Vgl. *Veil*, ZGR 2000, 223, 236f.
796 *Wiesner*, in: M-Hdb. des GesR, Bd. 4, § 16 Rn. 44.

(8) Auch für institutionelle Kreditgeber gelten die vorstehend aufgezeigten Beteiligungsquoten. Zu beachten ist hier, dass bei der Berechnung der Beteiligungsquote die in den Depots der Kunden verwalteten Anteile nicht zu berücksichtigen sind und Besonderheiten im Emissionsverfahren zu beachten sind.[797]

(9) Die dargestellten Kriterien für die Anwendung des Kapitalersatzrechts auf die Aktionäre einer Aktiengesellschaft gelten für jeden Kreditgeber – gleichermaßen gebunden sind der Privataktionär, ein private Unternehmen oder die öffentliche Hand.[798]

Zusammenfassend kann damit festgestellt werden, dass eine Aktionärsbeteiligung (alleine, faktisch oder koordiniert) zwischen 10% und 25% in Kombination mit dem Nachweis des unternehmerischen Einflusses auf die Geschäftsführung für die Anwendung der Kapitalersatzregeln genügt. Ab einer Beteiligung in Höhe von 25% wird der unternehmerische Einfluss widerleglich vermutet. Eine Aktionärsbeteiligung unter 10% genügt in analoger Anwendung des § 32a Abs. 3 Satz 2 GmbHG nicht, es sei denn, die Einflussnahme auf die Geschäftsführung, d. h. bei der Aktiengesellschaft auf die Vorstandstätigkeit, ist deutlich erkennbar.

Grundsätzlich gilt:

Je geringer die Beteiligung, desto strengere Anforderungen sind an den Nachweis der unternehmerischen Einflussnahme zu stellen, um die Eigenkapitalersatzregeln auf den Aktionär anwenden zu können. Zu beachten sind stets die Umstände des Einzelfalles.

4. Besondere eigenkapitalersatzrechtliche Fallgruppen

Besonderheiten ergeben sich bei der Aktiengesellschaft vor allem im Hinblick auf die Kreditgeberstellung. Der Aktionär muss oben dargestellte Kriterien erfüllen, damit auf seine Finanzierungsleistungen die Kapitalersatzregeln angewandt werden.

Bei einer Aktiengesellschaft können Kreditgeber aber auch nur mittelbar an der Aktiengesellschaft beteiligt sein, indem sie Aktienfondsanteile besitzen oder

797 Vgl. *v. Gerkan/Hommelhoff/Bayer*, Rn. 11.21 mwN.

798 Vgl. *v. Gerkan/Hommelhoff/Bayer*, Rn. 11.24 mwN.

Anteile an einer Unternehmensbeteiligungsgesellschaft halten, die ihrerseits Aktien an der kreditnehmenden Aktiengesellschaft hält.

Im letztgenannten Fall wird die Anwendung der Kapitalersatzregeln gemäß § 24 UBGG grundsätzlich ausgeschlossen, da in diesem Fall regelmäßig kein Zurechnungszusammenhang zwischen der Kreditgewährung und der Gesellschafterstellung gegeben sein wird. Beim Inhaber von Aktienfondsanteilen wird man im Einzelfall errechnen müssen, welchen Anteil der Fondsinhaber an der konkreten Aktiengesellschaft hält.

Zu beachten ist jedenfalls § 32a Abs. 3 Satz 1 GmbHG analog, wonach auch Nichtgesellschafter einem Gesellschafter gleichgestellt werden können, wenn ihre Stellung wirtschaftlich vergleichbar ist. Ziel ist es, Umgehungsgeschäfte zu vermeiden. Somit muss im konkreten Einzelfall geprüft werden, ob der Mittelgeber eine wirtschaftlich vergleichbare Gesellschafterstellung innehat und der Zurechnungszusammenhang zwischen mittelbarer Beteiligung und Gewährung von Finanzierungsmitteln gegeben ist.

5. Besonderheiten in der Insolvenz

Bei der Aktiengesellschaft sind die §§ 57, 62 AktG für kapitalersetzende Leistungen analog anzuwenden. Werden eigenkapitalersetzende Leistungen verbotswidrig (§ 57 AktG analog) an den Gesellschafter zurückgeleistet, dann kann der Insolvenzverwalter in der Insolvenz der empfangenden Gesellschaft den Erstattungsanspruch gemäß § 62 AktG analog geltend machen.

Für die eigenkapitalersetzenden Aktionärsleistungen gelten in der Insolvenz auch die Vorschriften der §§ 39 Abs. 1 Nr. 5, 135 InsO.[799]

---

[799] Vgl. Begr. RegE, BT-Drucks. 12/2443, S. 161.

§ 18 Personengesellschaften

I. Die GmbH & Co. KG

1. Kapitalersatzregeln und Regelungen des Handels- und Gesellschaftsrechts

Über § 172a HGB gelten die §§ 32a, 32b GmbHG bei einer Kommanditgesellschaft, bei der kein persönlich haftender Gesellschafter eine natürliche Person ist, sinngemäß mit der Maßgabe, dass an die Stelle der Gesellschafter der GmbH die Gesellschafter oder Mitglieder der persönlich haftenden Gesellschafter der Kommanditgesellschaft sowie die Kommanditisten treten. Das gilt jedoch nach Satz 2 dieser Vorschrift nicht, wenn zu den persönlich haftenden Gesellschaftern eine offene Handelsgesellschaft oder Kommanditgesellschaft gehört, bei der ein persönlich haftender Gesellschafter eine natürliche Person ist. Die typische GmbH & Co. KG, bei der eine Gesellschaft mit beschränkter Haftung als Komplementär eingesetzt ist, ist somit der Paradefall des § 172a HGB.

§ 172a Satz 2 HGB regelt die Nichtanwendung der Kapitalersatzvorschriften für den Fall, dass auf der zweiten Gesellschafterebene eine natürliche Person als persönlich haftender Gesellschafter besteht, der für die KG-Schulden durchhaftet. Allerdings ist die Nichtanwendung der Kapitalersatzvorschriften nur für einen persönlich haftenden Gesellschafter auf der zweiten Gesellschafterebene angeordnet. Ist erst auf dritter oder noch höherer Gesellschafterebene ein persönlich haftender Gesellschafter vorhanden, bleiben die Kapitalersatzvorschriften trotzdem anwendbar. Dies gebietet zum einen der Schutz der Gesellschaftsgläubiger, die die Beteiligungs- und Haftungsstrukturen häufig nicht überblicken können und damit die Haftungsinanspruchnahme eines persönlich haftenden Gesellschafters auf höherer Gesellschafterebene nicht Erfolg versprechend sein wird.[800] Abgesehen davon wird über § 172a Satz 2 HGB lediglich die Anwendung der §§ 32a, 32b GmbHG ausgeschlossen.

Über die entsprechende Anwendung des § 32a GmbHG sind die Vorschriften über die Behandlung geringfügiger Beteiligungen und das Sanierungsprivileg im § 32a Abs. 3 Satz 2 und 3 GmbHG bei der GmbH & Co. KG ebenfalls anwendbar. In diesem Zusammenhang ist es jedoch fraglich, auf welche Größe im Falle des § 32a Abs. 3 Satz 2 GmbHG abzustellen ist. Mit der Regelung zu den geringfügigen Beteiligungen sollen Gesellschafter aus dem Kapitalersatzrecht her-

---

[800] Vgl. v. *Gerkan/Hommelhoff/von Gerkan*, Rn. 10.7 mwN auch zur aA.

ausfallen, die aufgrund der geringen Beteiligung auch nur eine geringfügige Einflussnahmemöglichkeit auf die Führung der Geschäfte in der Gesellschaft haben. Bei der Kommanditgesellschaft ist somit wirtschaftlich betrachtet das Kommanditkapital maßgeblich.[801] Das heißt, dass zur Berechnung der 10% im Sinne des § 32a Abs. 3 Satz 2 GmbHG die Pflichteinlage des Kommanditisten zur Summe der Pflichteinlagen aller Gesellschafter ins Verhältnis zu setzen ist.[802] Problematisch ist allerdings beispielsweise der Fall, dass ein Kommanditist weniger als 10% am Kommanditkapital hält, jedoch auch an der Komplementär-GmbH beteiligt ist. Hier muss es dann für die Frage der Anwendung der Kapitalersatzregeln darauf ankommen, welchen Einfluss dieser Kommanditist auf die Komplementär-GmbH hat. Nimmt die GmbH die Geschäftsführung in der KG war und hat der Kommanditist maßgeblichen Einfluss auf die Geschäftsführung, dann kommt ihm entsprechend § 32a Abs. 3 Satz 2 GmbHG auch die Privilegierung nicht zugute, da für einen geschäftsführenden Gesellschafter die Regeln über den Eigenkapitalersatz weiter gelten. Unstreitig ist, dass bei der Anwendung des § 32a Abs. 3 Satz 3 GmbHG auf den Erwerb eines Geschäftsanteils an der KG abzustellen ist.

Obwohl § 172a HGB nur die §§ 32a, 32b GmbHG für anwendbar erklärt, besteht in der Rechtsprechung und Literatur Einigkeit darüber, dass die besonderen Anfechtungstatbestände bei kapitalersetzenden Leistungen in den § 135 InsO auch bei der GmbH & Co. KG anzuwenden sind.[803] Kapitalersetzende Darlehen im Sinne des § 135 InsO bzw. des § 6 AnfG sind damit auch Gesellschafterleistungen nach § 172a HGB.[804]

Die Rechtsprechungsregeln, die für die GmbH aus einer entsprechenden Anwendung der §§ 30, 31 GmbHG entwickelt worden sind, gelten auch für die GmbH & Co. KG.[805] Entscheidend für die Anwendung ist, dass Rückzahlungen aus dem Vermögen der Kommanditgesellschaft Auswirkungen auf das Vermögen der GmbH haben können. Dabei spielt es keine Rolle, ob es sich um Gesellschaftermittel eines GmbH-Gesellschafters oder um solche eines Kommanditisten handelt.[806] Unerheblich ist auch, ob die GmbH am Kommanditkapital

---

801 *MüKo-Stodolkowitz*, § 135 InsO, Rn. 116.

802 Vgl. *Scholz/K. Schmidt*, §§ 32a, 32b GmbHG, Rn. 210; *Westermann*, DZWIR 2000, 1, 4.

803 Vgl. *Hachenburg/Ulmer*, §§ 32a, b GmbHG, Rn. 192; *Noack*, in: Kübler/Prütting, GesR, Rn. 580.

804 *MüKo-Stodolkowitz*, § 135 InsO, Rn. 111.

805 *Hachenburg/Ulmer*, § 32a, b GmbHG, Rn. 193; *Scholz/K. Schmidt*, §§ 32a, 32b GmbHG, Rn. 214.

806 Vgl. BGH, Urt. v. 22.10.1990 – II ZR 238/89, GmbHR 1991, 99f., ZIP 1990, 1593, 1595.

der KG beteiligt ist oder ob der darlehensgewährende Kommanditist an der GmbH beteiligt ist.[807] Wird ein Gesellschafterdarlehen aus dem Vermögen der KG zurückgezahlt, dann wird mittelbar über § 128 HGB das Vermögen der GmbH betroffen. Die Rechtsprechungsregeln greifen somit ein, wenn durch die Rückzahlung mittelbar das zur Erhaltung des Stammkapitals der GmbH erforderliche Vermögen beeinträchtigt wird.[808] Voraussetzung ist aber auch hier, dass an der GmbH & Co. KG keine unbeschränkt haftende natürliche Person beteiligt ist.[809]

Schließlich stellt sich bei der GmbH & Co. KG die Frage nach einer Ausfallhaftung der übrigen Gesellschafter entsprechend § 31 Abs. 3 GmbHG. Hier ist eine genaue Differenzierung zwischen den verschiedenen Gesellschafterbeteiligungen erforderlich. Wird eine Auszahlung an einen Kommanditisten vorgenommen, der gleichzeitig Gesellschafter der GmbH ist, dann haften die übrigen Gesellschafter der GmbH entsprechend § 31 Abs. 3 GmbHG. Keine Ausfallhaftung der übrigen GmbH-Gesellschafter besteht dagegen, wenn der Kommanditist, an den die Auszahlung vorgenommen worden ist, kein Gesellschafter der GmbH ist. Darüber hinaus gibt es auch keine Ausfallhaftung von Nur-Kommanditisten.[810]

Im Übrigen sind hinsichtlich der Haftung der Kommanditisten die Vorschriften der §§ 171, 172 HGB auch bei Anwendung der Kapitalersatzregeln zu berücksichtigen. Die Kapitalersatzregeln und die speziellen handelsrechtlichen Vorschriften ergänzen sich gegenseitig im Gläubigerinteresse.

2. Allgemeine Kapitalersatzvoraussetzungen

Voraussetzungen für die Anwendung der Kapitalersatzregeln sind, dass ein Gesellschafter der Gesellschaft in der Krise Gesellschaftermittel gewährt oder stehen lässt. Im Fall der GmbH & Co. KG muss bei der Kommanditgesellschaft die Kreditunwürdigkeit festgestellt werden.

---

807 Vgl. *Baumbach/Hopt*, § 172a HGB, Rn. 33 mwN und Darstellung der Zusatzkriterien der aA.

808 BGH, Urt. v. 29.3.1973 – II ZR 25/70, NJW 1973, 1036, 1037f; BGH, Urt. v. 27.9.1976 – II ZR 162/75, BGHZ 67, 171, NJW 1977, 104, GmbHR 1977, 105.

809 BGH, Urt. v. 27.9.1976 – II ZR 162/75, NJW 1977, 104, 105.

810 Vgl. *Scholz/K. Schmidt*, §§ 32a, 32b GmbHG, Rn. 214; *Hachenburg/Ulmer*, §§ 32a, b GmbHG, Rn. 196.

3. Kapitalersatzrechtliche Fallgruppen bei Anwendung der Rechtsprechungsregeln

In folgenden Fällen kommt es zur Anwendung der Kapitalschutzvorschriften der §§ 30, 31 GmbHG:[811]

(1) Die Beteiligung der GmbH an der KG wird entwertet, indem das KG-Vermögen reduziert wird. Die Abwertung des Beteiligungswertes an der Kommanditgesellschaft kann bei der GmbH zu einer Unterbilanz führen.

(2) Die KG ist im Sinne des § 19 InsO überschuldet und die GmbH hat diesbezüglich aufgrund ihrer persönlichen Haftung nach §§ 161 Abs. 2, 128 HGB eine Passivierungspflicht.

Über die Kapitalersatzregeln wird nur der Wert der GmbH als Komplementärin gesichert.[812] Bei der Anwendung der Rechtsprechungsregeln geht es um die Stammkapitalerhaltung bei der Komplementär-GmbH.[813] Eine andere Ansicht in der Literatur will die Kapitalschutzvorschriften der §§ 30, 31 GmbHG auch bei der GmbH & Co. KG analog anwenden und damit den Schutz des nominellen Gesellschaftskapitals der GmbH & Co. KG sichern.[814]

Streitig ist in diesem Zusammenhang, wem bei verbotenen Rückzahlungen aus dem Vermögen der GmbH der Erstattungsanspruch gemäß § 31 Abs. 1 GmbHG zusteht. Die Rechtsprechung[815] und ein Teil der Literaturvertreter[816] gewähren der KG den Erstattungsanspruch. Andere[817] sprechen jedoch den Erstattungsanspruch der GmbH zu.

Der zuletzt genannten Ansicht ist zuzustimmen. Aus dem Vermögen der GmbH wurden Zahlungen geleistet, die die Kapitalerhaltungsvorschrift des § 30 Abs. 1 GmbHG verletzt haben. Die Erstattungspflicht gemäß § 31 Abs. 1 GmbHG soll

---

811 *MüKo-Stodolkowitz*, § 135 InsO, Rn. 113.
812 *MüKo-Stodolkowitz*, § 135 InsO, Rn. 113.
813 *v. Gerkan/Hommelhoff/von Gerkan*, Rn. 10.1.
814 Vgl. *Scholz/K. Schmidt*, §§ 32a, 32b GmbHG, Rn. 214; *Schlegelberger/K. Schmidt*, § 172a HGB, Rn. 51.
815 BGH, Urt. v. 24.3.1980 – II ZR 213/77, BGHZ 76, 326, 328ff., ZIP 1980, 361, 362.
816 *Lutter/Hommelhoff*, § 31 GmbHG, Rn. 9; *Schlegelberger/K. Schmidt*, §§ 171, 172 HGB, Rn. 132 mwN; *Baumbach/Hueck/Fastrich*, § 31 GmbHG, Rn. 8 mwN auch zur aA.
817 Vgl. *Scholz/H. P. Westermann*, § 31 GmbHG, Rn. 10.

das Kapital der GmbH wieder auffüllen. Die Vorschriften der §§ 30, 31 GmbHG dienen der Kapitalerhaltung bei der GmbH. Werden die Erstattungszahlungen an die GmbH geleistet, dann wird dem Schutzinteresse der KG-Gesellschafter ausreichend Rechnung getragen. Der status quo vor der verbotswidrigen Rückzahlung wird dadurch wieder hergestellt. Allerdings erscheint es gerechtfertigt, der KG die Befugnis zuzugestehen, die Erstattung an die GmbH zu verlangen.

Wird hingegen die Kommanditeinlage nicht vollständig einbezahlt bzw. verbotswidrig zurückbezahlt, dann besteht eine Haftung des Kommanditisten nach § 171 Abs. 1 HGB bzw. nach § 172 Abs. 4 Satz 1 HGB. Darüber hinaus sind auch die Kommanditisten dafür verantwortlich, dass das Haftungsvermögen der GmbH erhalten bleibt.[818] Zu beachten ist an dieser Stelle noch, dass die gesamte im Gesellschaftsvertrag vereinbarte Pflichteinlage, unabhängig von der im Handelsregister eingetragenen Hafteinlage, den Kapitalersatzregeln unterliegt.[819]

4. Kapitalersatzrechtliche Fallgruppen bei Anwendung der Novellenregelungen

Grundsätzlich sind bei der GmbH & Co. KG die oben dargestellten Fallgruppen über die entsprechende Anwendung des § 32a GmbHG maßgeblich.

Die Kapitalersatzregeln sind entsprechend dem Wortlaut des § 172a HGB sowohl für Finanzierungsbeiträge der GmbH-Gesellschafter als auch für Finanzierungsbeiträge der Kommanditisten anzuwenden. Die Finanzierungsbeiträge können dabei entweder in das GmbH-Vermögen oder in das KG-Vermögen geleistet werden.[820] Eigenkapitalersatzrechtlich relevant sind damit alle Gesellschaftermittel der GmbH-Gesellschafter oder der Kommanditisten an die GmbH oder die KG.

Streitig ist, ob Gesellschaftermittel der Komplementäre am Kapitalersatzrecht zu messen sind. Da die Komplementärkredite aber jedenfalls von den Rechtsprechungsregeln zum Kapitalersatzrecht erfasst werden, die Komplementär-GmbH nicht weniger Finanzierungsfolgenverantwortung haben kann als ihre Gesellschafter und dem Gläubigervertrauen auf die Kapitalerhaltung in der Gesellschaft Rechnung zu tragen ist, ist mit der herrschenden Meinung davon auszugehen, dass § 172a HGB auf Komplementärkredite zumindest entspre-

---

[818] BGH, Urt. v. 19.2.1990 – II ZR 268/88, NJW 1990, 1725, 1729.

[819] *MüKo-Stodolkowitz*, § 135 InsO, Rn. 115.

[820] Vgl. *Scholz/K. Schmidt*, §§ 32a, 32b GmbHG, Rn. 209.

chend anzuwenden ist.[821] Im Insolvenzverfahren wird diesem Schutzbedürfnis der Gläubiger jedoch über § 93 InsO Rechnung getragen. Wenn die persönliche Haftung eines Gesellschafters während der Dauer des Insolvenzverfahrens gemäß § 93 InsO vom Insolvenzverwalter geltend gemacht wird, dann steht es nicht mehr zu befürchten, dass der Gesellschafter den Kredit auf Kosten der Masse anmeldet und die Gläubiger auf die Geltendmachung ihrer Ansprüche aus § 128 HGB verwiesen sind.[822]

Über die entsprechende Anwendung des § 32a Abs. 3 Satz 1 GmbHG werden auch Finanzierungsbeiträge von Nichtgesellschaftern erfasst, die einem Gesellschafter wirtschaftlich gleichstehen. Auf die oben dargestellten Fallgruppen des § 32a Abs. 3 Satz 1 GmbHG wird hier verwiesen.

II. Die AG & Co. KG

Bei der AG & Co. KG gelten die zur GmbH & Co. KG gemachten Ausführungen entsprechend. Zu berücksichtigen ist dabei, dass bei dieser Rechtsform eine Aktiengesellschaft die Komplementärstellung einnimmt. Dementsprechend sind bei der Frage nach der Anwendung der Kapitalersatzregeln in Bezug auf das Komplementärvermögen und hinsichtlich der Komplementärleistungen bzw. den Leistungen der Komplementärgesellschafter die aktienrechtlichen Besonderheiten zu beachten.[823]

III. Die gesetzestypische KG

1. Gesetzliche Grundsätze

Über § 172a HGB gelten die §§ 32a, 32b GmbHG bei einer Kommanditgesellschaft, bei der kein persönlich haftender Gesellschafter eine natürliche Person ist, sinngemäß mit der Maßgabe, dass an die Stelle der Gesellschafter der GmbH die Gesellschafter oder Mitglieder der persönlich haftenden Gesellschafter der Kommanditgesellschaft sowie die Kommanditisten treten.

---

[821] *Schlegelberger/K. Schmidt*, § 172a HGB, Rn. 19.
[822] *Habersack*, ZHR 162 (1998), 201, 213.
[823] Siehe hierzu die Ausführungen zur Aktiengesellschaft unter § 17, II.

2. Erweiterung

Bei der Kommanditgesellschaft stellt sich das Problem, ob die Kapitalersatzregeln auch anwendbar sind, wenn ein Komplementär eine natürliche Person ist und damit die persönliche Haftung einer natürlichen Person gegeben ist. Man spricht in dieser Konstellation von einer „echten“ oder „gesetzestypischen“ Kommanditgesellschaft.

Bisher wurde das Kapitalersatzrecht nur bei Gesellschaften angewandt, bei denen eine begrenzte persönliche Haftung und damit ein von vornherein festgelegtes Haftungsvermögen vorlagen. Durch die persönliche Haftung einer natürlichen Person ist das Haftungskapital nicht beschränkt. Somit können die kapitalersatzrechtlichen Rechtsprechungsregeln, die aufgrund den §§ 30, 31 GmbHG hergeleitet wurden, nicht angewandt werden. Die Anwendung der §§ 32a, 32b GmbHG ist arg. e contrario der §§ 129a, 172a HGB ausgeschlossen. Dennoch gibt es Bestrebungen, auch die gesetzestypische Kommanditgesellschaft den Kapitalersatzregeln zu unterwerfen.

Zu unterscheiden ist dabei auch noch, ob es sich um eigenkapitalersetzende Leistungen des Komplementärs oder der Kommanditisten handelt.

a) Meinungsstand

aa) Komplementärleistungen

Komplementärleistungen werden in der gesetzestypischen KG überwiegender Ansicht[824] nach nicht den Kapitalersatzregeln unterworfen. Abgestellt wird dabei auf die sowieso vorliegende persönliche Haftung des Komplementärs. Eine Außenhaftung sei außerdem nur für die Kommanditistenleistungen gemäß § 171 Abs. 4 HGB gegeben und eben nicht für Komplementäre angeordnet.[825]

Aus Gläubigerschutzgesichtspunkten ist jedoch auch eine Anwendung der Kapitalersatzregeln auf Komplementärleistungen zu befürworten. Gewährt der persönlich haftende Gesellschafter der KG beispielsweise ein Darlehen, welches grundsätzlich eigenkapitalersetzend wäre und wird dieses Darlehen an den Komplementär nach Eintritt der Krise bei der KG zurückbezahlt, dann hilft die persönliche Vollhaftereigenschaft des Komplementärs wenig, wenn er selbst

---

824 Vgl. BGH, Urt. v. 2.7.1990 – II ZR 139/89, BGHZ 112, 31, 39, ZIP 1990, 1009, 1012f.

825 Vgl. *Joost*, ZGR 1987, 370, 385ff.

wirtschaftlich schwach strukturiert ist und eine spätere Haftungsinanspruchnahme deshalb ins Leere geht. Die Gläubiger der KG können in einem solchen Fall bei Anwendung des Kapitalersatzrechts besser durch einen sofort entstehenden Rückzahlungsanspruch der eigenkapitalersetzenden Leistungen geschützt werden. *Karsten Schmidt* vertritt deshalb, dass bestimmte Kapitalersatzregeln auch auf Komplementärleistungen anzuwenden sind.[826]

bb) Kommanditistenleistungen

Nach einer Ansicht in der Literatur ist es im Falle der gesetzestypischen Kommanditgesellschaft gerechtfertigt, auch Kommanditistendarlehen, die über die Hafteinlage hinausgehenden Pflichteinlagen sowie stille Einlagen der Kommanditisten den Kapitalersatzregeln zu unterwerfen. Dies gebiete der Sinn und Zweck der Kapitalersatzregeln. Eine persönliche Haftung einer natürlichen Person bietet nicht den gebotenen Schutz der Gläubiger um auf die Kapitalersatzregeln verzichten zu können. Einschränkend stellt diese Ansicht jedoch auch auf die Kenntnis oder Erkennbarkeit der Kreditunwürdigkeit durch den Kommanditisten ab.[827]

Karsten Schmidt hat diese Mindermeinung entwickelt. Er begründet die Anwendung der Kapitalersatzregeln auf die gesetzestypische KG mit einer analogen Anwendung der §§ 39 Abs. 1 Nr. 5, 135 InsO.[828] Diese Vorschriften setzen jedoch die Eröffnung eines Insolvenzverfahrens voraus und die Umqualifizierung in Eigenkapital ist betragsmäßig nicht beschränkt.[829]

Eine andere Ansicht in der Literatur rechtfertigt die Anwendung der Eigenkapitalersatzgrundsätze auf Kommanditistendarlehen mit der Überlegung, dass damit das in der Gesellschaft gebundene Vermögen vergrößert werde. Der Kommanditist habe ohne Beschränkung auf seine Haftsumme entsprechend § 172 Abs. 4, § 171 HGB den Gesellschaftsgläubigern für ein zurückgezahltes Kommanditistendarlehen einzustehen. Allerdings bestehe eine Rückzahlungssperre nur, wenn die Rückzahlung zu einer Unterbilanz oder dessen Verstärkung führen würde.[830]

---

[826] *Karsten Schmidt*, ZIP 1991, 1, 4ff.
[827] *MüKo-Stodolkowitz*, § 135 InsO, Rn. 123 mwN.
[828] Vgl. *Karsten Schmidt*, GesR, S. 531ff.; *Karsten Schmidt*, ZIP 1991, 1, 3f.; *Scholz/K. Schmidt*, §§ 32a, 32b GmbHG, Rn. 22f.
[829] *MüKo-Stodolkowitz*, § 135 InsO, Rn. 125.
[830] Vgl. *Joost*, ZGR 1987, 370, 398ff.

Vor allem die zuletzt genannte Ansicht wurde massiv kritisiert. Zum einen könne eine Unterbilanz nur bei einer Kapitalgesellschaft entstehen und sei im Recht der Personengesellschaften nicht möglich. Zum anderen sei die Haftung des Kommanditisten über § 172 Abs. 4 HGB nur auf seine Einlage beschränkt und insofern zu eng, wenn die Rückzahlung über die Einlage hinausgeht.[831]

An beiden dargestellten Ansichten wird allgemein kritisiert, dass der Einfluss der Kommanditisten auf die Unternehmensleitung zu gering sei, um ihnen die Finanzierungsverantwortung durch die Anwendung der Kapitalersatzregeln aufzuerlegen.[832]

Den Eigenkapitalersatzregeln liegen jedoch bestimmte Grundsätze zugrunde, die für alle Gesellschaftsformen gleichermaßen gelten müssen.[833] Bei der echten KG kann nur auf diese allgemeinen Grundsätze zurückgegriffen werden, nicht jedoch auf die §§ 30, 31 GmbHG und auch nicht auf die §§ 32a, 32b GmbHG. Allerdings kann die Vorschrift des § 135 InsO angewandt werden.[834] Auch zu dieser Ansicht werden kritische Anmerkungen gemacht. Aus der Auslegung der Finanzierungsabrede bei der Vergabe des Kommanditistendarlehens oder aus dem Gesellschaftsvertrag selbst oder aus der gesellschaftsrechtlichen Treuepflicht ergebe sich, dass Kommanditistendarlehen als Eigenkapital zu behandeln seien, solange sie in der Kommanditgesellschaft Eigenkapital ersetzen.[835]

Die Rechtsprechung hat hier noch keine klare Entscheidung getroffen. Lediglich bei der GmbH & Co. KG hat sie den Kommanditisten in die Verantwortung eingebunden, das Haftungskapital der Gesellschaft zu erhalten, wenn eine persönlich haftende natürliche Person nicht vorhanden ist.[836]

b) Eigene Stellungnahme

Stellt man auf die Grundsätze des Eigenkapitalersatzrechts ab, so sind bei allen Gesellschaftsformen, unabhängig von der jeweiligen Haftungsverfassung, die Finanzierungsfolgenverantwortung und der Gläubigerschutz maßgeblich.

---

[831] Vgl. *Karsten Schmidt*, GmbHR 1986, 337, 341f.; *Groß*, BB 1991, 2386, 2390f.

[832] Vgl. *Huber*, ZGR 1988, 1, 40.

[833] Vgl. *Karsten Schmidt*, GesR, S. 531ff. mit ausführlicher Darstellung der Entwicklungsansätze.

[834] *v. Gerkan/Hommelhoff/Hommelhoff*, Rn. 1.32.

[835] Vgl. *Rümker*, ZGR 1988, 494, 512ff.

[836] BGH, Urt. v. 19.2.1990 – II ZR 268/88, NJW 1990, 1725, 1729.

Die allgemeinen Grundsätze und Rechtsfolgen des Kapitalersatzrechtes wurden durch die gesetzlichen Normierungen nicht aufgehoben bzw. ihre Anwendung nicht für bestimmte Gesellschaftsformen beschränkt. Die gesetzlichen Regelungen ergänzen lediglich die allgemeinen Rechtsprechungsgrundsätze.[837] Darüber hinaus ist die Überwindung einer Haftungsbeschränkung kein Normzweck der Kapitalersatzregeln.[838]

Die Kapitalersatzregeln können nur dann den beabsichtigten Gläubigerschutz gewährleisten, wenn sie unabhängig von der jeweiligen Rechtsform der Gesellschaft eingreifen. Es sprechen somit einige Gründe dafür, die Grundsätze des Eigenkapitalersatzrechts auch auf Gesellschaften mit unbeschränkter Haftung natürlicher Personen anzuwenden.

IV. Die OHG

Über § 129a HGB gelten die §§ 32a, 32b GmbHG bei einer offenen Handelsgesellschaft, bei der kein Gesellschafter eine natürliche Person ist, sinngemäß mit der Maßgabe, dass an die Stelle der Gesellschafter der GmbH die Gesellschafter oder Mitglieder der Gesellschafter der offenen Handelsgesellschaft treten.

Kapitalersetzende Darlehen im Sinne des § 135 InsO bzw. des § 6 AnfG sind also auch Gesellschafterleistungen nach § 129a HGB.[839]

Auch hier wird die Diskussion geführt, ob die Regeln des Eigenkapitalersatzrechts gelten, wenn eine natürliche Person persönlich und unbeschränkt haftet. Auf die entsprechende Diskussion bei der Frage nach der Anwendung der Kapitalersatzregeln auf Gesellschafterleistungen an die gesetzestypischen KG wird Bezug genommen.

---

837 Vgl. BGH, Urt. v. 26.3.1984 – II ZR 14/84, BGHZ 90, 370, 378ff, ZIP 1984, 698, 699ff.

838 *Scholz/K. Schmidt*, §§ 32a, 32b GmbHG, Rn. 10, 23; *Karsten Schmidt*, ZIP 1991, 1ff.

839 *MüKo-Stodolkowitz*, § 135 InsO, Rn. 111.

§ 19 Sonstige Gesellschafts- und Verbandsformen

I. Grundsatz

Gesetzliche Regelungen zum Eigenkapitalersatz gibt es nur für die GmbH in den §§ 32a, 32b GmbHG und über die Verweisung hierauf in den §§ 129a, 172a HGB auch für bestimmte Arten der OHG und der KG. Diesen Regelungen liegen Grundsätze zugrunde, die für jede Gesellschaftsform gelten können und müssen.

Die Eigenkapitalersatzregeln wurden entwickelt, um dem Gedanken der Finanzierungsfolgenverantwortung im Zusammenhang mit dem Gläubigerschutz Rechnung zu tragen. Die Grundsätze des Eigenkapitalersatzrechts müssen deshalb unabhängig von einer gesetzlichen Regelung für alle Arten der Gesellschafts- und Verbandsformen gelten.

II. Allgemeine Problematik

Die Problematik der fehlenden gesetzlichen Regelungen zeigt sich darin, dass keine Sanktionen für die Rückzahlung von eigenkapitalersetzenden Gesellschafterleistungen bestehen. Die §§ 30, 31 GmbHG regeln Sanktionen für die GmbH und nicht für sonstige Gesellschaftsformen. Für eine analoge Anwendung fehlt es an einer planwidrigen Regelungslücke.

Dennoch muss gemäß dem Schutzzweck der Eigenkapitalgrundsätze ein Rückzahlungsanspruch bei der Rückerstattung von eigenkapitalersetzenden Leistungen bestehen. *Karsten Schmidt* füllt diese Gesetzeslücke durch eine analoge Anwendung der §§ 135 InsO, 6 AnfG.[840] Allerdings ist dieser Schutz gegenüber der Anwendung der §§ 30, 31 GmbHG geringer. Die Befriedigung einer eigenkapitalersetzenden Leistung ist nach § 135 Nr. 2 InsO nur anfechtbar, wenn die Handlung im letzten Jahr vor dem Eröffnungsantrag oder nach diesem Antrag vorgenommen worden ist. Nach § 31 Abs. 5 GmbHG verjähren die Erstattungsansprüche wegen verbotener Rückzahlungen erst in fünf Jahren.

---

[840] Siehe hierzu die Ausführungen unter § 18, III bei der gesetzestypischen Kommanditgesellschaft und die Verweise auf *Scholz/K. Schmidt*, §§ 32a, 32b GmbHG, Rn. 22; *Karsten Schmidt*, ZIP 1991, 1, 3f.

III. Besondere Probleme

1. Bei der Kommanditgesellschaft auf Aktien (KGaA)

Die Kommanditgesellschaft auf Aktien ist gemäß § 278 Abs. 1 AktG eine Gesellschaft mit eigener Rechtspersönlichkeit, bei der mindestens ein Gesellschafter den Gesellschaftsgläubigern unbeschränkt haftet (persönlich haftender Gesellschafter) und die übrigen an dem in Aktien zerlegten Grundkapital beteiligt sind, ohne persönlich für die Verbindlichkeiten der Gesellschaft zu haften (Kommanditaktionäre). Die KGaA ist eine hybride Rechtsform, die sowohl personengesellschaftsrechtliche als auch kapital-gesellschaftsrechtliche Elemente aufweist. Wie bei einer Kommanditgesellschaft gibt es bei der KGaA grundsätzlich persönlich und unbeschränkt haftende Komplementäre, die die Geschäftsführung wahrnehmen, und daneben die beschränkt haftenden, kapitalgebenden Kommanditisten. Die Eigenkapitalfinanzierung erfolgt über die Ausgabe von Aktien, so dass eine systematische Ähnlichkeit zur Aktiengesellschaft besteht. Im Aktiengesetz sind die §§ 278ff. AktG als Sondervorschriften für die Kommanditgesellschaft auf Aktien eingefügt. Durch die Verweisung in § 278 Abs. 2 AktG auf das Personen-gesellschaftsrecht ergeben sich auch einige Unterschiede zur Aktiengesellschaft.[841]

Aufgrund der Anwendung der Eigenkapitalersatzregeln sowohl auf die Aktiengesellschaft als auch auf die GmbH & Co. KG ist die Anwendung auf die KGaA zumindest dem Grundsatz nach ebenfalls anzunehmen. Zu unterscheiden ist jedoch zwischen den Gesellschafterleistungen der Komplementäre und den Gesellschafterleistungen der Kommanditisten.[842]

Für die Anwendung der Kapitalersatzregeln auf Darlehen der Komplementäre kommt es darauf an, ob eine typische KGaA vorliegt, bei der eine natürliche Personen unbeschränkt und voll haftet, oder ob eine atypische KGaA gegeben ist, die aus Haftungsgesichtspunkten mit der typischen GmbH & Co. KG vergleichbar ist.[843]

Die Anwendung der Kapitalersatzregeln auf die Gesellschafterleistungen der Kommanditaktionäre erfolgt hingegen entsprechend den Regelungen für Aktio-

---

841 Zum Ganzen: *Schütz/Bürgers/Riotte-Göz*, S. 6ff.

842 *Schütz/Bürgers/Riotte-Göz*, S. 369ff.

843 Vergleiche die Ausführungen zur GmbH & Co. KG und zur gesetzestypischen KG unter § 18, I, III.

näre.[844] Die Gesellschafterstellung ist bei der KGaA geprägt durch eine Aktionärsstellung der Kommanditisten. Damit sind die zur Aktiengesellschaft bereits dargestellten Voraussetzungen bei der Gesellschafterqualifikation zur Anwendung der Kapitalersatzregeln auch hier anzuwenden. Wie oben sind hinsichtlich der Beteiligungsquoten und der Feststellung des unternehmerischen Einflusses der Kommanditaktionäre immer die Umstände des Einzelfalles zu berücksichtigen. Auf die Ausführungen bei der Aktiengesellschaft kann hier somit verwiesen werden.[845]

2. Bei der eingetragenen Genossenschaft (eG)

Für die Anwendung der Kapitalersatzregeln auf die eingetragene Genossenschaft sind verschiedene spezifisch genossenschaftliche Aspekte zu berücksichtigen.

Die Genossen der Gesellschaft können zu unterschiedlichen Leistungen verpflichtet sein. Vereinbart werden kann, dass eine Nachschusspflicht ausgeschlossen ist, beschränkt oder unbeschränkt besteht. Eine unbeschränkte Nachschusspflicht wird aufgrund der damit faktisch bestehenden unbeschränkten Haftung des Genossen, entsprechend den oben dargestellten Grundsätzen über §§ 129a Satz 2, 172a Satz 2 HGB, zu einem Ausschluss der Anwendung der Kapitalersatzregeln führen. Hingegen sind sie auf eine eingetragene Genossenschaft ohne oder mit beschränkter Nachschusspflicht anzuwenden.[846]

Der Schutz des Geschäftsguthabens wird im Genossenschaftsrecht durch die Vorschrift des § 22 Abs. 4 Satz 1 GenG gewährleistet. Diese Vorschrift ist Ausfluss des allgemeinen Grundsatzes der Kapitalerhaltung. Die für die GmbH und die Aktiengesellschaft geltenden Kapitalersatzregeln sind in entsprechender Form auch auf die Genossenschaft anzuwenden.[847]

Nicht jedem Genossen kann jedoch diese Finanzierungsfolgenverantwortung aufgebürdet werden. Auch hier sind – wie beim Aktionär – Beteiligungsquote und unternehmerischer Einfluss maßgeblich. Streitig und bislang ebenfalls noch ungeklärt ist der Umfang der eigenkapitalersatzrechtlichen Kapitalbindung.[848]

---

844 *MüKo-Semler/Perlitt*, § 278 AktG, Rn. 344; *Hüffer*, § 278 AktG, Rn. 8.

845 Siehe hierzu die Ausführungen zur Aktiengesellschaft unter § 17, II.

846 Vgl. *v. Gerkan/Hommelhoff/Bayer*, Rn. 11.58.

847 Vgl. *v. Gerkan/Hommelhoff/Bayer*, Rn. 11.59ff.

848 Vgl. *v. Gerkan/Hommelhoff/Bayer*, Rn. 11.62.

An dieser Stelle soll lediglich auf die Problematik der Anwendung der Eigenkapitalersatzregeln auf die eingetragene Genossenschaft hingewiesen werden. Eine ausführliche Diskussion wird nicht zum Gegenstand dieser Ausarbeitung gemacht.[849]

3. Beim rechtsfähigen Verein

Ein nichtwirtschaftlicher Verein erlangt gemäß § 21 BGB Rechtsfähigkeit durch Eintragung in das Vereinsregister des zuständigen Amtsgerichts, ein wirtschaftlicher Verein erlangt hingegen gemäß § 22 BGB die Rechtsfähigkeit durch staatliche Verleihung. Auf nichtrechtsfähige Vereine finden gemäß § 54 Satz 1 GmbHG die Vorschriften über die Gesellschaft (§§ 705ff. BGB) Anwendung, für rechtsfähige Vereine gelten hingegen die Sondervorschriften der §§ 21ff. BGB. Für den Insolvenzfall ist insbesondere auf die Vorschrift des § 42 BGB hinzuweisen.

Nachdem auch beim rechtsfähigen Verein zwischen eigenkapitalähnlichem Vereinsvermögen und Fremdkapital unterschieden wird und die Vereins-mitglieder grundsätzlich keiner persönlicher Haftung für Verbindlichkeiten des Vereins unterliegen, stellt sich auch hier die Frage nach der Anwendung der Kapitalersatzregeln.

Karsten Schmidt bejaht die kapitalersetzende Funktion von Sanierungskrediten, die Mitglieder eines in Not geratenen Vereins diesem gewähren, um den Vorstand von der Stellung eines Insolvenzantrages abzuhalten.[850]

Bei Sanierungskrediten von Vereinsmitgliedern kann der Zurechnungszusammenhang zwischen Kredit und Mitgliedschaft begründet werden. Die Vereinsmitglieder sind auch am Vermögen des Vereins beteiligt (vgl. §§ 45ff. BGB). Ein solcher Sanierungskredit kann auch die Fortführung des Vereins ermöglichen und zu einer Beeinträchtigung der Gläubigerinteressen führen, wenn ohne den Sanierungskredit der Insolvenzantrag hätte gestellt werden müssen. Auch beim rechtsfähigen Verein gibt es das Problem einer nominellen Unterkapitalisierung.

---

[849] Weiterführende Diskussion bei *Rümker*, ZGR 1988, 494ff.; *Bayer*, DStR 1999, 1815ff.; siehe hierzu auch die Diskussion zur Auslegung des Auszahlungsverbotes in § 22 Abs. 4 GenG in der einschlägigen Kommentarliteratur.

[850] *Karsten Schmidt*, GesR, S.533, Beispielsfall Nr. 19.

In diesem Zusammenhang sind jedoch noch zahlreiche Probleme ungeklärt, beispielsweise die Frage nach einer entsprechenden Anwendung der §§ 32a Abs. 3 Satz 2 und 3 GmbHG.

4. Bei der rechtsfähigen Stiftung des Privatrechts

In der Literatur wird zunehmend gefordert, dass das Eigenkapitalersatzrecht auch auf die Stiftung bürgerlichen Rechts nach den §§ 80ff. BGB anzuwenden ist. Auch hier soll auf den Grundsatz der Finanzierungsfolgenverantwortung abgestellt werden.

Probleme bereiten in diesem Zusammenhang u. a., dass es im Stiftungsrecht keine Kapitalerhaltungsregeln gibt und damit die Rechtsprechungsregeln zum Kapitalersatzrecht nicht anwendbar sind, dass eine Stiftung keine Verbandsqualität besitzt und es dementsprechend keine gesellschaftergleiche Finanzierungsverantwortung geben kann. Zu diskutieren ist auch, wer und in welchem Umfang den Kapitalersatzregeln unterworfen werden kann.

Nach *Oepen*[851] ist ein Teil der Kapitalersatzregeln im Prinzip auf Stiftungen zu übertragen. Die Finanzierungsfolgenverantwortung hat jedenfalls der Stifter zu tragen, wenn er ein Vorstandsmandat innehat oder ein etwaiges Aufsichtsorgan dominiert und auch am Ertrag der Stiftung beteiligt ist. Eine Beteiligung am Vermögen der Stiftung ist nach dieser Ansicht nicht erforderlich. Dies belege § 32a Abs. 3 Satz 2 GmbHG, mit dem der Gesetzgeber zum Ausdruck gebracht hat, dass eine Geschäftsführerposition einen GmbH-Gesellschafter zwingend, auch bei verschwindend geringer Beteiligung, zum Mitunternehmer macht. Gleiches soll auch für anspruchsberechtigte Destinatäre gelten.

Der Sinn und Zweck der Kapitalersatzregeln sowie die für alle Gesellschafts- und Verbandsformen offene Formulierung in den §§ 39 Abs. 1 Nr. 5 InsO, 135 InsO, 6 AnfG mag für eine analoge Anwendung der Kapitalersatzgrundsätze auch auf Stiftungen des bürgerlichen Rechts herangezogen werden. Eine für die Anwendung der Kapitalersatzregeln notwendige gesellschaftergleiche Stellung kann jedoch nur bei einer mitunternehmerischen Verantwortung vorliegen. Eine solche verlangt zwingend eine zumindest mittelbare Beteiligung am Vermögen der Gesellschaft bzw. des Verbandes. Der Verzicht auf eine Vermögensbeteiligung bei ausgeprägtem rechtsgeschäftlichem Einflusspotential führt zu einer nicht hinnehmbaren Ablösung der Kapitalersatzregeln von der Grundvoraussetzung der Gesellschafterähnlichkeit. Auch ein Verweis auf § 32a Abs. 3 Satz 2

---

[851] *Oepen*, NZG 2001, 209ff.

GmbHG lässt keine andere Beurteilung zu, denn dort wird zum Ausdruck gebracht, dass eine nur geringe Beteiligung durch die Ausübung von Geschäftsführungsbefugnissen kapitalersatzrechtlich relevant bleiben muss. Diese Vorschrift basiert aber auf einer Beteiligung am Vermögen der Gesellschaft. Eine Anwendung der Kapitalersatzregeln auf Personen ohne zumindest mittelbare Vermögensbeteiligung führt zu einer unsystematischen und nicht gerechtfertigten Erweiterung der Kapitalersatzregeln.

Da eine Gesellschafterstellung bzw. zumindest eine gesellschaftergleiche Stellung bei der Stiftung des bürgerlichen Rechts mangels Verbandsfähigkeit nicht möglich ist, scheidet eine Anwendung der Kapitalersatzregeln hier aus.

Aufgrund der praktischen Relevanz bedarf es einer eingehenden weiterführenden Diskussion, auch zu hier nicht näher analysierten Problempunkten.[852]

---

[852] Zur weiterführenden Diskussion siehe u. a. *Stengel*, S. 110f.u. die Kommentarliteratur zu den §§ 80ff. BGB.

Kapitel 5: Zusammenfassung der Ergebnisse und Ausblick

§ 20 Zusammenfassung der Ergebnisse

Die vorliegende Arbeit hat das System, die Anwendungsvoraussetzungen und Rechtsfolgen des Kapitalersatzrechts dargestellt. Da die Rechtsfolgen der Umqualifizierung der eigenkapitalersetzenden Gesellschafterleistung vor allem in der Insolvenz der Leistungen empfangenden Gesellschaft Bedeutung erlangen, wurde ausführlich auf die insolvenzspezifischen Besonderheiten eingegangen. Schwerpunkt war darüber hinaus die Darstellung der klassischen und modernen Fallgruppen.

I. Das deutsche Eigenkapitalersatzrecht und seine Fallgruppen

Das deutsche Eigenkapitalersatzrecht ist geprägt durch ein Nebeneinander von Rechtsprechungsregeln und wenigen gesetzlichen Sondervorschriften zur Regelung des Kapitalersatzes. Dieses zweistufige Schutzsystem hat unterschiedliche Anwendungsvoraussetzungen und auch eine unterschiedliche Reichweite. Für jeden Einzelfall muss deshalb geprüft werden, welches System anwendbar ist und welches den umfangreicheren Kapitalschutz gewährt.

Die allgemeinen Voraussetzungen und Folgen des Kapitalersatzrechtes sind aufgrund jahrelanger Diskussion in der Literatur und zahlreicher Entscheidungen der Rechtsprechung im Wesentlichen abgeklärt. Unstimmigkeiten und weiteren Diskussionsbedarf gibt es diesbezüglich kaum noch.

Die Regelungen der §§ 32a Abs. 3 Satz 2 und 3 GmbHG schränken die Anwendung der Kapitalersatzregeln ein. Erklärtes Ziel dieser Normen ist, die Sanierung von Unternehmen zu fördern. Diese Einschränkungen müssen deshalb auch bei der Anwendung der Rechtsprechungsregeln berücksichtigt werden. Beide Regelungen sind jedoch inzwischen in der Literatur überwiegend auf Kritik gestoßen. Die §§ 32a Abs. 3 Satz 2 und 3 GmbHG sollten entsprechend dem beabsichtigten Regelungszweck, nämlich der Förderung einer Unternehmenssanierung, ausgelegt und angewandt werden.

Die Kapitalersatzregeln sind rechtsdogmatisch dem Gesellschaftsrecht zuzuordnen, die praktische Relevanz des Eigenkapitalersatzes tritt jedoch häufig erst im Insolvenzfall auf. Der Insolvenzverwalter muss demzufolge die Grundzüge des Kapitalersatzrechtes und die insolvenzspezifischen Besonderheiten kennen und anhand der dargestellten Fallgruppen auf die Anwendung der Kapitalersatzregeln im Einzelfall sensibilisiert sein.

Die Rechtsprechung hat in den letzten Jahrzehnten auf Grundlage des geltenden Kapitalersatzrechtes und unter Einbeziehung der Diskussion in der Literatur zahlreiche Fallgruppen entwickelt. Das zweistufige Kapitalersatzrecht mit seinen Anwendungs- und Abgrenzungsproblemen hat sich dadurch in ein „Fallrecht" umgestaltet. Anhand der anerkannten eigenkapitalersatzrechtlichen Fallgruppen entscheidet die Praxis, ob in einem zu beurteilenden Einzelfall die Anwendung der Kapitalersatzregeln gerechtfertigt ist oder nicht.

Grundfall – und klassische Fallgruppe – ist die Umqualifizierung eines Gesellschafterdarlehens in eigenkapitalähnliches Haftkapital bei Gewährung in der Krise der darlehensnehmenden GmbH. Das eigenkapitalersetzende Gesellschafterdarlehen hat inzwischen eine vielfältige Ausprägung und Erweiterung gefunden. Es sind jedoch auch Abgrenzungen zu Gesellschafterhilfen notwendig, die nicht den Kapitalersatzregeln unterliegen.

Insbesondere die Diskussion um die Behandlung der sog. Finanzplankredite wird weiter zu verfolgen sein.

Durch die Anwendung der Kapitalersatzgrundsätze auf das Stehenlassen einer Gesellschafterleistung, die Anwendung auf gesellschafterbesicherte Drittdarlehen, die weitere Konkretisierung der mit einer Darlehensgewährung wirtschaftlich vergleichbaren Gesellschafterleistung und der wirtschaftlich vergleichbaren Gesellschafterstellung sind zahlreiche weitere klassische Fallgruppen des Kapitalersatzrechtes entstanden.

Moderne Fallgruppen ergeben sich aus der Anwendung der Generalklausel des § 32a Abs. 3 Satz 1 GmbHG. Ihren vorläufigen Höhepunkt hat die Rechtsprechung in der Anerkennung der eigenkapitalersetzenden Nutzungsüberlassung gefunden. Eine konsequente Fortführung dieser Rechtsprechung würde auch zu einer Anwendung der Kapitalersatzregeln auf Gesellschafterdienstleistungen führen. Während die eigenkapitalersetzende Nutzungsüberlassung in Form der Umqualifizierung des Nutzungsrechtes für eine bestimmte Nutzungsdauer inzwischen auch in der Literatur auf Zustimmung stößt, wird die eigenkapitalersetzende Wirkung der Erbringung von Gesellschafterdienstleistungen überwiegend abgelehnt.

Weitere Fälle, die dem Anwendungsbereich der Kapitalersatzregeln unterliegen, ergeben sich insbesondere auch bei Finanzierungen bzw. Leistungen im Konzernverbund. Zu beachten ist jedoch, dass eine gesellschaftergleiche Stellung nur bei einer zumindest mittelbaren Vermögensbeteiligung angenommen werden kann.

Festzustellen ist, dass die Kapitalersatzregeln grundsätzlich unabhängig von der Rechtsform der Leistungen empfangenden Gesellschaft anzuwenden sind. Es sind jedoch rechtsformspezifische Unterschiede zu beachten. Das Kapitalersatzrecht muss dementsprechend modifiziert werden.

II. Kritische Anmerkungen

Die gesetzlichen Regelungen des Kapitalersatzrechtes sind unzureichend und müssen durch Rechtsprechungsgrundsätze ergänzt werden. Die aufgrund der Rechtsprechung gebildeten Fallgruppen dienen der Praxis als Vergleich. Dadurch entsteht eine Rechtsunsicherheit, die durch klarere gesetzliche Regelungen beseitigt werden sollte.

§ 32a Abs. 3 Satz 1 GmbHG wird als Generalklausel zum Zwecke eines umfassenden Gläubigerschutzes und zur Begründung rechtspolitisch wünschenswerter Ergebnisse strapaziert. Die Kritik der Sanierungsfeindlichkeit des Kapitalersatzrechtes kann durch die einschränkenden Regelungen des § 32a Abs. 3 Satz 2 und 3 GmbHG, die selbst vielfach als unsystematisch und missglückt angesehen werden[853], nicht ausgeräumt werden.

Bei der Darstellung der klassischen und modernen Fallgruppen wurde deutlich, dass die Rechtsprechung die Anwendung der Kapitalersatzregeln immer weiter ausdehnt und nahezu sämtliche Gesellschafterleistungen zugunsten der Gesellschaft dem Eigenkapitalersatzrecht unterwirft. Dies zeigt sich beispielsweise an der Begründung zur Anerkennung der eigenkapitalersetzenden Nutzungsüberlassung. Die Anwendung der Kapitalersatzregeln auf Gesellschafterdienstleistungen wäre die konsequente Fortsetzung der bisherigen Rechtsprechungslinie.

Zwar ist das Bestreben, einer nicht mehr abgrenzbaren Ausweitung der Anwendung der Eigenkapitalersatzregeln Einhalt zu gebieten, zu begrüßen, denn die Unternehmensfinanzierung ist häufig auf Gesellschafterhilfen aller Art angewiesen, jedoch darf die „Notbremse“ nicht mit Hilfe eines Systembruchs gezogen werden. Die Anwendungsvoraussetzungen für die Kapitalersatzregeln sind

---

[853] Ausführlich zu den Regelungen des § 32a Abs. 3 Satz 2 und 3 GmbHG: *Lehner*, S. 85ff.; *Barth*, S. 29ff.

grundsätzlich zu überdenken und dann für alle Fallgruppen in gleicher Weise anzuwenden.

§ 21 Ausblick

I. Forderungen nach einer gesetzlichen Gesamtlösung

Das zweistufige Kapitalersatzrecht aus dem Nebeneinander von Rechtsprechungsregeln und Novellenregeln birgt zahlreichen Anwendungs- und Abgrenzungsprobleme in sich. Daneben hat sich in Deutschland ein kasuistisches Kapitalersatzrecht etabliert. Die von der Rechtsprechung gebildeten eigenkapitalersetzenden Fallgruppen sind jedoch nicht abschließend. Die Anwendung des Kapitalersatzrechts auf die Einzelfälle der Praxis ist daher mit einer hohen Rechtsunsicherheit belastet. Der Ruf nach einer gesetzlichen Gesamtlösung wird deshalb immer wieder laut.

Vorgemacht hat uns dies Österreich. Am 01.01.2004 ist dort das Eigenkapitalersatzgesetz (EKEG) als Teil des Gesellschafts- und Insolvenzrechtsänderunsgesetzes (GIRÄG) 2003 in Kraft getreten. Dort wurden u. a. positivgesetzlich die Bestimmung der Krise der Gesellschaft, der Kreditbegriff, der Gesellschafterbegriff und die erfassten Gesellschaften festgelegt. Das österreichische Kapitalersatzrecht ist jedoch nicht kasuistisch ausgestaltet, sondern normiert allgemeingültige Tatbestände, die die unter-schiedlichen Fallgruppen zu erfassen versuchen. Der Gesetzgeber hat in Österreich das Ruder zur Bestimmung der Kriterien zur Anwendung der kapitalersatzrechtlichen Grundsätze wieder in die Hand genommen. Er hat durch das EKEG das Rechtsinstitut des Eigenkapitalersatzrechts zwar prinzipiell anerkannt, aber die bestehende Judikatur korrigiert, insbesondere durch die Einführung einer Beteiligungsgrenze für die erfassten Gesellschafter (§ 5 EKEG), den Verzicht auf die Einbeziehung des Stehenlassens von Krediten in der Krise in den Kapitalersatz und die Beschränkung der Anwendung der Kapitalersatzregeln auf das Entgelt im Rahmen einer Nutzungsüberlassung oder einer Dienstleistungserbringung (§ 3 EKEG).[854]

Durch das österreichische EKEG wird aufgrund seines hohen Detaillierungsgrades sicherlich ein Stück mehr Rechtssicherheit bei der Beurteilung von Einzelfällen im Rahmen der Anwendung des Kapitalersatzrechts gewährleistet.[855] Es ist jedoch der Lauf der Rechtsanwendung, dass die Praxis bei der Anwendung des EKEG auf die konkreten Einzelfälle eine Auslegung der gesetzlichen Normierungen vornehmen muss und im Streitfall die Judikative anrufen wird. Somit ist es nur eine Frage der Zeit, bis die Rechtsprechung erneut Fallgruppen bilden wird und somit das Kapitalersatzrecht gestaltet.

---

[854] Vgl. *Althuber/Brandstätter/Haberer*, NZI 2004, 610, 615.

[855] Vgl. *Blöse*, GmbHR 2004, 412, 415.

Das Kapitalersatzrecht ist generell auf die Bildung von Fallgruppen angewiesen, die der Praxis als Vergleichsfälle dienen. Die gesetzlichen Regelungen können nur die Anwendungsvoraussetzungen und die Grenzen des Kapitalersatzschutzes festlegen. Es wäre jedoch wünschenswert, wenn das Nebeneinander von Rechtsprechungsregeln und Novellenregelungen im Rahmen des zweistufigen Schutzsystems in ein Gesamtkonzept einfließt und in wenigen Vorschriften die Grundzüge des Kapitalersatzrechts und die Reichweite bestimmt werden. Dieser Aufgabe wird sich der Gesetzgeber stellen müssen, wenn er verhindern will, dass die Rechtsprechung den Kapitalersatzschutz immer weiter zu Lasten der Gesellschafter und damit in einigen Fällen auch zu Lasten einer sinnvollen Unternehmensfinanzierung ausdehnt.

II. Zunehmende Bedeutung internationaler Aspekte

Im Zusammenhang mit der zunehmenden Globalisierung geht auch die zunehmende Bedeutung internationaler Aspekte im Gesellschafts- und Insolvenzrecht einher. Grenzüberschreitende Beziehungen verlangen die Bestimmung des anzuwendenden Rechts. Im Hinblick auf das Thema dieser Dissertation interessiert die Anwendbarkeit der deutschen Kapitalersatzregeln auf sog. Scheinauslandsgesellschaften.

Hierzu sollte man sich zunächst die Entwicklung der Rechtsprechung des BGH und des EuGH zum europäischen Gesellschaftsrecht im Zusammenhang mit der Gewährleistung der Niederlassungsfreiheit des EG-Vertrages vergegenwärtigen. Der Bundesgerichtshof[856] vertrat lange Zeit die Auffassung, dass eine ausländischen Kapitalgesellschaft nach Sitzverlegung in die Bundesrepublik Deutschland mangels wirksamer Gründung nach deutschem Recht weder die Rechts- noch die Parteifähigkeit besitzt. Gestützt hat sich der BGH dabei auf die sog. Sitztheorie, wonach auf Gesellschaften das Recht anzuwenden sei, das am Ort des tatsächlichen Verwaltungssitzes gilt. Aus der *„Centros-Entscheidung“* des EuGH vom 09.03.1999[857] ergibt sich, dass es für sich allein keine missbräuchliche Ausnutzung des Niederlassungsrechts darstellt, wenn jemand ein Unternehmen in einem Mitgliedstaat gründet und sich in einem anderen EU-Staat niederlässt und ausschließlich dort die Geschäfte betreibt. Die nachfolgenden *„Überseering-Entscheidungen“* des EuGH vom 05.11.2002[858] und des BGH

---

[856] Statt vieler: BGH, Urt. v. 30.3.2000, ZIP 2000, 967ff.
[857] EuGH, Urt. v. 9.3.1999 – Rs. C-212/97, NJW 1999, 2027ff.
[858] EuGH, Urt. v. 5.11.2002 – Rs. C-208/00, NJW 2002, 3614ff.

vom 13.03.2003[859] stellen sodann ausdrücklich auf die sog. Gründungstheorie ab. Die Niederlassungsfreiheit in den Art. 43 und 48 des EG-Vertrages sei verletzt, wenn einem Unternehmen, das in einem Mitgliedsstaat ordnungemäß gegründet worden ist und dort seinen satzungsmäßigen Sitz hat, in einem anderen EU-Staat die Rechts- und Parteifähigkeit abgesprochen werde. Eine Gesellschaft ist aufgrund der Niederlassungsfreiheit berechtigt, ihre vertraglichen Rechte in jedem Mitgliedsstaat geltend zu machen, wenn sie nach der Rechtsordnung des Staates, in dem sie gegründet worden ist und in dem sie nach einer eventuellen Verlegung ihres Verwaltungssitzes in einen anderen Mitgliedsstaat weiterhin ihren satzungsmäßigen Sitz hat, hinsichtlich des geltend gemachten Rechts rechtsfähig ist. Im *Inspire-Art-Urteil* vom 30.09.2003 hat der EuGH[860] schließlich entschieden, dass es die Niederlassungsfreiheit auch verbietet, die innerstaatlichen Bestimmungen zur Gründung von Gesellschaften und der Haftung der Geschäftsführer auf Auslandsgesellschaften zu erstrecken. Demnach sind auch die nationalen Kapitalaufbringungsregeln nicht auf sog. Scheinauslandsgesellschaften zu erstrecken.

Die Folge dieser Rechtsprechung ist, dass es sog. Scheinauslandsgesellschaften gibt, die nach EU-ausländischem Recht gegründet worden sind, um anschließend ihren effektiven Sitz ausschließlich nach Deutschland zu verlegen, weil sie hier ihre unternehmerische Tätigkeit entfalten sollen.[861] Bei der Neugründung einer Gesellschaft werden demzufolge diejenigen Gesellschaftsformen favorisiert, die die geringsten Gründungsvoraussetzungen aufstellen. Es ist inzwischen ein Wettbewerb der Rechtsordnungen entstanden.[862]

Um die deutsche GmbH wettbewerbsfähig zu machen, gibt es in Deutschland bereits konkrete Pläne zur Reform des geltenden GmbH-Rechts hinsichtlich des gesetzlichen Mindestkapitals.[863]

---

859 BGH, Urt. v. 13.3.2003 – VII ZR 370/98, NJW 2003, 1461f.

860 EuGH, Urt. v. 30.9.2003 – Rs. C-167/01, ZIP 2003, 1885ff., NJW 2003, 3331ff., NZI 2003, 676ff.

861 *Eisner*, ZInsO 2005, 20, 20.

862 Ausführliche Darstellung der Problematik bei *Bayer*, BB 2003, 2357ff.

863 Das Bundesministerium der Justiz hat am 29.4.2005 den Referentenentwurf eines Gesetzes zur Neuregelung des Mindestkapitals der GmbH (Mindestkapitalgesetz) unter www.bmj.de/media/archive/908.pdf veröffentlicht. Wichtige Änderungen sind u. a. die Absenkung des Mindeststammkapitals auf 10.000,00 € und die Pflicht zur Angabe des gezeichneten und des eingezahlten Kapitals auf den Geschäftsbriefen. Dadurch soll u. a. die Rechtsform der deutschen GmbH im internationalen Vergleich attraktiver und wettbewerbsfähiger gemacht werden. Die Änderungen sollen ab dem 01.01.2006 gelten.

Nach der „Inspire-Art-Entscheidung" verbietet es die Niederlassungsfreiheit des EG-Vertrages, die nationalen Kapitalaufbringungsregeln auf Scheinauslandsgesellschaften zu erstrecken. Wie steht es jedoch mit den übrigen Kapitalschutzvorschriften, insbesondere mit der Anwendung des deutschen Kapitalersatzrechts auf Gesellschaften mit einer ausländischen Gesellschaftsform, wie beispielsweise der 1-Dollar/Pfund-Limited, die in Deutschland agieren?

Eine Kapitalersatzhaftung nach deutschen Maßstäben – wie sie in der vorliegenden Arbeit ausführlich dargestellt wurde – gibt es nur in wenigen Mitgliedstaaten der europäischen Union.[864]

Vertreten wird, dass aufgrund des Inspire-Art-Urteils des EuGH das deutsche Kapitalgesellschaftsrecht und damit auch das Kapitalersatzrecht grundsätzlich nicht auf die Scheinauslandsgesellschaft anzuwenden sei.[865] Es dürfe nur das Gesellschaftsrecht des jeweiligen Mitgliedstaates der Scheinauslandsgesellschaft angewendet werden.[866]

Dem wird entgegengehalten, dass das Kapitalersatzrecht nicht Teil des Gesellschaftsrechts sei, sondern dem Insolvenzrecht zuzuordnen sei, mit der Folge, dass das Kapitalersatzrecht über Art. 3, 4 EuInsVO anwendbar sei.[867]

Wieder eine andere Ansicht befürwortet die Anwendung der deutschen Kapitalersatzregeln auch auf Scheinauslandsgesellschaften,[868] insbesondere mit der Begründung, dass nur die Teile des nationalen Gesellschaftsrechts auf Scheinauslandsgesellschaften angewandt werden dürfen, die nicht zu einem Verstoß gegen die Niederlassungsfreiheit führen, jedoch habe der EuGH kein Verbot zur Anwendung des gesamten nationalen Gesellschaftsrechtes auf Scheinauslandsgesellschaften ausgesprochen.[869]

Vor dem Hintergrund der dargestellten Problematik wird sogar erwogen, das Kapitalersatzrecht – entgegen der grundsätzlichen dogmatischen Zuordnung zum Gesellschaftsrecht – dem Insolvenzrecht zuzuordnen. Wenn die insolvenz-

---

864 Vergleiche hierzu die ausführliche Darstellung bei *Haas*, GmbHR 2004, 557ff.

865 *Meilicke*, GmbHR 2003, 793, 805; *Wachter*, GmbHR 2004, 88, 92; *Riedemann*, GmbHR 2004, 345, 349.

866 Vgl. *Paefgen*, ZIP 2004, 2253, 2259ff. mwN.

867 Vgl. *Fischer*, ZIP 2004, 1477, 1480; *Ulmer*, NJW 2004, 1201, 1207 mwN auch zur anderen Ansicht; *Wienberg/Sommer*, NZI 2005, 353, 356ff.

868 *Altmeppen*, NJW 2004, 97, 103; *Karsten Schmidt*, ZHR 168 (2004), 493, 501.

869 Vgl. *Altmeppen/Wilhelm*, DB 2004, 1083ff.

rechtliche Einordnung die einzige Sprachregelung ist, die im internationalen Rechtsgespräch verstanden wird, muss sich das deutsche Recht wohl oder übel auf dieses Insolvenzpidgin einlassen.[870]

Die Frage nach der Anwendung der Kapitalersatzregeln auf ausländische Gesellschaftsformen mit Geschäftstätigkeit in Deutschland wird wohl bis zu einer Entscheidung des BGH bzw. EuGH Anlass zu einer intensiven Diskussion geben.[871]

Nachgedacht wird in diesem Zusammenhang auch über die Einführung eines einheitlichen EU-Standards im Bereich des Kapital- und Gläubigerschutzes.[872]

Eine ausführliche Auseinandersetzung mit dieser Problematik soll im Rahmen der vorliegenden Arbeit nicht erfolgen. Es genügt an dieser Stelle, den Ausblick zu geben auf einen künftig relevant werdenden Problemschwerpunkt im Kapitalersatzrecht.

---

870 *Karsten Schmidt*, GmbHR 2005, 797, 805.

871 Vgl. *Eisner*, ZInsO 2005, 20, 23.

872 Eingehend dazu *Wachter*, GmbHR 2004, 88, 96ff.

Schriften zum Verfahrensrecht

Herausgegeben von Peter Gottwald und Ulrich Haas

Band 1 Matthias Rauscher: Die neue Berufung in Zivilsachen. 2002.

Band 2 Jörn-Christian Schulze: Grenzen der objektiven Schiedsfähigkeit im Rahmen des § 1030 ZPO. Eine Betrachtung des Rechts der Schiedsfähigkeit nach der Schiedsverfahrensrechtsform. 2003.

Band 3 Roman Rodloff: Das vereinfachte Verfahren zur Festsetzung von Kindesunterhalt nach §§ 654 ff. ZPO. Zugleich ein Beitrag zur Unterhaltsannexklage nach § 653 ZPO und zum vereinfachten Abänderungsverfahren nach § 656 ZPO. 2003.

Band 4 Helia-Verena Daubach: Kammer oder Einzelrichter? Ist die Kammer ein Qualitätselement des Zivilprozesses? 2003.

Band 5 Thomas Gemmeke: Beweisverwertungsverbote im arbeitsgerichtlichen Verfahren. 2003.

Band 6 Wolfgang Kreißig: Der Sportverein in Krise und Insolvenz. 2004.

Band 7 Alexander M. Krämer: Leasingverträge in der Insolvenz. 2005.

Band 8 Timo Christian Walther: Das Verfahren bei Masseunzulänglichkeit nach den §§ 208 ff. InsO. 2005.

Band 9 Henning Müller: Die Lebensversicherung in der Zwangsvollstreckung. 2005.

Band 10 Oliver Hilsbos: Die Mitwirkungspflicht von Personenstandsbehörden in Nachlassverfahren. 2006.

Band 11 Matthias Holla: Der Einsatz von Schiedsgerichten im organisierten Sport. 2006.

Band 12 Matthias Hofmann: Die Eigenverwaltung in der Insolvenz. Darstellung eines Rechtsinstituts unter besonderer Berücksichtigung der Gesellschaftsinsolvenz. 2006.

Band 13 Christian Schindler: Rechtskraft und Innenbindung von Beschlüssen nach der ZPO-Reform. 2006.

Band 14 Carola Reimann-Dittrich: Die Finanzierungsfolgenverantwortung des Gesellschafters. 2006.

Band 15 Viktoria Kress: Internationale Zuständigkeit für elterliche Verantwortung in der Europäischen Union. Das neue europäische Familienverfahrensrecht in Fragen der elterlichen Verantwortung im Kontext der Haager Abkommen. 2006.

Band 16 Frank Martin Herget: Die internationale Zuständigkeit im Electronic Commerce in der Europäischen Union. 2006.

Band 17 Cornelia Drenckhahn: Urkundsvorlagepflichten im Zivilprozess und im arbeitsgerichtlichen Verfahren nach der ZPO-Reform unter besonderer Berücksichtigung der Neufassung des § 142 ZPO. 2007.

Band 18 Walter Boeckh: Beschwerde und Rechtsbeschwerde im Zivilverfahren. 2007.

Band 19 liegt noch nicht vor.

Band 20 Christa Kraemer: Eigenkapitalersatz und Insolvenz. Klassische und moderne Fallgruppen. 2007.

www.peterlang.de

Kolibri 360 GmbH
Ferdinand-Jühlke-Straße 7
99095 Erfurt, Deutschland
produktsicherheit@kolibri360.de

Druck:
CPI Druckdienstleistungen GmbH
im Auftrag der
Kolibri 360 GmbH
Ferdinand-Jühlke-Str. 7
99095 Erfurt